民國文化與文學^{研究}文叢

研究文叢

二 編

李 怡 主編

第20冊

民國校園文學高峰
——西南聯大文學社團及其創作初論

李光榮、宣淑君 著

國家圖書館出版品預行編目資料

民國校園文學高峰——西南聯大文學社團及其創作初論／李
光榮、宣淑君 著 — 初版 — 新北市：花木蘭文化出版社，
2013〔民 102〕
目 2+292 面；19×26 公分
（民國文化與文學研究文叢 二編；第 20 冊）
ISBN：978-986-322-323-8（精裝）
1. 中國文學 2. 文學評論
541.26208   102012331

特邀編委（以姓氏筆畫為序）：

ISBN-978-986-322-323-8
9 789863 223238

丁 帆	王德威	宋如珊
岩佐昌暲	奚 密	張中良
張堂錡	張福貴	須文蔚
馮 鐵	劉秀美	

民國文化與文學研究文叢
二 編 第二十冊   ISBN：978-986-322-323-8

民國校園文學高峰──西南聯大文學社團及其創作初論

作 者　李光榮、宣淑君
主 編　李 怡
企 劃　四川大學現代中國文化與文學研究中心
　　　　民國文學與海外漢學研究中心（籌）
　　　　北京師範大學民國歷史文化與文學研究中心
總 編 輯　杜潔祥
印 刷　普羅文化出版廣告事業
出 版　花木蘭文化出版社
發 行 人　高小娟
聯絡地址　235 新北市中和區中安街七二號十三樓
　　　　　電話：02-2923-1455／傳真：02-2923-1452
網 址　http://www.huamulan.tw 信箱 sut81518@gmail.com
初 版　2013 年 9 月
定 價　二編 22 冊（精裝）新台幣 38,000 元

民國校園文學高峰
——西南聯大文學社團及其創作初論

李光榮、宣淑君　著

作者簡介

李光榮，雲南省永勝縣人。先後任教于紅河學院和雲南師範大學，現為西南民族大學文學院教授、碩士研究生導師、中國現代文學研究會理事、中國聞一多研究會理事。完成國家社科基金項目1項、省部級項目3項，獲省部級優秀社科成果二等獎1項、三等獎2項。發表學術論文100多篇，編選《西南聯大文學作品選》（人民文學出版社，2011年11月），專著《季節燃起的花朵——西南聯大文學社團研究》（中華書局，2011年12月）、《西南聯大名師書系‧ 語言文學大師風采》（雲南教育出版社，2012年5月）等。

宣淑君，雲南個舊人，畢業于雲南師範大學中文系。從事中學語文教育十八年，圖書館工作十二年。現任西南民族大學圖書館副研究館員，參與完成國家基金項目1項、省部級項目3項，發表論文30多篇，參著《季節燃起的花朵》和《語言文學大師風采》二書。

提　　要

西南聯大文學具有一般校園文學的特點，又具有獨自的特點，因此本書從社會性和社團運作兩個方面出發，討論西南聯大學生創作。

由於西南聯大學生遭逢了民國學生未曾有過的災難，經歷過校園以外的社會人生，也因此獲得了前所未有的思想意識，西南聯大學生文學便具有了社會性。西南聯大學生的作品不僅記述了自己的生活與個體的痛苦，更反映出時代的動向、國家的安危、民族的命運、現實的問題和民眾的苦難這些大事。

社團運作是校園文學的通例。西南聯大九年間成績突出的文學社團有南湖詩社、高原文藝社、南荒文藝社、聯大劇團、冬青文藝社、文聚社、文藝社、新詩社和劇藝社九個。本書對這些社團的組織、活動、追求、業績、結束等歷史做了較為詳盡的描述，對其創作做了整體介紹和評價，又選取各個社團的典型個案進行了深入研究。

西南聯大學生創作了大量反映大學生生活情形和抗日戰爭及國內戰爭前期社會面貌的文學作品，其中一些作品能夠代表一個作家、一個社團、一所學校、一種思潮、一個時代的文學水準，有的被史家列為中國現代文學的代表作。所以，西南聯大文學是民國校園文學的又一座高峰。

本書作者發掘了大量的第一手材料，並依據這些材料提出了全新的觀點，許多內容包括社團、作者和作品在學術史上還是第一次得到論述。

就「民國機制」與民國文學答問
——《民國文化與文學研究文叢》第二輯引言

李　怡

文學的「民國機制」是什麼

　　周維東：我注意到，最近有一些學者提出了「民國文學史」研究的問題，例如張福貴先生、丁帆先生、湯溢澤先生等等。而在這些「文學史」重新書寫的呼聲中，您似乎更專注於一個新的概念的闡述和運用，這就是文學的「民國機制」，您能否說明一下，究竟什麼是文學的「民國機制」呢？

　　李怡：「民國機制」是近年來我在中國現代文學史研究中逐漸感受到並努力提煉出來的一個概念。形成這一概念大約是在 2009 年，爲了參加北京大學召開的紀念五四新文化運動 90 周年研討會，我重新考察了「五四文化圈」的問題，我感到，五四文化圈之所以有力量，有創造性，根本原因就在於當時形成了一個砥礪切磋、在差異中相互包容又彼此促進的場域，而這樣的場域所以能夠形成，又與「民國」的出現關係甚大，中國現代文學之有後來的發展壯大，在很大程度上得力於當時能夠形成這個場域。在那時，我嘗試著用「民國機制」來概括這一場域所表現出來的影響文學發展的特點。〔註1〕我將五四時期視作文學的「民國機制」的初步形成期，因爲，就是從這個時期開始，推動中國現代文化與文學健康穩定發展的基本因素已經出現並構成了較爲穩定的「結構」。〔註2〕

〔註 1〕 李怡：《誰的五四：論五四文化圈》，見《中國現代文學研究叢刊》2009 年 3 期。

〔註 2〕 李怡：《「五四」與現代文學「民國機制」的形成》，《鄭州大學學報》2009 年

2010 年，在進一步的研究中，我對文學的「民國機制」做出了初步的總結。我提出：「民國機制」就是從清王朝覆滅開始在新的社會體制下逐步形成的推動社會文化與文學發展的諸種社會力量的綜合，這裏有社會政治的結構性因素，有民國經濟方式的保證與限制，也有民國社會的文化環境的圍合，甚至還包括與民國社會所形成的獨特的精神導向，它們共同作用，彼此配合，決定了中國現代文學的特徵，包括它的優長，也牽連著它的局限和問題。為什麼叫做「民國機制」呢？就是因為形成這些生長因素的力量醞釀於民國時期，後來又隨著 1949 年的政權更迭而告改變或者結束。新中國成立以後，眾所周知的事實是，政治制度、經濟形態及社會文化氛圍及人的精神風貌都發生了重大改變，「民國」作為一個被終結的歷史從大陸中國消失了，以「民國」為資源的機制自然也就不復存在了，新中國文學在新的「機制」中轉換發展，雖然我們不能斷言這些新「機制」完全與舊機制無關，或許其中依然包含著數十年新文化新文學發展無法割斷的因素，但是從總體上看，這些因素即便存在，也無法形成固有的「結構」，對於文化和文學的發展而言，往往就是這些不同的「結構」在發生著關鍵性的作用，所以我主張將所謂的「百年中國文學」、「二十世紀中國文學」分段處理，不要籠統觀察和描述，它們實在大不相同，二十世紀下半葉的中國文學應該在新的「機制」中加以認識。〔註3〕

周維東：「民國機制」與同時期出現的「民國文學史」、「民國史視角」有什麼差別？

李怡：「民國文學史」提出來自當代學人對諸多「現代文學」概念的不滿，據我的統計，最早提出以「民國文學史」取代「現代文學史」設想的是上海的陳福康先生，陳福康先生長期致力於現代文獻史料的發掘勘定工作，他所接觸和處理的歷史如此具體，實在與抽象的「現代」有距離，所以更願意認同「民國」這一稱謂，其實這裏有一個值得注意的現象：真正投入歷史的現場，你就很容易發現文學的歷史更多的是一些具體的「故事」，抽象的「現代」之辨並不都那麼激動人心，所以在近現代史學界，以「民國史」定位自己工作者先前就存在，遠比我們觀念性強的「文學史」界為早。繼陳福康先生之後，又先後有張福貴、魏朝勇、趙步陽、楊丹丹、湯溢澤、丁帆等人繼續闡

4 期。

〔註 3〕 李怡：《民國機制：中國現代文學的一種闡釋框架》，《廣東社會科學》2010年 6 期。

述和運用了「民國文學史」的概念，尤其是張福貴和丁帆先生，更以「國務院學位委員」特有的學科視野爲我們論述和規劃了這一新概念的重要意義與現實可能，我覺得他們的論述十分重要，需要引起國內現代文學同行的高度重視和認眞討論。在一開始，我也樂意在「民國文學史」的框架中討論現代文學的問題，因爲這一框架顯然能夠把我們帶入更爲具體更爲寬闊的歷史場景，而不必陷入糾纏不清的概念圈套之中，例如借助「民國文學史」的框架，我們就能夠更好地解釋「大後方文學」的複雜格局，包括它與延安文學的互動關係。〔註4〕

不過，「民國文學史」主要還是一個歷史敘述的框架，而不是具體的認知視角和研究範式，或者說他更像是一個宏闊的學科命名，而不是「進入」問題的角度，我們也不僅僅爲了「寫史」，在書寫整體的歷史進程之外，我們大量的工作還在對一個一個具體文學現象的理解和闡釋，而這就需要有更具體的解讀歷史的角度和方法，我們不僅要告訴人們這一段歷史「叫做」什麼，而且要回答它「爲什麼」是這樣，其中都有哪些值得注意的東西，對後者的深入挖掘可以爲我們的文學研究打開新的空間，「機制」的問題提出就來源於此。

周維東：我也意識到這一問題。「民國文學史」提出的學理依據和理論價值，在於它一時間化解了「中國現代文學史」框架中許多難以解決的難題，譬如中國現代文學的「起點」問題，中國現代文學的「包容度」問題，中國現代文學史寫作的價值立場問題等等。但「化解」並不等同於「解決」，當我們以「民國」的歷史來界分中國現代文學時，我們依舊需要追問「現代」的起源問題；當我們不在爲中國現代文學的包容度而爭議時，如何將民國文學錯綜複雜的文學現象統攝在同一個學術平臺上，又成了新的問題；我們可以不爲「現代」的本質而煩擾，但一代代中國現代知識份子的文化追求還是會引發我們思考：他們爲什麼要這樣而不是那樣？

李怡：還有一個概念也很有意思，這就是秦弓先生提出的「民國史視角」，〔註5〕「視角」的思路與我們對其中「機制」的關注和考察有彼此溝通之處，

〔註4〕 李怡：《「民國文學史」框架與「大後方文學」》，《重慶師範大學學報》2009年1期。

〔註5〕 秦弓先後發表《從民國史的角度看魯迅》（《廣東社會科學》2006年4期）、《現代文學的歷史還原與民國史視角》（《湖南社會科學》2010年1期）。

我們都傾向於通過對特定歷史文化的具體分析為文學現象的解釋找到根據。在我們的研究中，有時也使用「視角」一詞，只是，我更願意用「機制」，因為，它指涉的歷史意義可能更豐富，研究文學現象不僅需要「觀察點」，需要「角度」，更需要有對文化和文學的內在「結構性」因素的總結，最終，讓二十世紀中國文學上下半葉各自區分的也不是「角度」而是一系列實在內涵。

　　周維東：「民國機制」的研究許多都涉及社會文化的制度問題，這與前些年出現的「中國現當代文學制度研究」有什麼差別呢？

　　李怡：最近一些年出現的「中國現當代文學制度研究」為中國文學的發生發展尋找到了豐富的來自社會體制的解釋，這對過去機械唯物主義的「社會反映論」研究具有根本的差異，我們今天對「民國機制」的思考，當然也包含著對這些成果的肯定，不過，我認為，在兩個大的方面上，我們的「機制」論與之有著不同。首先，這些「制度研究」的理論資源依然主要來自西方學術界，這固然不必指責，但顯然他們更願意將現代中國的各種「制度現象」納入到更普遍的「制度理論」中予以認識，「民國」歷史的特殊性和諸多細節還沒有成為更主動的和主要的關注對象，「民國視角」也不夠清晰和明確，而這恰恰是我們所要格外強調的；其次，我們所謂的「機制」並不僅是外在的社會體制，它同時也包括現代知識份子對各種體制包圍下的生存選擇與精神狀態。例如民國時期知識份子所具有的某種推動文學創造的個性、氣質與精神追求，這些人的精神特徵與國家社會的特定環境相關，與社會氛圍相關，但也不是來自後者的簡單「決定」與「反映」，有時它恰恰表現出對當時國家政治、社會制度、生存習俗的突破與抗擊，只是突破與抗擊本身也是源於這個國家社會文化的另外一些因素。特別是較之於後來極左年代的「殘酷鬥爭、無情打擊」，較之於「知識份子靈魂改造」後的精神扭曲，或者較之於中國式市場經濟時代的信仰淪喪與虛無主義，作為傳統文化式微、新興文明待建過程中的民國知識份子，的確是相對穩健地行走在這條歷史的過渡年代，其中的姿態值得我們認真總結。

　　周維東：經過您的闡述，我可不可以這樣理解：「民國機制」包含了一種全新的文學理解方式，「民國」是靜態的歷史時空，而「機制」則是文化參與者與歷史時空動態互動中形成的秩序，兩者結合在一起，強調的是在文學活動中「人」與「歷史時空」的豐富的聯繫，這種聯繫可以形成一種類似「場域」的空間，它既是外在的又是內在的。通過對「文學機制」的發現，文學

研究可以獲得更大的彈性空間，從而減少了因爲理論機械性而造成的文學阻隔。單純使用「民國」或「制度」等概念，往往會將文學置於「被決定」的地位，它值得警惕的地方在於，我們既無法窮盡對「民國」或「制度」全部內容的描述，也無法確定在一定的歷史時空下就必然出現一定的文學現象。

李怡：可以這樣理解。

爲什麼是「民國機制」

周維東：應該說，目前中國現代文學研究已經相當成熟了，各種研究模式、方法、框架都取得了引人注目的成就，在這個時候，爲什麼還要提出這個新的闡述方式呢？

李怡：很簡單，就是因爲目前的種種既有研究框架存在一些明顯的問題，對進一步的研究形成了相當的阻力。我們最早是有「新文學」的概念，這源於晚清「新學」，「新文學」也是「新」之一種，顯然這一術語感性色彩過強，我們必須追問：「新」旗幟的如何永遠打下去而內涵不變？「現代」一詞從移入中國之日起就內涵駁雜，有歐洲文明的「現代觀」，也有前蘇聯的十月革命「現代觀」，後者影響了中國，而中國又獨出心裁地劃出一「當代」，與前蘇聯有所區別，到了新時期，所謂「與世界接軌」也就是與歐美學術看齊，但是我們的「現代」概念卻與人家接不了軌！到 1990 年代，「現代性」知識登陸中國，一陣恍然大悟之後，我們「奮起直追」，「現代性」概念漫天飛舞，但是新的問題也來了：如何證明中國文學的「現代」就是歐美的「現代」？如果證明不了，那麼這個概念就是有問題的，如果眞的證明了，那麼中國文學的獨立性與獨創性還有沒有？我們的現代文學研究眞的很尷尬！提出「民國機制」其實就是努力返回到我們自己的歷史語境之中，發現中國人在特定歷史中的自主選擇，這才是中國文學在現代最值得闡述的內容，也是中國文學之所以成爲中國文學的理由，或者說是中國自己的眞正的「現代」。

周維東：我在想一個問題，「民國機制」的提出在很大程度上來自對目前「現代」概念的質疑和反思，這是不是意味著，我們從此就確立了與「現代」無關的概念，或者說應該把「現代」之說驅除出去呢？

李怡：當然不是。「現代」概念既然可以從其知識的來源上加以追問，借助「知識考古」的手段釐清其中的歐美意義，但是，在另外一方面，「現代」

從日本移入中國語彙的那一天起，就已經自然構成了中國人想像、調遣和自我感性表達的有機組成部分，也就是說，中國人已經逐步習慣於在自己理解的「現代」概念中完成自己和發展自己，今天，我們依然需要對這方面的經驗加以梳理和追蹤，我們需要重新摸索中國自己的「現代經驗」與「現代思想」，而這一切並不是 1990 年代以後自西方輸入的「現代性知識體系」能夠解釋的，怎麼解釋呢？我覺得還是需要我們的民國框架，在我們「民國機制」的格局中加以分析。

周維東：也就是說，只有在「民國機制」中，我們才可以真正發現什麼是自己的「現代」。

李怡：就是這個意思，「現代」並不是已經被我們闡述清楚了，恰恰相反，我覺得很多東西才剛剛開始。

周維東：「民國」一詞是中性的，這是不是更方便納入那些豐富的文學現象呢？例如舊體詩詞、通俗小說等等。提出「民國機制」是否更有利於現代文學史的「擴軍」？也就是說將民國時期的一切文化文學現象統統包括進去？

李怡：從字面上看似乎有這樣的可能，實際上已經有學者提出了這個問題。但是，對於這個問題，我卻有些不同的看法，實際上，一部文學史絕對不會不斷「擴容」的，不然，數千年歷史的中國古典文學今天就無法閱讀了，不斷「減縮」是文學史寫作的常態，文學經典化的過程就在減縮中完成。這就爲我們提出了一個問題：一種新的文學闡釋模式的出現從根本上講是爲了「照亮」他人所遮蔽的部分而不是簡單的範圍擴大，「民國」概念的強調是爲了突出這一特定歷史情景下被人遺忘或扭曲的文學現象，舊體詩詞、通俗小說等等直到今天也依然存在，不能說是民國文學的獨有現象，而且能夠進入文學史研究的一定是那些在歷史上產生了獨立作用和創造性貢獻的現象，舊體詩詞與通俗小說等等能不能成爲這樣的現象大可質疑，與唐宋詩詞比較，我們現代的舊體詩詞成就幾何？與新文學對現代人生的揭示和追求比較，通俗小說的深度怎樣？這都是可以探討的。實際上，一直都由學者提出舊體詩詞與通俗小說進入「現代文學史」，與新文學並駕齊驅的問題，呼籲了很多年，文學史著作也越出越多，但仍然沒有發現有這麼一種新舊雜糅、並駕齊驅的著作問世，爲什麼呢？因爲兩者實在很難放在同一個平臺上討論，基礎不一樣，判斷標準不一樣。我認爲，提出文學的「民國機制」還是爲了更好地解

釋那些富有獨創性的文學現象，而不是爲了擴大我們的敘述範圍。

周維東：文學史研究從根本上講，就不可能是「中性」的。

李怡：當然，任何一種闡述本身就包含了判斷。

「民國機制」何爲

周維東：在文學的「民國機制」論述中，有哪些內容可以加以考察？或者說，我們可以爲現代中國文學研究開拓哪些新空間呢？

李怡：大體上可以區分爲兩大類：一是對「民國」各種社會文化制度、生存方式之於文學的「結構性力量」的考察、分析，二是對現代作家之於種種社會格局的精神互動現象的挖掘。前者可以展開的論題相當豐富，例如民國經濟形態所造就的文學機制。從 1913 年張謇擔任農商務部總長起，在大多數情形下，鼓勵民營經濟的發展已經成了民國的基本國策，中國近現代的出版傳播業就是在這樣的格局中發展起來的，這賦予了文學發展較大的空間；至少在法制的表面形態上，民國政府表現出了一系列「法治」的努力，以「三民主義」和西方法治思想爲基礎民國法律同樣也建構著保障民權的最後一道防線，雖然它本身充滿動搖和脆弱。這表層的「法治」形式無疑給了知識份子莫大的鼓勵，鼓勵他們以法律爲武器，對抗獨裁、捍衛言論自由；多種形態的教育模式營造了較大的精神空間，對國民黨試圖推進的「黨化」教育形成抵制。後者則可以深入挖掘現代知識份子如何通過自己的努力、抗爭調整社會文化格局，使之有利於自己的精神創造。

周維東：這些研究表面上看屬於社會體制的考察，其實卻是「體制考察與人的精神剖析」相互結合，最終是爲了闡發現代文學的創造機能而展開的研究。

李怡：對，尋找外在的社會文化體制與人的內部精神追求的歷史作用，就是我所謂的「機制」的研究。

周維東：這樣看來，民國機制的研究也就帶有鮮明的立場：爲中國現代文學的創造力尋求解釋，深入展示我們文學曾經有過的歷史貢獻，當然，也爲未來中國文學的發展挖掘出某些啓示。所以說，「民國機制」不是重新劃範圍的研究，不是「標籤」與「牌照」的更迭，更不是貌似客觀中性的研究，它無比明確地承擔著回答現代文學創造性奧秘的使命。

李怡：這樣的研究一開始就建立在「提問」的基礎上，是未來回答現代文學的諸多問題我們才引入了「民國機制」這樣的概念，因為「提問」，我想我們的研究無論是在文學思潮運動還是在具體的作家作品現象方面都會有一系列新的思維、新的結論。例如一般認為 1930 年代左翼作家的現實揭弊都來源於他們生活的困窘，其實認真的民國生活史考察可以告訴我們，但凡在上海等地略有名氣的作家（包括左翼作家）都逐步走上了較為穩定的生活，他們之所以堅持抗爭在很大程度上還是來自理想與信念。再如目前的文學史認為茅盾的《子夜》揭示了民族資產階級在現代中國沒有前途，但問題是民國的制度設計並非如此，其實民營經濟是有自己的生存空間的，尤其 1927～1937 被稱作民國經濟的黃金時代，這怎麼理解？顯然，在這個時候，茅盾作為左翼作家的批判性佔據了主導地位，而引導他如此寫作的也不是什麼「按照生活本來面目加以反映」的 19 世紀歐洲的「現實主義」原則，而是新進引入的馬克思主義的階級觀念。民國體制與作家實際追求的兩相對照，我們看到的恰恰是民國文學的獨特景象：這裏不是什麼遵循現實主義原則的問題，而是作家努力尋找精神資源，完成對社會的反抗和拒斥的問題，在這裏，文學創作本身的「思潮屬性」是次要的，構建更大的精神反抗的要求是第一位的。在這方面，是不是存在一種「民國氣質」呢？

周維東：根據您的闡述，我理解到「民國機制」所要研究的問題。過去我們研究文學史，也注重了歷史語境的問題，但從某個單一視角出發，就可能出現「臆斷」和「失度」的現象，這也就是俗話中的「只知其一不知其二」。「民國機制」研究民國「社會文化制度、生存方式之於文學的『結構性力量』」，實際還強調了歷史現場的全景考察。其次，「現代作家之於種種社會格局的精神互動現象」在過去常常被認為作家的個體想像，您在這裏特別強調這種互動的集體性和有序性，並試圖將之作為結構文學史的重要基礎。

李怡：是這樣的。過去我們都習慣用階級對抗在解釋民國時代的「左」、「中」、「右」，好像現代文學就是在不同階級的作家的屬性衝突中發展起來的，其實，就這些作家本身而言，分歧和衝突是一方面，而彼此的包容和配合也是不容忽視的一面，更重要的是，他們意見和趣味的分歧往往又在對抗國家專制統治方面統一了，在面對獨裁壓制的時候，都能夠同仇敵愾，共同捍衛自己的利益。當整個知識份子階層形成共同形成精神的對抗之時，即便是專制統治者也不得不有所忌憚，例如擔任國民黨中宣部部長的張道藩就在

1940 年代的「文學政策」論爭中無法施展壓制之術。民國文學創作的自由空間就是不同思想取向的知識份子共同造成的。

周維東：這樣看來，「民國機制」還有很多課題值得挖掘。譬如民國時期知識份子與大眾傳媒關係問題，過去我們基本從「稿費」和「經濟」的角度理解這一現象，不過如果我們注意到這一時期的「零稿費」現象、「虧本經營」現象，以及稿件類型與稿酬水平的關係問題等等，就可以從單純的經濟問題擴展到民國文人、民國傳媒的趣味和風向問題，進而還能擴展到民國知識份子生存空間的細枝末節。這樣研究文學史，眞可謂「別有洞天」呀！

作爲方法的「民國機制」

周維東：我覺得，提出文學的「民國機制」不僅可以爲我們的學術研究開闢空間，同時它也具有方法論的價值。

李怡：我以爲這種方法論的意義至少有三個方面：一是倡導我們的現代文學學術研究應該進一步回到民國歷史的現場，而不是抽象空洞的「現代」，即便是中國作家的「現代」理念，也有必要在我們自己的歷史語境中獲得具體的內容；二是史料考證與思想研究相互深入結合，近年來，對現代文學史料的重視漸成共識，不過，究竟如何認識「史料」卻已然存在不同的思路，有人認爲提倡史料價值，就是從根本上排除思想研究，努力做到「客觀」和「中性」，其實，沒有一種研究可以是「客觀」的，從來也不存在絕對的「中性」，最有意義的研究還是能夠回答問題，是具有強烈的問題意識的研究。如何將史料的考證和辨析與解答民國時期文學創造的奧秘相互結合，這在當前還亟待大家努力。第三，正如前面我們所強調的那樣，我們也努力將外部研究（體制考察）與內部研究（精神闡釋）結合起來，以「機制」的框架深入把握推動文學發展的「綜合性力量」，這對過去「內外分裂」的研究模式也是一種突破。

周維東：最近幾年，中國出現了「民國熱」，談論民國，想像民國，出版民國讀物，蔚爲大觀，有人擔心是否過於美化了那一段歷史？

李怡：這個問題也要分兩重意義來說，首先是爲什麼會出現這樣的「熱」？顯然是我們的歷史存在某種需要反省的東西，或者將那個時候的一切統統斥之爲「萬惡的舊社會」，從來沒有正視過歷史的應有經驗，或者是對我們今天——市場經濟下虛無主義盛行，知識份子喪失理想和信仰的某種比照，在這

樣兩種背景上開掘「民國資源」，我覺得都有明顯的積極意義，因爲它主要代表了我們的不滿足，求反思，重批判，至於是否「美化」那要具體分析，不過，在「民國」永遠不會「復辟」的前提下，某些美好的想像和誇張也無需過分擔憂，因爲，「民國」資源本身包含「多元」性，左翼批判精神也是民國精神之一，換句話說，眞正進入和理解「民國」，就會引發對民國的批判，何況今天分明還具有太多的從新體制出發抨擊民國的思想資源，學術思想的整體健康來自不同思想的相互抵消，而不是每一種思想傾向都四平八穩。

周維東：的確是這樣。所謂「美化」的背後其實是缺失和批判。學術史上又太多類似的「美化」，屈原、陶淵明、李白、杜甫等文化名人形成的光輝形象，不正是研究者「美化」的結果嗎？魯迅也曾經「美化」過魏晉。在研究者「美化」歷史人物和歷史時期時，我想他（她）不是諂媚也不是褒貶，而是在更大的文化空間上，揭示我們還缺少什麼，我們如何可以過的更好。

李怡：還有，也是更主要的一點，我們的「民國機制」研究與目前的「民國熱」在本質上沒有關係。我們要回答的是民國時期現代文學的創造秘密，這與是否「美化」民國統治者完全是兩回事，我們從來嚴重關切民國歷史的黑暗面，無意爲它塗脂抹粉，恰恰相反，我們是要在正視這些黑暗的基礎上解答一個問題：現代知識份子如何通過自己的抗爭和奮鬥突破了思想的牢籠，贏得了民國時期的文學輝煌，我們把其中的創生力量歸結爲「民國機制」，但是顯而易見，民國機制並不屬於那些專制獨裁者，而是根植於近代以來成長起來的現代知識份子群體，根植於這一群體對共和國文化環境與國家體制的種種開創和建設，根植於孫中山等民主革命先賢的現代理想。

周維東：「民國機制」不是民國統治者的慈善，不是政治家的恩賜，而是以知識份子爲主體的社會力量主動爭取和奮鬥的結果，在這裏，需要自我反省的是知識份子自己。

李怡：「民國機制」的提出歸根結底是現代文學學術長期發展的結果，絕非當前的「風潮」鼓動（中國是一個充滿「風潮」的社會，實在值得警惕），近三十年來，中國現代文學研究一直在尋找一種更恰當的自我表達方式，從1980年代「二十世紀中國文學」在「走向世界」中抵消政治意識形態的干預到1990年代「現代性」旗幟的先廢後存，尷尷尬尬，我們的文學研究框架始終依靠外來文化賜予，那麼，我們研究的主體性何在？思想的主體性何在？我曾經倡導過文學研究的「生命體驗」，又集中梳理過中國現代文學批評的術

語演變，這一切的努力都不斷將我們牽引回中國歷史的本身，我們越來越眞切地感受到更完整地返回我們的歷史情境才有可能對文學的發展作進一步的追問。對於現代的中國文學而言，這一歷史情境就是「民國」，一個無所謂「美化」也無所謂「醜化」的實實在在的民國，回到民國，才是回到了現代中國作家的棲息之地，也才回到了中國文學自身。

周維東：最後一個問題，我們研究民國時期的文學，是否也應該考慮當時歷史狀況的複雜性，比如是不是民國時代的所有文學都從屬於「民國機制」？比如解放區文學、淪陷區文學？除了「民國機制」，當時還存在另外的文學機制沒有？

李怡：這樣的提問就將我們的問題引向深入了！我一向反對以本質主義的思維來概括歷史，社會文化的內在結構不會是一個而是多個，當然，在一定的歷史時期，肯定有主導性的也有非主導性的，有全局性的也有非全局性的。在「民國」的大框架中，也在特定條件下發展起了一些新的「機制」，但是民國沒有瓦解，這些「機制」的作用也還是局部的。延安文學機制是在蘇區文學機制的基礎上發展起來的，軍事性、鬥爭性和一元性是其主要特徵，但這一機制全面發揮作用是在「民國」瓦解之後，在民國當時，延安文學能夠在大的國家文化體系中存在，也與民國政治的特殊架構有關，在這個意義上，也可以說是民國機制在特殊的局部滋生了新的延安機制，並最終爲發展後的延安機制所取代。至於淪陷區則還應該仔細區分完全殖民地化的臺灣以及置身中國本土的東北淪陷區、華北淪陷區和上海孤島等，對於完全殖民地化的尚未光復的臺灣，可能基本置於「民國機制」之外，而對其他幾個地區，則可能是多種機制的摻雜，雖然摻雜的程度各不相同。但是，從總體上看，我並不主張抽象地籠統地地議論這些「機制」比例問題，我們提出「民國機制」最終還是爲了解決現代中國文學發生發展的若干具體問題，只有回到具體的文學現象當中，在分析解決具體的文學問題之時，「民國機制」才更能發揮「方法論」的作用，啓發我們如何在「體制與人」的交互聯繫中發掘創造的秘密。我們無需完成一部抽象的「民國機制發展史」，可能也完成不了，更迫切的任務是針對文學具體現象的新的符合中國歷史情境的闡述和分析。

周維東：對，我們的任務是進入具體的文學問題，將關注「民國機制」作爲內在的思想方法，引導對實際現象的感受和分析。

目

次

導論　民國校園文學的一座高峰*

【摘要】校園文學是現代教育制度的產物。西南聯大校園文學除了具備校園文學的一般特點外，還表現出反映社會人生的特點。這種特點的形成，緣於西南聯大所處的特殊時代和西南聯大作家的特殊生活：從北到南的大遷徙使他們認識了社會現實，市井生活使他們體驗到民生疾苦，抗戰使命使他們創作抗戰文學，軍旅生涯使他們思考戰爭的問題。西南聯大具有不同於一般校園的新文學環境，學生在文學社團中學習成長，自由創作，產生了能夠代表中國校園文學以至中國現當代文學的傑出作品。西南聯大校園文學是 20 世紀中國校園文學的一座高峰。

【關鍵詞】中國、校園文學、高峰、西南聯大、學生創作。

一、關於校園文學

關於校園文學，迄無定論。但在中外各種觀點中，有兩點認識是一致的：第一，校園以內的文學，第二，學生創作的文學。「校園以內」是說文學作品產生於校園，而不是把文學題材框範於校園。校園內的作家描寫校園以外生活的作品也屬於校園文學，而校園外的作家即使所寫內容是學校生活也不一定是校園文學。複雜的是對於校外作家描寫校園生活的作品的定位。大家傾向較為一致的是學生在校園裏構思，在離開校園後不長的時間內反映校園生活的作品，應該算校園文學。而作者早已是「社會人」，或者以社會學的思想

---

* 本文原載於《雲南師範大學學報》2012 年第 6 期，原題《中國校園文學的一座高峰——論西南聯大學生創作》。

剖析校園生活的文學則很難歸入校園文學之內。「學生創作」指作者身份而言。校園文學的作者以學生爲主體，而不包括教師作家。關於教師作家仍有不同看法，一種認爲既爲校園文學就應該包括教師作家，一種認爲教師作家多以社會人生爲描寫對象，已超出校園範圍，有的甚至引導著文壇的風潮，不能算作校園文學作家。兩種觀點都有道理，又都有所偏執。教師作家有年齡、水平、名望之分。老教師作家固然難以算作校園文學作家，但年輕的教師作家得作細論。有的學生作者畢業後在學校做老師並繼續從事創作，尤其是有的學生作者畢業後留校任教，雖然身份變了，但其文學場域仍然是先前的場域，其作品與學生時代所寫並無大的變化；即使畢業離開了校園，仍與校園保持著密切聯繫的青年作者，其創作仍繼續校園創作的路數，有的甚至照舊參加校園的文學活動，作品仍在校園刊物上發表，恐怕應該繼續算作校園作者。簡言之，離開學校不久的學生作者，雖然身份變了，但其文學場域和作品風格沒有變，就不能把他們排除在校園文學作家之外。

關於校園文學的創作特點，也有兩點是大家的共識：第一，反映校園生活，第二，通過社團運作。「反映校園生活」只是其主要內容或傾向，或者說是內容之一，不是校園文學的全部內容或傾向，這正如上文所談反映校園生活的不一定都是校園文學一樣。有的學生所寫的內容逾出校園之外，具備了社會人生的內容，也不能說它是社會文學，因校園文學概念的要點是「產生於校園」和「學生創作」的文學。有的學者根據校園生活的特點把校園文學等同於兒童文學、少年文學、青春文學，則更爲狹隘，且在概念上與這些文學種類發生了混淆，實不可取。由於否認校園文學的內容可以逾出校外的觀點與校園文學的定義的外延不相符合，有的學者把它修訂爲「通過校園生活反映社會人生」。但這樣的修訂仍是狹隘、徒勞的。學生生活並不局限於校園，有時甚至完全離開了校園而屬於社會性的，爲什麼其作品一定要「通過校園生活」才能「反映社會人生」呢？因此，「反映校園生活」只是校園文學的主要特點，此特點可以擴大爲以反映校園生活爲主兼及社會人生。「通過社團運作」確實是校園文學的一個特點。事實表明，校園文學作品大多出於社團，那些著名的校園文學作家大多是文學社團的骨幹人物。文學社團的作用是組織文學創作隊伍，提高社員的創作興趣，推動文學創作的發展，並在此過程中培養文學人才。所以，校園裏的文學愛好者往往會發起組織文學社團，並在其中發揮作用，同時得到提高。據不完全統計，我國目前的中學

生文學社團上萬個，大學生文學社團也有數千個，這是一股非常強大的創作力量，也是未來文學的希望。有鑒於此，研究校園文學必須從校園文學社團開始。

關於校園文學的完整定義，學界至今未能確定。但可以相信，研究者們通過不懈的探索和研究，將來是會做出來的。我固然有些思考，但為了避免不必要的「概念之爭」，在此暫且不談，而直接運用大家已形成的相對共識，寫出以上文字作為我下文將要開展的校園文學研究的理論依據。

但是，仍有兩個問題需要解答：

其一是校園文學能不能產生傑作？

這仍然要看如何定義校園文學。如果把校園文學的範圍和特點局限於校園裏學生創作的反映校園生活的文學，恐怕產生傑作的可能性較小。而如果按上文的傾向，把校園文學看作是學生和脫離學生身份不久的年輕教師以及文學青年繼續學生時代的創作，那麼校園文學是能夠產生傑作的。這不是小覷學生創作的質量，而是擴大了校園文學的內涵和外延。在內涵中，不僅包涵了反映校園生活的作品，還包括了反映校園以外社會生活的作品，在外延內，既有學生的創作，也有「後學生」的創作。只要看一看中國校園文學的歷史，就知道此言不謬。文學的成就似乎與年齡不成正比。雖然「庾信文章老更成」，但「成」的主要是技巧，不見得是思想觀點。今天公認的作家代表作大多是作家的少壯之作，較少晚年巨著。現代文學史上的許多大家最優秀的作品幾乎都寫於他們創作的早、中期，舉凡魯迅、郭沫若、茅盾、巴金、老舍、曹禺、沈從文、艾青、趙樹理等等無不如此。若以本題校園文學而論，有必要說說大家所熟悉的「曹禺現象」。曹禺 23 歲，還在清華大學做學生時就寫成了名震遐邇的傑作《雷雨》了，他接著寫出了《日出》、《原野》、《北京人》等巨作，建國後，他「成熟」了，卻寫不出名作了，他在晚年決心寫一部「大作」，卻無從下筆，直至帶著未寫出好作品的遺憾離開了人世。曹禺雖然是一個典型，但也是一種普遍現象。由是觀之，你能否認校園文學能夠產生傑作嗎？

其二，校園文學產生於何時？

研究者一般認為，中國校園文學是改革開放以來的產物，把校園文學的起點定在 20 世紀 80 年代，認為校園文學是當代文學的一個品種，其標誌是《中國校園文學》的創刊。這種觀點所說的「起點」實際是「校園文學」概

念的提出時間，而不是校園文學的產生。事實上，校園文學是現代教育制度的產物。古代的私塾不教寫作，很難有學生寫的作品傳世，杏壇、書院裏雖有學生作品，但未成氣候，可以看作校園文學的濫觴，但還不是今天所謂校園文學。現代教育辦學堂、學校，尤其是設立國文學科，集中學生學習和寫作，於是有了校園文學。所以，校園文學自現代學校始，有學校（學堂）就有了校園文學。校園文學隨著新文學的提倡而轉型，成為新文學的主要創作力量之一，對中國現代文學的發展做出了重大貢獻。北大、清華的學生創作是20世紀初葉校園文學的代表。那時，校園文學融彙於現代文學，成為現代文學的重要部分，校園師生作家甚至是現代文學的主要作家，大家論述的現代文學在一定程度上包括了校園文學。這樣，校園文學反而沒有受到學者的關注，不能把它提出來做專門的研究，校園文學因而湮沒於現代文學之中了。那些認為校園文學起源於改革開放的學者，並不是對此前校園文學的無知，而是「無視」，他們不承認以前的學生創作是校園文學，因為那時的校園文學大多描寫社會人生，逾出了校園圍墙，不符合他們的定義，也就顧不上「學生作者」和「產生於校園的文學」兩個義項了。概言之，校園文學起於近代，是現代大學體制的產物，中國現代文學包涵了校園文學，現代校園文學成就巨大，值得研究。

二、西南聯大校園文學

　　根據上述校園文學的內涵和特點，西南聯大的文學屬於校園文學。過去很少有人從校園文學的角度研究西南聯大文學，大概緣於兩個原因：一是沒有對西南聯大文學進行發掘。在人們的觀念裏，一提到西南聯大文學，便是那些傑出的作品及其作家，如馮至的《十四行集》、《伍子胥》，沈從文的《長河》、《燭虛》，卞之琳的《慰勞信集》、《山山水水》，學生作家是「聯大三星」、「九葉詩人」，外加汪曾祺等，而眾多的西南聯大學生作家的作品，鮮有人知，例如：《鼓》、《舞》、《新生》、《司鐘老人》、《野老》、《露營》、《二憨子》、《獸醫》、《逃去的廚夫》等等作品，可能大多數西南聯大文學的研究者亦未必知道。這必然影響到研究者對於西南聯大文學的判斷，致使他們不能從校園文學角度去考察西南聯大文學。二是認為作為校園文學來看待會降低西南聯大文學的價值。因為一般研究者認為校園文學就是反映校園生活的文學。有學者曾把《倪煥之》作為校園文學的「傑出代表」，但《倪煥之》並不

是 20 世紀文學的一流作品。在這種觀念之下，如果把西南聯大文學作爲校園文學看待，就等於說西南聯大文學只有「校園內容」，而沒有傑作，因而降低了西南聯大文學的地位。所以研究者不把西南聯大文學看作校園文學。即使偶然有人在研究中提到「校園」，如說穆旦是「校園詩人」，但並沒有從校園文學的角度去研究，更沒有引起共鳴。而在事實上，西南聯大學生文學的題材是超出校園的——這更是不把西南聯大文學當校園文學看待的「依據」。現在，以上兩點都不是問題了，所以說西南聯大的文學從其內涵和特點看是校園文學：

首先，西南聯大文學中半數以上的作品是學生創作的。一般認爲，西南聯大的文學作品主要是教師作家甚至是著名作家朱自清、聞一多、沈從文、馮至、李廣田、卞之琳、燕卜蓀、錢鍾書等創作的，學生只有穆旦、汪曾祺、鄭敏、杜運燮、袁可嘉、王佐良等幾位，而成就較大的是教師作家和「九葉詩人」及汪曾祺。其實不盡然。新近出版的《西南聯大文學作品選》一書，選入 66 位作家的作品，其中教師作家只有 17 位，其餘全是學生作者；選入作品 91 篇，其中 27 篇爲教師所作，其餘全是學生的作品。〔註1〕這一數字說明，西南聯大文學創作的主力軍是學生而不是教師，雖然學生個人的創作量不一定比某些教師個人的創作量大，但有的學生個人創作的數量也不少，而學生作品的總量則超過了教師創作的總量。可以肯定地說，西南聯大文學作品的數量遠遠不是我們目前所知道的那些，而未知的多數是學生發表的作品。既然西南聯大文學作品主要是學生創作的，符合大家公認的校園文學基本定義中「學生」和「校園」的義項要素，自然可以把西南聯大文學作爲校園文學看待了。至於其中老師的創作即非校園文學的部分，可以另作研究。這種情形各個學校都存在，是校園文學研究遇到的共同問題，非爲特例。

其次，西南聯大學生的文學創作是通過社團來運作並推進的。中國 20 世紀社會組織的一大特點是社團興旺。爲了聚集力量從事某一項工作，人們組織了形形色色的社團，社團從而成爲民間組織的一種形式。學生社團即是這種民間社會組織形式在校園中的表現之一。據筆者的不完全統計，西南聯大學生先後組織過一百多個社團，包羅各個學科，涉及生活、娛樂、消閒等五花八門。有的社團曇花一現，有的社團長達數年。可以說，組織社團

〔註 1〕見李光榮編選：《西南聯大文學作品選》，北京：人民文學出版社，2011 年。

成爲西南聯大學生生活的一種風氣，社團活動是西南聯大學生開展工作的一種方式。這些社團中，有十幾個是文學社團。關於各文學社團的情況，將在下一節作具體闡述，這裏只談文學社團的功能。文學社團的首要作用是組織文學創作隊伍。文學社團是文學愛好者發起組織的，組成後又把更多的文學愛好者聚集在一起，形成集體力量，開展文學創作。因此，文學社團的次要功能是創作文學作品。爲了創作出更多更好的文學作品，文學社團往往開展一系列工作：激勵創作情緒是其一，相互交流切磋是其二，舉辦文學講座是其三，創辦刊物是其四，推薦社員作品發表是其五，社團之間還暗自形成競爭，其結果自然是繁榮了創作。文學社團在活動中獲得了最後一個功能：培育文學人才。社團初建之時，除幾個骨幹具有文學創作的經驗外，大部分社員只是抱著一腔熱情參加，在文學社團的激勵下，在老社員的帶動下，在寫作的具體實踐中，新社員的創作能力得到提高，逐漸成長爲文學創作人才。西南聯大學生作者很少有沒參加過社團的，換言之，西南聯大學生的作品絕大多數出自社團成員。西南聯大學生作者與文學社團的關係如此密切，具備了一般認爲的「學生文學往往與社團有關」的校園文學特點。

西南聯大學生的創作除了具備一般校園文學的特點外，還有其自身的特點，這就是社會性。

「社會性」是西南聯大校園文學與生俱來的特點。今存較早的學生詩歌《野獸》用野獸形象象徵中國人民抗敵意識的覺醒，最後的一批作品則表現出強烈的反內戰思想，而其間的文學，大多是對社會、人生、戰爭的描寫，充滿了強烈的社會意識。當時社會的最大特徵是戰爭，西南聯大學生的作品也較多反映了戰爭，或者直接描寫，或者間接表現，或者把戰爭作爲背景，即使一些「遠離戰爭」的作品，也擺脫不掉戰爭的陰影，其作品所寫的社會是戰爭環境中的社會，所寫的人生是戰爭時代的人生，因此可以把戰爭作爲西南聯大校園文學社會性的核心內容來看待。《未央歌》的「純淨」實在只是一個特例，不能代表西南聯大學生文學的總體風格。社會性的表現，有些是與校園生活結合的，即「通過校園生活反映社會人生」，有的則遠離校園直接描寫社會人生，看不出校園生活的影子，甚至讀者會想不到該作品出於學生之手，但它們實實在在是西南聯大的校園文學。如果用「反映校園生活」的標準去框範西南聯大文學，是不適當的。

　　形成西南聯大校園文學社會性特點的原因有二：

　　其一，是對中國校園文學傳統的繼承。組成西南聯大的北大、清華、南開本是我國校園文學的先鋒，早期北大、清華的文學和南開的戲劇都聞名於全國，甚至在一段時期內代表著新文學某個方面的水平。而其校園文學的顯著特點是對社會人生的關懷。三校的校園作家都很自覺地把目光投向社會底層人生，反映民間疾苦，卻很少眷顧自己的小我而把個人的憂愁放大給別人看，即使寫愛情，也反映出了時代的聲音。這種傾向同時也是中國現代文學的傳統。這種傳統由三校師生帶入西南聯大。還在遷往昆明的途中，師生們就不失時機地瞭解社會、考察民情，收集民歌，寫「旅行」記錄，到了雲南，一篇篇文章，一首首詩歌，一本本書籍相繼寫出並面世，開創了西南聯大文學的局面，奠定了西南聯大校園文學的風格基礎。北大、清華校園作家出身的教師和西南聯大學生文學社團的導師楊振聲、朱自清、聞一多、李廣田、馮至等，以及作家沈從文，無論在課堂上還是講座中，或是與個人的談話，都強調個人對國家、民族、時代、大眾應做的工作和應盡的責任，要求文學擔負起歷史的使命。他們指導著文學社團活動，引導了校園文學的方向。從社團文學創作的實際看，西南聯大文學是按照導師們引導的方向，沿著前幾屆學長開創的道路發展的，直言之，西南聯大校園文學繼承了中國校園文學的傳統而又有所開拓發展。

　　其二，是西南聯大的校園生活決定的。西南聯大是一所敞開大門的學校。一方面學校裏舉行的活動，社會人員可以參加，包括老師上課也可以隨時來聽，甚至學生宿舍裏也有社會人員借宿；另一方面學生走出校門，有的參與編報紙或雜誌，有的在中學任教，有的兼職做社會工作，有的打零工，與社會的各個方面發生了廣泛的聯繫。此外還有三點是其他任何時候的任何大學都沒有的。第一，從北到南的轉移。師生從北京到長沙，從長沙到昆明，舉行了行程數千里的大遷徙。其中最不同凡響的是從長沙步行 3000 多里到達昆明。第二，散居民間的市井生活。師生租住民房，與普通市民朝夕相處。西南聯大師生的住所遍及全城，形成了昆明城有多大，西南聯大就有多大的「校園景觀」。第三，從軍抗日。據不完全統計，在西南聯大 8000 學生中，有 1000多人從軍抗日，多數進陸軍，少數入空軍，近在昆明，遠達緬甸、印度，有的在後勤搞服務，有的持槍上戰場。特別是美國空軍援華大隊到來，其翻譯人員大多由西南聯大師生充任。這些情況說明，西南聯大學生的活動範圍幾

乎遍及整個昆明城以至更寬的社會空間。學生廣泛而深入地接觸社會，在某段時間內甚至融入社會，變成了「社會人員」。這種生活必然帶來親歷者對社會人生的深入認識。作爲文學作者來說，這種生活帶給他們的是對社會人生的抒寫：寫社會猶如寫校園，寫他人則融入了自我。假若抽去對於社會人生的描寫，西南聯大的校園文學便蒼白無力，甚至失去了意義。也是這種生活，奠定了西南聯大校園文學的風格，在一定意義上決定了校園文學的成就。可以說，在中國的抗戰文學中，對於戰爭的批判和人性描寫的深度，很少有能超過西南聯大文學的。

三、西南聯大的文學社團

西南聯大學生文學社團此起彼伏，貫穿於西南聯大的歷史過程中，成爲西南聯大文學活動的基本形式，以至研究西南聯大文學必須先研究文學社團。這就是我當初全面研究西南聯大文學時，選擇從文學社團入手的原因。

西南聯大的著名文學社團有南湖詩社、高原文藝社、南荒文藝社、冬青文藝社、文聚社、文藝社、新詩社、西南聯大話劇團、劇藝社等。這些社團中，有專業社團和綜合社團兩類。專業社團如從事詩歌創作的南湖詩社和新詩社，從事戲劇演出和創作的聯大劇團和劇藝社；綜合社團是高原文藝社、南荒文藝社、冬青文藝社、文聚社、文藝社等，綜合社團各體文學皆寫。從文學活動看，無論專業社團還是綜合社團都有各自的特點，又有共同之處。共同之處有二，其一是隊伍龐大。每個社團的社員都是幾十人，南湖詩社較少爲 20 人，文藝社最多的時候 60 多人，戲劇社團因多幕劇的演出需要，社員總在數十人，臨時參加演出的則更多，如公演《阿 Q 正傳》時，共有 200 多人參加工作，新詩社組織開放，不固定社員，有時一次活動的參加者就達 1000 多人。而當時西南聯大中文系每年的招生數只有十多人，哲學心理學系僅爲幾人。那是一個艱苦卓絕的戰爭年代，又是一個熱血沸騰朝氣蓬勃的年代，同時是一個文學的時代，所以，文學社團興旺發達。其二是開辦文藝園地。作爲學生和校園文學社團，辦得最多的是壁報。在上述九個社團中，除文聚社和聯大劇團之外，都辦有壁報，冬青社的雜文壁報除新校舍外，還一度出了南苑版和師院版。有條件的社團則辦有報紙或雜誌，如文藝社創辦《文藝新報》，文聚社辦有《文聚》雜誌和《文聚副刊》。戲劇社團則用演出的形式發表自己的創作，聯大劇團和劇藝社的演出獲得過極好的效果。文

藝創作要求展示，創作的目的就是爲了公諸於眾，以獲得他人的認可和贊同。西南聯大的文藝社團開辦自己的園地，把社員的優秀作品推向大眾，一方面展示了自己的創作業績，另一方面給作者以鼓舞，激勵大家創作出更多更好的作品。以上兩個共同之處其實又是西南聯大文學社團在組織與活動方面的特點。這裏還要談談校園文學社團的特點和西南聯大文學社團的總體特點：

　　校園文學社團與社會文學社團相比，有社員集中和導師指導兩個特點。構成校園文學社團的主體是在校學生，又以發起人所在學院和年級的學生爲多，這就形成了社員相對集中的特點。社員集中，知識和思想水平大致相當，而且工作（學習）相同，作息時間一致，就容易集中社員開展活動，所以校園文學社團往往比社會文學社團組織嚴密，活動豐富。學校裏有文學教師，有的文學教師本是著名作家，這是學校的特殊資源。學生文學社團往往請本校文學教師做指導、當顧問，輔導文學青年成長，引導文學社團的創作趨勢，這是校園文學社團得天獨厚的條件。學生作者在校園文學社團裏進步較快，其中一個重要的原因就是有老師做指導。一般說來，文學社團的中心活動是創作，擴大一點說，所開展的活動都是圍繞著文學創作進行的。但是，校園文學社團的活動則可能離開文學而舉行。這一方面是學校工作和生活的需要，另一方面也是創作者的需要。從事創作的人不能只關心文學。因此，校園文學社團的活動有時候是政治的，有時候是純藝術的，有時候還可能是社會的、生活的、商業的。這在社會文學社團那兒並不多見。

　　再把西南聯大的文學社團與其他學校的文學社團相比，會發現它們具有緊跟時代、藝術先鋒和互動競爭三個特點。

　　「緊跟時代」是西南聯大文學社團與生俱來的品質。戰爭迫使三校師生離開文化古城和象牙之塔，流落到了西南邊疆，故鄉淪陷，親人在侵略者的淫威下煎熬，這種切膚之痛更加堅定了他們的抗戰意志，許多社員甚至投身軍隊，爲抗日出力，有的社員曾兩次從軍，建立功勳。抗戰後期，他們還關注昆明街頭的病兵，呼籲給他們人道主義的關懷。民主與自由是現代社會的時代思潮，在民主與自由得不到保障的抗戰後期及勝利之後，社團成員又挺身而出，爭民主、反內戰，促進政治協商會議的召開，主張建立聯合政府，並爲之付出了血的代價。時代與社會是兩個概念，有時又聯繫在一起，難以拆分，因此西南聯大校園文學濃厚的社會意識與強烈的時代感關係密切。

「藝術先鋒」指西南聯大文學社團在藝術方法和表現手法上站在時代的前列，在一定程度上引領了藝術的潮流。這由以下條件而形成：第一，西南聯大的教師是世界最新文藝的參與者和中國文學理論的引導者。以詩爲例，燕卜蓀是英國現代派詩人且與艾略特等一同開創了現代派詩歌，卞之琳是奧登詩歌的翻譯者和介紹人，馮至崇拜並推廣里爾克的詩風，聞一多提倡全新的朗誦詩，朱自清作現代詩論並且對西南聯大的詩歌創作進行了理論概括，所以，西南聯大在現代詩歌史上留下了這樣兩道亮色：「九葉詩人」和不同於其他地區的朗誦詩。第二，西南聯大所處的特殊區位優勢。昆明在抗戰時期是連接國外最直接的城市，曾經一度是通達國外的唯一前沿省會──先有滇越鐵路，後有滇緬公路和紅河航線，當水陸兩路被阻斷時，還有空中的「駝峰航線」。所以，西南聯大圖書館裏陳列著當年出版的歐美雜誌，中文系圖書室裏擺放著最新的歐美文學著作。還有那些讀不懂漢字、聽不懂漢語的美國援華空軍駐紮昆明，帶來了許多最新的美國讀物，其中一些是文學書籍。西南聯大學生去給他們做翻譯，從他們那裏讀到了最先鋒的文藝。第三，西南聯大充滿了創新精神，教師評價學生作業的標準之一是新意。如果墨守成規，作業做得再好也得不到最高分。在老師的鼓舞和引導下，西南聯大的學生形成了創新求變的思想品質。創新思想必然會被社員帶到文學社團中來，更何況，優秀的文學作品從來都是創新的產物。這樣，西南聯大文學社團創新成風，大家樂於接受外國最新的方法和技巧，用以表現中國的生活，同時探索發現，創造新的思想、新的文學品種和新的表現方法，西南聯大校園文學因而顯現出先鋒氣象。

「互動競爭」是說西南聯大各文學社團之間既有聯繫，又相互聯合、協作，還暗自競爭。首先，西南聯大文學社團「我中有你，你中有我」，有的社員「一身數任」。〔註2〕高原文藝社由南湖詩社更名而成，南荒文藝社以高原文藝社爲班底擴建而成，文聚社的首倡者和發起人本是冬青文藝社的主帥和骨幹。劇藝社的核心人員曾是戲劇研究社的核心人員，而戲劇研究社核心人員又是聯大劇團的主幹，三個劇社串聯起了西南聯大的戲劇史。文藝社、新詩社和劇藝社的骨乾和社員相互交叉，不分彼此。其次，西南聯大的文學社團共同開展工作。《文聚》雜誌上發表的許多作品可以說是冬青社的，冬青社刊物上的一些作品又是文聚社的，而社員發表在外面的作品，根本沒法說清

〔註2〕王景山：《憶葉華》，《西南聯大北京校友會簡訊》（內刊）第15期，1994年。

是文聚社還是多青社的。耕耘社和文藝社曾經就文藝創作方法問題展開過公開論爭，後文藝社週年時出「倍大號」壁報，刊登了耕耘社的作品。劇藝社演出多幕劇，文藝社、新詩社的社員在其中忙得不亦樂乎。新詩社舉辦大型詩歌朗誦會，主要朗誦者中許多是劇藝社、文藝社社員。《文藝新報》上刊登的作品，有許多是劇藝社和新詩社社員的。最後，西南聯大各文學社團之間暗自形成競爭。這种競爭是良性的互動，是證明我的正確，我比你強，而不是要擠垮對方。在文藝社與耕耘社的論爭中，耕耘社用現代派作品證明這種寫作方法才是適合表現現代思想意識和生存情感的方法，文藝社用現實主義作品證明文學反映社會生活的眞實性與深度，發揮文學爲現實鬥爭服務的功能。新詩社出詩歌壁報，文藝社出綜合性文藝壁報；新詩社組織參加者眾的詩歌朗誦會影響民眾，文藝社創辦《文藝新報》公開發行；新詩社出版《死在戰場以外的中國兵》，文藝社出版《繆弘遺詩》。社團並沒有表明競爭思想，而實際上形成了相互間的比賽，結果是促進了創作的繁榮。

　　上文曾說，文學社團有組織文學隊伍、促進文學創作和培養文學人才的三大功能。以此考量西南聯大學生文學社團，會得到一個滿意的答案。文學隊伍上文已斷斷續續地談到，文學創作留待下一節專門討論，在此只談文學人才問題：

　　西南聯大畢業後從事文學工作和與文學相關工作的著名人物，除極少數外，都是當年文學社團中的活躍者。證明這一點的便捷方法是列出人物的事迹，但篇幅所限在此只列舉人名而後舉例說明。從西南聯大文學社團走出的我國文學及相關學科的著名人物如：曾經是南湖詩社、高原文藝社、南荒文藝社的向長清、劉兆吉、林蒲、趙瑞蕻、穆旦、劉綬松、周定一、陳士林、李敬亭、劉重德、陳三蘇、李鯨石、高亞偉、王佐良、楊周翰、楊苡、祖文，曾經是多青社和文聚社的林元、劉北汜、杜運燮、汪曾祺、蕭珊、巫寧坤、盧靜、吳宏聰、辛代、羅寄一、張世富、于產、秦泥、趙景倫、彭國濤、賀祥麟、方敬、鄭敏、流金，曾經是文藝社、新詩社的何達、張源潛、王季、王景山、劉方、劉治中、康倪、趙寶熙、伍驊、溫功智、聞山，曾經是聯大劇團、劇藝社的張定華、蕭荻、王松聲、郭良夫等等。需要說明的是，這個名單並不完備。原因一，有的筆名對不上眞名；原因二，有的在一方土地上很有名，但事迹傳之不遠；原因三，有的去了海外，知者不多；原因四，有的早逝或改行，無後續成績。但僅以上所列，可以肯定西南聯大文學社團的

育人功績之顯著了。其中，在文學社團中創作成績較大，離開社團後文名甚熾，可以作為西南聯大文學社團育人功績的典型作家是穆旦和汪曾祺。

詩人穆旦是西南聯大五個學生社團的參與發起人和中堅作者。在組織南湖詩社前，他已是小詩人，但沒有傑作，較為著名的《野獸》寫於長沙臨時大學，初刊在文學院壁報上，可算作社團成果。在南湖詩社，他沉浸在雪萊、惠特曼的風格中，所寫為浪漫主義詩歌。到了高原社時期，他開始現代主義詩歌的創作實驗，進入多青社和南荒社，創作趨於成熟，到了文聚社，一躍而成為傑出的現代主義詩人，《讚美》、《詩八首》、《出發》、《森林之魅》等相繼發表，決定了他在中國現代文學史上的崇高地位。小說家汪曾祺不同於穆旦，在參加多青社之前沒有寫出過作品，他是懷著一腔文學熱情進入多青社的。在多青社社友的激勵和影響下開始了文學創作，最初的作品《釣》，接著寫出了清新自然的《翠子》、《悒鬱》，顯示出自己的創作特色。在文聚社，他最顯著的特點是進行現代主義小說的創作試驗，情節、結構、語言都與傳統風格不同。正是在多青社和文聚社裏，汪曾祺的小說無論現實主義還是現代主義都走向了成熟，現實主義的《河上》、《老魯》，現代主義的《復仇》、《誰是錯的》就寫於此時。穆旦和汪曾祺在學生時代對於文學幾近痴迷，他們憑自己的探索也可能成為文學家。但文學社團對他們的成長所起的作用不可低估。他們在西南聯大的文學場域和文學社團的創作氛圍中思考探索，創作交流，發表作品並得到批評與鼓勵，創作水平迅速提高，成為著名的校園作家。他們在文學社團中的進步軌迹清晰可見。

四、西南聯大文學社團的成就

上文曾提到校園文學能否產生傑作的問題，這裏再作論述。在論述之前，先看看西南聯大文學社團的整體創作情況。

今天所知西南聯大的文學作品，保守地說，還不到其創作總數的一半。不知的尤以學生或者說文學社團的創作為多。以汪曾祺這樣的名家為例，收錄較全的北師大版《汪曾祺全集》收入他創作於昆明的小說 6 篇，而筆者整理出來的同期小說則有 22 篇，意即幾十年來，人們通常所知汪曾祺創作於學生時代的小說只占他創作總數的 1／4 強，未知的占將近 3／4，所知與未知的比例約為 1：3。研究者眾的著名作家尚且如此，一般作家的情形就可想而知了。南湖詩社在三個月的歷史中創作的詩歌在百首以上，外有《西南采風

錄》收入的 771 首民歌。可是在我公佈之前，人們所知南湖詩社的詩作不足 10 首。劇藝社在「一二・一」運動期間創作出 10 部劇本，刊登出來的只有 4 部。其他社團的作品散見於各處，無從統計。可以確知的是《文聚》雜誌和《文藝新報》上刊載的作品。「概括起來，6 期《文聚》共發表了 65 題 127 篇作品。這些作品大約可以歸為詩歌、小說、散文三類，其中詩歌 23 題 84 首，小說 17 篇，散文 25 題 26 篇」。〔註3〕《文藝新報》出版 7 期，共發表論文 11 篇，詩歌 28 首，小說 4 篇，散文 9 篇，雜文 38 篇，共計 90 篇（首）。〔註4〕關於文聚社和文藝社所寫作品的總數，恐怕也是難以統計的。而新詩社的詩歌，以朗誦為發表形式，以會場為「刊登」場所，除少數再公開發表或作者存稿外，絕大多數今天已無從知曉。還有各個社團壁報上刊登的作品，無法保存，今天也是一個未知數。基於這種情況，在此只能給出一個估計數：西南聯大九年的學生文學作品，大約近千篇（首），字數在數千萬。筆者編選的《西南聯大文學作品選》除著名詩人的短詩外，每種文體只收同一作者的一篇作品，結果有約 34 萬字，而入選本書的自然不包括全部作者。這個數字可以提供大家推想的依據。

那麼，這些作品中有沒有傑作呢？回答是肯定的。

先談詩歌。詩歌是青年人最鍾愛的文體，很少有文學青年沒寫過詩的。詩歌同樣是西南聯大文學社團創作最多的文體，只有詩社成員不寫小說，沒有綜合社團未寫過詩的。詩歌也是西南聯大文學社團創作成就最高的品種，有的詩不僅可以作為西南聯大文學的代表作，還可以作為我國抗戰時期文學的代表作，甚至可以作為中國現代文學和 20 世紀中國文學的代表作。這樣的文學成就，足以讓西南聯大文學作家，讓中國校園文學作家感到驕傲。

穆旦是西南聯大文學社團造就出來的傑出詩人。他在 20 世紀 40 年代，即被稱為「西南聯大三星」。1981 年，《九葉詩集》出版，穆旦被重新發現，得到研究者的高度評價。1994 年，《20 世紀中國文學大師文庫》出版，詩歌卷收入 12 人的作品，穆旦被排在第一。1996 年，《穆旦詩全集》出版，被列入「20 世紀桂冠詩叢」。1987 年，《中國現代文學三十年》出版，「《九葉集》派」以較大篇幅寫入文學史，穆旦得到充分的肯定。之後的文學史，漸漸把

〔註3〕李光榮、宣淑君：《季節燃起的花朵——西南聯大文學社團研究》，北京：中華書局，2011 年，第 228 頁。

〔註4〕李光榮、宣淑君：《季節燃起的花朵——西南聯大文學社團研究》，北京：中華書局，2011 年，第 281 頁。

穆旦列爲專節以至專章來書寫。儘管「大師」之類的提法在學理上遭到質疑，但並非否認穆旦的詩歌地位。從「詩星」到文學史地位的確定，可以確信穆旦是 20 世紀中國最傑出的詩人之一。要提請大家注意的是，學界所公認的穆旦代表作《詩八首》、《森林之魅》、《讚美》、《出發》等全都是校園文學社團的成果。《讚美》寫於 1941 年冬青社時期，作爲文聚社誕生標誌的《文聚》雜誌創刊號首篇發表。《詩八首》和《出發》寫於 1942 年冬青社和文聚社並存時期，且《詩八首》就刊登在《文聚》上。《森林之魅》寫於 1945 年，那時穆旦雖然離開了西南聯大，但仍然保持著與西南聯大的聯繫，仍然是冬青和文聚社的社員。就在這一年，文聚社出版了他的詩集《探險隊》。所以，寫出代表一個時代最高成就的優秀詩作的穆旦，是一個校園詩人。

杜運燮的《滇緬公路》發表不久，朱自清就在課堂上進行了講評，20 世紀 80 年代以來，被多家選本選入，並寫進了文學史，今天看來，這首詩仍然是寫滇緬公路的最好作品。抗戰時期物價飛漲，民不聊生，寫物價的作品很多，而出類拔萃的是《追物價的人》，今天的文學史書也經常提到該作品。杜運燮是「聯大三星」之一，冬青社和文聚社的骨幹，「九葉派」詩人，他後來仍斷斷續續地寫詩，改革開放後較有名，但他成就最高的詩歌仍然是作爲西南聯大校園詩人時期的作品。

其他的還有林蒲的《鄉居》，鄭敏的《金黃的稻束》，何達的《舞》，周定一的《南湖短歌》，劉一士的《太平在咖啡館裏》，俞銘傳的《拍賣行》，葉華的《鼓》，聞山的《山，滾動了》，白煉的《新生》等等，這些作品都可列入 20 世紀的優秀詩歌。有的作品由於作者後來不再創作而被人們淡忘，有的被歲月塵封在故舊報刊之中，許多好詩不爲人知而沒有獲得應有的地位，但只要它們和讀者「見面」，其藝術即刻光彩照人。

散文是包羅生活最廣，文種最多，人們寫作最豐的文體。或許由於數量太多，散文在現代文學史上的地位未能與詩歌、小說平等。明此，許多優秀散文被人們忘記就在情理之中了。西南聯大文學社團的散文，精品頗多，這裏略舉一二。方敬發表在《文聚》上的《司鍾老人》所寫三位老人的生活及其態度發人深思，刻畫的形象如雕塑一般；林蒲的《人》以活潑的語言刻畫了一位華僑機工的形象，其成就足以代表中國現代報告文學的水平；劉北汜的《峽谷》描繪的色彩讓人目不暇接；辛代的《野老》記述四川山野裏的一位奇人，可感可觸；汪曾祺的《花園》把兒時的生活環境描繪得歷歷在目；

盧靜的《蛙》是一篇優秀的說明文；杜運燮的《露營》展示了異國亞熱帶夜色的詭秘；馬爾俄的《林中的腳步》表達出對於遠征軍將士的深切懷念；王季的《昆明的天空》是對北遷後西南聯大故址的憑弔；史劲的《借鏡和忌鏡》借古論今，收放自如，是一篇出色的雜文。以上作品的確是優秀的，個別篇章已被寫入文學史，絕大部分由於種種原因沒有寫入。話又說回來，散文的數量實在太多，優秀的數不勝數，如果一部文學史把優秀篇章都寫入，會多麼龐大？不論是否進入文學史，優秀作品的魅力總是存在的，只要你一接觸，就會被它吸引。

小說是西南聯大校園文學的另一個亮點，作者眾多，成就也較高。大家熟知的作家是汪曾祺，與汪曾祺同時或前後的還有，且成就並不亞於當時的汪曾祺。林蒲或許是西南聯大第一個成就較高的校園小說作家。他創作的《二憨子》可以稱爲反映正面抗戰的最佳作品。作品脫盡了抗戰初期文學的宣傳味，達到了短篇小說的最高水準。由於得到巴金的賞識，林蒲集其六篇小說和散文編爲《二憨子》，收入巴金主編的「烽火小叢書」出版，是爲西南聯大學生的第一本集子。而第一個發表小說作品的學生是向意。他的《許婆》是最早反映昆明遭轟炸的作品，氣氛凄冷，顯出成熟氣象；《獸醫》則是一篇匠心獨運的小說，情節、語言、色彩都相當精彩，堪稱抗戰文學的上乘佳作。劉兆吉的《木乃伊》寫一個大學生的變化，是狹義「校園文學」的代表。辛代的小說另闢蹊徑，以描寫東北抗日題材爲中心，大氣磅礴，《紀翻譯》、《九月的風》、《孩子們的悲哀》各具特色，是早期抗戰文學中難得的作品。林元的《哥弟》就地取材，寫滇池漁民對於抗戰的支持，是較早反映內地與前方關係的作品，閃耀著強烈的現實主義色彩。劉北汜的小說同樣取材於昆明現實，描寫抗戰期間老百姓的生存困苦，是關注現實人生的典型之作，其深度非「少年之作」可比，收入巴金所編《文學叢刊》的《山谷》可爲代表。王佐良的《老》則具有浪漫主義色彩，藝術手法高妙，體現出學院派風格。浪漫主義色彩最濃的要數盧靜的《夜鶯曲》，那是美好心靈的抒寫，是山川景色的讚美，是中美友誼的頌歌，是描寫「飛虎隊」的佼佼者，發表後即受到好評，同樣收入了巴金的「文學叢刊」。馬爾俄的《逃去的廚夫》結構精巧，情節生動，語言簡練，人物形象鮮明生動，是抗戰文學中思想與藝術俱佳的力作。史劲的《古屋之冬》反映基層教師的生存困境，揭示民族意識與現實生活之間的矛盾，深沉老辣，被認爲具有魯迅筆法，是西南聯大後

期小說的佳作。白煉《圈子以外的人物》和王季《未舉行的婚禮》又可看作狹義的「校園文學」，其思想內容的獨具和藝術手法的精到，亦是校園文學的上乘之作。

戲劇作品在西南聯大文學中並不多，大部分還是獨幕劇，成就亦不算大。其中較為成功的是周正儀的《告別》，劉兆吉的《何懋勛之死》和王松聲的《凱旋》。周正儀是聯大劇團的成員，獨幕劇《告別》寫一個外科醫生未跟家人商量，主動報名去抗日前線服務，臨行與家人告別的事。劇本情節起伏變化，戲味較濃，人物性格鮮明，但精緻不夠，體現出抗戰初期文學創作的通病。何懋勛曾是西南聯大的學生，1938 年從軍，在山東游擊區抗日犧牲。《何懋勛之死》共兩幕，刻畫出一個能文能武的軍事人才和一個性格活潑而任性、智勇兼備的少女形象，情節豐富而有變化，悲劇色彩濃厚，是抗戰前期戲劇中藝術性較強的劇本。但作者一方面拘泥於真人真事，另一方面 1939 年抗戰前景不容樂觀，作品沒有預示出勝利的希望，有損主人公何懋勛的形象。獨幕廣場劇《凱旋》雖為急就章，卻較為成熟，顯示出作者深厚的戲劇修養和高超的藝術功力。抗戰勝利之初，國軍某團進村「收編」人民自衛團。見國軍裏有偽軍和日本軍官，少年自衛隊以為「鬼子」又來了，17 歲的隊長率眾反抗而被國軍抓住。國軍下令槍決示眾，而執行槍決任務的特務班班長正是他離散多年的父親！戲劇的故事情節合情合理，人物形象真實突出，語言鮮明準確，戲劇性強，悲劇深刻，無論情節和語言都具有鼓動性，因演出後反響強烈，後來還在北京、天津、武漢等地演出，成為演出場次最多，影響最大的反內戰戲劇。《凱旋》是西南聯大校園戲劇文學和反內戰戲劇的代表作。

西南聯大文學社團的創作實績表明：校園文學不但能夠產生優秀作品，而且可以產生傑出作品。西南聯大校園文學的實績還表明：必須突破學校圍牆，將觸鬚伸向社會，把握時代脈搏，才能創作出更多優秀以至傑出的作品。那種認為校園文學只能描寫校園生活的觀點並不適合校園文學創作的實際，同時也限制了校園文學的創作，是極其偏狹的。

2012 年 7 月 19～23 日初稿於成都西南民大

2012 年 8 月 12 日修改於昆明文化巷 52 號

2012 年 8 月 24 日改定於成都西南民大

第一章　文學社團

南湖詩社[*]

【摘要】南湖詩社是在聞一多、朱自清指導下開展活動的一個社團,其發起人是向長清和劉兆吉,主要成員有穆旦、林蒲、趙瑞蕻、劉綏松、周定一、陳士林、劉重德、李敬亭、陳三蘇、周貞一、高亞偉、李鯨石等20多人。南湖詩社孕育於西南聯大師生的「湘黔滇旅行」途中,誕生並結束於蒙自,西南聯大文、法商學院駐足昆明后,則改名高原文藝社。南湖詩社僅存三個月,創作了百首詩歌,有的堪稱中國現代的優秀作品,培養出一些著名的詩人和文學研究家,奠定了西南聯大文學社團發展的基礎。南湖詩社還收集整理了湘黔滇民歌,爲民間文學工作做出了貢獻。本文對南湖詩社作了較爲全面的評述。

【關鍵詞】南湖詩社、組織、活動、創作、收集民歌、貢獻。

西南聯大在昆明的第一個文學社團同時是第一個學生社團爲南湖詩社。南湖詩社的成立與活動帶有傳奇色彩,而其成績與貢獻則使人「刮目」——

在西南聯大的遷徙隊伍中,有一路人從長沙步行入滇,稱爲「湘黔滇旅行團」。旅行團第一分隊中,有兩個學生,一個是中文系 1940 屆的向長清,〔註1〕一個是教育系 1939 屆的劉兆吉,他倆原先並不認識,由於旅行團採取

---

* 本文刊載於《抗戰文化研究》2008 年第 2 輯,原題《在遷徙中誕生和結束的社團——南湖詩社》,署名宣淑君;刪節稿另刊於《紅河學院學報》2008 年第 1 期,題名《試論南湖詩社的組織與活動》,署名李光榮、宣淑君。

〔註 1〕「屆」是今天相配於畢業時間的用語,西南聯大則稱爲「級」,「1940 級」即今1940 屆畢業生,爲避免歧義,本書中改「級」爲「屆」,與今天所指相同。

同吃、同住、同行的軍事化生活，很快成爲志趣相投的朋友，更具體地說，是詩友。在行軍旅行艱苦跋涉中，他倆不僅常常在一起寫詩、論詩，還醞釀著一項宏大的計劃──發起成立詩社。旅行不久的一天，向長清同劉兆吉講述自己到達昆明后，將邀約一些同學成立詩社、出版詩刊的打算，內心充滿了崇高的憧憬。講完後，他徵求劉兆吉的意見，劉兆吉完全同意，遂成爲第一個響應者和參與發起人。接著他倆商討了成立詩社的有關細節。旅行團到沅陵，爲雪所阻，大約是 3 月 10 日晚飯後，向長清和劉兆吉拜訪同行的聞一多先生。天空飄著雪花，大家坐在鋪著稻草的地鋪上，聞一多用被子蓋著膝蓋，暢談詩社和寫詩的問題。容易激動的聞一多，聽了他倆關於組織詩社並請自己當導師的話，卻顯得較爲平靜，首先說自己「改行」教古書，不作新詩了，又說對新詩並未「絕緣」，有時還讀讀青年人寫的詩，覺得比自己的舊作《紅燭》《死水》還好，接著，還談了自己對新詩的見解。兩個學生詳細地記在筆記本上。聞一多越談越高興，一直談到深夜。〔註2〕由於得到聞一多的肯定和鼓勵，向長清和劉兆吉特別高興，組織詩社的信心更足了。之後，他倆就成立詩社的細節問題又進行了多次商議，關於詩社的骨幹，由於文學院在南嶽時曾出過壁報，寫詩的人他們已心中有數，因此，準備一到昆明就立即成立詩社。至於詩社的名稱，一時還定不下來。

1938 年 4 月 28 日，旅行團勝利到達昆明。由於昆明校舍不敷，遂設文學院和法商學院於蒙自，稱爲蒙自分校。兩院師生在昆明休整幾天後，又乘火車前往蒙自。5 月 4 日，蒙自分校開學上課。一天，向長清和劉兆吉商量實現旅途中籌劃的詩社設想，一起拜訪了聞一多先生，得到支持；他們同時想到另一位詩人朱自清先生，又一起前往拜訪，朱先生也欣然同意當導師。有兩位導師的支持和鼓勵，他倆精神大振，立即分頭邀請「心中有數」的同學入社，這些同學都表現出極大的熱情。詩社的名稱以「南湖」冠之，也是由兩位發起人商量後提出的，得到大家的贊同。

關於「南湖詩社」的名稱，有必要作一些解釋。當時的蒙自城很小，朱自清說它「像玩具似的」，小城南邊有一個較大的湖，稱爲南湖。南湖是蒙自最優美可愛的風景區，同時還是蒙自歷史文化的見證與縮影。湖中有三個好去處：瀛洲（三山）、菘島、軍山。蒙自本是滇南政治、經濟、文化、軍事、

〔註2〕見劉兆吉：《南湖詩社始末》，雲南省政協文史資料研究委員會等編《雲南文史資料選輯》第 34 輯，昆明：雲南人民出版社，1988 年。

交通的重鎮，歷史悠久，文化發達，讀書風氣濃厚。據說，康熙年間，一舉中了六人，蒙自人大爲高興，在南湖興土木予以紀念：建六角亭以類文筆，掘湖中之土壘三山以爲筆架，亭山之間的水域喻硯池，象徵蒙自文風之盛。所以南湖歷來是讀書的好地方。聞名遐邇的「過橋米線」的傳說就出自南湖，且與讀書有關。〔註3〕這類故事還很多。可知，南湖不僅是一湖風景，還是一湖文化。西南聯大師生來到蒙自，即與南湖結緣——分校教室設在湖東南岸的海關大院，男生宿舍在湖東北岸的哥臚士洋行，女生宿舍在湖正北的城中，宿舍和教室隔湖相望。每天，學生們沿湖東堤去教室上課，課餘則去南湖讀書，可以說，他們成天和南湖打交道。所以，西南聯大的文學社團起名爲「南湖詩社」，這是最恰當的了。再說，對於這些從戰火中遠道漂泊至此的人來說，南湖給予他們心靈的慰藉是無以形容的，甚至在他們眼裏，蒙自及南湖恍如北平。陳寅恪欣然命筆：「風物居然似舊京，荷花海子憶升平……」，〔註4〕朱自清「一站在堤上就禁不住想到北平的什刹海」，〔註5〕聞一多乾脆把蒙自譽爲「世外桃園」，錢穆「每日必至湖上，常坐茶亭中，移暑不厭」。〔註6〕教授的感情和行爲如此，學生自然也不例外。這也就是後來南湖詩社的大部分詩作內容與南湖有關的原因。

　　準備就緒後，南湖詩社於5月20日在西南聯大蒙自分校宣布成立。成員除劉兆吉是教育系的學生外，其他均爲學文學的中、外文系學生，主要有向長清、穆旦、林蒲、趙瑞蕻、劉綬松、周定一、陳士林、劉重德、李敬亭、陳三蘇、周貞一、高亞偉、李鯨石等20多人。導師聞　多和朱自清。詩社是一個詩歌愛好者的群眾組織，沒有以文字擬就明確的宗旨，也沒有選舉領導

〔註3〕關於蒙自過橋米線的故事：相傳，有一位秀才，天天在南湖菘島讀書。妻子每天送米線作午飯，由於路遠，湯涼了。秀才長期吃冷食，身體日漸消瘦。聰明的妻子想出一個辦法，把肉、菜、米線和湯分裝，將雞湯盛在土罐裏，帶到菘島，再將肉、菜和米線放入雞湯之中燙熟，而後給秀才吃。由於土罐和雞湯保溫效果都好，燙出的配菜色味俱佳，秀才吃後，贊不絕口。由於去菘島需過一座橋，秀才將其命名爲「過橋米線」，並作歌詠之。過橋米線便傳開了。

〔註4〕陳寅恪：《蒙自南湖》，蒙自師範高等專科學校等編《西南聯人在蒙自》，昆明：雲南民族出版社，1994年。

〔註5〕朱自清：《蒙自雜記》，《朱自清全集》第4卷，南京：江蘇教育出版社，1996年。

〔註6〕錢穆：《八十憶雙親　師友雜憶》，北京：生活・讀書・新知三聯書店，1998年，第215～216頁。

組織。社務工作由發起人向長清和劉兆吉負責，又以向長清爲主，有事他倆找人商量解決。穆旦是最熱心的支持者之一，貢獻也最大。據劉兆吉回憶，在南湖詩社成立之前，首先徵求他的意見，他欣然同意，以後凡大會小會，他都按時參加，每次出刊，他都帶頭交稿，有時協助張貼等工作，有時也請他幫忙審稿，提出修改意見。〔註7〕

詩社辦有壁報《南湖詩刊》。壁報的「製版」與「刊出」有其特點：「製版」是把稿件貼在牛皮紙或者舊報紙上，「刊出」是把製好的版面貼在墻上。《南湖詩刊》的負責人仍然是向長清和劉兆吉。社員把詩寫好後，交給向長清或劉兆吉，然後由他倆略加修改編排，有時也請其他同學幫助，「有的稿件寫得太潦草，或者字寫得太大，占篇幅過多，與其他稿子不協調，退回去要作者重抄吧，又怕影響他的積極性，向長清就不厭其煩的代爲抄寫，有時熬到深夜。」〔註8〕版面製好後，他倆把它張貼在學校教學區原海關大院大門進去不遠的墻上，算是公開刊出。由於分校初創，「校內張貼物少，更由於詩作反映出社會現實和師生的情感，並有一定的藝術水準，吸引了不少師生駐足觀看，產生了較大共鳴，有的詩很快傳誦開了。」〔註9〕《南湖詩刊》共出四期，刊登詩作約數十首，多爲抒情短詩，也有諷刺詩和長詩。有的社員如劉綏松曾投去舊體詩數首，詩刊沒有登載。所登的詩作中，有一部分無論以內容還是藝術而論，都是上乘之作。劉兆吉曾將「廟小妖風大，池淺王八多」的舊聯改爲「湖淺名氣大，社小詩人多」的嬉聯以形容南湖詩社。後來，穆旦、林蒲、向長清、劉重德等人的許多詩作發表在各地的報刊雜誌上了。這些詩爲中國現代文學增添了光彩，同時也奠定了南湖詩社在西南聯大文學中的地位。

遺憾的是，壁報不能流傳，不僅社員創作的詩歌無從查找，就連壁報上刊登過的詩歌也未能存留下來。《南湖詩刊》上登載的詩稿，由負責人向長清和劉兆吉保存。因年代久遠，社會風雨，已不存在了。劉兆吉晚年痛惜地說：我保存的兩期，直到文化大革命，怕作者或因一字不當而受到牽連，只好忍痛銷毀了。今天能夠見到的作品，是後來發表在報刊上和作者另行保存

〔註7〕 劉兆吉：《穆旦其人其詩》，《劉兆吉詩文選》，重慶：西南師範大學出版社，2003 年。

〔註8〕 劉兆吉：《南湖詩社始末》，雲南省政協文史資料研究委員會等編《雲南文史資料選輯》第 34 輯，昆明：雲南人民出版社，1988 年。

〔註9〕 李光榮訪周定一筆記，2004 年 10 月 9 日，北京周寓。

的那些。

南湖詩社最主要的活動除上述創作新詩和出版壁報《南湖詩刊》外，是收集整理民間文學。由於劉兆吉平素酷愛民歌，湘黔滇旅行一開始，就在聞一多的指導下從事收集工作，一路上，竟然收集到2000多首。到了蒙自，他一邊整理編輯這些民歌爲《西南采風錄》一書，一邊繼續收集。所得蒙自民歌，今存《西南采風錄》中17首，推想收集到的數量在百首左右。再就是收集對聯。蒙自雖爲邊地小城，但有濃厚的漢族文化氣息，貼對聯即是其一。每年春節，家家戶戶的門邊都貼出紅紅的春聯，增加喜慶的氣氛。這年的春節因日本大規模侵入，蒙自人家的春聯便增添了抗戰內容。朱自清稱讚它是利用舊形式宣傳抗戰建國。同學們見了，大爲高興，曾上街抄寫，南湖詩社社員參與其中。可惜所抄的對聯今已不存，只有少量在別人的文章或記憶中保存了下來，如「打倒日本強盜，肅清賣國漢奸」、「打回老家去，收復東三省」，這些春聯雖然對得不很工整，但表達出了群眾的思想感情。當時，北京大學同學會在蒙自舉辦民眾夜校，好的對聯曾作爲範文在課堂上講解。

南湖詩社的社務工作會和思想交流會經常召開。這類會議通常是商量出刊、審稿或者關於某個具體問題的討論，一般是兩人、三五人或七八人，不定期，有事則開，無事則罷，爲的是解決某個具體問題。全體社員大會開過兩次。兩次都有導師參加。會議漫談式地進行，涉及面較廣，中心議題是關於新詩的現狀和前途問題，也談些關於詩歌創作、欣賞和研究的問題。會上，聞一多和朱自清都作了長時間的講話。趙瑞蕻記得，在講話中，「朱自清說新詩前途是光明的，不過古詩外國詩都得用心學，」〔註10〕並「強調新詩應有一定形式，有相宜的格律，要注重聲調韻腳，新詩形式問題值得不斷探索；」〔註11〕「聞一多說話風趣得很，幾次說自己落伍了，此調久不談了，但有時還看看新詩，似有點兒癮，你們比我們當年寫的『高明』」。〔註12〕其中一次，邏輯學教授沈有鼎未邀而至並講了話，引起社員的極大興趣。在一次會上，對寫新詩還是舊詩的問題有過爭議。主張寫舊詩的人認爲，舊詩是中國文學

〔註10〕趙瑞蕻：《南嶽山中，蒙自湖畔》，《離亂絃歌憶舊遊》，上海：文匯出版社，2000年。

〔註11〕趙瑞蕻：《梅雨潭的新綠》，《離亂絃歌憶舊遊》，上海：文匯出版社，2000年。

〔註12〕趙瑞蕻：《南嶽山中，蒙自湖畔》，《離亂絃歌憶舊遊》，上海：文匯出版社，2000年。

中最爲輝煌的品種，是中國傳統文化的精華，繼承中國傳統文化，就應該繼承和發揚它，尤其是學中國文學的學生，有責任和義務寫好舊體詩；再說，中國人從小就學習古典文學，在兒童時代已經背熟唐詩三百首，加上後來的學習，已掌握了作詩的技巧，寫起舊詩來較爲順利，容易寫好，大家不能拋棄所長，捨易求難。這些話從繼承傳統和發揮所長的角度說，自有其道理。但時代已前進，舊體詩束縛了人們的思想，不能反映紛紜複雜的社會生活。主張寫新詩的人一方面從時代與社會的要求立論，從表達思想的縝密與便利立論，另一方面認爲，新詩自「五四」文學革命以來，已替代舊詩，取得了確定不移的地位，並已逐漸形成了自己的傳統，新時代的人應該繼承新時代的傳統，寫新詩。儘管兩種觀點相持不下，南湖詩社的主要傾向還是堅持寫新詩。兩位導師也主張應以研究新詩，寫作新詩爲主。至於寫什麼樣的新詩，沒有明確的目標，但有兩點可以肯定：一是寫抒發愛國之志的抗戰詩，二是用藝術的手法反映社會生活和思想感情。這大概可以看作南湖詩社的詩歌主張和追求目標。

7 月底，進入學年大考準備，南湖詩社停止了活動。8 月 18 日，暑假開始，蒙自分校遷回昆明，27 日，學生離開蒙自，南湖詩社的歷史隨之結束。

作爲一個文學社團，南湖詩社僅存三個多月，實在太短了。三個月，詩人們的創作尚未展開，才華還未充分顯示，就嘎然而止了，它給歷史留下一個感歎。所幸它的結束並不是因爲內部的分離，組織的倒臺，或者被政府查封，甚至遭日本飛機炸毀等，而是因爲學校的遷徙。去了昆明，它的「生命」仍在延續。只是因爲離開了南湖，再叫「南湖詩社」已名實不符，而改名爲「高原文藝社」。

由 20 多人組成的南湖詩社，在三個多月的時間裏，寫出了百首詩歌，其數量並不算大。而其創作的質量卻令我們刮目相看。例如，穆旦的《我看》和《園》，顯示出詩人早期詩作的特色，是詩人成長道路上的重要作品；趙瑞蕻的《永嘉籀園之夢》長二三百行，充滿浪漫才情，被朱自清稱爲「一首力作」；林蒲的《懷遠（二章）》、《忘題》等具有濃厚的現代主義氣息，開西南聯大現代主義詩歌之先河；劉重德的《太平在咖啡館裏》等諷刺詩在師生中流行，譽滿校園；周定一的《南湖短歌》藝術精美，傳誦蒙自數十年……這些詩代表了南湖詩社的最高成就。其中，《我看》、《園》、《忘題》、《太平在咖啡館裏》、《南湖短歌》等，即使放在中國 20 世紀優秀詩歌行列裏也不會遜色。

因此，高水平的詩歌作品是南湖詩社對歷史的基本貢獻。這裏舉《南湖短歌》
為例：

　　我遠來是為的這一圍花。
　　你問我的家嗎？
　　我的家在遼遠的藍天下。

　　我遠來是為的這一湖水。
　　我走得有點累，
　　讓我枕著湖水睡一睡。

　　讓湖風吹散我的夢，
　　讓落花堆滿我的胸，
　　讓夢裏聽一聲故國的鐘。

　　我夢裏沿著湖堤走，
　　影子伴著湖堤柳，
　　向晚霞揮動我的手。

　　我夢見江南的三月天，
　　我夢見塞上的風如剪，
　　我夢見旅途聽雨眠。

　　我愛夢裏的牛鈴響，
　　隱隱地響過小城旁，
　　帶走我夢裏多少惆悵！

　　我愛遠山的野火，
　　燒赤暮色裏一湖波，
　　在暮色裏我放聲高歌。

　　我唱出遠山的一段愁，
　　我唱出滿天星斗，
　　我月下傍著小城走。

　　我在小城裏學著異鄉話，
　　你問我的家嗎？
　　我的家在遼遠的藍天下。

詩歌的第一層意思是描繪出優美的意境：藍天下的一園花，一堤柳，一湖水，湖水的柔波映照著晚霞、野火、星斗、月光，還有音樂般隱隱約約的牛鈴聲，這樣的景象真令人陶醉！詩歌的第二層意思是表達詩人的陶醉與享受，如夢似幻，以至放聲高歌。但詩歌卻一而再，再而三地表達出另一層意思：揮不去的戰爭愁緒。所以，這首詩非常準確而深刻地表達了從戰雲下遠道而來的西南聯大師生置身南湖美景中的心情。這首詩在藝術上深得新月派詩歌之精髓，表現出了「音樂的美」、「繪畫的美」和「建築的美」。詩歌的思想和藝術都臻於完美。

南湖詩社培養文學人才的功績也應當載入史冊。南湖詩社作為西南聯大的一個文學社團，不僅培育出了文學人才，而且培育出了文學大家。為什麼南湖詩社能夠取得這樣好的育人功績？有兩個原因：首先，南湖詩社的社員是具有一定創作基礎的詩歌愛好者。由於愛好，必然會去鑽研，自然捨得投入，這就為成才奠定了前提條件。其次，南湖詩社有全國第一流的詩人做導師。我們知道，朱自清是「五四」詩壇的宿將，現代第一份詩歌雜誌《詩》月刊的編輯，聞一多是新月詩派的理論家和代表詩人。有名師的指導，社員寫作水平的提高更快。由於這兩個原因，再加上社員的天資和勤奮，南湖詩社的育人成績十分顯著。這裏分五個類別來看看南湖詩社培養起來的人才──

一、著名詩人

從南湖詩社走出去三個著名詩人：穆旦、趙瑞蕻、林蒲。他們三位雖然在進入西南聯大以前都寫過詩，但優秀作品並未產生。這時，穆旦寫出了被趙瑞蕻譽為「『五四』以來中國新詩中的精品」的《我看》，趙瑞蕻寫出了被朱自清稱為「力作」的《永嘉籀園之夢》，林蒲寫出了現代性意味濃厚的《懷遠（二章）》。後來，穆旦成為「西南聯大三星」之首，中國新詩派的代表作家之一；趙瑞蕻成為風格獨具的浪漫主義詩人；林蒲旅居美國，被美國學者稱為「一位默默地耕耘在詩壇上的愛國詩人」。一個詩社中成長起來三個著名的詩人，南湖詩社功莫大焉。

二、著名文學研究家

從南湖詩社走出去，後來成為著名文學研究家的主要有劉綬松和向長清等。劉綬松是《中國新文學史初稿》的著者，中國現代文學學科的開拓者之

一，此外，他還有《文藝散論》、《劉綬松文學論集》等學術論著問世；向長清在中國古典文學尤其是戲曲研究方面有很大貢獻，正式出版的著作就在100萬字以上，還有許多未整理的文字包括寫於西南聯大時期的文學作品。

三、著名文學翻譯家

後來成長為著名文學翻譯家的南湖詩社社員有穆旦、趙瑞蕻、劉重德、李敬亭、陳三蘇等。穆旦和趙瑞蕻的翻譯和對外國文學的研究大家熟知，此從略。劉重德是湖南師大外國語學院資深教授，翻譯了許多外國著作，提出了著名的「信、達、切」翻譯理論，2003年，湖南師大出版社出版了《劉重德翻譯思想及其他》一書，對他的翻譯貢獻進行研究；李敬亭是河南大學外國語學院德高望重的教授，著作等身，對學科建設和學院建設做出了重大貢獻；陳三蘇是林蒲的夫人，任教於美國，是著名教授，翻譯過許多中國文學作品為英文，很受敬重。

四、著名文藝心理學家

劉兆吉在西南聯大讀的是心理學和教育學，後來在西南師大教心理學，碩果累累，德高望重，他對文藝心理學的研究多所貢獻，並且開創了美育心理學學科，是中國著名的文藝心理學家。他逝世後，西南師大出版社出版《劉兆吉文集》予以紀念，在文集中的懷念文章中，許多篇屢屢講到南湖詩社對他的影響。

五、著名語言學家

文學與語言的關係密不可分，文學家首先應是語言應用的典範。中國社會科學院語言研究所研究員、名譽學部委員、曾主持《中國語言》雜誌的常務編委、《紅樓夢語言詞典》主編周定一，在成名後，對南湖詩社給予他的藝術滋養感念不忘。中國社會科學院民族研究所研究員陳士林在民族語言學界，特別是藏緬語研究領域享有很高的聲望，在彝族語言研究方面做出了多種開創性的貢獻。

當然，著名詩人、文學家、教授和研究員的出現是多種因素作用的結果，南湖詩社的社員能夠成長為詩人或專家學者，起決定作用的還是他們所學的專業，詩社只起輔助與促進的作用。以上論述南湖詩社的作用，絕不是忽視其他因素，而是要敘述這麼一個客觀事實——經過南湖詩社而後成為著名詩

人或專家的主要有哪些社員，他們與南湖詩社的關係怎樣。因爲，他們後來文學感覺與興趣的保持，文學創作和研究成果的取得等與南湖詩社的哺養關係甚大。趙瑞蕻在懷念西南聯大及其師友的系列文章中以飽蘸感情的筆墨多次寫到南湖詩社。劉綬松生前，有人與他談起《中國新文學史初稿》以詩歌部分寫得最好時，他不無得意地說：「我原先就是寫詩的嘛！」〔註13〕劉兆吉的話也許更有代表性：「這些年來，我在研究文學心理學和美育心理學方面稍有成績，這與南湖詩社培養了我對文學的興趣不無關係。總之，南湖詩社在培養文學興趣和創作能力方面是起了良好作用的。」〔註14〕

在論述南湖詩社的歷史功績時，不能忘記它對於民間文學的貢獻。蒙自的民間文學豐富多彩，富有特色，但歷史上從沒有文化人真正看重過它的價值。南湖詩社第一個發現它的價值。南湖詩社的社員，有的走向街頭抄寫對聯，有的深入街坊和農村收集歌謠，做了前所未做的工作。在這方面，成績最爲突出的是劉兆吉。剛有成立詩社之動議的時候，他就在收集歌謠。他在跋涉湘水黔山之中，常常「旁逸斜出」式的走進農舍茶肆，向普通百姓打聽歌謠。到了蒙自，他一面繼續收集，一面在聞一多和朱自清的指導下，把所得歌謠篩選、編輯爲《西南采風錄》一書，是爲中國現代第一本個人採集編輯而成的民歌集。我們知道，「五四」以後，北京大學曾發起徵集歌謠工作，開風氣之先，成爲一時之盛事。此後20年間，這項工作不再引起高等學府的關注。直到西南聯大播遷途中，才有劉兆吉的壯舉。在具體做法上，北京大學以歌謠徵集處的機構向全國徵集，收集者未出校門。南湖詩社則直接深入民間去考察、收集。兩者比較，後者無疑比前者又進了一步，這樣得來的東西也更本色一些。所以，歌謠學家朱自清在《序》裏高度讚揚說：「以一個人的力量來做采風的工作，可以說是前無古人的。」〔註15〕我們還要說，收集西南三省的民歌也是前無古人的。湘西、貴州、雲南一帶，歷來被視爲野蠻、荒僻之地，是充軍流放之所，其歌謠向來不被中原文化圈內人士看重，劉兆

〔註13〕 劉綬松語，轉引自李光榮：《南湖詩社》，《新文學史料》1994年第3期。這話是1993年樊駿先生告訴李光榮的，因樊駿不願在文章中出現自己的名字，故當時未作注。

〔註14〕 劉兆吉：《南湖詩社始末》，雲南省政協文史資料研究委員會等編《雲南文史資料選輯》第34輯，昆明：雲南人民出版社，1988年。

〔註15〕 朱自清：《〈西南采風錄〉序》，《朱自清全集》第4卷，南京：江蘇教育出版社，1996年。

吉首先注意了它並做了收集，是一種創舉。今天看來，《西南采風錄》收錄了
30 年代的民歌，也就「收錄」了 30 年代湘黔滇的社會面貌、民風民俗、語言
藝術，所以，黃鈺生說《西南采風錄》「是一宗有用的文獻。語言學者，可以
研究方音；社會學者，可以研究文化；文學家可以研究民歌的格局和情調」。
〔註 16〕南湖詩社和劉兆吉，功莫大焉！

　　對於西南聯大的歷史來說，南湖詩社的最大意義是對文學社團的發展起
了奠基和開路作用。南湖詩社開創的種種方法為西南聯大後來的文學社團所
參照，它創作的作品成為後來西南聯大學生的借鑒對象，它培養的人才在後
來的文學社團中發揮了骨幹作用，它在許多方面為西南聯大文學社團的建立
和發展提供了有效的經驗。例如：

　　以組織方式而論，南湖詩社採取由發起人單獨邀請同學入社和請教授為
導師的方法。邀請同學入社可以保證把最有文學創造力的同學吸收為社員，
組織起一隻優秀的文學隊伍。由於這種方法有效，不僅為高原文藝社、南荒
文藝社採用，而且為多青文藝社、文聚社等社團採用。南湖詩社請了兩位前
輩著名詩人做導師，這也是維護詩社興旺，保證詩歌質量的條件。由於有導
師做指導，詩社的發展和創作的提高得到了保障。

　　以藝術追求而論，南湖詩社始終保持了學院派完美和精緻的特點，為西
南聯大的文學發展奠定了基礎。李光榮曾在《南湖詩社》一文中說：「劉重德
的《太平在咖啡館裏》所表達的，自然是關心籠罩在『炮聲』、『呻吟』、『血
腥』中的祖國命運這樣一種神聖的責任感；周定一的《南湖短歌》婉轉地吟
唱的也是因為戰爭背井離鄉的遊子對於『遼遠』的『故國』的無限思戀——
他們都屬於抗戰文學的組成部分。但在另一方面，不管生活如何艱難，他們
都沒有忘記自己是繆斯的使者，繼續不倦地追求藝術的精緻與完美，保持了
作為校園詩人的學院派特色。他們的詩作與當時風行詩壇的直接訴諸群眾，
進行戰爭動員的街頭詩、朗誦詩、傳單詩，又有明顯的差異。如今回頭來看，
其中蔥鬱的詩意，不是更值得咀嚼和回味嗎？過去，我們往往忽略了這類作
品以及它們的這種特點。」〔註 17〕現在看來，這些話仍然是正確的。劉兆吉
也說：南湖詩社「用詩抒發愛國之志，以筆為槍，宣傳抗日救國。但是也反

〔註 16〕黃鈺生：《〈西南采風錄〉·黃序》，《西南采風錄》，北京：商務印書館，2000
　　　　年。
〔註 17〕李光榮：《南湖詩社》，《新文學史料》1994 年第 3 期。

對『哭天嚎地』、『衝呀』、『殺呀』的口號詩，要求以詩的藝術語言，感人肺腑的思想感情來教育大眾，也教育自己。」〔註 18〕南湖詩社留下的詩作證明了這一點——這正是南湖詩社開拓的西南聯大藝術道路，西南聯大文學一直沿著這條道路前進。

總之，南湖詩社在詩歌創作、人才培養、民歌收集和社團活動等方面取得了巨大的成績，爲中國現當代文學創作增添了新的內容，並且參與造就了西南聯大的第一批作者和新中國文化研究的多方面人才，所以，人們在論及西南聯大文學的時候，總是要說到南湖詩社。

2005 年 8 月 1 日初稿於昆明文化巷 52 號

〔註18〕劉兆吉：《南湖詩社始末》，《劉兆吉詩文選》，重慶：西南師範大學出版社，2003 年。

高原文藝社[*]

【摘要】高原文藝社是西南聯大的第二個文學社團，由南湖詩社更名而成。高原文藝社活動於 1938 年 12 月至 1939 年 5 月之間，上承南湖詩社，下啓南荒文藝社，是西南聯大早期文學社團發展中的重要一環。高原文藝社創作了一大批優秀作品，給《大公報・文藝》和《中央日報・平明》兩大報紙副刊和《今日評論》雜誌提供稿件。「開拓」是高原文藝社的精神特質，在西南聯大的文學發展中，它開拓了南湖詩社鋪墊的詩歌道路，開拓了西南聯大學生文學創作的新品種，同時開拓了南湖詩社開始的文學人才培育，提升了西南聯大學生文學創作的質量。中國現代文學史應爲高原文藝社書上一筆。

【關鍵詞】高原文藝社、始末、貢獻、意義。

　　高原文藝社作爲一個獨立的社團，是西南聯大的第二個文學社團。但以組織和活動而論，它是南湖詩社的延續——它的主要成員和基本骨幹是南湖詩社的社員，社團的負責人仍是南湖詩社的負責人，它的組織與活動方式還是南湖詩社的基本方式。或許是居於此，西南聯大的師生在談到兩個社團的關係時，使用的都是「改名」一詞而不是「重組」。可是，在他們所有涉及高原文藝社的言論中，又都把它當作一個獨立的社團。考慮到改變習慣有許多周折，這裏還是從舊，把高原文藝社作爲一個獨立的社團來研究。

　　趙瑞蕻先生生前曾經多次談到高原文藝社，而且每次談到都充滿感情，

---

* 本文原載於《新文學史料》2007 年第 2 期，原題《高原文藝社始末及其意義》。

朱自清、林蒲、劉兆吉、許淵沖諸先生的文章也講到過高原文藝社。高原文藝社的社員後來成為著名作家的有多人，高原文藝社的作品顯示著它的文學實力，據此，可以肯定的說，高原文藝社是西南聯大的一個重要的文學社團，即使在中國現代文學社團史上，也應書上「高原文藝社」這一筆。可是，對於這樣一個有一定成就的文學社團，至今未見一篇專門的記錄和完整的回憶文章。假若把當事人談論高原文藝社的所有文字集中起來，恐怕不出 500 字，而有用的信息只在 100 字左右。當然，這不能說明高原文藝社不重要。歷史上時人淡漠而後人看重的人和事很多。高原文藝社是否屬於此，有待讀者判斷。慶幸的是，經過幾年的調查與訪問，搜集到了一些材料，終於能夠寫出以下文字了。

1938 年 8 月 17 日，西南聯大蒙自分校結束，文學院隨分校遷回昆明。南湖詩社社員依依惜別南湖，去碧色寨登上了滇越線上的列車，揮手告別蒙自。

詩社離開了南湖，再叫「南湖詩社」，名不副實了，於是改名為「高原文藝社」。對於這個名稱，周定一先生作了這樣的解釋：「雲南昆明當然是高原，尤其對北京、天津這些海拔較低的地方去的人，感受最為新鮮，所以大家同意這名稱。」〔註 1〕

12 月 1 日，新學期開始上課。不幾日，大家便在學校租用的昆華農校的一間教室裏舉行了高原文藝社第一次社員大會。會上宣布了改「南湖詩社」為「高原文藝社」的決定，重申了南湖詩社已形成的幾項原則，即以新文學創作為宗旨，以創作服務於抗戰和反映現實的作品為主要方向，以崇高的藝術品位為追求，以壁報為發表作品的基本園地，積極開展各種活動，壯大組織。會議選舉向長清和劉兆吉為本社負責人，要求社員積極寫稿，並將稿件交給兩位負責人，由他們組織出版壁報。出席會議的是南湖詩社除畢業離校之外的全體社員，有向長清、劉兆吉、趙瑞蕻、周定一、穆旦、林蒲（雖已畢業仍在昆明）、陳三蘇、王佐良、楊周翰、陳士林、周貞一等，意即這些人是高原文藝社的骨幹。後來，高原文藝社發展了一些社員，有何燕輝、於僅、邵森棣、陳登億、周正儀、李延揆、楊苡等。

學校規定畢業生交畢業論文的最後期限為 1939 年 6 月 15 日。這學期升入大四的劉兆吉無暇顧及社團的領導工作，高原文藝社的負責人實際上只是

〔註 1〕李光榮訪周定一先生筆記，2004 年 10 月 9 日，北京周寓。

向長清一人。劉兆吉生前給筆者的信說：「從蒙自回昆明后我是畢業班，忙於寫畢業論文，聯大的文藝團體活動我都參加聽講，但無精力參與組織領導工作了。」〔註2〕

高原文藝社與南湖詩社的最大區別是，南湖詩社只寫詩歌，而高原文藝社不僅寫韻文，還寫散文，所以高原文藝社的創作比南湖詩社豐富。高原文藝社的集體活動主要是出版壁報和舉辦講座，也組織過郊遊。

《高原》是高原文藝社創辦的壁報，每兩周一期，內容豐富，版面考究，很吸引人。周定一回憶說：「高原文藝社的壁報張貼在昆華農校教室外面的牆上，方法與《南湖詩刊》一樣，先貼在牛皮紙上，再貼在牆上。」〔註3〕壁報上刊登過什麼詩文，至今已無從詳考。有的文章在壁報上刊登後，又發表在當時的報刊雜誌上，有的作者保留了原稿，所以今天可以找到一些當時的作品。例如：穆旦的《合唱二章》、《防空洞裏的抒情詩》、《1939年火炬行列在昆明》、《勸友人》，林蒲的《湘江上》、《下益陽》、《桃園行》、《尋夢》、《陳金水》、《二憨子》、《天心閣》、《古屋三章》、《老舟子》，向長清的《橫過湘黔滇的旅行》、《許婆》、《小客店》，劉兆吉的《木乃伊》、《古董》、《何懋勛之死》，周正儀的《告別》，等。這些作品反映了高原文藝社文學創作的成就。《高原》每次刊出，都吸引了許多同學，其中還有老師觀看。60多年後，張定華先生回憶起當年讀《高原》的情景，語氣中還充滿了欽佩：「像趙瑞蕻，他們在農校教室外面牆上張貼的詩，特別長，我們簡直佩服極了！他們才是大詩人。與他們相比，我給他們的作品就顯得幼稚了。」〔註4〕周定一也說：「許多社員都在上面發表作品，趙瑞蕻、穆旦等人的詩仍然是較引人注目的。」〔註5〕可知《高原》在同學中產生的影響是巨大的。

關於《高原》壁報，當時的《朝報・副刊》發表了一篇名爲《聯大壁報》的文章，作者署名君竹，文中有一部分寫到它，是十分難得的原始材料，現錄於下：

> 爲高原文藝社主編，每兩星期出刊一次，內容多詩，亦間有散文，
> 詩及散文中，也有相同（按，疑爲「相當」）成熟的作品，惟內容太
> 偏重爲藝術而藝術，一群青年藏在象牙塔內，耳眼忘了注意遍地烽

〔註2〕劉兆吉先生致李光榮信，2001年5月28日。
〔註3〕李光榮訪周定一先生筆記，2004年10月9日，北京周寓。
〔註4〕李光榮訪張定華先生筆記，2004年10月3日，北京張寓。
〔註5〕李光榮訪周定一先生筆記，2004年10月9日，北京周寓。

火的時代，總是不正確的。〔註6〕

文章同時寫了《臘月》，《大學論壇》、《青年》等壁報。作者認為，《臘月》最好，《高原》次之，《大學論壇》又次之，《青年》最差。作者的評判標準是時政。《臘月》能及時反映現實，針砭時弊，所以最好；《大學論壇》因文章內容不符實際，遭到同學反對，很快夭折；《青年》為三青團所辦，思想落後，所以最差。這篇文章的作者情況不詳，可以肯定是一個思想進步者。由於政治觀念不能代替藝術水準，進步者也就不一定是最好的藝術鑒賞家。以作者的政治觀點來衡量文學刊物並沒有錯，但以他那種直觀顯露的眼光來看文學作品就會出錯。事實上，《高原》上的作品，雖然講求藝術性，但不是「為藝術而藝術」的作品，這群青年不但沒有「藏在象牙塔內，耳眼忘了注意遍地烽火的時代」，而且正在用藝術作品為抗戰鼓與呼，只不過他們沒有像這位作者所希望的那樣直截了當地做宣傳罷了。

高原文藝社社員還把作品投到香港《大公報》去發表。昆明辦起了《中央日報》和《今日評論》等報刊雜誌後，社員又將作品投去發表。由於稿件質量上乘，高原文藝社逐漸成為這 3 份報刊雜誌文學稿件的主要支柱，上列作品大多發表在這 3 分報紙和雜誌上。

高原文藝社主辦過幾次講座，主講人有本校教師，也有校外作家。例如，1939 年 1 月 8 日，曾請朱自清先生講「漢語中的隱喻與明喻問題」。朱自清是社員們的老師，常聽他的課，平時接觸也較多，所以社員對此次講課記述不多。而請校外的作家講演，大家感到新鮮，印象也特別深，後來的回憶也多一些。又如，5 月 7 日，請旅居昆明的沈從文先生講「文藝創作問題」。當時西南聯大還沒有聘沈從文任教，只能算他作校外作家。地點在昆華農校東樓二樓的一間教室。許淵沖先生記下了這次講演的大意：「文學青年要把人生當小說看，又要把小說當人生看。不要覺得別人平庸，自己就該平庸一點。偉大的人並不脫離人生，而是貼近人生的。文學青年從書本中得到的經驗太多，從實際生活中得到的經驗卻太少了。」〔註7〕這次講演影響很大，會上「有人提到，英國人說，英國能不能保留印度，是次要的，但英國人決不願沒有莎士比亞。而中國呢？日本佔領中國大片土地。日本人錯了，我們中

〔註6〕君竹：《聯大壁報》，《朝報・副刊》，1939 年 11 月 9 日。
〔註7〕許淵沖：《追憶逝水年華》，北京：生活・讀書・新知三聯書店，1996 年，第 61 頁。

國大後方，甚至淪陷區，始終有如沈從文先生一類明智之士，繼續給我們指導。失地的收復，是遲早的事！」林蒲認爲，「話說得對，說出了人人心上的話了。」〔註8〕再如，5月28日，請蕭乾先生作「關於文學創作」的講演，蕭乾事先只同意開個座談會，於是講演在昆華農校東樓二樓的一間教室裏舉行。許淵沖說：「談到創作和模仿的關係，我記下了他的一句名言：『用典好比擦火柴，一擦冒光，再擦就不亮了。』談到理論和實踐的關係，他說：『理論充其量只不過是張地圖，它代替不了旅行。我嘛，我要採訪人生。』」〔註9〕那時，蕭乾只有 29 歲，已是大名鼎鼎的作家和編輯：《夢之谷》剛出版，任《大公報·文藝》副刊的編輯。年輕的蕭乾給那些大學生巨大的鼓舞。講座開闊了社員的眼界，促進了大家的創作，作用不小。這樣的講座，尤其像後兩次，由於南湖詩社地處偏僻，不可能有，因此它是高原文藝社利用特有條件的一個創舉。

　　此外，高原文藝社還組織過郊遊等活動。1939 年初春，高原文藝社部分社員去西郊的海源寺踏青，其樂融融。這次活動留下了一張照片，是目前所見高原文藝社唯一的一張團體照，彌足珍貴。

　　關於高原文藝社的結束時間，由於有兩份材料相左，要確定頗費周章。這兩份材料，一份是南荒文藝社的成立，一份是《朝報》上的那篇文章。南荒文藝社是蕭乾倡議成立的。他爲了組織《大公報·文藝》版的稿件，建議以高原文藝社爲主體，吸收外校和本校在《大公報·文藝》上發表過文章的其他同學，組成南荒文藝社，寫出的稿子供他選用。這個時間在 1939 年 5 月下旬。可是，《朝報·副刊》上發表的《聯大壁報》一文，介紹了高原文藝社的機關刊物《高原》，發表時間是同年 11 月 9 日。就是說，至少在作者寫文章的時候《高原》存在，《高原》存在就意味著高原文藝社存在。這就可能出現幾種情況，一種是高原文藝社並未變爲南荒文藝社，一種是兩個社團同時存在，一種是南荒文藝社成立的時間在這年 11 月之後。實際是三種情況都不存在。先說第一種，所有涉及高原文藝社及南荒文藝社來龍去脈的材料，都無一例外地說高原文藝社變成了南荒文藝社。兩位健在的南荒文藝社骨幹，方齡貴先生說：「南荒文藝社，前身是高原文藝社」；〔註10〕周定一先生說：「南

〔註 8〕林蒲：《沈從文先生散記》，《華風》〔美國〕第 2 期，1996 年 12 月 31 日。
〔註 9〕許淵沖：《蕭乾和卞之琳》，《詩書人生》，天津：白花文藝出版社，2003 年。
〔註 10〕李光榮訪方齡貴先生筆記，2004 年 5 月 21 日，昆明方寓。

荒文藝社仍以高原文藝社爲骨幹，而高原文藝社又以南湖詩社爲骨幹，『南湖』、『高原』、『南荒』就形成了先後繼承的關係。」〔註11〕文字材料和當事人都「異口同聲」，我們不能不相信，南荒文藝社是高原文藝社變來的了。明確了這一點，第二種情況不可能存在也就順理成章了。關於第三種，似乎《聯大壁報》的發表時間是高原文藝社11月還存在的一個鐵證，但是，在這篇文章發表前一個多月的10月4日，《大公報‧文藝》上刊登了林蒲的小說《人》，文章後面標明「南荒社」三字，說明南荒文藝社早在10月前就存在了。以上三種情況都不存在，那麼，問題出自哪裏呢？就出自《聯大壁報》一文。此文未標明寫作時間，或許成文較早。刊登文章的版面是「副刊」，而副刊不講時間性，文章在編輯部壓了一段時間是可能的。此文不是新聞，不見得重視時效性，意即作者寫的時候也許《高原》未出刊了。旁證是《大學論壇》，《聯大壁報》說它「只出了兩期，就停刊了」。《大學論壇》是歷史系同學1938年創辦的壁報，〔註12〕《國立西南聯合大學校史》說1939年6月《大學論壇》參與對於時政問題的論爭。〔註13〕從1938年到1939年「只出了兩期」，那麼，作者寫此文時已經停辦無疑。此文在序言中說：「本文的目的也就是談談一年多的各種壁報的動向。」《大學論壇》已停，還有什麼「動向」呢？方知「一年多」幾字的重要。文章是談「一年多」以內的「各種壁報」包括已「停刊」的，而不是「當前的」壁報。所以，《聯大壁報》一文的發表時間不能證明高原文藝社的存在。如果以《大學論壇》6月停刊作比照，《高原》在6月停刊是可能的。那麼，高原文藝社結束的時間是5月還是6月呢？我們知道，蕭乾參加了南荒文藝社的第一次會議。而蕭乾此次離開昆明的時間是5月底，此後蕭乾直到9月出國都沒再來昆明。所以，南荒文藝社誕生、高原文藝社結束的時間是5月無疑。當然，高原文藝社不一定立即停止活動也是可能的，因爲它還有一些工作需要收尾，例如一些稿件要繼續刊出，6月還出過壁報也未可知，這樣，說高原文藝社6月份結束也是可以的。不過，在沒有直接的證據證明高原文藝社6月有過活動的情況下，還是把它的結束時間確定爲5月爲妥。

〔註11〕 李光榮訪周定一先生筆記，2004年10月9日，北京周寓。

〔註12〕 許淵沖：《西南聯大的師生》（續），《詩書人生》，天津：白花文藝出版社，2003年。

〔註13〕 西南聯合大學北京校友會編：《國立西南聯合大學校史》，北京大學出版社，1996年，第499頁。

在西南聯大文學社團的發展史上，高原文藝社的意義首先在於承上啓下。它上承南湖詩社，下啓南荒文藝社，是西南聯大早期文學社團發展中的重要一環。以組織形式而論，它是南湖詩社在昆明的存在形式，其名稱由南湖詩社改變而得，其骨幹是南湖詩社的社員，其主持人與南湖詩社相同，同樣，它的成員後來又成爲南荒文藝社的骨幹，它的主持人成爲南荒文藝社的主持人，因此，高原文藝社是由南湖詩社到南荒文藝社的過渡者。以宗旨和追求而論，它繼承了南湖詩社堅持新文學創作的宗旨，拒絕文言文創作，把西南聯大的新文學創作推向一個新臺階；它繼承南湖詩社堅持藝術性的追求，拒絕標語口號和淺薄的描寫，發展了南湖詩社的文學創作；它堅持南湖詩社表現理想與反映現實相結合的思想，既表現了崇高的目的，又反映了師生的精神面貌、雲南實際和全民抗戰情緒，沒有使文學成爲象牙塔裏的擺設。一句話，它繼承並開創了西南聯大學院派文學的傳統，而這種傳統又由它帶入了南荒文藝社並在那裏發揚光大。所以，高原文藝社在西南聯大文學社團中的承啓作用首先值得注意。

同時，還應看到，高原文藝社是一個獨立的社團。它的組織雖然以南湖詩社社員爲主幹，但它又發展了一些新社員，已不是單純的南湖詩社了。它以獨立的名稱開展活動和對外交流，它創辦的壁報叫《高原》。《高原》上刊登的作品不再是南湖詩社或南荒文藝社等其他文學社的，社員此時投到校外刊物上發表的稿件也只屬於高原文藝社。尤其值得注意的是高原文藝社繼承並發展了南湖詩社的創作，雖然有的作品與南湖詩社保持著聯繫，但它們還是只能算作高原文藝社的作品，而不看作南湖詩社或者兩個社團共同的成果。例如，有的作品南湖詩社時期已經構思，到高原文藝社才寫出來；有的作品南湖詩社時期已經寫出，到高原文藝社又作了進一步修改或者發表出來，這樣的作品一般都看作高原文藝社的成果。另外，高原文藝社主辦的講座與南湖詩社沒有任何關係，朱自清、沈從文、蕭乾的演講，是以高原文藝社的名義邀請去的，聽眾也是高原文藝社社員而不再是南湖詩社社員了。

高原文藝社的最大貢獻在於文學創作，它創作了一大批文學作品，尤其在文學體裁的擴大上，對西南聯大的文學發展做出了重要貢獻。南湖詩社的性質決定了它只創作詩歌，高原文藝社打破了南湖詩社的局限，既創作詩歌，也創作其他體裁的作品。可以這麼說，詩歌仍然是高原文藝社的主攻方

向，尤其在《高原》壁報上，詩歌是最引人注目的文體。詩人之中，林蒲、穆旦和趙瑞蕻最受人歡迎的，他們引進了現代主義方法，創作的詩歌既不同於傳統的，又不同於二三十年代的中國現代詩，表現了中國詩歌發展的新路向。林蒲這時創作了多種多樣的現代詩，可以稱為現代主義詩人了。穆旦和趙瑞蕻對於詩歌散文體的探索，雖然沒有取得重大的成果，但其精神值得注意，因為兩年後即有優秀的作品誕生。高原文藝社的散文與南湖詩社有著密切的關係，有的作品在蒙自就投了出去，有的作品在蒙自己開始了創作，但成果問世於高原文藝社時期，所以記在高原文藝社名下。這些散文尤以反映西南聯大湘黔滇旅行團的生活最有價值，它們首次把世界教育史上的長征情形公諸於世，是後人研究西南聯大旅行團以及湘黔滇社會的第一手資料。林蒲的作品手法多樣，不拘一格，表現出作者很高的創作才能和良好的創作勢頭。小說是高原文藝社的新體裁創作。南湖詩社沒有小說創作，高原文藝社的小說作家有好幾位，創作成就顯著的有向長清、劉兆吉和林蒲三位。他們都寫出了代表自己本時期水平的作品，向長清的《許婆》、劉兆吉的《木乃伊》、林蒲的《二憨子》，即使放在中國現代優秀短篇小說中也不會遜色。雖然他們小說還沒有形成共同的藝術追求，但各自的藝術水平都達到了「優秀」之列。這些小說的共同特點是直接描寫了反抗日本侵略的內容，這不僅在西南聯大的小說中是新鮮的，即使在西南聯大全部文學中，也是較早的「抗日文學」。因此，高原文藝社的小說，從思想到藝術都值得我們重視。戲劇是高原文藝社的特殊貢獻。南湖詩社自然沒有戲劇創作，高原文藝社也沒有專門提倡戲劇創作，但高原文藝社的社員寫出了戲劇作品，這是西南聯大的第一批戲劇文學。此前，只有陳銓教授根據一個法國劇本改編了多幕劇《祖國》，另有一個學生創作了一部獨幕劇，此外就再沒有其他作品了。周正儀的獨幕劇《告別》和劉兆吉的兩幕劇《何懋勛之死》就是西南聯大較早的一批劇作了。嚴格地說，這兩個劇本在藝術上都還顯粗糙，但作為起步的作品，有這樣的成績應該肯定。在它們之後，西南聯大很少有劇本問世，直至「一二·一」運動期間，才爆發出一大批劇作，所以，周正儀和劉兆吉的戲劇開拓之功值得贊許。

高原文藝社是一個具有開拓精神的社團，在西南聯大的文學發展中，它首先開拓了南湖詩社鋪墊的詩歌道路，拓寬了詩體，豐富了詩歌的表現力，並且拓寬了現代主義詩歌的道路，使西南聯大的現代詩出現了欣欣向榮的氣

象。其次，它開拓了西南聯大學生文學創作的新品種，小說和戲劇是高原文藝社的新貢獻，由於他們的努力之功，西南聯大學生創作的主要文學體裁齊備了。第三，它進一步培育了文學創作人才，從南湖詩社到高原文藝社培養起來的文學人才，輸送到南荒文藝社以及冬青社和文聚社後，顯示出了卓越的創作才能，把西南聯大的文學創作推向了高峰。第四，高原文藝社的作品，無論詩歌、散文，還是小說、戲劇，都顯示出了優秀的資質，這是十分可喜的，以後西南聯大文學社團的創作就沿著高原文藝社鋪墊的道路順利發展了。所以，高原文藝社在西南聯大文學社團的歷史上應當具有重要地位，不僅如此，在中國現代文學社團史上，也應為它記上一筆。

高原文藝社給《大公報・文藝》和《中央日報・平明》兩大報紙副刊和《今日評論》雜誌提供稿件的做法，也值得肯定。由於經濟的原因，學生社團很難創辦自己的報刊，而借他人的報刊發表自己的作品，實在是一個好辦法。一方面，社員的作品有了發表的園地，另一方面，報刊雜誌也有了依靠而不至於發生稿荒，這是雙贏的事。正因為高原文藝社的稿件質量較高，才被《大公報・文藝》副刊編輯看重，將其組合發展為南荒文藝社，專為《大公報・文藝》提供稿件。也正是因為這個，高原文藝社才完成了歷史使命。高原文藝社結束和南荒文藝社誕生這件事本身，就說明了高原文藝社的創作水平和歷史地位。因為，《大公報・文藝》副刊是當時全國著名的文學大家發表作品的園地，與大家同刊發表作品的作者，其成就不能算低，為這個副刊提供稿件的社團，其地位也不能算低。

2005 年 8 月 17 日初稿於昆明文化巷 52 號

西南聯大劇團*

【摘要】「聯大劇團」全稱國立西南聯合大學話劇團，是西南聯大在昆明的第一個話劇社團。聯大劇團 1938 年成立，以演出《祖國》成名，演《原野》登上高峰，後因內部分裂而實力削弱，此後雖有演出但未引起轟動，1942 年自行解散。聯大劇團奠定了西南聯大戲劇發展的基礎，樹立了雲南乃至中國戲劇史上的演出里程碑，爲抗日救亡運動貢獻了力量。因此，聯大劇團在西南聯大社團中具有崇高地位，是雲南現代實力最強的幾個劇團之一，也是中國現代戲劇史上的一個重要社團。

【關鍵詞】聯大劇團、歷史、演出。

1939 年初，略顯沉悶的昆明戲劇舞臺突然殺出一支勁旅，掀起了一個個演出高潮。這支勁旅就是聯大劇團，全稱國立西南聯合大學話劇團，是西南聯大在昆明的第一個戲劇社團。

聯大劇團在中國現代戲劇史上，創造了這樣的功績：書寫了《原野》演出史上的第一次轟動歷史，創造了雲南話劇演出的第一座高峰；在推進話劇藝術發展的同時，普及了話劇藝術，與其他戲劇團體一道，把現代戲劇藝術根植在祖國邊疆的紅土高原上；以戲劇演出的方式宣傳抗日，爲鼓舞後方人民的抗敵情緒，堅定抗戰必勝的信心做出了不可磨滅的貢獻；以較高的水平奠定了西南聯大戲劇社團及其活動的堅實基礎，尤其是培養了一批戲劇人

---

* 本文原載於《西南民族大學學報》2011 年第 1 期，原題《西南戲劇勁旅──論抗戰時期的聯大劇團》。

才；開創了戲劇社團走到校外，與其他團體合作的歷史，並使之成爲傳統。因此，聯大劇團在西南聯大社團中具有崇高的地位，是雲南現代演出實力最強的幾個戲劇社團之一，也是中國現代戲劇史上一個重要的社團。

《祖國》的排演與聯大劇團的組成

1938 年 12 月，西南聯大新學期開學後，一些愛好戲劇的同學很快組織起一幫人馬，醞釀排戲。有人推薦排演陳銓教授新近改寫的劇本《祖國》，陳教授欣然同意並出任導演。同學去請聞一多教授，他全心支持並願意承擔舞臺美術設計，又去請從日本研究戲劇藝術歸來不久的孫毓棠先生做舞臺監督，他毫不推辭，還推薦夫人鳳子出山。得到四位老師的大力支持，同學們排戲的熱情極高。演員確定爲：汪雨演教授吳伯藻，鳳子演教授夫人佩玉，劉雷演教授的學生劉亞明，張定華演教授家的婢女小雲，高小文演警察廳長潘有才，勞元幹演敲鍾老人老郭。排練借一戶人家的客廳進行。排戲時，一般是孫先生幫助同學分析劇本，研究角色，給予示範，陳先生、聞先生、封先生（即鳳子）在一旁觀看，並提出改進意見。同學們白天上課，晚上排練，氣氛緊張熱烈而又感人。

同學們想，如果劇組發展成爲一個社團，更有利於長期開展戲劇活動，有利於抗日宣傳，於是大家分頭串聯同學，發起成立話劇團。1938 年底的一天，在昆華農校大樓的一間大教室裏召開「國立西南聯合大學話劇團」（簡稱「聯大劇團」）成立大會。聞一多、陳銓、孫毓棠、鳳子四位老師和《祖國》劇組的成員早早到場，一些愛好戲劇的同學也前來參加，到會 60 多人。會議首先由發起人說明成立話劇團的宗旨、報告籌備成立的經過，而後請老師和同學發言，最後選舉團長和工作人員。選舉結果是：張遵驤爲團長，劉雷、汪雨、黃輝實、湯一雄、丁伯駃等被選爲工作委員。筆者根據後來各方面的材料考訂，聯大劇團的成員先後有：王亞文、張遵驤、劉雷、汪雨、黃輝實、湯一雄、丁伯駃、高小文、勞元幹、徐賢議、張定華、孫觀華、李善甫、黃宣、徐萱、陳歐生、蕭慶萱、侯肅華、羅宏孝、安美生、許令德、鄒斯頤、孔令人、郝詒純、陳福英、劉輝、霍來剛、邵儒、陳譽、張狂、劉長蘭、鄒德範、楊郁文、王松聲等。導師是聞一多、陳銓、孫毓棠。鳳子與劇團的關係在師友之間。後來劇團人員變動，另選領導，任團長的是高小文，副團長徐賢議。

聯大劇團成立，《祖國》的排練有了切實的組織領導，排練因而更有成效。

1939 年 2 月 18 日，《祖國》在昆明雲瑞中學禮堂舉行公演。劇作的抗日愛國內容和演員的成功表演，深深打動了觀眾。首場演出一炮打響。觀眾奔走相告，相約前來觀看，出現了前所未有的盛況。

當時演出的情形，婢女小雲的扮演者張定華女士回憶說：「從第一天上演起，就出現了令人振奮的盛況。劇中人物的臺詞常引起觀眾的笑聲或慨歎。劇場不斷響起掌聲。當劇中人物英勇就義高呼『打倒日本帝國主義』、『中華民族萬歲』時，觀眾隨著高呼口號，臺上臺下喊成一片，洋溢著高漲的愛國熱情。」〔註 1〕張定華的回憶與當時報紙上的報導相符。1939 年 2 月 22 日《朝報・副刊》發表署名「臻」的《觀〈祖國〉後》可以證明。臻是一位從下江流亡到昆明的婦女，流亡生活使她對娛樂有所節制，但《祖國》「盛傳一時」，她不能不慕名觀看，看後大為讚美。「盛傳一時」之語與張定華「一時成為人們談話的中心議題，引起各界人士的關注」之語相吻合。

評論界雖然指出了《祖國》的一些不足，但總體上是肯定和贊許的。綜合發表在當時報紙上的報導和評論文章中的論述，當時對《祖國》的看法主要有以下一些：

關於劇作——大家都肯定劇作的抗日題材及其思想意義，贊許教授吳伯藻和青年劉亞明等的國家民族意識，對這兩個形象極為欣賞，有人稱吳伯藻是「鋼鐵鬥士」〔註 2〕，有人表示「我們應該學習劉亞明，他是我們民族解放運動中的模範戰士」。〔註 3〕對於佩玉，有人引鳳子「佩玉這一角的性格是不真實的」之語，接著說「我想能做吳伯藻先生對象的佩玉，決不是一無知識一無理智的女人……一個略具理智的人，決不會愛令智昏至如此地步，將無數愛國同胞生命所繫甚至國家民族存亡關鍵的情報，向萬惡的仇敵去告密的。」〔註 4〕戲劇家陳豫源分析說：「她之於吳伯藻，僅僅是不滿意，經伯藻發現了以後惱羞成怒，至多不過是加倍的不滿意，聰慧的佩玉，可用激動的行為，僅可去情殺，自殺（劇中佩玉原有自殺的動意），私奔，離婚……她跟

〔註 1〕張定華：《回憶聯大劇團》，西南聯大校友會編《笳吹弦誦在春城》，昆明：雲南人民出版社等，1986 年 10 月，第 344 頁。
〔註 2〕王一士：《聯大劇團公演的〈祖國〉》，《雲南日報》，1939 年 2 月 18 日。
〔註 3〕俞志剛：《看了〈祖國〉以後》，《雲南日報》，1939 年 2 月 22 日。
〔註 4〕臻：《觀〈祖國〉後》，《朝報》，1939 年 2 月 22 日。

伯藻並無多大仇恨……不滿與仇恨距離得很遠，所以密告的行動叫人覺得可能性太少。」〔註5〕劇本把故事發生的地點放在中國的城市，把外國風格的劇作改成了中國風味，把大段大段的人物內心獨白改成人物對話，甚至淡化了許多羅曼蒂克的氣氛等都是成功之處。陳豫源認爲全劇以第二幕最好。而第二幕正是作者改動較大，較具中國作風的一幕。

關於導演──《祖國》的導演是其改編者陳銓。他留學回國後曾創作劇本。此次自編自導，更能發揮劇作家的意圖。陳豫源從一個導演的眼光看《祖國》，對它的場面調度和舞臺運用給予讚賞，同時也指出導演對群眾場面沒處理好，顯得零亂。〔註6〕這是專家之論。由此可以確信，《祖國》的導演效果瑕不掩瑜。雖然《祖國》的導演之名是陳銓的，但其他幾位老師也參與了指導。陳銓先生曾說：「談到導演，我們第一個要感謝的，就是中國藝術界的老將聞一多先生……以後幾次重要的排演，聞先生都親自參加，貢獻許多最可寶貴的意見。假如這一次公演，能夠有相當的成功，那麼聞先生是我們第一個功臣。……演員動作表情的導演，我們僥倖又得著富有表演天才經驗訓練的孫毓棠先生。」〔註7〕聯大劇團的丁伯馱說：「演技方面，如果不是陳銓和孫毓棠兩先生的指導，恐怕還得不到這樣差強人意的收穫。」〔註8〕「第一個功臣」多贊譽，「差強人意」是謙辭，不過，沒有掛名的導演聞一多和孫毓棠，與掛名導演陳銓三位老師的共同指導之功頗大。

關於演員──鳳子的演技得到大家一致的讚揚。夏江說：「鳳子的演技是純熟的，對佩玉這一灰色人物的個性有了充分表現。」〔註9〕陳銓認爲：「這一本戲的女主人翁，是一個最難表演的角色，她有複雜的心情，她有矛盾的性格，她有靈魂的痛苦，她有希望的光明，這一次要不是鳳子小姐來擔任，恐怕很難達到滿意的地步。」〔註10〕鳳子在演出之前曾直言不諱地說：「佩玉這一角色的性格是不眞實的。」〔註11〕陳豫源在分析了佩玉的矛盾性格後讚美道：「佩玉這種不可能的行動與性格，叫鳳子女士表演得那樣逼眞可能，那

〔註5〕豫源：《觀〈祖國〉歸來》，《朝報》，1939年2月26日。
〔註6〕豫源：《觀〈祖國〉歸來》，《朝報》，1939年2月26日。
〔註7〕陳銓：《聯大劇團籌演〈祖國〉的經過》，《益世報》，1939年2月18日。
〔註8〕丁伯馱：《關於〈祖國〉的繼演》，《雲南日報》，1939年2月24日。
〔註9〕夏江：《偉大的祖國》，《朝報》，1939年2月19日。
〔註10〕陳銓：《聯大劇團籌演〈祖國〉的經過》，《益世報》，1939年2月18日。
〔註11〕鳳子：《我的話》，《益世報》，1939年2月18日。

樣的毫不牽強，這是《祖國》的絕大成功的最可寶貴處，這才是演戲的真功夫。」〔註12〕其他的演員也得到了充分的肯定，例如：「張定華女士的小雲一角，第二幕開場全靠她散布滿場的空氣，來描寫女主人翁內心的痛苦，看起來似很簡單，演出來卻不容易，然而張女士卻能夠做得非常美妙。其他如高小文的警察廳長，劉育才的劉亞明，汪公望的吳伯藻，勞元幹的老郭，都達到了相當的高度。」〔註13〕

關於舞美——聞一多設計並製作的舞臺布景，獲得大家一致的好評。夏江說：「舞臺面的設計，簡單而美麗，際此物質艱難的抗戰期間，我們在後方能看到如此活潑的舞臺裝置，也著實頗不容易了。」〔註14〕丁心讚美道：「聞詩人設計的布景，電燈，使每個觀眾滿意，特別是在色彩上，例如第一幕和第四幕，是同一地點，但是為了二幕是不同的場合，一是忠勇的場合用了黃色的燈光，一是悲慘的結果，用藍色。同時兩種不同的色彩，也分別了日夜。」〔註15〕

一次演出能夠得到觀眾和學術界如此高的評價，在此以前的雲南演劇史上並不多見。

演出場次也能說明《祖國》演出的成功。話劇畢竟屬於文化人的藝術，欣賞它須具有一定的條件，起碼要有良好的語言感受力。而當時的昆明，文化人較少，觀眾不很踴躍，所以，話劇缺少群眾基礎，演出大多入不敷出。翟國瑾回憶 1941 年昆明的演出情形說：「當時話劇觀眾有限，一次演出，為期5～7天，頂多頭三天能賣七八成座，後三天能賣六成已經很不錯了。」〔註16〕而在兩年前的 1939 年春，昆明人看話劇的熱情比這還要低一些。因此，《祖國》的演出最初只定了5場，18 日開始，22 日結束，每晚上演。由於反響熱烈，20 日白天加演了 1 場，計演了 6 場。但觀眾踴躍，要求強烈，又加演了 3 場，至 25 日晚結束。這樣，一共演出了 9 場，而且「場場滿座」，〔註17〕甚至一些看過演出的觀眾，還希望再看一次，「好多觀眾，來詢下次公

〔註12〕豫源：《觀〈祖國〉歸來》，《朝報》，1939 年 2 月 26 日。
〔註13〕陳銓：《聯大劇團籌演〈祖國〉的經過》，《益世報》，1939 年 2 月 18 日。
〔註14〕夏江：《偉大的祖國》，《朝報》，1939 年 2 月 19 日。
〔註15〕丁心：《致聯大劇團一封公開的信》，《雲南日報》，1939 年 2 月 20 日。
〔註16〕翟國瑾：《憶一次多災多難的話劇演出》，雲南省政協文史資料研究委員會等編《雲南文史資料選輯》第 34 輯，昆明：雲南人民出版社，1998 年，第 484 頁。
〔註17〕張定華：《回憶聯大劇團》，西南聯大校友會編《笳吹弦誦在春城》，昆明：雲南人民出版社等，1986 年 10 月，第 344 頁。

演的日期」。〔註18〕這在雲南話劇演出史上前所未有。這種盛況說明,《祖國》的演出轟動了昆明。

《祖國》不僅得到了群眾的熱烈讚揚,而且得到了官方的肯定。1939 年5 月,國民黨中央執委會海外部、國民政府僑務委員會、軍委會西南運輸處在昆明聯合舉辦「慰勞華僑機工回國服務團大會」,將《祖國》選爲慰問節目,請聯大劇團於 6 日和 7 日在新滇大戲院連演兩場。上千華僑機工觀看了演出,並給予一致好評。此次演出的意義不僅在於觀眾的滿意程度,更主要的是提升了《祖國》一劇的「身份」和地位。它是國民黨中央、國民政府和中央軍委確定爲代表國家水平對外演出的藝術劇目。獲得這種殊榮的劇目在中國現代話劇史上恐怕不多。就當時的背景看,雲南也有好幾個劇團演出過多部話劇,而被政府選爲代表國家水平的僅此《祖國》一劇。可見聯大劇團雖爲學生社團,其演出水平至少已居雲南前列了。

《原野》的演出與聯大劇團的鼎盛

《祖國》演出成功後,聯大劇團成員個個摩拳擦掌,準備大幹。但當時正值「劇本荒」,〔註19〕可供上演的「抗戰戲」少得可憐。聞一多、孫毓棠、鳳子商量,並爭取到國防劇社的同意,決定邀請曹禺來昆明導演《原野》。曹禺本來對《原野》問世後的索寞亦不甘心,現在收到邀請,自是高興。1939年 7 月 13 日,曹禺自重慶飛抵昆明。第二天,國防劇社爲曹禺接風洗塵,席間商定演出劇目爲《原野》和《黑字二十八》(又名《全民總動員》)。

排演班子是由曹禺、鳳子、孫毓棠、聞一多等研究決定的。《原野》由曹禺親自導演,孫毓棠任舞臺監督,聞一多和雷圭元負責舞臺設計。《黑字二十八》人物眾多,調度困難,成立了由曹禺、孫毓棠、鳳子、陳豫源、王旦東五人組成的導演團,舞臺設計由聞一多擔任。《原野》主要從聯大劇團中挑選演員,《黑字二十八》從聯大劇團、雲大劇團、國立藝專、省立藝師等單位挑選。最後《原野》的演員確定爲:鳳子扮金子、孫毓棠扮常五、汪雨扮仇虎、樊筠扮焦母、李文偉扮焦大星、黃實扮白傻子。可以說 1939 年《原野》在昆明的演出是曹禺和聯大劇團的合作。

曹禺的工作作風向來是一絲不苟。排練時,一個動作、一句臺詞的效果

〔註18〕丁伯駽:《關於〈祖國〉的繼演》,《雲南日報》,1939 年 2 月 24 日。
〔註19〕聞一多:《宣傳與藝術》,載昆明《益世報》,1939 年 2 月 26 日。

都不輕易放過，即使像鳳子這樣的老演員乃至曹禺本人也不例外。排練地點設在昆明城東南的長春路，聯大師生居住在城西北角，每次排練都需穿過半座昆明城，十分辛苦，更兼實地排練時，借到的舞臺要等到每晚十點鐘京劇演出結束後才能使用，這樣，許多時候的排練都到了深夜三四點鐘，但每個演職員都毫無怨言。聯大劇團的社員，除了主演《原野》和擔任《黑字二十八》的演員外，幾乎承擔了所有的後勤工作，不少人身兼數職，日夜奔忙。上演前，有人爲趕製服裝或道具等，通夜不眠，有人爲裝臺和照料演出用品，夜晚就睡在舞臺上。〔註20〕大約經過三個星期的苦練，舉行了公演。

8月16日晚7時，大幕在新滇大戲院拉開，觀眾立刻被臺上原始神秘的「大森林」吸引，隨著劇情的展開，觀眾被深深吸引⋯⋯演出立刻引起轟動！戲票很快搶空。按計劃，《原野》共演八天，至23日結束；24日休息；25日換演《黑字二十八》十天，至9月3日結束。但觀眾紛紛要求加演。不勝辛勞的劇組只好說服國防劇社，延長演出《黑字二十八》五天，至8日；9日起再換演《原野》七天，至15日結束。儘管如此，觀眾仍不滿足，紛紛強烈要求續演。劇組只好再續演《原野》兩天，至17日最終落幕。兩劇共演32場。

如此盛況，在昆明演出史上是前所未有的。朱自清教授當即撰文寫道：「看這兩個戲差不多成了昆明社會的時尚，不去看好像短了些什麼似的。」接著他指出此次演出的地位和影響：「確是昆明一件大事，怕也是中國話劇界一件大事罷。」〔註21〕以《原野》的演出而言，《原野》1937年一問世，上海業餘實驗劇團就於8月7日在卡爾登大戲院舉行了首演，但是不幾日，「八・一三」戰火就使演出終止了。之後，僅1939年5月在重慶江安，地方劇團用四川方言演出過一次，未引起多大反響。昆明此次演出的轟動，是《原野》的第一次，也是20世紀40年代直至80年代中期中國唯一的一次盛況。以雲南的演出而言，此次演出被戲劇史家公認爲雲南戲劇舞臺上的三次高潮之一（另外兩次是《清宮外史》和《孔雀膽》的演出），且《原野》居其首。〔註22〕如此巨大的收穫，是《原野》的成功，是曹禺的成功，同時也是

〔註20〕張定華：《回憶聯大劇團》，西南聯大校友會編《茄吹弦誦在春城》，昆明：雲南人民出版社等，1986年10月，第349頁。
〔註21〕朱自清：《〈原野〉與〈黑字二十八〉的演出》，《今日評論》第2卷第12期，1939年9月10日。
〔註22〕吳戈：《雲南現代話劇運動史論稿》，北京：中國文聯出版社，2001年9月，

聯大劇團的成功。

昆明的觀眾爲何如此欣賞《原野》、讚美這次演出？當然是《原野》的藝術魅力所至，但細分起來，有以下一些原因：

首先是名人效應。曹禺親自導演《原野》，這種機會對昆明的觀眾來說是不可多得的（事實上是唯一的）。鳳子早先曾成功扮演四鳳和陳白露，不久前在《祖國》中又展示過藝術風采，此次扮演金子，不知又會有何表現。聞一多的詩名早已響徹中國，而舞臺藝術設計的才華似乎在昆明才顯示出來，《祖國》的布景和燈光已讓觀眾欽佩，《原野》的設計又會出什麼新招？對於孫毓棠，人們對《祖國》的舞臺表現還記憶猶新，欣賞他表演的機會又來了，當然要抓住。聯大劇團的各位演員也是觀眾所讚賞的，對於他們的新表演，也想前往一觀。這是當時人們的心理，並非今天的揣測推論。不信請看當時的一篇評論，文章開頭就寫道：「《原野》是曹禺的傑作，這次能得作者親自來導演，自然能把劇本的好處，表現無遺。且這次演員，又盡是昆明第一流名手，連布景的設計，燈光的管理，也請專家負責，我們很可放心地說，《原野》這次演出，是集各種專家的大成，無怪它的成就，也是空前的。」〔註 23〕著名評論家朱自清分析兩部大戲吸引人的原因時也說了同樣意思的話：「而曹禺先生的戲，出演的成績是大家都知道的，再說這回是他自己導演，也給觀眾很大的盼望。還有，兩個戲的演員，很多斫輪老手，足夠引起觀眾的信心。」〔註 24〕

其次是藝術魅力。能夠在前後一個月的演出裏做到場場滿座，恐怕不只是名家的吸引力，而更是藝術表現的強大魅力了。中國文學史家余冠英評論這部戲說：「我以爲曹禺君的三部名著中《雷雨》是最雅俗共賞的戲，《日出》稍不同，惟《原野》最爲不俗」，「《原野》最值得稱賞處是人物的創造。本劇重要人物的性格都很強，以焦大媽爲最，其次金子，其次仇虎。這三個人物在中國文學裏都是嶄新的。」〔註 25〕《原野》的故事雖不複雜，但情節卻緊張激烈，筆觸犀利深入，讓人看了心驚肉跳。而劇情的規定情景、場面和氣氛又是那樣特殊別致，很可能迷醉觀眾。這樣藝術性高超的劇作，由一群才

第 114 頁。

〔註 23〕易：《看〈原野〉以後》，《朝報》，1939 年 8 月 19 日。

〔註 24〕朱自清：《〈原野〉與〈黑字二十八〉的演出》，《今日評論》第 2 卷第 12 期，1939 年 9 月 10 日。

〔註 25〕冠英：《談談〈原野〉》，《今日評論》第 2 卷第 13 期，1939 年 9 月 17 日。

能超拔的藝術家把它呈現在舞臺上，不可能不產生出強烈的藝術魅力。朱自清記錄說：「觀眾看了這兩個戲，可以說是滿意的……從演員的選擇與分配，對話的節奏，表情的效果，舞臺的設計等等，可以看出導演以及各位演員都已盡了他們最善的努力。」〔註26〕《朝報》也報導說：「看完《原野》全劇，覺得置景是那麼偉大，演技是那麼精熟，燈光與效果都是那麼適應」，因而讚歎「畢竟是成功之作」！〔註27〕

再次是演員表演。這裏引三條當時的文字記錄：《今日評論》的文章說：「此次演出的孫毓棠君之常五最無懈可擊，次為樊筠女士之焦大媽」；〔註28〕《益世報》上的報導文章說：「鳳子飾焦花氏，不但言語態度恰倒好處，而動作表情，亦可算得膽大難能。樊筠飾焦母，潑辣老婦活現舞臺，觀眾莫不稱絕，此外如孫毓棠飾常五，汪雨飾白傻子，李文偉飾焦大星等，均能抓住劇中要點，表現個人戲劇天才」；〔註29〕《朝報》上的特寫也全面肯定了各位演員：「汪雨的仇虎，性格是顯得那樣粗暴，黃實的白傻子，也創造了一個獨特的典型……樊筠飾焦母，十足表現了屬害潑辣的舊女性，鳳子的金子，靈巧、尖刻而熱情，孫毓棠的常五，是那麼個糊塗人，李文偉之焦大星，一個懦弱無用的典型男人，在這部戲裏，都有一個明朗的性格表現」。〔註30〕評論家和記者的態度如此，普通觀眾對演員的表演更是普遍的叫好。許多人就是為了看鳳子、看孫毓棠、看聯大劇團名角的表演而走進劇院的。

最後是舞臺設計。聞一多根據《原野》的規定情景，對舞臺進行了精心的設計。在仇虎逃跑一幕中，他用許多黑色長條木板於舞臺後半部大小錯落地排列起來，焦母提一盞小紅燈籠在其間穿梭，臺下看去，大森林幽暗深遠，焦母的喊聲發乎其間，神秘恐怖之極。曹禺對此亦稱讚有加。布景多採用虛實結合甚至某些抽象技法，再配以幽暗的燈光，把荒原孤村和黑森林陰森恐怖的氣氛表現了出來，顯示出荒原的原始、野蠻，有力地配合了悲劇劇情。曹禺十分肯定地說：「聞先生的美術設計增強了《原野》的悲劇氣氛，是

〔註26〕 朱自清：《〈原野〉與〈黑字二十八〉的演出》，《今日評論》第2卷第12期，1939年9月10日。
〔註27〕 江夏：《曹禺導演的〈原野〉昨晚開始公演》，《朝報》，1939年8月17日。
〔註28〕 冠英：《談談〈原野〉》，《今日評論》第2卷第13期，1939年9月17日。
〔註29〕 《國防劇社公演〈原野〉》，《益世報》，1939年8月17日。
〔註30〕 江夏：《曹禺導演的〈原野〉昨晚開始公演》，《朝報》，1939年8月17日。

對《原野》主題的最好詮釋。」〔註31〕演出效果證明了聞一多設計的極大成功──觀眾對《原野》的舞臺美術好評如潮，有人甚至為了看舞美而去看《原野》。《朝報》上的文章說得更細緻：「第一幕，布景是那麼美麗，一條鐵路線的旁邊，囚徒仇虎和白傻子的對話中，劇情是慢慢地展開了……第二幕在焦宅客室中，有焦閻王遺像，焦母佛臺，十分佈置得富麗堂皇……最後一幕，而且接連四場的換景，都是森林叢叢的原野，在黑夜的大森林裏，我們除了看到舞臺之美麗畫面外，還實際感覺了一個人生的嚴重問題，那就是愛欲與仇恨的衝突。」〔註32〕這樣美麗的舞臺設計前所未見，當然具有強烈的召喚力。

由於以上四個方面的原因，《原野》似有魔力一般把昆明城內外的人吸引到劇院，李喬說：「在萬人鬨動中曹禺先生的《原野》已在新滇劇院上演了五六天」，並且「看過這劇的人，大概不會說不滿意吧？」〔註33〕這是歷史的記錄。《原野》造就了雲南戲劇演出史上的第一座高峰。

這座高峰的形成，是曹禺的輝煌，也是聯大劇團的輝煌！

聯大劇團從2月《祖國》的出演，到9月演完《原野》，在短短半年多的時間內達到了頂峰。這說明聯大劇團的起點相當的高，社員的藝術修養和工作的投入都令人讚歎。考其原因，一方面有孫毓棠、鳳子、聞一多、陳銓、曹禺等名師的貢獻，另一方面聯大劇團成員如汪雨、黃實、樊筠、李文偉、張定華等的藝術敏感也是相當出色的。隨著這兩部戲的演出，聯大劇團之名已在昆明人心目中生了根，聯大劇團被雲南戲劇界公認為昆明最好的演出團體之一，甚至聯大劇團已作為一個有名的劇團載入了史冊，因為，《原野》的演出「也是中國話劇界一件大事」。

聯大劇團的分化及其他演出

《祖國》、《黑字二十八》演出的成功，尤其是《原野》引起的轟動，給聯大劇團以巨大鼓舞，使社員增強了信心，大家希望能夠演出更多更好的戲。但是，一些社員也錯誤地估計了劇團和自己的能量，認為聯大劇團已具備了演大戲的能力，以後必須選演大戲，才能顯示出劇團的本領，才能使劇團興

〔註31〕曹禺語，轉引自王松聲、李凌《聞一多和戲劇》，趙慧編《回憶紀念聞一多》，武漢出版社，1999年9月，第315頁。
〔註32〕江夏：《曹禺導演的〈原野〉昨晚開始公演》，《朝報》，1939年8月17日。
〔註33〕李喬：《看了〈原野〉以後》，《雲南日報》，1939年8月23日。

旺發達。這種觀點忽視了劇團借助名家成功的因素，把幾部戲的演出成績全部歸功於己，誇大了劇團在演出中的作用。因此，一些社員不同意這種高估自己的觀點，在劇目的確定上，主張選一些難度較小、適應自己的「抗戰戲」。兩種觀點發生了衝突，引出了社員的不滿情緒。再加上聯大劇團本身只是戲劇愛好者的自由組織，許多社員先前互相併不認識，高低年級之間、來自各地的同學之間存在文化差異，劇團又不可能制定嚴格的規約，大家只是排劇時才聚在一起，不排時各行其是，一句話，沒有組織基礎、思想基礎和政治基礎。在這種情況下，小團體思想、個人情緒都會產生。由以上觀點的分歧引起，再加上固有的組織鬆散，又添上個人意氣的爆發等原因，聯大劇團出現分化勢在必然。

1940 年初，聯大劇團組織領導任期已滿 一年，且團長張遵驤因車禍受傷不能主持工作，遂舉行改選。有人早有預謀，想要奪取領導權，拉了一大幫本不是社員的人來參加投票，結果獲勝。本已產生了思想分歧的部分社員，這時便拒絕參加活動，且另謀發展。2 月，青年劇社成立，主要成員是從聯大劇團分化出來的同學，社長汪雨。5 月，戲劇研究社宣告成立，主要社員也是從聯大劇團分化出來的同學，且多數是群社社員，社長賀蘊章。經過兩次分化，聯大劇團元氣大傷，此後演出的劇目減少了。

聯大劇團在改選領導和醞釀分化的過程中，正在排練《夜未央》。分化雖然嚴重影響了大家的情緒，但排練並未終止。1940 年 2 月 20 日，《夜未央》以「國立西南聯大學生自治會籌募勞軍禮金」的名義，在省黨部禮堂舉行公演。導演是外文系教授趙詔熊，舞臺監督是高小文，演員是羅宏孝、汪雨、劉輝、劉雷、李文偉、黃實、劉長蘭、鄒德範、高小文等 20 餘人。演出按原計劃演七場，到 26 日結束，演出成績不錯，但未見評論。

聯大劇團分化後，直到 1940 年 10 月，才在大逸樂戲院公演《雷雨》。演員陣容是：許令德扮蘩漪，汪雨扮周樸園，張定華扮魯媽，勞元幹扮周萍，孔令仁扮四鳳，鄒斯頤扮周沖，劉雷扮魯貴，高小文扮魯大海，羅宏孝和安美生扮修女。戲劇研究社的蕭荻、馮家楷應邀協助舞臺工作。此前，昆明曾幾次上演過《雷雨》，五個月前，北平八校校友還在昆明公演過，間隔這麼短又演一次，而且沒有了鳳子、孫毓棠這樣的「大腕」，雖然劇團的臺柱汪雨、勞元幹、高小文、劉雷、張定華等都出場，大家對成功與否沒有把握。因此，只計劃演 3 場。演出在低調中開始，在低調中結束。由於大家

沒有抱過高的期望，所以對於演出結果還較爲滿意。張定華幾十年後的記憶是「場次還可以」〔註 34〕，《國立西南聯合大學校史》則說「演出效果很好」。〔註 35〕

從此次《雷雨》的演出可以看到，雖然聯大劇團分化不久，大家的意見仍然相左，情緒還存在對立，但對聯大劇團的名譽，大家都是維護的。當聯大劇團準備演戲，需要大家出力，無論青年劇社還是戲劇研究社都給予了支持，所以，早期聯大劇團的名演員，除黃實外，都聚首於《雷雨》了。這次老演員重新合作，也說明聯大劇團這面旗幟的召喚力和留在聯大劇團裏的骨幹演員所起的作用。其實這種團結還可以追溯到《夜未央》和《阿 Q 正傳》的演出。激烈的分化發生在排演《夜未央》的過程中，但大家還是通力合作，完成了《夜未央》的演出。而《阿 Q 正傳》的演出，人物眾多，場面宏大，共有 40 多個人物登場，劇團先後動員了 200 多名同學參加了前後臺的工作，雖然主持排演者是戲劇研究社，但它是西南聯大全體戲劇愛好者的通力合作，因此才有演出的成功。在這兩次協作的基礎上，大家又共同協作演出了《雷雨》。

我們是否可以得出這樣的結論：聯大劇團早期的骨幹演員，雖然因意氣之爭而另立門戶，但在維護聯大劇團的名譽上，在推進戲劇發展的追求上，在宣傳抗日救國的大義上，還是一家。

「皖南事變」發生後，聯大劇團也停止了活動。但後來，在西南聯大首先開展文藝活動的仍然是聯大劇團。1941 年夏，聯大劇團開始籌演易卜生的《玩偶之家》。劇團再次請鳳子和孫毓棠兩位大家出馬，孫毓棠任導演，鳳子演主角。其他演員是：沈長泰、姜桂儂、許令德、汪雨、勞元幹、吳全、黃雲、嚴儀、劉琦、賈平。排練後，於 7 月 8 日在昆明大戲院公演。演出後報紙上發表的文章，意見卻頗爲嚴厲。文章觀點不一致甚至針鋒相對，一方面籠統地肯定劇作演出成功，一方面則具體地挑剔演員的毛病，例如，「臺上的對白有時候太快，坐在後面的人，不大聽得清楚」〔註36〕，「娜拉背場太久，方位沒有變動，使舞臺成了相當時間的不平衡」〔註 37〕，有的演員習慣性的

〔註 34〕李光榮訪張定華記錄，2004 年 10 月 3 日，北京張寓。

〔註 35〕國立西南聯合大學北京校友會編：《國立西南聯合大學校史》，北京大學出版社，1996 年 10 月，第 441 頁。

〔註 36〕先春：《〈娜拉〉觀後》，《朝報》，1941 年 7 月 22 日。

〔註 37〕家光：《參觀〈玩偶家庭〉小感》，《朝報》，1941 年 7 月 18 日。

背手站在臺上等。不過，總的來說，大家對演員的表演還是比較滿意，尤其稱讚鳳子，只是她得到的好評不及以前所演的幾場多。也許鳴公的話具有代表性：「至於演員方面：人才齊全，配搭允當，各有特長發揮，可嘉！特別我要在此說的，是飾娜拉主角之鳳子女士，鳳子全部臺詞之嫻熟流利，眞可說『如數家珍』，表情有聲有色，確是中國話劇界第一流人才，綜觀鳳子一貫作風之特長，是活潑生動，犀利俊逸，尤以偏激表態最爲傳神！只在沉鬱方面稍缺刻劃，但此不足爲病，因鳳子自有其成功之天才與造詣。」〔註38〕以上文章基本上是觀感性的，幾乎沒有理論的概括分析。評論家基本上沒有發言。對照《原野》演出的評論來分析，此次沉默大概與評論家所持的「抗戰戲」理論有關：既然你們一定要演與抗戰無關的戲，我們保持沉默！由於評論家的「缺席」，《玩偶家庭》的演出成就很難評定。不過，從演出的場次看，觀眾仍然較爲踴躍，也可以說是滿意於演出的。此次演出從 8 日開始，每天一場，到 16 日爲止，共演 9 場，這在當時算是較好的成績。原計劃只演到 14日，因觀眾要求強烈，又加演了兩天。其實還可能再加演下去，只因戲院突然停電不得不停業，演出才嘎然而止。這樣的結局有些意外。

　　之後，聯大劇團於 1942 年 8 月 5～9 日演出了陽翰笙的《塞上風雲》。此劇雖然是「雲南省、雲南各大學、昆華中學校友會爲募集前線將士醫藥」舉行的公演，但打出的招牌是「聯大話劇團演出」。演職人員是──顧問會主任顧問：楊立德、徐繼祖，演出委員會主任委員：楊竹庵、副主任委員：保國強，舞臺設計：高小文，舞臺監督：陳譽，演員陣容：劉萍、蘇澈、樊筠、李文偉、陳頌聲、高小文、唐培源、馬如龍、熊明、王肖宗、路雲升、吳承幼、賀驥。從演職人員看，絕大多數是西南聯大學生，雖然聯大劇團的老演員只有高小文和陳譽兩人，外加特別社員樊筠和李文偉，但高小文是聯大劇團團長，他可以代表聯大劇團行事，他也有號召和組織能力，因此，演員基本上是西南聯大的學生。所以說，此劇是聯大劇團的演出。此次演出後，以「聯大劇團」名義公演的戲劇就沒有了，亦即聯大劇團從此自行消亡了。

聯大劇團的貢獻及其經驗教訓

　　國立西南聯合大學話劇團從 1938 年底成立，至 1942 年 8 月演出最後一

〔註38〕鳴公：《〈玩偶家庭〉觀感》，《朝報》，1941 年 7 月 18 日。

場戲，共存在近四年。這四年的歷史顯示，西南聯大劇團是一個實力雄厚的話劇演出團體，在宣傳抗日救國的同時，它爲中國戲劇藝術的發展、爲雲南戲劇運動的開展、爲西南聯大演劇活動的興盛做出了不可磨滅的貢獻。歸納起來，其貢獻大約有以下三個方面：

（一）樹立了雲南乃至中國戲劇史上的演出里程碑

雲南的話劇演出開展不算遲，但雲南畢竟地處偏僻，話劇的發展較爲緩慢，到 1937 年初，還展開過一場關於舞臺語言是「使用方言還是使用國語」的論爭。〔註 39〕那時，觀衆對話劇藝術的觀賞活動還不太熱心。當時，一齣戲的演出，僅爲 3～5 場。昆明最強的演出團體是昆華藝術師範戲劇電影科和金馬劇社，但它們都未曾有過產生轟動效應的演出。在這種背景下，西南聯大話劇團的出現無疑是異軍突起。聯大劇團首場演出《祖國》就創造了加演 3 場和連演 9 場的兩個新記錄，振興了昆明的戲劇運動。後來還被國民政府選爲慰勞歸國服務的「華僑機工」的演出劇目，再演了 2 場，聲名傳播海外。《祖國》演出的意義在於說明：好的藝術是能夠贏得觀衆的；同時也顯示出聯大劇團能演大戲、演好戲的實力，甚至能夠代表國家演出。接著，聯大劇團的導師出面，邀請曹禺到昆明導演《原野》和《黑字二十八》，雖然演出的名義單位是金馬劇社，但實際是以聯大劇團爲主的。這次演出共計 32 場，「在雲南話劇史上可算是破天荒的第一次」。〔註40〕這兩齣戲的演出使得昆明萬人空巷，爭相觀看，因買不到票而懊惱，與票房爭執或試圖無票闖入而與檢票員衝突的事時有發生。毫不誇張地說，這兩部戲的演出轟動了昆明，震動了劇壇，創造了雲南戲劇史上的演出高峰。《原野》和另外兩部戲的演出被史家認爲「昆明戲劇運動史上的里程碑」〔註41〕。

此次《原野》的演出，不僅是雲南劇運史上的里程碑，而且是《原野》演出史上的里程碑。《原野》誕生後，首先在上海演出，演出未完，因上海遭日本飛機的轟炸而停止；第二次演出在重慶江安，不可能產生巨大影響；這第三次演出則轟動城鄉，引起社會廣泛的關注，這是《原野》的第一次也是

〔註39〕見《雲南日報》1937 年 1 月 15 日發表的張子齋《由藝師公演再談語言問題》等文。

〔註40〕李濟五語，轉引自田本相：《曹禺傳》，北京十月文藝出版社，1988 年 8 月，第 258 頁。

〔註41〕蒙樹宏：《雲南抗戰時期文學史》，昆明：雲南教育出版社，1998 年 4 月，第 218 頁。

解放前唯一的一次演出高潮。此次演出後,《原野》沉寂了數十年。直到 1987 年,隨著電影《原野》的放映,它的藝術魅力才又被人們重新認識,人們爭看電影,有的劇團重新排演話劇,以至觀者如潮,報刊雜誌競相發表評論文章——中國大地上掀起了一股「《原野》熱」。反觀歷史,可以說,1939 年昆明觀眾對《原野》的歡迎是 80 年代「《原野》熱」的預演。如果說《原野》的演出已形成了兩個里程碑的話,1939 年的演出是第一個。

(二)為抗日救亡運動貢獻力量

在國家民族生死存亡的緊要關頭,一切文藝都在為抗日救亡服務。聯大劇團一方面是演戲,追求藝術的品位,另一方面也是在做抗戰工作,把戲劇作為「工具」為抗日救亡服務。聯大劇團為抗戰服務有以下三種形式:

1. 徵募演出

在聯大劇團演出的劇目中,有以下一些是標明徵募演出的:《祖國》,「為前線將士募鞋襪」公演;《夜未央》,「為籌募勞軍禮金」公演;《玩偶家庭》,「戰時公債勸募總隊西南聯大勸募分隊公演」;《塞上風雲》,「為募集前線將士醫藥公演」。這些演出所得的收入都直接用於抗戰了。例如,《祖國》的演出是為前線將士募集戎衣,贏利款額如數彙給政府有關部門,請他們為前方將士購置鞋襪。

2. 演出「抗戰戲」

聯大劇團第一次公演的《祖國》就是一部「抗戰戲」,寫的是愛國知識分子反抗侵略軍的故事,廣告上標明「愛國四幕劇」就是這個意思。其他在廣告上標明「抗戰(國防)戲」的有《夜未央》、《塞上風雲》以及參演的《霧重慶》、《妙峰山》、《刑》等。這些戲劇的演出,對於增強人們的抗敵信心,鼓舞人們的戰鬥意志起到了直接作用。

3. 到工廠、農村宣傳抗日救亡

1939 年 3 月的一天,團長張遵騮和劇團同學帶著行李,坐在卡車車廂裏前往昆明以外的楊林鎮,去演獨幕劇《放下你的鞭子》、《三江好》、《最後一計》和一幕雲南方言話劇。不意車子翻到田裏,許多人受了傷。這是一次未完成的演出。之後,劇團又和群社一起組織節目,利用假日和星期天,到昆明郊區黑林鋪、龍頭街和工廠、部隊演出了不少獨幕劇。1940 年去龍頭街用昆明方言演出《放下你的鞭子》等劇目,情景感人,許多人終生不忘。

（三）奠定了西南聯大戲劇發展的基礎

聯大劇團作為西南聯大在昆明的第一個劇團，對西南聯大戲劇的發展有著奠基的作用。這種奠基的作用可以概括為兩個方面：

首先，良好的開端。聯大劇團的演出，一舉成名，再舉登峰，產生了以下一些效果：一是傳揚了西南聯大的美名。西南聯大初來乍到，人們對它一無瞭解，從戲劇這道門進入，人們可以知道西南聯大是一所高質量的學校，這就為學校的發展做了鋪墊。二是增強了師生對於戲劇的信心。師生看到戲劇那樣受群眾歡迎，開展戲劇運動的興趣倍增，這就形成了推動戲劇在西南聯大發展的力量。三是為後來的戲劇團體建立了良好的發展平臺。聯大劇團開拓了道路，其他劇團沿著這條道路前進，發展就較為順當。例如，聯大劇團在演出的劇目方面，多選名劇，這樣容易吸引觀眾，產生巨大影響；在內容方面，多選宣傳抗戰且藝術水平較高的戲，這樣容易發揮社會作用；在演技方面，精益求精，努力追求，用精湛的藝術去感染觀眾；在操作方面，注意與外界聯合，借其他單位的基礎發展自己。這些做法為後來的青年劇社、劇藝社等戲劇團體所沿用，它們共同創造了西南聯大戲劇的輝煌。

其次，培養了人才。西南聯大的戲劇人才來自兩種渠道：一種是外來人才，他們原先就學習戲劇或從事過戲劇表演，後來考上了西南聯大，繼續演戲；另一種是西南聯大自己培養起來的人才，培養的場所與方式主要是劇團及其演出，許多人憑著對戲劇的熱情加入劇團或者因角色的需要被劇團拉入，在劇團的培養帶動下，逐漸成長起來，直至成為名角。聯大劇團作為西南聯大在昆明的第一個戲劇社團，培養戲劇人才的任務很重，但成果顯著，作用巨大。聯大劇團培養出來的演員，有的成為青年劇社和戲劇研究社的骨幹，有的繼續留在聯大劇團裏發揮作用。這些人才在新的劇團裏又培養出新的人才，例如，有的成為山海雲劇社、怒潮劇社和再後來成立的劇藝社的發起人和演出骨幹，這樣良性循環、不斷發展，西南聯大的戲劇人才輩出，直到後來，北大、清華、南開的戲劇活動也依賴他們開展。

聯大劇團的聚散興衰也為後人提供了寶貴的經驗和教訓。總結起來，主要經驗有兩點，教訓有一點：

經驗一，藉重名人聲望。

縱觀聯大劇團的演出，凡是演出場次較多，影響巨大的幾部劇作都與兩個人的名字連在一起：孫毓棠和鳳子。孫毓棠的本行是研究中國歷史，但他

的文藝造詣極高，他是詩人，在清華大學讀書時曾和曹禺一起演過戲且受到好評，留學日本時曾研究戲劇。鳳子來昆明前，曾幾次擔任曹禺劇作的主角和演過別的劇目，早已聞名遐邇，現在她送藝到家門，人們當然要一睹為快，因此，鳳子出場本身就是巨大的召喚力。畢竟，戲劇是名角兒的藝術。聯大劇團有他倆的參與自然是如虎添翼。

聞一多本是中國話劇界的老前輩。他早在 20 世紀初就讀於清華學校時就熱心於戲劇，以至「奔走劇務，晝夜不分，餐寢無暇」，〔註42〕是集編、導、演於一身的全才。1922 年出國，又利用繪畫之長，操起了舞臺設計。不過，人們對他的戲劇才能恐怕並無多少瞭解，如雷貫耳的是他的詩名。這就夠了，「新月派」的代表詩人兼理論家，唯美主義的藝術巨匠做舞臺設計並親手製作布景，已足夠吸引人的了。

曹禺如一顆明星閃耀在戲劇的天空中，他親自來西南邊疆導演自己的作品則千載難逢。所以，人們更要一睹風采，領略其美了。所以，他到昆明親自導演《原野》和《黑字二十八》，再配之以名演員和聞詩人等共同創造，掀起了雲南戲劇運動的高潮，本是情理之中的事。

聯大劇團得這些名人鳴鑼開場，真是一大幸運！

經驗二，借助其他力量。

聯大劇團演出的劇目，除《祖國》和《雷雨》為聯大劇團獨立公演外，其他所演各部戲都打出了其他團體的名義，舉凡《原野》和《黑字二十八》為「國防劇社第二屆公演」，《夜未央》為「國立西南聯大學生自治會為籌募勞軍禮金」公演，《玩偶家庭》為「戰時公債勸募總隊西南聯大勸募分隊公演」，《塞上風雲》為「雲南省、雲南各大學、昆華中學校友會為募集前線將士醫藥公演」。之所以這樣，是因為辦理演出事務不是聯大劇團之所長。這樣做，既利用了他人的力量，又避免了演出入不敷出的風險。

聯大劇團在演員方面也借助了他人力量。《黑字二十八》與雲南大學話劇團和雲南省藝術師範戲劇電影科共同演出是顯著的例子。《玩偶家庭》、《夜未央》、《塞上風雲》等劇更能體現出聯大劇團的「借力」策略。這裏不說仰仗鳳子這樣的名演員，也不說邀請團外的其他同學合作，還不說依賴李文偉這樣的特別社友，就是馬金良、沈長泰這樣的昆明名角兒也幾次出現在聯大劇

〔註42〕聞一多：《儀老日記》，《聞一多全集》第 12 卷，武漢：湖北人民出版社，1994年 1 月，第 427 頁。

團公演的劇目中。由於力量強大，提高了演出的水平層次就自不待言了。

教訓是，分化必然削弱力量。

聯大劇團在《原野》演出後便發生了裂痕，而在《夜未央》演出結束，分化便成了事實。由聯大劇團分化出去了青年劇社和戲劇研究社兩個劇團，聯大劇團的實力必然遭到削弱。雖然大家識大體、顧大局，維護聯大劇團的聲譽，當需要時，大家能夠不計前嫌，重新回到劇團中來擔任角色，共同完成聯大劇團的演出，但畢竟精力分散，重心他移，對聯大劇團的貢獻不如從前那樣多了。

縱觀聯大劇團的演出，分化前《祖國》、《原野》已創佳績，分化中的《夜未央》居中，分化後的《雷雨》、《塞上風雲》則遠不如前了。儘管《玩偶家庭》中興了一下，還是不可能再創造出分化前的轟動效果，贏得觀眾一致的好評。雖然聯大劇團衰落的原因不止一個，演出衰落的因素也不僅是分化，但力量不如從前是客觀事實。

2005 年 6 月 24 日初稿於昆明文化巷 52 號

南荒文藝社*

【摘要】南荒文藝社是西南聯大的一個重要文學社團，由蕭乾倡導而組織，以高原文藝社爲主體擴展而成。南荒文藝社創作了大量作品，是抗戰時期昆明、重慶、香港地區一些報刊文學稿件的重要提供者，是香港《大公報·文藝》的主要支柱，從南荒文藝社走出了林蒲、穆旦、辛代、向意、祖文、王佐良、莊瑞源、曹卣等作家，其作品有許多爲傳世之作。因此，南荒文藝社是中國現代文學史上的一個重要但卻被遺落了的社團。

【關鍵詞】南荒文藝社、歷史、貢獻、地位。

如果說西南聯大高原文藝社因劉兆吉、趙瑞蕻、林蒲等社員的回憶文章提及，還爲文學界人士有所知曉的話，西南聯大南荒文藝社則更不爲人知曉了，以致《國立西南聯合大學校史》、《〈大公報〉百年史》等史書和《蕭乾傳》、《〈大公報〉與中國現代文學》等專著都未提及：它已經被人們遺落在歷史的塵埃中了。幸好，南荒文藝社的兩位骨幹——方齡貴（辛代）先生和周定一先生還健在。經過他們的介紹，我們得以瞭解南荒文藝社的基本輪廓，再經過仔細調研考證，終於能寫出關於南荒文藝社的文章了——

南荒文藝社由高原文藝社轉化而成，是因蕭乾倡導而組織起來的文學社團。

1939 年春天，身爲香港《大公報》記者、「文藝」副刊編輯的蕭乾赴滇緬

---

* 本文原載於《中國現代文學研究叢刊》2008 年第 6 期，原題《南荒文藝社：一個被歷史遺落的社團》，署名李光榮、宣淑君。

公路採訪，途經昆明。他從沈從文、楊振聲、王樹藏等處瞭解到西南聯大高原文藝社的一些情況，知道半年多來在香港《大公報・文藝》上發表作品的西南聯大學生大多數是高原文藝社的成員，於是產生了把昆明地區的學生作者組織在一起的想法。隨後，他找了高原文藝社負責人，向他們介紹了社外作者，於是有了南荒文藝社的組建。

　　這裏有必要介紹一下上述幾人以及香港《大公報》和西南聯大的關係。天津《大公報》的文藝副刊編輯原先是楊振聲和沈從文，1935 年，沈從文推薦剛從大學畢業的蕭乾去天津《大公報》文學副刊工作，蕭乾完全依靠楊振聲和沈從文進行編輯：編輯方針是楊振聲和沈從文幫助確定的，基本作家隊伍是楊振聲和沈從文組織的，乃至副刊《文藝》也是他和沈從文共同策劃並編輯的。後來他出任上海版《文藝》副刊編輯，一些稿件也經過楊振聲和沈從文之手交給他。1937 年，「八一三」戰起，上海版壓縮版面，《文藝》在裁減之列，蕭乾因之被遣散。他流亡到武漢，後又和赴任西南聯大的楊振聲、沈從文一起經過長途跋涉到達昆明。這時天津《大公報》搬到漢口，他應邀在昆明遙編漢口版副刊《文藝》，稿件主要靠楊振聲和沈從文組織。編輯之餘，蕭乾常與西南聯大教授楊振聲和即將做西南聯大教授的沈從文討論戰爭形勢和文學的抗戰問題。不久，大公報社籌辦香港版，請蕭乾前去復職。接到召喚，蕭乾猶豫不決：在交通阻隔，作家朋友四散的戰爭年代，遠去香港創辦一份文學副刊，談何容易！又是楊振聲和沈從文幫助他下定了決心。1938 年7 月下旬，蕭乾包裹裝著沈從文的作品，心裏裝著「稿件不用愁」的承諾，躊躇滿志，從昆明啓程赴香港就任。8 月 13 日，《文藝》副刊隨《大公報》開版，開篇之作是沈從文的《湘西》。香港版《文藝》副刊大約每二至三天出一期。《湘西》連載 43 次，直到 11 月 17 日結束，為《文藝》支撐了三個多月。這給倉促創辦的副刊編輯提供了充分的組稿活動時間。在這段時間裏，蕭乾聯繫上了許多老作家，同時結識了一些新作者，收到了數量不少的稿件，解決了編輯的材料問題。而在昆明一方，沈從文不負所言，不僅親自撰寫稿件，還發動身邊的朋友和西南聯大師生創作作品，組織了大量稿件輸送到香港。西南聯大的教師作家孫毓棠、卞之琳、李廣田、朱自清等本與蕭乾是故交，當然會賜稿支持，學生的文稿，則基本上是經過沈從文修改之後再轉寄給蕭乾的。校外學生的稿件也基本如此，如國立藝專學生李霖燦的長篇報告《湘黔道上》，每一次發表都傾注著沈從文的心血。汪曾祺、林蒲、趙瑞蕻、辛代、

流金、杜運燮、李霖燦等作家後來成名後,在回憶中都說到沈從文先生為他們改稿、寄稿的事。對於蕭乾而言,老師的稿子自是求之不得,學生的稿子一方面經過沈從文的潤色和把關已達到了較高的水平,另一方面就《文藝》培養文學青年的傳統而言也應該熱情接納並推出。這樣,西南聯大作者發表在香港《大公報・文藝》上的作品之多,如果按作者所在的單位來計,其數量高居第一,以至沒有哪一個單位能夠望其項背。試想,假若沒有沈從文和西南聯大師生的支持,蕭乾在「準備幾近於無」的情況下,「空手來負起這份編輯責任」,﹝註1﹞幾乎無能為力。正如他在總結半年來的《文藝》時說:要編好一份文學副刊,「即使一個神通多麼廣大的編者,在今日交通脈管時斷時續的情形下,全憑自己也一籌莫展的。」﹝註2﹞由於蕭乾深知這一點,在他編輯香港《大公報・文藝》的全過程中,表現出對於西南聯大作者的倚重,即使在他以傑出的編輯才能,聚集了往日的作者並引來了文學新人的支持,獲得了充足稿源的情況下,他仍然倚重於沈從文和西南聯大。倡導成立南荒文藝社,就是蕭乾倚重沈從文和西南聯大的一個例證。除開在稿件上依靠沈從文、楊振聲和西南聯大外,蕭乾和西南聯大還有另一層私人關係:他的妻子王樹藏是西南聯大的學生,當時在西南聯大地質地理氣象學系讀書。蕭乾去香港後,楊振聲和沈從文一直幫助照顧著王樹藏。這次他到昆明,就是楊振聲、沈從文和王樹藏三位接的站。

蕭乾想把昆明的學生作者組織在一起,一方面是要為《大公報・文藝》組織牢固的作家隊伍,另一方面是為了減少老師沈從文為《文藝》組稿、改稿以及寄稿的操勞。因為學生的稿件可以先交到社裏,由社裏作初步修改,然後直接寄給他,由他選編在《大公報・文藝》上發表。對於高原文藝社的一些作者,蕭乾較熟悉,因曾發過他們的稿件,所以,他很快找到了向長清等高原文藝社負責人,並把在《大公報・文藝》上發表過作品的西南聯大校內外學生作者介紹給他們,希望他們吸收為社員。高原文藝社的骨幹從壯大社員隊伍,團結校內外更多作者的角度考慮,接受了蕭乾的建議。但是,高原文藝社作為西南聯大內部的一個學生組織已成為事實,不便吸收外校人

﹝註1﹞ 蕭乾:《尋朋友——並為〈文藝〉索文》,香港《大公報・文藝》第 395 期,1938 年 8 月 13 日;漢口《大公報・戰線》第 169 號,1938 年 8 月 15 日。

﹝註2﹞ 編者:《新正預告:1939 年的文藝》,香港《大公報・文藝》第 486 期,1939 年 12 月 31 日。

員，且「高原文藝社」之名，又爲國立藝術專科學校的文藝團體所用，須得另起名稱。經過認眞討論，他們決定另組一個文學社團。社團以西南聯大高原文藝社爲班底，吸收校內外學生作者參加。在考慮起用新的名稱時，大家提出了不同意見，最後確定爲「南荒」，意爲「開發南方的荒地」，從文藝的角度說，就是「開發南方的文藝荒地」。蕭乾對此極爲贊成，並且主動報名參加，成爲社團一員。

南湖詩社因離開南湖更名爲高原文藝社，高原文藝社因組成南荒文藝社而自動解散。這樣，南湖詩社、高原文藝社和南荒文藝社構成了一條發展鏈。若以組織情況和文學觀念而論，可以把它們看作一個社團的三個發展階段，但依西南聯大學生的習慣，這裏仍然把它們分作三個社團看待。

65 年後，問起「高原文藝社」爲什麼變成「南荒文藝社」時，當年的骨幹周定一先生解釋道：「主要是擴大了隊伍，而且是吸收了校外的成員──社員變了；創作也不限於高原文藝社的詩歌、散文，增加了小說和報告──文體變了；而且作品發表形式也不再是壁報，而以報紙爲主──載體變了，所以改名爲南荒文藝社。」〔註 3〕這位語言學家說話很講究語句的順序及其邏輯關係。而另一位當年南荒文藝社的骨幹，現在是歷史學家的方齡貴先生似乎更注重歷史事實，他向我們提供了基本成員的名字及其基本情況。他說：「南荒文藝社以高原文藝社爲前身，所以成員以西南聯大學生爲主，同時吸收了校外的一些學生爲成員。西南聯大的學生中又以中文、外文、歷史系的人爲主，骨幹是林蒲、陳三蘇、穆旦、向長清、陳祖文、周定一、龔書熾、何燕輝、王佐良和我等。外校學生有中山大學、同濟大學、同濟附中的，骨幹是同濟大學的莊瑞源、陸吉寶，同濟附中的曹卣，中山大學的方舒春等。蕭乾也報名參加了南荒文藝社，當然是名譽社員。」〔註 4〕關於成員，周定一還提供了陳士林、周正儀、邵森棣等。他們都是高原文藝社社員，方齡貴沒有參加高原社，對他們不太熟悉。

1939 年 5 月底，南荒文藝社在翠湖公園裏的海心亭舉行成立大會。社員絕大多數到場，蕭乾也出席了。成立會上，大家踴躍發言，紛紛表達要創作出反映抗戰、鼓舞鬥志的作品。蕭乾講話並希望大家深入生活，讀懂「社會」這本書，寫出表現人生的深刻作品，然後由社裏寄給他，他負責在《大公報·

〔註 3〕李光榮訪周定一筆記，2004 年 10 月 9 日，北京周寓。
〔註 4〕李光榮訪方齡貴筆記，2004 年 5 月 21 日，昆明方寓。

文藝》副刊上一一推出，以產生更廣泛的社會效果。南荒文藝社既沒有確定宗旨，也沒有制定章程，只是要求大家努力寫作，爭取多發作品，無愧於抗戰的偉大時代。會上沒有確立組織機構，選舉領導人，社務工作仍由原高原文藝社的主持人向長清負責，靠幾個熱心的社員共同主持。〔註5〕會議提出全體社員每周集會一次，聯絡感情，商討創作問題。關於社費，採取「以文代費」的辦法，要求每個社員向社裏交一篇作品，文末注明「南荒社」幾字，社裏推薦發表，稿費歸社裏。這就是後來香港《大公報‧文藝》和別的報刊上一些作品後面出現「南荒社」或「南荒文藝社」字樣的由來。南荒文藝社主要在校外活動，沒有請導師，至於老師對個別學生的指導和幫助，如沈從文老師對林蒲、辛代等人的指導，屬於個人交往。

南荒文藝社成立後開展的主要活動是每星期集會一次，地點在翠湖海心亭。大家一邊喝茶，一邊自由交談，並非正式會議，像一個沙龍。主要內容是社員相互交流情況和傳閱作品。例如：寫了什麼作品，是怎麼構思、怎麼寫的；最近讀了什麼作品或書，有什麼特點，是否願意推薦給別人看；遇到了什麼人和事，打算怎樣反映生活等，當然對社裏的工作也提出建議。傳閱作品即各人將自己的作品帶來給社友閱讀，讀後提出修改意見，一時讀不完的則帶回去讀，下次帶來交換。還有就是社員利用集會的機會將自己滿意的作品交給主持人。由於中山大學設在澄江縣，方舒春很少參加集會。南荒文藝社的另一項活動是修改並推薦稿件。稿子交到社裏後，主持人自己閱讀或請人審讀，有的代為修改，有的提出意見轉作者自己修改。比較好的稿子由社裏寄給蕭乾或其他報刊雜誌。由於社員大部分發表過文章，與報刊編輯熟悉，許多時候是社員自行投稿。

關於投稿，方齡貴先生還講述了這麼一個故事：「當時昆明《中央日報‧平明》副刊的編輯是鳳子，她前來約稿，南荒社答應了。可是有一次一個社員投去的稿子，她沒發表，惹怒了作者，不知是誰提議對她封鎖稿件，大家

〔註5〕關於南荒社的主持人，2004年10月9日李光榮訪問周定一先生時，周先生肯定地說：「向長清仍是南荒文藝社的主持人。也就是說，向長清主持了南湖、高原、南荒三個文藝社團。」但2005年3月15日李光榮在與方齡貴先生的電話中，方先生說：「南荒文藝社的負責人不是向長清，而是林蒲。」事實是，林蒲1939年秋去貴陽花溪工作，不可能主持南荒社的事務。而在此前，他參與主持過南荒社的工作則有可能。因此，此處仍然認定向長清是南荒社負責人。

都不給她投稿，結果她鬧了稿荒。」方先生接著說，「那時年輕，很調皮，幹
了這麼一件事，後來想起，實在沒有必要。」〔註6〕查《中央日報》，「封稿事
件」大約發生在南荒文藝社成立之初。1939 年 5 月南荒文藝社社員的作品頻
頻出現在《平明》副刊上，6 月突然消失，僅見陸嘉的一篇散文。陸嘉即陸吉
寶，同濟大學學生，不住昆明。他的文章或許早就投去，或者他不知「封稿」
之約而投去。7 月《平明》的期數減少，或許與稿件不足有些關係。《平民》
為每周三版，7 月初突然中斷，至中旬才見恢復。而中旬起，有南荒社社員的
作品出現，到了 10 月，南荒社作品開始增多，不過數量已不如 5 月了。「封
稿事件」雖為南荒社青年意氣所為，但也從一個側面說明了南荒社的地位和
南荒社社員的自信——南荒社需要報刊，報刊也需要南荒社。

　　南荒文藝社充滿了創作活力，其作品在香港《大公報‧文藝》、重慶《大
公報‧戰線》、昆明《中央日報‧平明》和《今日評論》等報刊雜誌上頻頻出
現，以至南荒文藝社成為抗戰大後方文藝報刊倚重的一支骨幹力量：香港《大
公報‧文藝》離不開它；它封鎖稿件，《中央日報‧平明》就鬧稿荒。僅以香
港《大公報‧文藝》為例，在一年多時間裏，南荒文藝社社員在上面發表的
作品，據不完全統計就有 56 題，分 112 次刊出，其中不包括名譽社員蕭乾和
老師的作品。如此巨大的發稿量，對於一個學生社團來說是十分可觀的。並
且作品幾乎出自七八個骨幹名下。我們看到，在香港《大公報‧文藝》上，
南荒社的作品有許多處於該版首篇位置，有時同一期上刊載了同一作者的兩
篇作品，有時全版皆是南荒社的作品，甚至第 781、783、784 相近的三期都
是南荒社和西南聯大老師的作品。《大公報》是當時最著名的報紙之一，《文
藝》是最有吸引力的文學副刊，大多登載名家之作，一般作者則以在上面發
文為榮。而南荒社作品一百多次出現在上面，足以說明這個社團的藝術水準。
事實上，南荒社在《文藝》上發表的作品，有許多是傳世之作，例如，林蒲
的《湘西行》、穆旦的《從空虛到充實》、辛代的《野老》、祖文的《端午節》、
王佐良的《老》、莊瑞源的《嚇》、曹卣的《一百一十戶》等在當時即產生了
較大的影響，今天來看仍具有藝術魅力。

　　1939 年 9 月初，蕭乾赴英國講學，遂中斷了與南荒文藝社的聯繫。但是，
香港《大公報‧文藝》與南荒社的聯繫始終保持著。蕭乾離港之前，推薦楊
剛繼任。楊剛繼承了蕭乾的編輯思想以及人脈關係。據方齡貴先生說：「蕭乾

―――――――――――――

〔註 6〕李光榮訪方齡貴筆記，2004 年 5 月 21 日，昆明方寓。

走前給了楊剛一份名單，凡是給《大公報‧文藝》寫文章的人都在上面，其中包括南荒社及其社員。」〔註7〕這樣，南荒社與楊剛繼續保持著良好的關係。事實上，南荒社在楊剛編輯《大公報》時期發表的作品比蕭乾編輯時更多一些。這一方面是在南荒社的活動時期內，楊剛編輯《大公報‧文藝》的時間比蕭乾長，另一方面是南荒社成立後很快進入了學年考試復習準備階段，社員無暇多寫作品，再一方面也還有南荒社的組織與創作正處於發展階段，越到後來越成熟的緣故。

南荒文藝社主要創作詩歌、小說、散文，有時也寫報告文學和文藝評論，而以小說和散文的成就較高。小說的主要作者是辛代、莊瑞源、林蒲、曹卣、向意、祖文、王佐良等。小說反映的生活面較爲寬廣，大後方、淪陷區、滇緬公路甚至抗日前線都寫到，但基本上都沒超出他們的生活經驗範圍，所以讀來眞切，這些青年作者善於學習、借鑒和創新，大膽想像並使用新方法，在藝術上多有突破。散文的作者更多，林蒲、辛代、向意、莊瑞源、曹卣、祖文、吳風、陸嘉、周定一等都發表過作品。他們的散文（包括報告文學）有四大內容：一是遷滇途中的見聞和艱辛，向意、辛代、陸嘉、林蒲、周定一應爲這方面的代表作家，他們首次把湘、川、滇、黔、粵等地的山川景物、風土人情，旅行中所遇的奇險驚異公諸於世，成爲人們認識這些地方的最初材料；二是雲南的生活與見聞，雲南山水的秀美，昆明文化的殊異，學生生活的艱苦等，這是他們散文描述的中心對象；三是有關戰爭，滇緬路、空軍、射飛機、抓俘虜、跑警報等在他們的作品中都有反映；四是對故鄉的懷念，家鄉的人、家鄉的事、家鄉的景物、家鄉的風俗，這些是游子不可忘懷的，因此常常在他們的筆下出現。詩歌作者主要是穆旦，他是南荒社除新詩和詩論而外，不寫其他文體的唯一一人，他此時的詩歌創作正處在轉變與突破之中；另一個致力於詩歌創作的是吳風，就是他的散文也多半是散文詩；林蒲和向意也偶有詩作。這些詩人的作品基本上是抒情詩，表達作者內心情感。文學評論是西南聯大學生以往沒有發表過的文體，此時出現在香港《大公報‧文藝》上，是值得注意的。文學評論主要有穆旦論艾青和卞之琳的詩，王佐良論書評寫作等，殊爲可貴。

正當南荒文藝社處於良好發展勢頭的時候，一些骨乾和社員因畢業、工作或學校搬遷等原因相繼離開了昆明。1939 年 7 月，周定一、陳三蘇、陳士

〔註 7〕李光榮再訪方齡貴筆記，2004 年 6 月 14 日，昆明方寓。

林、周正儀等畢業離校，邵森棣、林蒲離開了昆明，1940 年 6 月，向長清、龔書熾、陳祖文也相繼畢業。1940 年夏，中山大學搬回廣州，是年冬，同濟大學遷往四川李莊。至此，南荒社骨幹已去大半，尤其是主持人向長清離開昆明，南荒社失去了核心人物，社團也就沒再活動了。

南荒文藝社沒有宣布解散。在團體停止活動後，作爲個體的社員仍在繼續創作和發表作品，這段時間剛好在暑假，正是個人進行創作的好時機，所以南荒社的實際活動時間還要長些，大約可以算到 1940 年暑假末。

綜上所述，西南聯大南荒文藝社成立於 1939 年 5 月，結束於 1940 年 8 月，是在蕭乾的倡導下，由高原文藝社發展而成的，成員以西南聯大學生爲主體，吸收昆明地區外校的學生參加，另有特殊社員蕭乾。南荒文藝社的組織意圖是爲香港《大公報·文藝》提供稿件，所以作品多在其上發表，同時也在昆明和重慶等地的報刊上發表。南荒文藝社不僅是西南聯大早期文學社團中創作成就最高的社團，也是西南聯大所有文學社團中成績最爲突出的社團之一，同時還是對中國現代文學做出了較大貢獻的成熟社團。考其成功的原因，大致有三：

一、存在時間長

時間的長短是相對而言的。南荒文藝社活動前後共計 15 個月，與中國現代文學史上卓有成就的社團相比，存在時間實在太短了，但與其前身南湖詩社和高原文藝社相比，又是長的了。南湖詩社存在 4 個月，高原文藝社存在 6 個月，兩個社團存在的時間相加，還不及南荒文藝社長。存在時間長，就意味著展示創作才能的時間長，排除其他條件，僅以時間而論，南荒文藝社取得比南湖詩社和高原文藝社更大的成就是情理之中的。

二、創作起點高

南荒文藝社的成熟品格並非平地飛升，而是建立在南湖詩社和高原文藝社基礎之上的，這兩個社團培養和鍛鍊出來的創作人才，如穆旦、林蒲、向意、王佐良等，到南荒文藝社更顯出作用，取得的成績更大一些；另一個原因是社團加入了生力軍，原高原文藝社以外的新社員，如辛代、祖文等，入社前都在香港《大公報》以及其他報刊上發表過作品，具有較好的創作基礎，他們進入南荒，不僅增添了南荒的實力，而且與南荒老社員（原高原文藝社）之間暗中形成了「比賽」，大家競相創作和發表作品，從而增強了南荒社隊伍

的整體活力。

三、組織開放

　　學生社團一般是本校學生的內部組織，南湖詩社、高原文藝社都是這樣，而南荒文藝社不僅吸收了外校學生，並且擴大到社會人員。莊瑞源、曹卣、陸嘉、吳風等外校學生為南荒社貢獻了大量作品，記者加編輯的蕭乾對南荒社的作用更不可低估，他不僅發起組織了南荒社，而且把南荒社的作品不斷推出，激發了南荒社社員的創作熱情。此其一。其二，學生社團的刊物一般是壁報，讀者有限，難以流傳，因而影響有限，南湖詩社、高原文藝社都辦壁報，而南荒文藝社則與報紙副刊聯手，不僅作品有了鉛印的機會，而且讀者面更為廣泛，還可以傳之後世，這樣，南荒社的影響就更廣泛更長久。由於蕭乾把南荒社介紹給了繼任的楊剛，楊剛在《大公報・文藝》上刊發了大量南荒社的作品，這對南荒社的創作激勵甚為巨大。南荒社的成就與之大有關係。組織開放是南荒文藝社的一個創舉，它對西南聯大文學社團產生了重大影響，其經驗為後來的文學社團所繼承。

　　在中國現代文學史上，像南荒社這樣的文學社團不少，但取得南荒社那樣的文學成就的社團卻不多——其作品成為當時最著名的全國性報紙副刊的主要支柱，一些作品在當時即產生了較大影響，今天看來仍為現代文學的佳作，它不僅聯繫著兩位現代文學大家，而且培養出了多位文學人才，因此，南荒文藝社在中國現代文學史上應有一席地位。但是，這樣一個貢獻不小的文學社團，70 年來卻被人們遺忘了，這是令人遺憾的。如此說來，發掘南荒文藝社也是對中國現代文學社團史的一個貢獻。

　　（本文初稿曾經方齡貴先生審讀並提出過寶貴意見，特此致謝！）

2005 年 11 月 26 日初稿於昆明文化巷 52 號

冬青文藝社*

【摘要】冬青文藝社是西南聯大文學社團中歷史最長，也是最具有代表性的社團。冬青社創辦了《革命軍詩刊—冬青》、《文聚》、《中南報·中南文藝》三份文學刊物，發表了包括《讚美》、《詩八首》、《春》、《滇緬公路》、《夜鶯曲》等優秀詩文在內的數百篇作品，參與造就了汪曾祺、穆旦、杜運燮、劉北汜、吳宏聰、林元、蕭荻、蕭珊、張定華、巫寧坤、盧靜、辛代、于產等作家、編輯和文學研究家，爲中國現當代文學做出了巨大貢獻。雖然一些文章和中國現代文學史常談到冬青社，但由於研究者的缺席，冬青社的歷史面目模糊不清。爲此，本文極盡所能，較爲明確細緻地闡述了冬青社的歷史，並對一些史事進行了分析辨正。

【關鍵詞】冬青文藝社、創作、歷史。

隨著西南聯大的文學成就被人們認識和接受，冬青文藝社（簡稱「冬青社」）常常被有關文章、書籍和中國現代文學史提及。的確，冬青社是西南聯大諸多文學社團中最具有代表性的一個。但是，冬青社的一些歷史細節並不清晰。迄今爲止，關於冬青社的專文只有杜運燮《白髮飄霜憶「冬青」》和《憶冬青文藝社》兩文（實爲一文的兩種表述）。作爲冬青社的骨幹，杜運燮的回憶文章當然是最具權威性的珍貴材料。但年代久遠，一些問題記憶不清，一些地方談得不夠細緻等，都是難免的。筆者積數年調研之功，著成小

* 本文原載於《中國現代文學叢刊》2007 年第 6 期，原題《冬青文藝社及其史事辨正》，署名李光榮、宣淑君。

文，企圖在描述冬青社歷史的過程中，對一些不清楚和未確定的史事進行辨析考證。

冬青社的前期

冬青社是由綜合性社團群社的文藝股獨立而成的。成立會召開時，窗外一排冬青樹在隆冬時節迎風鬥寒、翠綠挺拔，大家一致同意以「冬青文社」命名，又稱「冬青文藝社」。冬青社最初的成員有林元（林掄元）、杜運燮、劉北汜、汪曾祺、蕭荻、馬健武、劉博禹、蕭珊、張定華、巫寧坤、穆旦、盧靜、馬爾俄、魯馬等。由林元、吳宏聰、辛代、吳燕輝等人組成的邊風文藝社停止活動，集體加入冬青社。關於冬青社的領導人，只有杜運燮在一封信中說：「當時林掄元和我作爲公開的冬青社負責人」。〔註1〕他們作爲負責人似乎不是選舉產生的，可知冬青社沒有設立領導機構。在當時的活動中，出力最多，因此也可以稱爲核心人物的是林元、劉北汜、杜運燮等人。冬青社成立後，請聞一多、馮至、卞之琳先生爲導師，後來增加了李廣田先生。

關於冬青社的成立時間，《國立西南聯合大學校史》第357頁說「1940年初」，第387頁又說「1940年9月」，出現了自相矛盾的情況；《聞一多年譜長編》作「1940年12月」；另有《聯大八年·記冬青社》云：「有聯大就有『冬青』」，顯然有誤，不過，此說在文章下文作了修正：「在群社裏，有一群愛好文藝的同學爲著展開集體的文藝活動，就組織了冬青社」，但沒有說出「組織」冬青社的具體時間。筆者根據群社的歷史和杜運燮《白髮飄霜憶「冬青」》一文，認定冬青社的成立時間是1940年初。

冬青社成立後，主要工作是出版《冬青》壁報。壁報的刊頭是吳曉鈴老師題寫，刊出地點在新校舍進門右邊的圍墙上。由於社員創作力旺盛，各類作品越來越多，壁報容納不下，社裏決定編輯手抄本「雜誌」。當時劉北汜、蕭荻、田堃（稍後）等社員住在新校舍學生宿舍第18舍，遂把編輯部設在那裏。編輯部收到稿件後，加以分類編輯，用統一稿紙抄寫，加上封面，裝訂成冊，就算「出版」。出版的「雜誌」陳列在學校圖書館報刊閱覽室的書架上，供人翻閱。先後出版的雜誌有《冬青小說抄》、《冬青詩抄》、《冬青散文抄》、

〔註1〕聞黎明、侯菊坤：《聞一多年譜長編》，武漢：湖北人民出版社，1994年，第599頁。

《冬青文抄》四類。此後，《冬青》壁報便只登雜文，遂成「冬青雜文壁報」。
《冬青》雜文壁報大約每兩周一期，除「皖南事變」後停止過一段時間外，
一直貫穿冬青社始終，是冬青社的「機關刊物」。冬青社的其他刊物是《街頭
詩頁》，這是爲了配合抗日宣傳活動而創辦的，張貼在文林街和其他街道的墻
上，有時張貼在路旁的大樹上，目的是爲了宣傳鼓舞群眾。

「但『冬青』的影響決不止於啓蒙作用和教育街頭民眾，它還從事深刻
的研究工作，用以提高寫作的藝術水準。它不是爲藝術而藝術，也不以爲宣
傳即等於藝術，它抱定文藝並不超然於政治的觀點，而唯有藝術水準愈高的
作品愈有政治作用。」〔註2〕這一段寫於 1946 年的話涉及到冬青社的文藝
觀，說明冬青社在當時已經較好地處理了文藝與政治的關係。從冬青社的創
作實際來看，冬青社確實是追求「藝術水準」，用高超的「藝術水準」發揮文
學作品「政治作用」的。這種主張使冬青社的創作在抗戰文學中保持著較高
的藝術品位，而區別於一般流行的標語口號式的宣傳作品。由於確定了這種
主張，冬青社才能吸收「不同文藝思想傾向、學習不同寫作風格的同學，也
聯繫了不少教師和校外的作家及文藝愛好者」，〔註3〕馮至後來也說：「冬青社
的成員的文藝思想並不一致，它卻團結了大批聯大同學中的文學愛好者。」
〔註4〕就是說，冬青社是以文學思想爲基礎的結合，而不是以政治態度爲標準
的組合。因爲以文藝思想爲組織基礎，所以冬青社能夠兼容不同文藝思想傾
向和寫作風格的同學。

除創作和出刊外，冬青社在這一時期還開展了多種活動，今天能夠確定
的有以下幾項：

第一類是詩歌朗誦會。朗誦會節目的形式多有變化：一種是社員自己朗
誦自己的作品，這多半具有切磋技巧的性質；一種是請校外詩作者參加朗誦，
如有一次，邀請旅昆詩人雷石榆參加；再一種是用多種語言朗誦，有漢語、
英語、法語、俄語等，也有用國語和方言的，如用廣東話。這一次，導師馮
至和外文系聞家駟、陳嘉教授等參加了，雷石榆也應邀參加了。

第二類是演講會。杜運燮回憶說：「第一次演講會是聞一多先生主講。當

〔註2〕 公唐：《記冬青社》，《聯大八年》，西南聯大學生出版社，1946 年。
〔註3〕 杜運燮：《白髮飄霜憶「冬青」》，西南聯大校友會編《笳吹弦誦在春城》，昆
　　　 明：雲南人民出版社等，1986 年，第 323 頁。
〔註4〕 馮至：《昆明往事》，《馮至全集》，石家莊：河北教育出版社，1999 年，第 357
　　　 頁。

時聞先生住在城外龍頭村，林元和我專程去邀請他。在那以前，聞先生在研究中國古典文學，爲冬青社發表演講，是他多年來第一次出來支持一個進步團體。」〔註5〕杜運燮在給聞黎明的信中又說：「聞先生那天是專程來聯大爲冬青社作演講的，我和林掄元到聯大新校舍後門去接他。會場設在聯大校門內靠右邊的一間教室。聽講的除冬青社社員外，還有不少其他慕名而來的聽眾。」〔註6〕從這兩段話可以看出冬青社第一次演講的組織情況。《聞一多年譜長編》認爲冬青社成立於1940年冬，因此把所引杜運燮的信放在是年12月，這值得商榷。上文說過，冬青社成立於1940年初，聞一多是1940年8月從晉寧搬回昆明的，這次演講大約是1940年秋。冬青社此後還舉辦過多次演講會，但無具體記載。

第三類是紀念會。例如，馮至《昆明日記》1940年10月19日載：「早上山，晚下山，應冬青文藝社魯迅逝世四週年紀念會講演」〔註7〕關於此次紀念會的情況，目前只見到馮至《昆明往事》中的一段話：「我記得那晚的講演是在聯大校舍南區的一個課室，我只談了些我對魯迅的認識，沒有比較全面地闡述魯迅的精神。」〔註8〕

通過以上刊物與活動，冬青社在西南聯大產生了較大影響，參加者多了起來，田堃、黃麗生、羅寄一、王恩治、張世富等人就是在這期間加入的。

1941年初，「皖南事變」發生，國家政治走向黑暗，昆明和西南聯大遭受高壓，群社被迫停止活動，林元、蕭荻等較爲暴露的左派積極分子疏散出昆明，生氣勃勃的校園頓時荒涼了下來。在這種形式下，冬青社停止了壁報和手抄本雜誌的刊出，把活動轉爲校外。冬青社的前期於此結束。

冬青社從1940年初成立到1941年初停止校內公開活動，僅爲一年，是冬青社三個時期中最短的。這時期冬青社開展的活動，在當時西南聯大的社團中是有特色並成績突出的。陳列於學校圖書館的《冬青小說抄》、《冬青散

〔註5〕 杜運燮：《白髮飄霜憶「冬青」》，西南聯大校友會編《笳吹弦誦在春城》，昆明：雲南人民出版社等，1986年，第326頁。「龍頭村」疑爲「龍院村」之誤。當時聞一多住在昆明西郊龍院村旁的陳家營，去陳家營需經過龍院村。聞一多第一次支持的團體是南湖詩社，如果說聞一多多年來第一次爲社團做專題演講，這倒是第一次。

〔註6〕 見聞黎明、侯菊坤：《聞一多年譜長編》，湖北人民出版社，1994年，第599頁。

〔註7〕 馮至：《昆明日記》，《新文學史料》2001年第4期。

〔註8〕 馮至：《昆明往事》，《馮至全集》，石家莊：河北教育出版社，1999年，第357頁。

文抄》、《冬青詩抄》、《冬青文抄》，是西南聯大獨有的手抄本文學雜誌。《冬青》雜文壁報的內容和文風在校園林林總總的壁報中獨標一格，在校內外享有盛譽。詩歌朗誦會別開生面，演講會吸引了眾多聽者，作家紀念會校內獨有。正是這一系列富有特色的活動，使冬青社成爲西南聯大早期的一個著名團體。另外，由於作品得到展示並產生一定影響，社員創作熱情高昂，加上導師的指導和相互間的切磋，創作能力得到鍛鍊，水平得到提高，爲下一個時期在報紙上開闢專欄和創辦雜誌打下了基礎。因此，這個時期的成績和作用不容忽視。

冬青社的中期

在 1941 年初，冬青文藝社把活動轉向校外，與報紙聯繫辦專刊。這結果，首先是《貴州日報》上《冬青》詩刊的創辦。

《貴州日報》原名《革命日報》，有綜合性副刊《革命軍》。冬青社聯繫時，《革命日報》已改名《貴州日報》，但《革命軍》副刊仍然保留，所以，1941 年 3 月 17 日《冬青》詩刊發刊時，叫《革命軍詩刊》。可能是由於《革命軍》副刊詩稿的積纍，第 1 期上沒有西南聯大的作品。第 2 期於 6 月 9 日出刊，刊頭上標明「昆明西南聯大冬青文藝社集稿」，以後各期除第 4 期外均標明，但有時是「昆明西南聯大冬青文社集稿」字樣。這一期上西南聯大的作品有馮至：《十四行一首》，卞之琳：《譯奧登詩一首》，杜運燮：《風景》，穆旦：《在寒冷的臘月的夜裏》。第 3 期於 7 月 21 日出刊，其上的西南聯大作品有馮至：《十四行一首》，聞家駟：《錯誤的印象》（譯魏倫詩一首），穆旦：《五月》，杜運燮：《我們打贏仗回來》，劉北汜：《消息》，這一期全是西南聯大的作品。第 4 期於 1941 年 9 月 12 日出刊，其上的西南聯大作品僅有杜運燮的詩《十四行二首》，且未標明「冬青文藝社集稿」字樣。第 5 期於 10 月 6 日出刊，上屬西南聯大的作品有馮至：《有加利樹》，穆旦：《我向自己說》，辛代：《夜行的歌者》。第 6 期於 11 月 27 日出刊，刊登的西南聯大作品是穆旦：《潮汐——給運燮》，杜運燮：《天空的說教》，聞家駟：《祭女詩》（譯雨果詩一首）。第 7 期於 1942 年 1 月 26 日出刊，其上沒有西南聯大的作品。第 8 期於 2 月 27 日出刊，其上的西南聯大作品有李廣田：《光塵》，穆旦：《傷害》，杜運燮：《詩二首》，劉北汜：《幸福》，羅寄一：《角度之一》、《黃昏》。第 9 期於 5 月 26 日出刊，屬於西南聯大的詩是羅寄一：《犯罪》，

穆旦：《春》，杜運燮：《機械士——機場通訊一》，馮至、卞之琳譯：《里爾克詩兩首》。第 10 期於 7 月 13 日出刊，所登西南聯大的作品有馮至：《譯蓋歐爾格詩一首》，穆旦：《黃昏》，劉北汜：《曠地》，羅寄一：《月・火車》，杜運燮：《在一個鄉下的無線電臺裏》。第 11 期於 8 月 30 日出刊，其上的西南聯大作品有黎地：《華倫先生》，劉北汜：《水邊》，杜運燮：《嚮往》，這一期的刊頭改為「冬青」。正是《冬青》刊名問世的這一期末尾，刊登了《聯大冬青文社啓事》：「冬青文社詩刊出刊到這一期為止，已整整有了十期，我們很感激報館方面給我們的幫助，同時也想在這裏暫時做一個結束。我們有籌出《冬青詩刊》的意思……」一亮出招牌就宣告「結束」，這或許是現代文學刊物中的一個特例，所以應算冬青社的一個奇異之處。

通過以上介紹，我們可以得出這樣的認識：首先，《革命軍詩刊—冬青》的負責人是劉北汜。他不僅是聯繫人，而且是「集稿」人。他負責組稿、選稿並初步編輯。當然，排版、校對是報館的事。其次《革命軍詩刊—冬青》是開放的。詩刊上除發表西南聯大老師的詩作外，還發表了許多校外詩人如林庚、金克木、孫望、賈芝、雷石榆、蒲柳芳、張煌、上官柳、楊剛、謝文通、李白鳳、黑子、令狐令德、騰剛、梁止舟、施蟄存、陳占元等人的詩。再次，《革命軍詩刊—冬青》是一份高質量的刊物。上面發表的校外詩人的詩，如汪銘竹的《紀德與碟》、金克木的《詩二首》、楊剛的《清道》，以及林詠泉的《我們在築勝利臺》等都是著名的詩歌。西南聯大的詩歌作品，最引人注目的是馮至的《十四行》詩。這個詩刊還是馮至《十四行集》最初公諸於眾的地方。社員的詩歌中較為成功的，有穆旦的《春》、《五月》，杜運燮的《機械士》、《我們打贏仗回來》，羅寄一的《角度之一》等。最後，《革命軍詩刊—冬青》是冬青社首次向外公開的大型活動。詩刊首次向文學界打出了「冬青文藝社」的招牌，並隨報紙傳向更寬的範圍。又由於詩刊上的作品質量上乘，顯出了冬青社的創作實力，在文學界產生了良好的影響。

關於「籌出《冬青詩刊》」之事，杜運燮說：「這個計劃後來因為敵機對昆明的空襲加劇，在昆明印刷有困難，才未能實現。」〔註9〕《冬青詩刊》沒有辦成，另外兩份刊物卻辦成了，一份是《文聚》雜誌，一份是《中南文藝》

〔註 9〕杜運燮：《白髮飄霜憶「冬青」》，西南聯大校友會編《笳吹弦誦在春城》，昆明：雲南人民出版社等，1986 年，第 325 頁。

副刊。

1941 年 10 月，疏散到郊區的林元回校復學，與冬青社的一批骨幹馬爾俄、穆旦、杜運燮、劉北汜、田堃、汪曾祺等商量籌辦雜誌，大家積極支持。接著他又向一些老師約稿，得到應諾和鼓勵。於是，1942 年 2 月，一本純文學雜誌《文聚》在昆明問世。創刊號上所登的作品全是冬青社社員和老師的創作。從第 2 期開始，作者逐步擴大到校外，但直至最後一期，每一期上冬青社及西南聯大的作品都占多數。因此，說《文聚》是冬青社開闢的另一塊陣地，不會有錯。但冬青社和文聚社的關係頗為複雜，需另文論述。在此要強調的是，文聚社和冬青社是一脈相承的，至少應當把文聚社看作從冬青社分化出來的一個社團，且兩者保持著密切聯繫。

1943 年 5 月，劉北汜接編《中南報》（三日刊）的副刊。《中南報》為四開小報，創刊於 1943 年 3 月，第四版為文藝副刊，名《火炬》，後改名《南風》，均與其他報紙副刊重名。劉北汜接編後，定名為《中南文藝》。5 月 7 日，《中南文藝》第 1 期問世，上登李廣田的論文《論目前的文藝刊物》，劉北汜的散文《小花・光熱》，《奧登隨感詩五首》（佚名譯）等。5 月 14 日，第 2 期刊出李廣田的論文《論文章分類》，穆旦譯泰戈爾的散文詩《獻歌》，祖文的詩《那些日子》。5 月 21 日，第 3 期上有辛代的散文《旅人手記》，黃麗生的散文《欲望》，魏荒弩譯達耶夫斯基（捷克）的散文《逢》。5 月 28 日，第 4 期面世，上有李廣田的散文《青石》，杜運燮的詩《星子・金字塔》。這份報紙存世不多。從以上幾期的文章作者看，它繼承了《冬青》詩刊的方針，立足於冬青社及西南聯大，也採用校外的稿子；從文章體裁看，它以散文和詩歌為主，值得注意的是它注重發表文學論文。《中南文藝》雖未標出「冬青文藝社」之名，但具有冬青社刊物之實。

除自己的刊物外，省外報刊《大公報》、《大國民報》、《抗戰文藝》、《文學創作》、《文藝雜誌》、《世界學生》、《文哨》、《希望》等，昆明報刊《中央日報》（昆明版）、《掃蕩報》、《雲南日報》、《春秋導報》、《生活導報》、《國文月刊》、《今日評論》等都發表過冬青社的作品，且數量不少。

冬青社的小型聚會時常舉行，地點多在金雞巷 4 號。1941 年初，劉北汜、蕭荻、蕭珊等冬青社社員搬到金雞巷 4 號住，「這個住所，也就成了一部分冬青文藝社社員經常碰頭的地方」，〔註 10〕「『冬青』社的同學也常在這裏

〔註 10〕劉北汜：《四十年間》，《百花洲》1983 年第 2 期。

集會。」〔註11〕1941 年 7 月，巴金到昆明，就住在那兒。劉北汜回憶說：「聽說巴金來了，不少朋友都到金雞巷來看他。有的我不認識，或沒遇到，我遇到的，記得的有沈從文夫婦、卞之琳、金克木、莊重、方敬、趙瑞蕻和楊苡夫婦以及開明書店的盧先生。聯大冬青文藝社的杜運燮、馬西林、田堃、巫寧坤等也都來過。」〔註12〕通過這些文字，可以想見當時金雞巷 4 號小樓上高朋滿座，談笑風生的景象。

冬青社還請巴金座談過一次。杜運燮回憶：「冬青社通過蕭珊，請巴金和我們開過一次座談會。為了尊重巴金的意見，參加座談會的人不多。」〔註13〕

在金雞巷 4 號的座談或小型集會情形，住者沒有敘述，倒是汪曾祺在散文中有兩處生動的「回放」：「這小客廳常有熟同學來喝茶聊天，成了一個小小的沙龍。沈先生常來坐坐。有時還把他的朋友也拉來和大家談談。老舍先生從重慶過昆明時，沈先生曾拉他來談過『小說和戲劇』」；〔註14〕「金（按，金岳霖）先生有一次也被拉了去。他講的題目是《小說和哲學》。題目是沈先生給他出的。大家以為金先生一定會講出一番道理。不料金先生講了半天，結論卻是：小說和哲學沒有關係。有人問：那麼《紅樓夢》呢？金先生說：『紅樓夢裏的哲學不是哲學。』他講著講著，忽然停下來：『對不起，我這裏有個小動物。』他把右手伸進後脖頸，捉出一個跳蚤，捏在手指裏看看，甚為得意。」〔註15〕小說家筆下的情景充滿了生活氣息。

從敘永分校回來的一些愛好寫作的同學李金錫、唐振湘等這時加入了冬青社，老師李廣田被聘為導師，所以，冬青社的刊物上有李廣田的作品，集會上有李廣田的演講。經常和李廣田聯繫的人是劉北汜。冬青社雖然不在學校舉行大的活動，但力量更強大了。

1942 年，大約可以稱為西南聯大的「學術講座年」。而在「學術年」之前的 1941 年秋，冬青社曾請老舍作過一次演講。老舍應羅常培之邀從重慶到昆明，同時也是為了促進雲南抗戰文藝工作，冬青社借機請他作了一次關

〔註11〕蕭荻：《最初的黎明》，自印，2005 年 8 月，第 12 頁。

〔註12〕劉北汜：《四十年間》，《百花洲》1983 年第 2 期。

〔註13〕杜運燮：《白髮飄霜憶「冬青」》，西南聯大校友會編《笳吹弦誦在春城》，昆明：雲南人民出版社等，1986 年，第 326 頁。

〔註14〕汪曾祺：《沈從文先生在西南聯大》，《汪曾祺全集》第 3 卷，北京：北京師範大學出版社，1998 年，第 470 頁。

〔註15〕汪曾祺：《金岳霖先生》，《汪曾祺全集》第 4 卷，北京：北京師範大學出版社，1998 年，第 146 頁。

於寫作的演講，地點在新校舍一間大教室裏。像這樣的學術演講冬青社還舉行過幾次，朱自清、李廣田、卞之琳等老師都講過。關於卞之琳的演講，杜運燮記得較清楚：「他的講題是《讀書與寫詩》，是由我記錄的，發表在1942年2月20日香港《大公報》上。那次演講會在昆中南院『南天一柱』大教室舉行，聽眾很多，我介紹時特別指出，卞之琳不僅是知名的詩人，而且大家都知道他前不久剛從解放區回來，並發表在那裏寫的新詩《慰勞信集》。」〔註16〕

不過，冬青社在校內公開舉辦的學術講座並不多。這時期冬青社的主要活動是創作和辦刊，並且取得了巨大的成就。可以說，這時期冬青社的創作是各期中最為豐富和優秀的，創辦專刊更是本期獨有的。社員埋頭寫作，專心經營專刊，以多發作品為追求，所以成績顯著，例如穆旦、杜運燮的詩，劉北汜、田堃的散文，盧靜、汪曾祺的小說，都是較為突出的。歷史證明，在西南聯大遭受政治高壓的時期，冬青社採取「在內收斂，向外發展」的活動方針是正確的。對於西南聯大來說，冬青社這一時期的活動，不僅保持了西南聯大學生的文學力量，而且保持了西南聯大學生的進步力量。所以，冬青社的中期活動及其成就，無論對於西南聯大文學社團的發展，還是對於西南聯大的歷史構成，都是很重要的。

冬青社的後期

1944年初，冬青社恢復在校內的組織與活動。據何揚回憶：「1942、43年，西南聯人的政治氣氛濃厚了，新的西南聯大地下黨想組織一支『左派』文藝隊伍，考慮到冬青社在學校影響較大，決定以冬青社名義組織文藝團體，黨派袁成源與我商量恢復冬青社。」〔註17〕他們經過籌備，主要是取得一些文學愛好者的支持，便以冬青文藝社的名義張貼通知，內容是舉行冬青文藝社社員大會，並徵求新社員。過了幾天，在一間教室裏召開大會，出席者約30人。冬青社老社員沒人出席。會議召開了兩次。在第二次會上，大家推選于產為社長，何揚為副社長，決定恢復《冬青》壁報的出版。會後，于產還沒有來得及做任何工作，就被迫離開了昆明。冬青社社長由何揚繼任。所以，去訓導處登記並在《冬青》壁報標出的社長是何揚，副社長是袁成源。導師

〔註16〕杜運燮：《白髮飄霜憶「冬青」》，西南聯大校友會編《笳吹弦誦在春城》，昆明：雲南人民出版社等，1986年，第327頁。
〔註17〕李光榮訪何揚先生記錄，2004年10月14日，北京何寓。

仍然是聞一多、馮至、卞之琳，又新增了李廣田。

　　新的冬青社由三方面人員組成：原布穀社和星原社社員，以及此時新加入的社員。這裏有必要介紹一下布穀社和星原社。布穀社是 1941 年春成立於敘永分校的文學社團，由何揚、秦泥、趙景倫、彭國濤、賀祥麟、韓明謨和穆旦等人組成，導師李廣田，出版《布穀》壁報。壁報每半月一期，內容有小說、詩歌、散文、評論。同年 8 月布穀社隨分校回到昆明，繼續在新校舍刊出《布穀》壁報，但受冷遇，出版二、三期後遂停止。而後像冬青社那樣，在《柳州日報》上創辦了《布穀》副刊。此時，大多數成員以個人名義加入冬青社。星原社大約成立於 1942 年，是一個以文藝爲掩護的政治團體，由陳盛年、黃平、劉波、盧華澤和于產組成，他們在茶館公開舉行「社會主義現實主義與社會主義浪漫主義」的討論、寫文學作品，實際是在學習政治理論，搞政治活動。他們全體以個人名義加入冬青社，動機也是爲了在冬青社的旗幟掩護下進行星原社的政治活動。可惜入社不久，星原社全體成員被列入特務的「黑名單」，他們不得不迅速撤到鄉下。

　　關於冬青社恢復的時間，一般說「『倒孔運動』之後」，[註 18]《國立西南聯合大學校史》說「1944 年夏」。「『倒孔運動』之後」只是一個概說，「1944年夏」不知依據什麼，前一說不確切，後一說不正確。實際上，冬青社召開恢復大會的時間是 1944 年 1 月上旬。于產曾有《「星原文社」》一文，講到冬青社的恢復情況和自己被選爲社長而後匆匆離開，由何揚繼任的事。我們認爲于產的回憶是可靠的。一個人對於被選爲社長的記憶是深刻的，況且作者是理直氣壯地彌補「竟被遺忘」的史書缺漏。此文是于產的遺墨，筆者見到它時尚未整理成正式文章，後來其家屬又徵求了西南聯大其他知情校友的意見，而後刊登在《西南聯大北京校友會簡訊》上了。文中仍然用了「『倒孔運動』之後」的說法，而于產等從昆明出發以至到達滇南磨黑的時間是 1944 年1 月，可見「『倒孔運動』之後」實在是西南聯大師生的概說之言。于產被選爲冬青社社長而又匆匆離開，那麼他離開西南聯大的日期對於確定冬青社恢復的時間至關重要。關於于產等離開學校並到達磨黑的這段時間在 1944 年 1月的說法，除于產的這篇文章外，還可舉陳盛年的《懷念劉波同志》，秦泥的

[註 18]　「倒孔運動」：「孔」爲孔祥熙，時任國民政府行政院副院長兼財政部長。1941年 12 月日軍攻占香港，包括西南聯大教授在內的許多著名人士都因沒有交通工具無法撤離，孔家卻用飛機運輸財物甚至洋狗，引起國人憤慨。消息傳來，西南聯大學生於 1942 年 1 月 6 日自發集隊上街遊行抗議。

《你好嗎？于士奇》（于士奇即于產）、《從「老黃校」到「滇西王」》以及蕭
荻的《吳顯鉞同志逝世十週年祭》等文為證。陳盛年是和于產一起去磨黑
的，秦泥稍後到磨黑，與于產同在一所學校任教，蕭荻早於于產去磨黑，吳
顯鉞是磨黑中學的校長，于產等此去磨黑，就是接替磨黑中學的工作，讓蕭
荻、吳顯鉞等回西南聯大復學的。這麼多「當事人」的文章都說于產等離校
並到達磨黑的這段時間在 1944 年 1 月，這個時間絕不會有錯。以當時的交通
條件，從昆明到磨黑需要半月左右時間。所以，推斷冬青社的恢復時間是
1944 年 1 月上旬。

　　1944 年 1 月上旬在「倒孔運動」之後，符合冬青社恢復組織的時間是
「『倒孔運動』之後」的概說。但離 1942 年 1 月的「倒孔運動」整整兩年，
是否太「後」了一點？冬青社會不會在 1942 或 1943 年恢復組織呢？可能性
不大。因為當時的政治環境不允許。1942 年雖然爆發了「倒孔運動」，但遊行
後「此次行動即告結束」，「不久，康澤再次來昆明，追查倒孔遊行主使人」。
〔註 19〕可見，形勢仍然十分險惡。在這種形勢下，1942 年西南聯大的活動是
文史講座，講座持續到 1943 年暑假。大約在 1943 年秋《耕耘》壁報出現以
前，新校舍的墙上沒有壁報。張源潛回憶《耕耘》壁報創刊時的校園景象
說：「1943 年秋季開學後不久，新校舍北區的圍墙上出現了一種名叫《耕耘》
的壁報，它在『招領』、『尋物』、『徵求』、『出讓』一類啟事的海洋裏，顯得
十分突出，也給沉默了兩年多的校園稍稍增添一些生氣，因此吸引了不少同
學駐足觀看。」〔註 20〕張源潛是西南聯大史專家，寫文章很慎重，且載有上
引一段話的文章，「初稿曾請程法伋、王楫、王景山、趙少偉、劉治中等看
過，作了修改和補充」，〔註 21〕可見文章不是一個人的記憶。所以，冬青社恢
復組織與活動的時間，不可能在 1942 年至 1943 年。況且，至今沒有發現在
1944 年春以前關於冬青社在校內的活動材料。這就無法證明冬青社恢復於
1944 年之前。

　　冬青社重組後，主要工作是復刊了《冬青》雜文壁報，並使之保持原先

〔註 19〕西南聯大北京校友會編：《國立西南聯合大學校史》，北京：北京大學出版社，
　　　　2006 年，第 341 頁。

〔註 20〕張源潛：《回憶聯大文藝社》，西南聯大校友會編《笳吹弦誦在春城》，昆明：
　　　　雲南人民出版社，1986 年，第 365 頁。

〔註 21〕張源潛：《回憶聯大文藝社》，西南聯大校友會編《笳吹弦誦在春城》，昆明：
　　　　雲南人民出版社，1986 年，第 380 頁「附記」。

的風格，仍然產生了較大影響，稿件越來越多，甚至出現積壓。於是創辦了南院《冬青》版、師院《冬青》版和工學院《冬青》版。一報四版，這在西南聯大壁報史上獨一無二。南院是女生宿舍區，位於文林街南面，由女生馮只蒼負責編輯；師院在龍翔街，由趙家康負責編輯；工學院在拓東路，負責人不詳，新校舍《冬青》壁報的實際負責人則是袁成源和高彤生。壁報是新組冬青社最主要的文學活動，老社員幾乎無人參與。

這時期老冬青社的情況比較複雜，有的已經畢業，有的即將畢業，有少數仍在讀。離校工作的仍關心冬青社，如林元、劉北汜、蕭珊幫助刊發了許多冬青社的作品，即將畢業的也關心冬青社，但無心為《冬青》壁報寫稿和參加冬青社的活動，在讀的或者為彌補離校期間（從軍或疏散）耽誤的學習，或者參加了別的社團，而更多的是出於對新社員的信任，很少參加冬青社的活動。老社員憑著厚重的創作積纍，不停地寫稿，他們仍然堅持前一時期向外發展的路線，在昆明內外的報刊雜誌上發表了許多作品，繼續保持著冬青社的良好創作勢頭。

也就是說，後期冬青社行走在兩條道路上：一條是新社員在校內開展活動，出版《冬青》壁報；一條是老社員在校外辦報刊和搞創作，發表作品。兩條道路並行發展，共同構成了豐富多彩的冬青社後期。

不過，新老社員並不是在各自的道路上比賽速度而互不聞問，有時他們曾在一起交流、聯歡、集會。例如，1945 年夏，在英國花園舉辦遊園活動，有新社員 20 多人到場，劉北汜接到通知，從 20 裏外趕來參加，還一起照了像。同樣是 1945 年夏，在《民主周刊》編輯部院子裏集會，大多數新社員和杜運燮參加，導師聞一多和李廣田也參加了。

後期冬青社還和其他團體聯合開展過一些大型活動。如 1944 年 10 月 19 日，與「文協」昆明分會、雲大學生會、文藝社、新詩社等，在雲大至公堂舉行魯迅逝世八週年紀念晚會，昆明文化界人士徐嘉瑞、楚圖南、尚鉞、李何林、姜亮夫、朱自清、聞一多等出席並演講，他們從各個角度肯定了魯迅。正是在這次會上，聞一多向魯迅畫像鞠躬並表示「深深懺悔」，體現出偉大的人格。1945 年 4 月 22 日，與西南聯大文藝社聯合舉辦羅曼·羅蘭和阿·托爾斯泰追悼會，楚圖南、聞家駟等到會演講。同年 5 月 5 日，與「文協」昆明分會、雲大文史學會、中法大學文史學會、西南聯大國文學會、外國語文學會和文藝社聯合，在西南聯大「民主草坪」舉行文藝晚會，徐嘉瑞、楚圖南、

尚鉞、羅庸、李何林、聞家駟、朱自清、聞一多、馮至、李廣田、卞之琳等出席並演講，紀念「五四」運動。會上，聞一多發表了《艾青與田間》的著名演講。

上文說過，冬青社在校內恢復組織與活動，本是西南聯大黨組織建立左派文藝隊伍，利用文藝進行政治活動的方式，所以，後期冬青社除文藝活動外，還舉行過一些政治活動，表現出較濃厚的政治色彩。其中最突出的是被選為西南聯大壁報聯合會常委，代表學校壁報團體對外聯繫，接著，「報聯」與一些級會、系會倡議並推動校本部學生自治會改選並取得成功。

1946 年 5 月，西南聯大結束，冬青社隨之結束。回到北平後，北大、清華的冬青社員還有過一些活動，但已屬強弩之末，未形成大的氣候。

數十年來，冬青社的社員雖然在不同的崗位上工作，卻有十幾位成了著名作家和編輯。

冬青社從 1940 年初建立到 1946 年 5 月停止活動，跨越了 7 個年頭，是西南聯大存在時間最長的社團。由於其間西南聯大遭受政治高壓，在校內沉默了 3 年，從校園活動情況看，其歷史明顯地呈現出活躍——沉默——活躍的面貌。這與西南聯大的學生活動史相一致，也就是說，冬青社是最能代表西南聯大學生活動歷史的社團，弄清了冬青社也就弄清了西南聯大學生活動的某些方面。

但冬青社的成就卻不能以「活躍」或「沉默」來衡定。由於採取向外發展的策略，冬青社在「沉默期」取得的成就是三個時期中最大的，創辦《革命軍詩刊—冬青》、《文聚》、《中南報·中南文藝》幾個刊物，顯示了冬青社的實力，其上發表的大量作品，是冬青社對西南聯大文學的重要貢獻，其中有的作品可以列入中國現代最優秀的作品行列，如穆旦的《春》、《讚美》、《詩八首》。此外，冬青社還在昆明和國統區的多家報刊雜誌上發表了許多作品，成為西南聯大社團中發表作品面最廣的社團。無論在刊物的創辦、作品的數量和質量方面，冬青社都是西南聯大文學社團中最突出的社團之一，這也是冬青社得以進入中國現代文學史的原因。

冬青社的另一個重大貢獻是培養了一批作家和編輯。雖然作家或編輯的成長因素是多方面的，但文學社團對作家或編輯的影響是巨大的。在冬青社時期就著名而且在後來繼續寫作的作家有汪曾祺、穆旦、杜運燮、劉北汜、盧靜、李金錫、蕭珊、秦泥、田堃、黃麗生、林元、張定華、于產等，後來

成爲著名編輯的社員有林元、劉北汜、杜運燮、蕭荻、蕭珊、秦泥、巫寧坤、唐振湘、盧靜等，他們爲 20 世紀中國文學和文化刊物做出了不可估量的貢獻。因此，冬青社培養人才的功績不可忽視。

在西南聯大的政治和文學史上，冬青社還有另一方面的功績，那就是堅持了左派思想和文藝。群社解體後，西南聯大的進步力量按照共產黨「長期埋伏，隱蔽精幹，積蓄力量，等待時機」的方針沉入「地下」，左派思想勢力頓時消失。是冬青社，從群社生長出來的冬青社繼續保持進步文藝思想，同時以文學活動的方式保持了左派勢力。所以，當西南聯大左派力量上升，民主、自由思想擡頭之時，共產黨首先考慮到恢復冬青社。在校內恢復組織後，冬青社代表著左派力量活動，體現了共產黨的思想主張，起到了共產黨不能起的一些作用。雖然冬青社的後期，在校內活動的一支政治色彩較濃，文學成就不大，但其政治性是從前期一直延續並堅守下來的。這是冬青社對西南聯大左派思想勢力的一個特殊貢獻。

2007 年 5 月 26 日初稿於成都西南民大

文 聚 社[*]

文 聚 社[＊]

【摘要】文聚社擁有西南聯大文學創作的人才優勢和社團經驗，並且享有朱自清、沈從文、馮至、卞之琳、李廣田、孫毓棠等文學名師的指導和支持，文聚社培養出了穆旦、汪曾祺等20世紀中國文學的代表作家和鄭敏、杜運燮、方敬、劉北汜等著名作家，其會刊《文聚》刊發了《讚美》、《詩八首》、《滇緬公路》、《十四行六首》、《一棵老樹》、《王嫂》等堪稱中國現代文學經典的作品，出版了《長河》、《探險隊》和將出版《伍子胥》等文學巨著，對中國現代文學做出了巨大貢獻。文聚社是西南聯大文學成就最高的社團，同時也是中國現代的一個優秀文學社團。

【關鍵詞】文聚社、活動始末、作家隊伍、文學追求、代表作品。

文聚社活躍於 1940 年代昆明的國立西南聯合大學。在中國現代文學史上，文聚社做出了這樣的貢獻：集合了西南聯大的文學精英，創辦了一份具有獨特價值的《文聚》雜誌，發表了許多優秀文學作品，較爲廣闊地反映了抗戰時期大後方和前線的生活，創造了一些能夠代表一個作家乃至一個時代的文學經典，推出了幾位中國現代文學的代表作家，尤其是推進了中國現代主義文學的發展。那麼，文聚社的活動始末、作家隊伍和文學追求怎樣？這是研究一個文學社團首先要明確的問題。

西南聯大的早期，民間社團較爲活躍。其中社員最多，影響最大的是帶

＊ 本文原載於《中國現代文學研究叢刊》2011 年第 3 期，原題《中國現代文學的勁旅──文聚社》。

有政治色彩的進步社團群社。1941 年「皖南事變」後，西南聯大遭受政治高壓，黨組織考慮到群社也處於危險之中，便秘密通知較為暴露的社團骨幹撤離昆明。群社機關刊物《群聲》的主編林元接到通知：「形勢相當緊張，出完最後一期《群聲》，你利用你的社會關係撤退隱蔽吧！」〔註 1〕一個星期一的清晨，一期嶄新的《群聲》壁報出現在校園牆壁上，這是一期《「皖南事變」剪報特輯》。當天下午，林元離開了學校。接著，校園裏《冬青》、《臘月》、《熱風》等琳琅滿目的壁報消失了，讀書會、時事會、辯論會等沒有了，嘹亮的歌聲停歇了，進步師生面部表情僵滯了……但昆明畢竟不是重慶，蔣介石的政令不能通行無阻。三青團中央組織處處長康澤受命到昆明逮捕進步學生，遭到雲南省主席龍雲和地方知名人士的抵制，未能得逞。夏天開始，氣氛漸趨緩和。秋季開學，疏散出去的同學陸續回校上課。林元也回到了學校。他對此時校園的荒涼、寂寞極不滿意，又不可能恢復群社和冬青社的活動，便想利用昆明較為寬鬆的政治氛圍辦一份刊物。他後來在《一枝四十年代的文藝之花──回憶昆明〈文聚〉雜誌》一文裏回憶說：

> 我是讀中文的，平時愛寫點散文、小說，不甘寂寞，便在十月間和馬爾俄（蔡漢榮）、李典（李流丹）、馬蹄（馬杏垣）等商量辦一個刊物。穆旦（查良錚）、杜運燮、劉北汜、田堃（王鐵臣、王凝）、汪曾祺、辛代（方齡貴）、羅寄一（江瑞熙）、陳時（陳良時）等同學不但自己積極寫稿支持，還出主意和幫助組織稿件，這就也成為文聚社的一分子了。……經費問題解決後我們便向一些搞文學的老師請求支持，他們滿口答應，都說昆明文壇太沉寂了，應該有一個刊物。《文聚》便以「昆明西南聯大文聚社」的名義出版，於 1942 年 2 月 16 日問世。〔註2〕

林元的這篇文章寫於 1986 年，是迄今為止唯一的一篇關於文聚社的專文，彌足珍貴。此外，筆者在採訪過程中，記錄下文聚社骨幹成員方齡貴先生的介紹，可以和文聚社創始人林元的文章相互參照：

> 文聚社的主要負責人是林元，我也是發起人之一。當時西南聯大寫

〔註 1〕 林元：《記群聲壁報》，西南聯大校友會編《箛吹弦誦在春城》，昆明：雲南人民出版社等，1986 年 10 月。

〔註 2〕 林元：《一枝四十年代的文藝之花──回憶昆明〈文聚〉雜誌》，《碎布集》，北京：文化藝術出版社，1991 年 2 月。《文聚》創刊於 1942 年 2 月 15 日。「16日」為「15 日」之誤。

> 文章的人都跟沈從文先生熟悉。我記得「文聚」之名就是沈從文先
> 生起的。當時以「文」爲名的刊物較多，如《文學》、《文叢》、《文
> 摘》、《文獻》、《文林》、《文藝》、《文筆》、《文苑》等，沈先生仿照
> 這些名稱，爲我們的刊物起名《文聚》，社團相應叫「文聚社」。大
> 力幫助林元的是他的廣東老鄉蔡漢榮。辦刊物很不容易。當時昆明
> 金碧路的商人，十之八九是廣東人。他們向廣東的生意人請求讚助，
> 經費靠廣東生意人的支持。這樣，《文聚》才能出版。〔註3〕

方齡貴與林元交往很深，他倆曾同時考入西南聯大，同住在昆中北院，同辦
《邊風》壁報，同入冬青文藝社，又一同發起文聚社並扶持《文聚》雜誌，
因此方先生的回憶較爲可靠。如今方先生是著名歷史學家，記憶清楚，提供
的東西至爲可貴。

通過上引兩段話，我們可以知道文聚社的緣起、發起人、主要成員、名
稱來源、起名者、社團性質、支持者、刊物經費來源、出版時間等基本情況
了。在此無需再做重複敘述，這裏需要闡釋的是文聚社與冬青社的關係。

有論者在說到兩個社團時，把它們當作彼此無關的社團了。林元在上引
一段話中明確地說：文聚社的最初社員，「多數是群社社員，或參加過群社的
活動，有的是冬青文藝社社員……文聚社與冬青社、群社，可以說是一脈相
通的。」請注意林元的語言順序：前一句話從群社說到冬青，後一句話從冬
青說到群社。就是說，從發展關係看，是先有群社，再有冬青，而後有文
聚，從關係密切程度說，是先冬青後群社。這種關係居於冬青社由群社發展
出來，文聚社由冬青社發展出來的歷史事實。雖然文聚社是在西南聯大遭受
政治高壓的環境中，在借鑒冬青社「向外發展」方針的思考中，開創生存領
地的新軍，但從最初的成員看，除李典和馬蹄外，全都是冬青社社員，而且
都是冬青社的優秀作者。在學校公開活動已不可能，與《貴州日報》的合作
不盡人意的情況下，〔註4〕創辦一份新的文學雜誌，無疑是冬青社的最佳選
擇，所以，才會有以林元爲首的幾位冬青社骨幹成立文聚社，出版《文聚》
雜誌的舉動。李典和馬蹄搞美術，不寫文學作品，所以沒有參加冬青社。冬
青社負責人之一杜運燮在《白髮飄霜憶「冬青」》一文中說：「冬青社社員林

〔註 3〕李光榮訪方齡貴先生記錄，2004 年 5 月 21 日，昆明方寓。
〔註 4〕有關這方面的情況，請參看拙作《冬青文藝社及其史事辯證》，《中國現代文
　　　學研究叢刊》2007 年第 6 期。

元畢業後，還在昆明編輯出版了文藝雜誌《文聚》月刊」。〔註5〕杜運燮 1942
年初從軍去了前線，不瞭解學校的具體情況，所以把林元的畢業時間記錯
了。林元畢業於 1942 年夏，《文聚》出刊時並未畢業。由於時間記錯，影響
了他對文聚社從冬青社生發出來的判斷，但他強調「冬青社社員林元」，並在
該文中把《文聚》和冬青社的《中南文藝》副刊放在一起講述，可見他認為
《文聚》雜誌是冬青社的一塊園地，冬青社與文聚社關係密切。一句話，無
論是文聚社的發起人林元還是冬青社的骨幹杜運燮，都沒有把文聚社看作獨
立於冬青社之外的社團。姚丹看到了這個事實，說西南聯大的文學社團，在
「人員的組成中，又的確有一定的延續性，其中冬青社和文聚社人員有交
叉」，〔註6〕此為有識之言。但文聚社與冬青社的人員不是一般的「交叉」，他
們本來就是同一群人。

　　《文聚》雜誌問世於 1942 年 2 月，而文聚社的形成時間則更早，林元說
是 1941 年 10 月。西南聯大這學期 9 月 21 日開始上課，10 月間發起組成社
團，符合實情。因此，文聚社形成於 1941 年 10 月。

　　和西南聯大的大多數文學社團一樣，文聚社一開始沒有提出明確的綱領
和組織原則，只是聚集一些文學作者，踏踏實實地辦刊物。林元的話或許可
以看作文聚社的「宗旨」：

> 《文聚》創刊，我們就宣稱是一個「純文學」的刊物，意思是說不
> 是政治性的。所以這麼說，是由於當時革命正處在低潮，白色恐
> 怖還隱藏在社會的陰暗角落，聯大的三青團分子正在趾高氣揚；還
> 有一個原因，是當時的有些文學作品藝術性不強，特別有些詩歌，
> 就只有「衝呀」，「殺呀」的口號，這在抗戰初期，是起過動員民眾
> 的歷史作用的，到了抗戰中後期，光是口號就不行了。我們認為應
> 有藝術性較強的文學，再說人們的精神生活也需要藝術滋養，於
> 是，《文聚》便比較注意藝術性。由於作者隊伍中大多數人都生活在
> 民主堡壘裏，而聯大校外的作者，又大多數是進步或革命的作家，
> 就當然離不開政治，於是政治性與藝術性的統一，則是我們追求的
> 目標。

〔註 5〕　杜運燮：《白髮飄霜憶「冬青」》，西南聯大校友會編《笳吹弦誦在春城》，昆
　　　　明：雲南人民出版社等，1986 年 10 月。

〔註 6〕　姚丹：《西南聯大歷史情景中的文學活動》，桂林：廣西大學出版社，2000 年
　　　　5 月，第 227 頁。

> ……《文聚》上的文章，像每個人的臉孔一樣雖然各自不同：各有
> 各的藝術觀，各有各的生活體驗，各有各的思想感情，各有各的表
> 現形式，……但在這些文章中，卻有一個共同點，都心有靈犀共同
> 追求著一點東西，一種美，一種理想和藝術統一的美，一種生活的
> 美，一種美的生活。〔註7〕

這是林元四十多年後對文聚社的主張和追求的回憶與總結。其實，《文聚》雜
誌既無「發刊辭」，也無「編後記」，所謂「宣稱」，只是在《投稿簡約》中說：
「歡迎各種純文藝稿件」，「追求的目標」並未表明。不過，考查《文聚》雜
誌及後來的《文聚叢書》和《文聚》副刊的內容，林元的話大體符合實際。
這兩段話有幾個重要的意思：一、《文聚》是「純文學」刊物，二、「注意藝
術性」，三、「政治性與藝術性的統一」或「思想和藝術統一」，四、追求一種
美。這四點可以看作文聚社的主張和追求。

關於《文聚》雜誌是「純文學」刊物，應從兩方面理解：首先，刊物性
質是文學的，《文聚》自始至終只刊登文學作品，沒登其他文章；其次，當然
也有在白色恐怖下做自我保護的意思，以免引起官方的過分關注。關於「注
意藝術性」，一方面為了對抗社會上流行的標語口號式的文學作品，向讀者提
供具有美感的文學讀本，另一方面也是學院派作家的藝術素養使然，在那些
滿腹藝術經綸的作家筆下，必然有藝術性的表現。關於「政治性與藝術性的
統一」，「思想與藝術統一」等，應該是延安文藝座談會之後的語言，但《文
聚》上的作品確實具有進步的思想傾向性，「由於作者隊伍中大多數人都生活
在民主堡壘裏，而聯大校外的作者，又大多數是進步或革命的作家」，寫出的
作品就具有進步或革命的傾向。關於追求一種美，這種美就是藝術美，無論
「生活的美」還是「美的生活」，通過文學作品表現出來的就是藝術美，這是
藝術的本質決定的：真正的藝術品都是美的，從形勢到內容都美。文聚社的
作者，無論校內外的都有較高的藝術修養，他們創作的作品，或者說經編者
挑選而後發表的作品，都是具有較高審美價值的藝術品。

文聚社的上述主張與追求和冬青社是一致的。公唐在《記冬青社》一文
中說：冬青社「還從事深刻的研究工作，用以提高寫作的藝術水準。它不是
為藝術而藝術，也不認為宣傳即等於藝術，它抱定文藝並不超然於政治的觀

〔註 7〕 林元：《一枝四十年代的文藝之花——回憶昆明〈文聚〉雜誌》，《碎布集》，
　　　　 北京：文化藝術出版社，1991 年 2 月。

點，而唯有藝術水準愈高的作品愈有政治作用。」〔註8〕公唐的話和林元的話何其相似乃爾！可是，公唐和林元的文章，前後相隔整整40年。這一方面可以從側面證明林元所言的可靠性，另一方面也讓人相信文聚社和冬青社是一脈相承的。

對於藝術性和美感的不懈追求，是文聚社最爲突出的特點。《文聚》上的大量作品是政治性不明顯，藝術性較高妙的。這些作品當然有進步的思想傾向，但它們把思想傾向溶化在藝術表現中，讓人在審美的過程中受到思想的感染和啓發。《文聚》的開篇之作《讚美》便是這樣的作品。此詩「讚美」老農在政治上的覺醒，情感如瀑布傾瀉，感同身受地訴說古老的農人所遭受的災難、貧窮和恥辱，作者要以「帶血的手和你們一一擁抱」。那些看似遲緩、麻木、冷淡、疲憊的老農，已經在苦難中慢慢地擡起頭來，詩人興奮地歡呼：「一個民族已經起來」！詩歌思想明確，感情強烈，老農形象和藝術表現激動了不少讀者，當時即受到大家的好評，今天則譽滿文壇，是中國現代文學的代表詩作之一。像這樣「注意藝術性」的詩在《文聚》上還較多。如穆旦的《詩》（《詩八首》）、《合唱二章》，杜運燮的《滇緬公路》、《恒河》、《歡迎雨季》，汪曾祺的《待車》、《花園》，羅寄一的《詩八首》，劉北汜的《青色的霧》，辛代的《紅豆》；老師的作品如沈從文的《王嫂》、《秋》、《新廢郵存底》、《芸廬紀事》，馮至的《十四行六首》、《一個消逝了的山村》、《一棵老樹》、《愛與死》，李廣田的《青城枝葉》、《日邊隨筆》、《霧季》、《悔》，孫毓棠的《失眠歌》等，還有校外作家何其芳、袁水拍、金克木、魏荒弩、程鶴西、曹卣、姚可昆等的作品。這些都是有強烈的美感，以藝術性打動人心，向人們提供優美的精神享受的作品。

還可以舉一個反面例子來證明文聚社對藝術品位的追求。「一二·一」慘案發生後，昆明成了詩的海洋：「憤怒使昆明的學生、市民、工人，噴射出成千上萬首燃燒著的詩篇。滿城是詩的控訴、詩的呼喚、詩的咆哮。」〔註9〕文聚社社員同大家一樣憤怒，把《文聚》副刊辦成「『一二·一』運動特輯」，發表詩文，表明態度，參與抗議鬥爭，但其上沒登一首只宣泄憤怒，缺少藝術表現力的詩，其後也很少發表所謂「一二·一」群眾詩歌式的作品。

〔註8〕公唐：《記冬青社》，《聯大八年》，西南聯大學生出版社，1946年。

〔註9〕王笠耘：《詩的花環（代跋）》，《「一二·一」詩選》，北京：人民文學出版社，1983年2月，第265頁。

　　以上足以說明文聚社是一個堅持進步性，保持藝術性，追求審美性，達到思想性與藝術性統一的文學社團，並且，文聚社把這種主張與追求堅持到底了。這在抗日戰爭時期，可謂獨標一格，難能可貴。文聚社能夠對 20 世紀中國文學做出獨特貢獻，根本原因恐怕就在於堅持對藝術美的追求，保證了文學作品的藝術品位。

　　文聚社能夠在戰爭的氛圍裏前進在藝術美的道路上，又與它的另一個追求目標——走向全國相關聯。

　　文聚社一開始就樹立了「走向社會，面向全國」的雄心壯志。林元說：「《文聚》雖然是『西南聯大文聚社』出版的，雖然作者隊伍是以聯大師生爲主，但它是一個走向社會，面向全國的刊物，有聯大校外的作者，有昆明以外的國統區的作者，還有解放區的作者。」〔註10〕林元在這裏不僅指明了《文聚》「走向社會，面向全國」的辦刊目標，而且肯定了《文聚》的開放氣度，並把作者的廣泛度作爲走向全國的標誌。的確，辦刊物，辦一份好刊物，辦一份走向全國的刊物，作者隊伍強大與否是一個決定性的條件。

　　這裏按作者的結構情況看看《文聚》追求目標的實現。雲南地處祖國西南邊緣，文化、經濟、交通等相對落後。要在昆明辦一份走向全國的刊物，相對於中心城市北京、上海或當時的重慶，困難大得多，如果把從中心城市輻射全國比做順水行船的話，從邊緣走向中心就像逆水行舟。好在昆明有幾所著名大學聯繫著中心和內地的許多城市。文聚社有效地利用了這一優勢條件而實現了自己的追求目標。首先，文聚社立足於西南聯大，以西南聯大作者爲基本隊伍。西南聯大教師中有許多著名的新文學作家：楊振聲、朱自清、聞一多、馮至、沈從文、李廣田、卞之琳、陳夢家、孫毓棠、錢鍾書、陳銓等，實力相當強大。文聚社成立時，楊振聲、聞一多、陳夢家較少搞文學創作，錢鍾書離開了西南聯大，陳銓與進步文藝團體少有聯繫，其他老師兼作家則在不同程度上對文聚社給予了支持，尤其是沈從文、馮至、李廣田，他們不但爲文聚社出謀劃策，撰寫稿件，還約外地著名作家撰稿支持以壯大《文聚》的作者隊伍。學生創作隊伍中，林元、穆旦、汪曾祺、劉北汜、杜運燮、陳時、馬爾俄、羅寄一、楊周翰、田堃、方敬、祖文、佐良、辛代、鄭敏、李金錫、流金、馬逢華、許若摩等都是經過西南聯大的文學訓練，有的是經

〔註10〕林元：《一枝四十年代的文藝之花——回憶昆明〈文聚〉雜誌》，《碎布集》，北京：文化藝術出版社，1991 年 2 月。

過南湖、高原、南荒、冬青等社團培養，居於西南聯大學生文學人才一流水平的作者。所以說，《文聚》集中了西南聯大最爲強大的作者隊伍。其次，團結了西南聯大校外的許多著名作家。楚圖南、趙令儀、曹卣、江籬、李慧中、李錫念等是活躍在當時報刊上的昆明作家，其中楚圖南是雲南的文化名人，曹卣曾在全國多種報刊上發表過若干作品，出過《一百一十戶》等文學著作。著名作家和翻譯家趙蘿蕤、姚可崑、魏荒弩、程鶴西旅居昆明，從事文藝活動。外地著名作家有桂林的楊剛，重慶的靳以、袁水拍、姚奔，延安的何其芳等。這麼多社會名家彙集在一起，《文聚》焉能無名？

一個刊物要走向全國，第二個條件是刊登一些優秀作品。著名作家固然是優秀作品成就的，但著名作家寫出的不一定全是優秀作品，而普通作者寫出的不一定全是一般稿件。因此，辦刊物還要有優秀的編輯，靠編輯的敏銳眼光去識別稿件的優劣，甚至幫助修改完善一篇稿件，使其具備優秀的素質，而後有足夠的勇氣發表它。林元就有這種眼光和勇氣。《文聚》創刊號上有多位著名作家甚至老師的優秀稿件，可頭篇作品是穆旦的詩歌《讚美》。要知道，《讚美》問世前的穆旦，還沒有太大的名氣。編者慧眼獨具，看出了這首詩的思想和藝術光芒，把它放在多篇優秀作品之前發表出去。果然，詩歌一出，立即「受到不少讀者讚美」。《文聚》上發表的作品，受到讀者讚美的還有沈從文的小說、馮至的詩歌、李廣田的散文、朱自清的詩論、羅常培的散文，以及杜運燮、穆旦、羅寄一、許若摩的詩，汪曾祺、劉北汜、祖文、林元的小說，陳時、馬爾俄、佐良、辛代的散文，還有趙蘿蕤、曹卣、趙令儀、姚奔、何其芳、程鶴西、李慧中等的作品。穆旦的《詩八首》、杜運燮的《滇緬公路》、羅寄一的《詩六首》中的兩首、趙令儀的《馬上吟——去國草之二》發表不久即被聞一多選入《現代詩鈔》一書，沈從文的小說、李廣田的散文、馮至、穆旦、杜運燮的詩則是當今中國現代文學史上常提到的作品，而馮至的十四行、穆旦的《讚美》、《詩八首》、杜運燮的《滇緬公路》已被列爲 20 世紀中國新詩的代表作品。一份出版期數不多的刊物發表了如此眾多的優秀作品，走向全國的風姿綽約可見。〔註11〕

藝術美和走向全國的追求成就了文聚社的文學業績。而「走向社會，面向全國」的目標與藝術性的追求又是協調一致的。追求藝術性是《文聚》雜

〔註11〕關於文聚社的文學創作及其成就，請見筆者和宣淑君合作發表在《西南民族大學學報》2008 年第 6 期、2009 年第 9 期等的專論系列文章。

誌在抗戰時期的許多刊物中獨標一格的風格與個性，走向全國的追求目標正
是靠了這種獨特風格與個性實現的。最終，文聚社通過追求藝術性的「文藝
目標」實現了走向全國的「政治目標」。

　　我們還應看到，文聚社能夠取得如此巨大的成就，是西南聯大文學發展
的必然結果。一方面，文聚社享有多位文學名師的指導和支持，另一方面，
文聚社擁有西南聯大文學創作的人才優勢和社團經驗。南湖、高原、南荒、
冬青諸社團培養出來的成熟作家，到文聚社時期走向了創作高峰，諸社團的
經驗又爲文聚社經營社團，創造佳績提供了參考，一句話，文聚社是後來居
上。既然後來居上，文聚社成爲西南聯大取得最高文學成就的社團，就是順
理成章的了。

　　《文聚》雜誌共出六期，至抗戰勝利而終止。之後，林元和馬爾俄辦
《獨立周報》，《文聚》便作爲該報副刊繼續活動。其間，文聚社還出版了
《文聚叢書》，計劃十種，已出卞之琳的《〈亨利第三〉與〈旗手〉》、穆旦的
《探險隊》、沈從文的《長河》三種，即將出馮至《楚國的亡臣》（即《伍子
胥》）一種。1946 年 5 月，西南聯大宣告結束並準備北返，文聚社隨之停止了
活動。

　　《文聚》是西南聯大面向全國發行的唯一一份文學期刊，在當時的昆明
可算一份大型文學刊物，即使在全國範圍內，也可以列爲抗戰時期出版時間
較長的文學刊物之一。《文聚》雜誌上刊登的作品，許多是中國現代文學的優
秀之作，有的可稱爲該作家的代表作乃至 20 世紀中國文學的代表作，再加上
《文聚叢書》的碩果，文聚社對中國現代文學的貢獻蔚爲大觀。在文聚社社
員中，走出了穆旦、汪曾祺等 20 世紀中國文學的代表作家，杜運燮、鄭敏、
劉北汜等著名作家，頗具特色的羅寄一、辛代、馬爾俄、陳時、王佐良、流
金、李金錫、田堃、祖文、許若摩、楊周翰等優秀作家，以及林元等著名文
藝書刊編輯，文聚社培養中國現代文學人才的功績不可磨滅。如果說推出了
眾多卓越作品的刊物是優秀刊物，走出了多位傑出作家的社團是優秀社團的
話，那麼，《文聚》雜誌就是中國現代優秀的文學雜誌，文聚社就是中國現代
優秀的文學社團。所以，《文聚》雜誌和文聚社在 20 世紀中國文學史上應有
重要地位。

　　　　　　　　　　　　　　　　2007 年 7 月 9 日初稿於成都西南民大

文 藝 社*

【摘要】文藝社誕生於 1939 年 10 月 1 日，結束於 1946 年 5 月 4 日，中經「一‧二一」運動，創造過西南聯大社團史上的幾個第一，是一個朝氣蓬勃、奮勇前進的社團。本文梳理了文藝社的歷史，描述了文藝社從醞釀組織到結束後的一系列活動，提供了西南聯大歷史的一個部分。

【關鍵詞】文藝社、組成、活動、歷史。

　　文藝社是西南聯大後期「在冊」人數最多的文學社團。它創始於西南聯大自由空氣的復興期，活躍在民主鬥爭最激烈的「運動期」，行進在學校去留波動的結束期，是最能代表西南聯大後期文學發展歷程的一個社團。在西南聯大後期高昂激蕩的政治熱情中，它表現出了一種戰鬥的姿態，積極主動地參與爭民主反內戰的鬥爭。它注重文藝理論的學習和探討，以期指導創作實踐，可惜，由於學校形勢的發展和社團存在時間的短暫，它未能走向成熟，又由於政治運動、理論選擇和學校北返等原因，創作沒有得到充分展開，因此，與其他文學社團相比，它的創作成績顯得單薄一些。但我們看到，它書就了何等努力奮進的歷史啊！可以說，它是一個朝氣蓬勃、奮勇前進的社團。它走過的歷史道路，為我們提供了可資借鑒的經驗和值得深思的教訓，所以，今天研究西南聯大文藝社具有特別的意義。

　　文藝社成立的時間是 1945 年 3 月 26 日。而它的「社慶」時間是 10 月 1

---

* 本文原載於《成都大學學報》2007 年第 2 期，原題《西南聯大文藝社的組成及其活動》，署名宣淑君、李光榮。

日。這是爲什麼呢？

話得從「皖南事變」說起。1941 年「皖南事變」後，國民黨大肆清查共產黨。秉承自由民主精神的西南聯大，同樣遭到了政治高壓，進步勢力受到沉重打擊，具有政治色彩的老牌社團群社悄然解散，骨幹社員被迫離校，冬青文藝社的活動轉向校外，往日積極活躍的社團紛紛停止了活動，原先掛貼壁報的牆面成了廣告牆，各種「尋物」、「徵求」、「招領」、「出讓」的啓示貼滿了牆壁，校園呈現出沉寂蕭索的景象。過了一段時間，高壓漸漸減弱，文學的種子也在孕育著萌芽。1943 年秋季開學後，一份名爲《耕耘》的壁報出現在各種啓事之中，十分新鮮突出，同學們無不駐足觀看。這給正在考慮活動方式的幾個文學青年以極大的啓示。幾天後，一份名爲《文藝》的壁報掛在了《耕耘》的旁邊。它們猶如兩朵金燦燦的秋菊，引來了眾多觀者。這一天，正是 10 月 1 日。文藝社的「社慶日」被定在了這一天。

發起《文藝》壁報的是張源潛、程法伋、楊淑嘉、陳彰遠、王漢斌、何孝達、林清泉等同學。他們都是外文系和歷史系二年級的學生。首倡者是張源潛。他先找了程法伋商量，認爲可以一試，接著他倆分頭邀約其他人參與發起壁報組織。求得大家的同意後，大家約定在一家茶館裏聚會，討論創辦壁報之事，會上決定把報名起爲《文藝》，作品由大家共同提供。好在第一期作品都是現成的，他們都上過學校的《大一國文》課，都有得到過老師誇獎的文章，因此創刊號很快編成。刊名字樣套用《大公報》的「文藝」二字。他們聽說赫赫有名的《大公報‧文藝》副刊之名是大作家沈從文先生題寫的，而沈從文就是西南聯大的老師。懷著崇敬的心情，他們把「文藝」兩字按比例放大，作爲刊頭。爲了打響第一炮，他們還注意了版面的編排和字體，做到美觀、醒目，與《耕耘》的樸素大方形成了鮮明的對照。果然，《文藝》一掛出，就得到了讚賞。

西南聯大規定，成立社團（包括壁報的出版）必須到訓導處去登記，在登記表上寫出兩個負責人和一位導師的名字。登記在表上的負責人是發起人張源潛和程法伋，導師是李廣田先生。李廣田先生是程法伋去請的，他教過程法伋的《大一國文》，並介紹他的文章發表過，對他印象不錯，兩人的關係也較密切，因此，程法伋一提出，李先生就欣然應諾，並鼓勵他們要好好辦下去。

《文藝》刊出，大家心裏說不出的高興，尤其見壁報前擠滿了人，並投

以滿意目光和由衷贊許，更加信心倍增，大家互相勉勵，一定聽李先生的話，好好辦下去。爲此，社員再次開會，討論下一步工作，大家同意制定一些規定，依規出刊。會議決定，壁報每半個月出一期，每期兩萬字左右，分小說、散文、雜文、詩歌、文藝評論等文體，社員也做了分工：張源潛寫小說和散文，楊淑嘉寫散文，何孝達寫詩，王漢斌提供雜文。不久，王楫由重慶考入西南聯大，立即參加了《文藝》壁報的工作，參與寫小說和散文，他還寫得一手好字，自願擔當起了壁報的抄寫任務。從此，《文藝》壁報的內容、形式以及社員的分工都有了規定，也就是說，文藝社從一開始就構建了較爲完整的組織機構和出版機制，是一個有規約的社團。這一良好的開頭，不僅保證了社團工作的順利開展，也形成了它的良好傳統，在以後的發展進程中，文藝社都相當注意組織的健全和有序的開展工作。這一特點在西南聯大文學社團中是突出的。

　　文藝社雖然組織健全，但沒有明確的宗旨和章程，也沒有明確的文藝思想，社員們平時多讀了一些魯迅的著作，頭腦裏具備了文藝爲人生的觀點，認爲文學作品要切實表現社會人生。而當時，《耕耘》壁報上刊載的作品多表達作者內心的苦悶或嚮往，具有脫離現實的抽象傾向，又比較追求形式的完美，具有唯美主義的色彩，體現了「爲藝術而藝術」的傾向。這不符合文藝社社員的文藝觀念，於是，他們決定向《耕耘》壁報發起一場關於文藝觀念的論爭。經過幾次討論，明確了思想，推舉程法伋與何孝達執筆，針對《耕耘》壁報上發表的現代派詩歌寫出評論，批評那種「唯美主義、象徵手法和頹廢情緒」〔註1〕的傾向，從而引起了一場文藝「爲人生」還是「爲藝術」的討論。文章在《文藝》壁報上刊出，立即引出耕耘社的反應。《耕耘》壁報上刊登文章指出《文藝》壁報上的詩歌是「標語口號式」的，根本算不上詩。耕耘社寫現代主義詩歌的主要是袁可嘉。據同學回憶：「袁可嘉在同學中是出類拔萃的，有自己的獨立見解，不隨聲附和。當時他反對『爲人生而文學』，反對『文以載道』，主張爲藝術而藝術，主張文學不能急功近利，爲政治服務，而是應當寫『永恒的主題』。」〔註2〕袁可嘉和耕耘社的觀念與文藝社針鋒相對，不可調和，雙方各執己見，展開論爭，在壁報上持續了三、四期，不分

〔註1〕張源潛：《回憶聯大文藝社》，西南聯大校友會編《笳吹弦誦在春城》，昆明：雲南人民出版社等，1986年10月。

〔註2〕楊天堂：《西南聯大時期的袁可嘉》，北京大學校友聯絡處編《笳吹弦誦情彌切》，北京：中國文史出版社，1988年10月。

勝負。但在現實主義思潮占主導地位的當時，文藝社的主張得到了更多的支持。「爲人生」還是「爲藝術」是一場從文學研究會和創造社論爭開始就一直「懸而未決」的訴訟，文藝社和耕耘社的論爭沒有結論並不奇怪。論爭的意義在於推動雙方去進一步學習文藝理論，各自明確了寫作的方向。

　　與耕耘社的論爭擴大了文藝社的影響，文藝社更加自信了。1944 年 5 月，文藝社決定舉辦一場文藝晚會。晚會的發起與「五四」青年節有關。「五四」是公認的青年節，每年這一天，青年都要舉行紀念活動。1939 年，延安西北青年救國會和三民主義青年團分別定 5 月 4 日爲青年節。西南聯大自誕生開始每年都像北大、清華、南開一樣舉行「五四」紀念。可是這一年，國民政府宣布改 3 月 29 日革命先烈紀念日爲青年節，號召舉行紀念活動。繼承「五四」青年傳統的西南聯大學生堅決不予理睬，紛紛醞釀紀念「五四」青年節的活動。在這一思潮中，文藝社便準備舉行文藝晚會。經與李廣田先生商量，確定晚會的中心議題爲《「五四」以來新文藝成就的回顧》，擬請朱自清、聞一多、楊振聲、沈從文和李廣田講散文、詩歌、小說，請羅常培講「五四」新文學運動的意義和影響。去請聞一多時，他提議詩歌可請馮至和卞之琳講，自己講「五四」新文藝與文學遺產的問題。於是，主講人確定爲 8 位。更令社員高興的是，8 位先生均樂於承擔。於是，擬定了題目，每人預備講半個小時，地點定在學校南區 10 號大教室。海報貼出，全校轟動。聚這麼多著名作家於一堂講演新文藝，不僅在「皖南事變」以後是第一次，而且在西南聯大歷史上未曾有過。同學們歡呼雀躍，屆時紛紛提前涌去聽講，教室被擠得水泄不通，以致後來的先生無法擠進去。文藝社主要籌辦者只好臨時決定把會場更換到圖書館大閱覽室。聽眾又蜂擁而去。由於準備不足，又遭壞人拉閘斷電，主持人李廣田被迫宣布改期舉行。晚會就這樣終止了。文藝社社員缺乏經驗，沒有估計到會發生意外，文藝晚會遭致流產而受到了沉重打擊，不知如何是好。但同學要求重開的呼聲甚高。後經中文系國文學會馬千禾與齊亮的奔走，晚會遂於 5 月 8 日在圖書館前大草坪重新舉行，且新增了孫毓棠和聞家駟兩先生演講，晚會內容更加完滿。10 位先生的講題是：羅常培，《「五四」前後新舊文體的辯爭》，馮至，《新文藝中詩歌的收穫》，朱自清，《新文藝中散文的收穫》，孫毓棠，《談談現代中國戲劇》，沈從文，《「五四」以來小說的發展及其與社會的關係》，卞之琳，《新文藝與西洋文藝學的關係》，聞家駟，《中國的新詩與法國文學》，李廣田，《新文藝中雜文的收穫》，聞一多，《新

文藝與文學遺產》，楊振聲，《新文藝的前途》〔註3〕。晚會前半場由羅常培主持，後半場由聞一多主持，先生們的演講精彩異常。聽眾除西南聯大學生外，還有雲大和其他大中學校的學生，三千餘人席地而坐，自始至終秩序井然。晚會開得十分成功！

「五四」文藝晚會進一步擴大了文藝社的聲譽。雖然重開的晚會主辦單位易主國文學會，但其思路是文藝社的，因此，有文藝社的一份功勞，同學們也予以認可。5月中旬，西南聯大各壁報負責人召開聯席會議，通過成立西南聯大壁報協會之議案，並推舉文藝、生活、耕耘三家壁報社為常委。

《文藝》壁報每月1日和15日按期出版，在讀者中信譽較高，投稿者逐漸增多。經常寫稿的除老社員外，有李明、丘從乙、葉傳華、楊鳳儀、馬如瑛、劉晶雯、劉治中、尹洛、劉海梁等。王景山和趙少偉甚至停止了自己主辦的《新苗》壁報，加入《文藝》。這都是一場討論和一場晚會以及《文藝》對同學吸引的結果。人員增多，力量加強，為了深入開展學習和研究，大家覺得有必要正式成立社團。

經過認真籌備，1945年3月26日晚，舉行了由《文藝》壁報發起人和寫稿者共同參加的茶話會，宣布文藝社正式成立。至此，文藝社完成了由同人組織向群眾組織，由壁報社向研究社的過渡。組成文藝社的社員以上面列出的同學為主幹，共23人。會上大家相繼發言，紛紛表示要在團體的生活中加強學習、充實自己，提高研究能力。會議決定把10月1日《文藝》壁報創刊的日子作為「社慶日」。還選舉產生了新的領導。程法伋、張源潛和王楫為總幹事，程法伋抓總，張源潛負責研究，王楫負責編輯出版壁報。另舉許宛樂為總務幹事，何孝達、葉傳華為研究幹事，王景山、趙少偉、廖文仲為出版幹事。這個組織機構保證了文藝社各項工作的順利進行。

由於領導工作得力，文藝社的工作便按照「研究」和「出版」兩個方面有序展開。

在研究方面，文藝社首先舉行了A・紀德討論會。A・紀德是法國作家，那一兩年，A・紀德的作品《窄門》、《田園交響樂》、《贗幣製造者》、《地糧》等相繼在中國翻譯出版，在文藝界產生了巨大影響，有人稱1944年為「紀德年」。文藝社適時舉行討論，意在以這位作家為例，解決生活、寫作與世界

〔註3〕西南聯合大學北京校友會：《國立西南聯合大學校史》，北京大學出版社，1996年10月，第451～452頁。

觀的關係問題。討論會紀錄刊登在 5 月 15 日《文藝》壁報第 28 期上。這一年暑假之中文藝社舉行了魯迅和斯坦貝克討論會。魯迅討論會於 8 月 12 日晚舉行，請魯迅研究家李何林出席指導，由譚作人、杜定遠、李維翰等社員作中心發言。李何林以獨到的見解講魯迅小說，給與會者很大啓發。斯坦貝克討論會 8 月 26 日晚舉行，斯坦貝克是美國作家，他的《憤怒的葡萄》在中國很流行。討論會由趙少偉作中心發言，他講關於《憤怒的葡萄》的讀書報告，而後社員自由發言，最後由何孝達作會議小結。此外，文藝社還和中華全國文藝界抗敵協會昆明分會聯合舉辦過講座，和「文協」昆明分會、冬青文藝社聯合舉辦過法國作家羅曼·羅蘭和俄國作家阿·托爾斯泰追悼大會。

研究的另一個重要方面是討論社員的作品。文藝社根據個人的文學興趣，設立了小說、散文雜文、詩歌、論文書評四個組，社員自由參加一至兩個組。各組每月召開一次會議，交換閱讀習作，提出修改意見，有時重點討論某一兩篇作品，好的作品則推薦給壁報社刊登。這樣做既讓作者獲得思想認識的提高和技巧的改進，又保證了《文藝》壁報的質量，還增強了社員學習研究和寫作的興趣。

1945 年 8 月，從軍抗日的文藝社社員繆弘壯烈犧牲的噩耗傳來，全體社員極爲悲痛。爲了表達對這位社員的紀念，文藝社從繆弘的詩稿中選出一部分，把《文藝》壁報第 31 期辦爲「繆弘專號」，於 8 月 18 日出版。次日又與西南聯大學生自治會、外文系 1947 級（按，今稱 1943 級）級會、南開中學校友會西南聯大分會聯合舉行追悼會，悼念這位年青的詩人英烈。文藝社還請導師李廣田挑選了繆弘的部分詩作編爲《繆弘遺詩》，由同學們捐資出版，成爲永久的紀念。

同年 9 月新學期開學後，文藝社貼出啓事，公開徵求新社員。一批同學報名參加，文藝社人數達 60 多人，成爲西南聯大當時的文學社團中有登記的社員人數最多的社團。彭佩雲、孫靄芬、于文烈、武運昌等就是這時加入文藝社的。

1945 年 10 月 1 日是文藝社的重要日子，這一天，文藝社誕生兩週年了。社員爲社慶做了許多準備。9 月 30 日清晨，一期倍大號《文藝》壁報掛在「民主墻」上，篇幅達 4 萬多字。當晚，舉行高爾基討論會，導師李廣田出席並講了話，參加者 40 餘人，何孝達主持會議，許多社員發言。10 月 1 日晚，舉

行文藝晚會，中心議題是「抗戰八年來的文藝總檢討」，到會者 100 多人，包括文藝社、新詩社和劇藝社的社員，並邀請了許多文化名人出席。會議開始後，先由田漢先生講抗戰期間的戲劇運動，再由孟超講雜文，聞一多講詩歌，李廣田講小說，李何林講文藝理論，尚鉞、黃藥眠等自由發言。其中李何林主要闡述了毛澤東《在延安文藝座談會上的講話》的基本精神。在昆明的公開場合介紹毛澤東文藝思想，這大概是第一次。「社慶」辦得很成功。第二天，昆明《觀察報》對會議情況作了報導。這是文藝社在昆明的第一次不意也是最後一次社慶。

社慶後一個月即 11 月 1 日，文藝社的另一件大事告成——《文藝新報》創刊。前面說過，文藝社的工作分「研究」和「出版」兩個方面展開。出版方面的主要工作是編輯張掛《文藝》壁報，每半月一期，從不間斷，是為常規工作。現在又增加了《文藝新報》的出版。兩份出版物同時並舉，為文藝社的兩份社刊。

《文藝新報》的誕生，不僅在文藝社是第一次，而且在西南聯大文學社團的歷史上也是第一次〔註4〕，它結束了西南聯大文學社團沒有社報的歷史，因此它在西南聯大文學社團的發展史上具有創新意義。文學社團有了自己的報紙，刊登的作品不再從牆壁上隨風飄落，而是隨著報紙廣為傳播，留存後世了。

但是，《文藝新報》生逢雲南政治形勢急轉直下、陰霾密佈之時，才出了兩期，「一二·一」運動就爆發了，文藝社社員全體投入聲勢浩大的政治鬥爭，工作和創作發生了大轉向。11 月 26 日起，為抗議反動軍警頭晚對幾所大學共同舉辦的「時事晚會」的槍炮威脅，西南聯大率先罷課，程法伋被選為西南聯大罷課委員會常委。28 日，昆明市 31 所大中學校罷課，昆明市學生聯合會成立昆明市罷課聯合委員會，西南聯大被推為常委。為了有效地進行鬥爭，「罷聯」決定創辦報紙《罷委會通訊》。《文藝新報》的編輯班子被選為《罷委會通訊》的編輯班底，王楫任主編，王景山、趙少偉、劉治中為輔，文藝社全體社員都是宣傳報導的組織者和撰稿人。就在「一二·一」慘案發生的當天，《罷委會通訊》創刊，為四開小報，最初每日一期，後為不定期，至 12 月 27

〔註 4〕 此前馬千禾、張光琛、吳國珩等辦過一張《大路周刊》，但一方面此報不以社團名義問世，另一方面此報非文藝性質，再一方面，此報今不存，無法瞭解其詳。

日學生復課，共出 15 期，外加 2 期增刊，計 17 期。在如此嚴峻的政治局勢和繁重的編輯壓力下，文藝社不得不停止學習和研究活動，甚至常規出版物《文藝》壁報都中斷了刊出。

《罷委會通訊》停刊後，《文藝》壁報復刊，仍然堅持半月一期，至 1946 年 5 月出最後一期，內容爲紀念「五四」運動。這一天爲 5 月 4 日，是西南聯大宣布結束的日子。在西南聯大壁報史上，《文藝》無緣「開創於前」，卻是「堅持到最後的」。

《文藝》壁報從 1943 年 10 月 1 日創刊，至 1946 年 5 月 4 日終刊，共出 36 期。這對於一個學生社團來說，是一個不小的數字。文藝社從一開始，就將過時的《文藝》壁報小心揭下，裁開，裝訂成 16 開小冊子，每期一冊，總計 36 冊。這是研究文藝社和西南聯大歷史最爲寶貴的一份資料。西南聯大復員北返時，文藝社委託一位留在昆明的社員保存這份資料。世事滄桑，數十年後，36 冊《文藝》壁報裝訂本早已不知下落，實在可惜！

西南聯大北返前，文藝社全體社員舉行最後一次集會。會上，導師李廣田先生作了語重心長的講話，勉勵大家要注重社會改造，從事實際鬥爭。這次會議並未宣布文藝社結束，而是動員大家去到北平後繼續開展工作。

回到北平後，文藝社社員分屬北京大學和清華大學。他們在各自的學校成立了北大文藝社和清華文藝社，仍舊組織學習和研究，出版壁報等，繼續開展活動。北大文藝社先後由趙少偉、徐承晏、朱谷懷、王景山等負責，清華文藝社則由張源潛、郭良夫、劉海梁等負責。這兩個社團是西南聯大文藝社的延續，直到解放前夕才停止活動。

2006 年 1 月 16 日初稿於昆明文化巷 52 號

新 詩 社[*]

【摘要】本文考察了西南聯大新詩社從醞釀、誕生、發展到觀念確立、成就取得再到結束北上的歷史,在論述過程中,提出了一些新見解,解釋了一些以往說不清楚的問題,認爲新詩社的特質在於「新」字,而其「新」是在聞一多的指導下逐漸探索發展的,新詩社是西南聯大和昆明地區,以至國統區和北返後北方的一股重要詩歌力量,新詩社爲中國朗誦詩的創新和發展作出了重大貢獻。

【關鍵詞】西南聯大、新詩社、歷史、朗誦詩、聞一多。

新詩社是西南聯大後期一個重要的文學社團。在兩年多的歷史裏,新詩社以勇於創新的姿態和生氣勃勃的精神面貌,開創了西南聯大文學史上的新局面,成爲西南聯大文學中的一個重要派別。「新」是新詩社的主要追求和精神特質,做全「新」的人,寫全「新」的詩成爲新詩社的宗旨。因此,新詩社的價值和特點集中體現在一個「新」字上。

朗誦詩是新詩社的創新中心。新詩社致力於朗誦詩的創作和詩朗誦的效果探索,創作了一些可以躋身於中國朗誦詩代表行列的作品,培養出何達等有影響的詩人;並且開創了西南聯大的朗誦詩活動,推動了昆明地區朗誦詩運動的發展,使朗誦詩成爲西南聯大和昆明文學活動的一時之顯。

開放式是新詩社的組織特點。雖然在西南聯大的文學社團中開放的組織

---

[*] 本文原載於《抗戰文化研究》第 7 輯,原題《新詩社及其朗誦詩目標的確立》。

前已有之，但新詩社把「開放」推進了一大步，成為眞正意義上的開放。新詩社到底有多少社員，不得而知。新詩社舉辦的朗誦會，動輒上千人。這在西南聯大的歷史上沒有，恐怕在昆明也不多見。朗誦會是新詩社的詩作發表的重要方式。

新詩社的詩不是爲自己創作，爲少數慣聽「弦外之音」的欣賞者創作的。所以，爲大眾寫詩，走群眾路線可以看作新詩社的另一個「新」。在西南聯大，從來沒有哪個詩人的作品一發表就擁有那麼多的受眾。新詩社是西南聯大最注重接受美學運用的文學社團。

而新詩社的誕生、發展、觀念和成就都與新月社宿將聞一多緊密相連。因此我們必須從聞一多說起。

新詩社的成立

汪曾祺說：「能夠像聞先生那樣講唐詩的，並世無第二人。」〔註 1〕1943年秋季開學，聞一多仍然講「唐詩」，同學們前呼後擁擠進教室，去晚了的同學只好站在門窗之外。聞一多站在講臺旁，打開布包，左手取出一個本子，右手輕輕地拍著那本子說：「有一天，佩弦先生遞給我一本詩，說……你看，新詩已經寫得這樣進步了。」然後，轉身在黑板上寫下「田間」兩個字。他接著說：「他的詩，我一看，有點吃驚，我想，這是詩麼？再看，噯，我說，這不是鼓的聲音麼？」〔註 2〕聞一多越講越興奮，把這堂「唐詩」課變成了「田間課」──

「鼓──這種韻律的樂器，是一切樂器的祖宗，也是一切樂器中之王……提起鼓，我們便想到一連串形容詞：整肅，莊嚴，雄壯，剛毅，和粗暴，急躁，陰鬱，深沉……鼓是男性的，原始男性的，它蘊藏著整個原始男性的神秘。它是最原始的樂器，也是最原始的生命情調的喘息。」講完了鼓，聞一多接著朗誦了田間的兩首詩。他稱讚說：「這裏便不只鼓的聲律，還有鼓的情緒。這是鞍之戰中晉解張用他那流著鮮血的手，搶過主帥手中的槌來擂出的鼓聲，是彌衡那噴著怒火的『漁陽摻撾』，甚至是，如詩人 Robert lindsey 在《剛果》中，劇作家 Eugene O'Neil 在《瓊斯皇帝》中所描寫的，那非洲土人的原

〔註 1〕 汪曾祺：《聞一多先生上課》，《汪曾祺全集》第 6 卷，北京師範大學出版社，1998 年 8 月，第 300 頁。

〔註 2〕 聞一多：《時代的鼓手──讀〈田間的詩〉》，《聞一多全集》，武漢：湖北人民出版社，1993 年 12 月，第 197、199 頁。

始的鼓，瘋狂，野蠻，爆炸著生命的熱與力。」〔註3〕

聞一多只顧講下去，同學們則感耳目一新，眼界大開，精神振奮，原來詩還有這樣的寫法，原來還有這麼好的詩，使得多年來沉醉在古詩境界中的大學教授都對它刮目相看，大加推崇！也許連聞一多都沒有想到，這堂課給予同學們的震動有多大。下課後，同學們在饜足感之外，還有一種饑渴感，一方面仍陶醉在課堂的情景中，另一方面又如饑似渴地尋找田間和解放區的詩來讀。這堂課引起的是西南聯大部分學子審美觀念的改變，另一種詩風的醞釀，它在學子們心目中埋下了一個詩的新品種——朗誦詩的種子。

1943 年的西南聯大，「皖南事變」後的陰霾還沒有完全消退。也是在秋季開學後，幾個耐不住寂寞的青年開始喊出了自己的聲音，在滿目蕭索中，出現了《耕耘》、《文藝》等壁報。而聞一多這位埋頭於古籍的「老教授」也在這時，心靈被田間詩歌的「鼓點」震動，並立即將震動傳達到學生的心弦上，大家似乎看到了烏雲邊的一片青天，開始步出門戶朝那裏張望，從而使寂靜的校園出現了躁動。換句話說，聞一多的「田間課」適時地出現在西南聯大民主自由空氣開始萌動之時，並為這種空氣的復蘇注入了催化劑——這恐怕也是聞一多沒有想到的。

在這場躁動中一個最典型的人是何孝達（何達）。作為歷史系 1942 級學生的何孝達，當時站在窗外旁聽聞一多的課，田間那擂鼓的聲音和聞一多聽鼓的感受使他大為驚異，心靈震蕩。他憑藉記憶把聞一多的講課內容整理成文發表於壁報，以讓更多的人共享，同時，一頭扎進圖書館急迫地翻閱那些新的詩歌，吮吸新的養分。和他一樣饑渴地閱讀詩歌的還有另一些人。終於有一天，在圖書館裏，一段巧遇發生了：

1944 年春的一個上午，何孝達坐在圖書館的閱覽室裏讀新詩，從會心的愉快中偶然擡起頭來，看到斜對面一個濃眉大眼的青年也在讀詩，他的神情專著而真誠，十分可愛。何孝達寫了一張字條「朋友，你愛詩嗎？」遞過去。對方立即投來熱情的目光，報以燦爛的笑容。這個人叫沈叔平，是 1942 級政治系的學生。兩個人相約走出閱覽室，在圖書館前面的人草坪進行交談，兩顆詩心越談越投機，越談越靠近，大有相見恨晚之憾。他們想到：愛詩的人，

〔註 3〕 聞一多語，轉引自何達：《聞一多・新詩社・西南聯大》，趙慧編《回憶紀念聞一多》，武漢出版社，1999 年 9 月，第 265 頁。

絕不止兩個，爲什麼不把大家火熱的心連在一起呢？於是，他們分頭探問，尋找愛詩的朋友。

愛詩的人很快尋找到 12 個。大家希望組織起來，但不知怎樣操作爲好。大家不約而同地想到一個人，希望得到他的指導。這個人就是上年秋天大談田間，把新詩的魅力注入學生心靈的聞一多。聞一多那麼忙，願意指導幾個初生牛犢似的青年嗎，大家心裏沒底。於是，公推與聞一多比較接近的中文系同學康儸去探詢聞一多的意見。沒想到，聞一多滿口應承，並說：就在這個星期天，你們到我家裏來，我們可以多談談。大家內心說不出的高興，盼望著星期天的到來。

那個金色的星期天，1944 年 4 月 9 日在大家的盼望中到來了。這天早晨，何孝達、沈叔平、施載宣、康儸、趙寶煦、黃福海、周紀榮、趙明潔、段彩媚、施蟄秋、王永良、萬繩枬在學校集合出發，去昆明 10 多公里以外的龍頭鎮司家營拜訪聞一多先生。聞一多帶同學到村邊幾棵尤加利樹下的草地上，圍成一圈坐下，同學們各自朗讀自己的作品，六七歲的小妹聞騫也朗讀了她的詩作《金色的太陽》。這是同學們初次體驗集會朗誦。聞一多認眞聽完大家的朗誦，又點評了每個人帶去的習作，接著開始了談話。他首先表示非常支持大家組織詩社，然後談了他對詩的看法：

> 他首先就批判中國傳統的「詩教」，説：「溫柔敦厚，要不得。」
>
> 他説，一向舊社會的詩人，把詩當作媚人娛己的玩意兒。他説，「我們不要這樣的詩。」
>
> 他説，不一定要把詩寫好，好不好沒關係。甚至於寫不寫詩都沒有關係，要緊的是做一個「人」，眞正的人，不做奴隸。
>
> 他説，今天的詩人不應該對現實冷淡旁觀，應該站在人民的前面，喊出人民所要喊的，領導人民向前走。
>
> 他説，要寫詩，也不一定用文字寫，最好是用血肉來寫，用整個生命來寫。〔註4〕

聞一多的話成了後來成立的新詩社的綱領性文獻，它決定了新詩社的方向，貫穿在新詩社的全部活動中。

這一次 12 人與聞一多座談，在新詩社的歷史上具有奠基的意義：思想道

〔註 4〕何達：《聞一多・新詩社・西南聯大》，《北京文藝》1980 年第 2 期。

路的奠基，詩歌形式的奠基，活動方式的奠基。

在司家營座談後一個星期裏，同學們多次聚會，商討詩社的事，最終確定了以下幾方面的意見：關於詩社的名稱，突出一個「新」字，取義於聞一多那天所談的一段話：「我們的詩社，應該是『新』的詩社，全新的詩社。不僅要寫新詩，更要做新的詩人。」〔註5〕關於詩社的發起人，就是那天司家營拜訪聞一多的12人。關於導師，自然是聞一多先生。關於成立日期，就定為司家營訪談的日子，即1944年4月9日。關於詩社的宗旨和方向，大家把那天聞一多坐在草地上的談話內容歸結起來，得出四條綱領：一、我們把詩當作生命，不是玩物；當作工作，不是享受；當作獻禮，不是商品。二、我們反對一切頹廢的晦澀的自私的詩，追求健康的爽朗的集體的詩。三、我們認為生活的道路，就是創作的道路；民主的前途，就是詩歌的前途。四、我們之間是坦白的直率的團結的友愛的。關於詩社的組織，採取開放的方式，以發起人為骨幹，團結眾多社友，把社員擴大到整個校園。大家選舉施載宣和何孝達為社長。40年後，新詩社的主要成員對其組織作了這樣的總結：「新詩社的『大門永遠開著』。當年參加新詩社活動的朋友，不必履行什麼手續，願意來的可以隨時來參加活動，不想再參加的，隨時可以不告而別……新詩社也沒有什麼組織機構……但具體的活動則常由大家輪流主持的。」〔註6〕關於活動和出版物，以「新詩」為中心舉行各種活動，如讀詩、寫詩、評詩、組織詩歌朗誦等，出版壁報《詩與畫》。

一切準備停當，於1944年4月中旬的一天，在西南聯大南區學生服務處的小禮堂，舉行了新詩社成立大會。出席大會的除發起人即骨幹12人之外，還有好多同學，其中有葉傳華、秦光榮、沈季平、曹思義、陳柏生、郭良夫、伍驊、溫功智、繆弘等。

經常參加新詩社活動和寫詩的同學，據新詩社骨幹回憶，除發起人和上面提到的一些人外，還有吳徵鎰、張源潛、王景山、趙少偉、繆祥烈、尹洛、李復業、李建武、李恢君、馬士豪、李維翰、葉世豪、因蔯等人，校外人士，今天所知的有楊明、彭桂蕊、王明、張家興、董康等人。這些人，應該說是新詩社的基本成員。有許多人參加過新詩社的朗誦會或者寫過詩歌，

〔註5〕聞一多語，轉引自史集《聞一多先生和新詩社》，《雲南師大學報》1987年第2期。

〔註6〕史集：《聞一多先生和新詩社》，《雲南師大學報》1987年第2期。

便自稱新詩社的成員，這不僅反映出新詩社的組織特點，而且也說明了新詩社的巨大影響力。

新詩社的成立，爲西南聯大的文學活動組織了一支生力軍。新詩社成立後開展的一系列活動，尤其是朗誦詩的創作和大型詩歌朗誦會的舉辦，無論在文藝方面還是政治方面，都贏得了自己在西南聯大歷史上的穩定地位。

新詩社的活動

新詩社成立後，最經常的活動是朗讀和討論社員的習作。開初，每周或間周舉行一次朗讀討論會。社員們拿出詩作，朗讀或傳閱，大家提出各自的意見，幫助作者修改。這實際是司家營草地朗誦並討論的繼續。

聞一多經常參加集會。他「總是叼著烟斗和大家坐在一起傾聽著，在最後才發表他中肯的評語。」〔註7〕秦泥記述了聞一多作朗誦示範的情況：「談興正濃時，他往往會隨手拿起一首詩高聲地朗誦起來，作出示範。」〔註8〕朗誦社員的習作，是聞一多言傳身教的一種方法。聞山這樣寫道：聞一多的朗誦是那樣富有表現力和吸引力，「像要把詩的全部思想、音韻、作者的感情，都融化在他的聲音裏似的；他在體味著，欣賞著，同時也在重新表現著。」〔註9〕

馮至有時也來參加朗誦會。他在《從前和現在》一文中回憶到：「在昆明時，我曾經被約請參加過幾次新詩社的聚會，聚會的地點有時在西南聯大簡陋的課時，有時在學校附近的一所小樓上，每次開會回來，心裏都感到興奮，情感好像得到一些解放。燈光下聽著社員們各自朗誦他們的作品，彼此毫不客氣地批評，我至今還沒有忘記一些詩在誦讀時所給我的印象，雖然原文我記不清了。」〔註10〕

參加聚會的人多了，大家便走出小屋，在教室裏進行。教室裏再坐不下，就到室外曠地。這是一種別有情致的朗誦會，像新詩社初始的司家營朗誦會那樣，幾棵小樹，一快草地，一陣輕風，充滿了詩情畫意。聞一多和馮至經

〔註 7〕 史集：《聞一多先生和新詩社》，《雲南師大學報》1987 年第 2 期。
〔註 8〕 秦泥：《如坐春風，如沐朝陽》，《回憶紀念聞一多》，武漢：武漢出版社，1999 年 9 月，第 223 頁。
〔註 9〕 聞山：《教我學步的人》，《回憶紀念聞一多》，武漢：武漢出版社，1999 年 9 月，第 175 頁。
〔註10〕 馮至：《從前和現在──爲新詩社四週年作》，《馮至全集》第 4 卷，石家莊：河北教育出版社，1999 年 12 月，第 129 頁。

常出席這樣的朗誦會。40年後，馮至仍保持了這樣的記憶：「每逢春秋佳日，在近郊的小樹林，在某家花園，在課堂裏，或在月光下，大家熱烈討論，縱情朗讀，細心聆聽聞一多的名言讜論，我從中也得到不少啟發。」〔註11〕這種「在某家花園」，「在月光下」舉行的朗誦會，可以舉1944年10月1日爲例。這一天是中秋節，新詩社在英國花園舉行賞月詩歌朗誦會，邀請聞一多和馮至參加，到會社員45人。大家坐在草地上，周圍是高大的柏樹，明月當空，環境幽美，大家朗讀詩歌，談論感想，歡聲笑語陣陣，聞一多和馮至就新詩創作問題講了話。

有了以上的朗誦經驗和理論提高，新詩社便試圖組織大型詩歌朗誦會。機會很快到來。1944年10月9日，是新詩社成立半週年的日子，新詩社決定在這一天舉行紀念晚會。骨幹們齊心協力積極籌辦，晚會如期在學校南區學生服務處小禮堂舉行，到會的有教授14人和文化界人士、大中學生200多人，聞一多、馮至、楚圖南、光未然、李廣田、聞家駟、呂劍、沈有鼎、李何林、尚鉞等先生均出席。詩朗誦開始，首先是社員葉傳華朗誦自己的作品《心臟的糧食》，其次是楚圖南朗誦惠特曼的《大路之歌》和尼古拉索夫的《在俄羅斯誰能歡樂與自由》，接著是聞家駟朗誦法文詩，馮至朗誦德文詩，再下來是孫曉桐朗誦《阿拉伯人和他的戰馬》，光未然朗誦《我們是老百姓的女兒》，最後是聞一多朗誦歐外鷗的《第二次世界大戰的訃聞》和《被開墾的處女地》。發言開始。多位先生談了對於新詩的看法。時間過得眞快，電燈熄滅了，點燃的一排排蠟燭也矮下去了，於是請聞一多作了總結。

成立半週年就舉行如此盛大的紀念會，在西南聯大社團史上確是第一次。紀念會的成功給新詩社極大的鼓舞，他們看到了朗誦詩的美好前景和詩朗誦的巨大力量，更加堅定了對於朗誦詩的信心。

大約在這個時候，聞一多介紹校外的學生參加新詩社的活動。校外人士的加入，改變了新詩社爲西南聯大內部組織的性質，使其逐漸發展成爲一個昆明的詩歌社團了。隨著詩歌朗誦會由內到外、由小型到大型，新詩社的名聲越來越響，隊伍越來越壯大，很快發展到幾百人。不過，這是一支沒有「登記」的隊伍，所以無人知道人員的具體數字。

此後，新詩社的朗誦活動在內部和外部兩個層面展開。內部仍然以學習、

〔註11〕馮至：《〈閒山散文集〉序》，《馮至全集》第5卷，石家莊：河北教育出版社，1999年12月，第156～157頁。

交流、探討為主，目的在於幫助作者提高寫作和朗誦水平。外部層面是舉辦大型詩歌朗誦會，目的在於發揮朗誦詩的宣傳鼓動作用——這才是朗誦詩的大用場，是聞一多提倡的那種朗誦詩。

內部層面和外部層面的朗誦除主題的散與專，朗誦人數的多少，出席者的身份，場面的大小及氛圍等不同外，被朗誦的詩歌也不同。內部層面朗誦的多是社員自己的創作，外部層面則社內外的詩歌都朗誦，又以中外名詩為主。在外部層面集會上經常被朗誦的有馮至、艾青、田間、臧克家、綠原、SM、馬亞可夫斯基、普希金、尼古拉索夫、惠特曼等詩人的作品。這說明新詩社並不局限在「自我」的圈子裏，他們的目光是開闊的，是具有世界性的。

這裏列舉主要的幾次外部朗誦會：

1945 年 4 月 21 日，與文協昆明分會在學校南區 10 號教室聯合舉辦馬亞可夫斯基逝世 15 週年紀念會，田漢、聞家駟、李何林、光未然、常任俠、呂劍和社友 200 餘人出席，何達、郭良夫、李實中、光未然等朗誦。

5 月 2 日，舉辦詩歌朗誦晚會，地點在學校東食堂，1000 多人出席，聞一多、何達、劉振邦、何兆斌、李實中、朱自清、胡慶燕、張光年、呂劍、郭良夫、許健冰、金德濂、常任俠等朗誦。

6 月 14 日，與文協昆明分會、西南聯大、雲南大學、中法大學、新中國劇社等 16 團體，在雲南大學至公堂舉辦詩人節紀念晚會，出席者 1000 餘人，光未然、韓北屏、李實中、何達及雲大文藝研究社等朗誦。

9 月 3 日，在學校東食堂舉辦為勝利、民主、和平、團結而歌朗誦會，聞一多、光未然、李公樸、黃藥眠、孟超等出席，到會者 1000 多人，聞一多、光未然、吳徵鎰、李公樸、郭良夫、蕭荻等及一些中學生朗誦。

10 月 29 日，與文藝社、冬青社等團體聯合舉辦西南聯大成立八週年慶祝朗誦會，地點在學校東食堂，1000 多人出席，朗誦者無記載。

這裏重點介紹一下 1945 年 5 月 2 日舉辦的詩歌朗誦會。這是一次相當著名的朗誦會，三年後朱自清仍把會議情形寫入論文，數十年後還被西南聯大學生每每提起。這次朗誦會是昆明四所大學聯合舉辦的「『五四』紀念周」的活動之一，由新詩社主辦。朗誦會開始，首先由聞一多致辭，他簡要地介紹了用詩歌朗誦來紀念「五四」的意義和新詩的發展道路，論說了朗誦詩的價值和前途，提高了聽眾對朗誦詩的認識。隨即開始詩歌朗誦，氣氛熱烈，「戲

劇界、文化界的朋友們在臺上朗誦，中學生、排字工人也對著（擴）音機演說。」〔註12〕這是詩歌愛好者的狂歡！朗誦節目最精彩的要數聞一多朗誦艾青的《大堰河》，朱自清「從他的抑揚頓挫裏體會了那深刻的情調，一種對於母性的不幸的人的愛。會場上千的聽眾也都體會到這種情調」，「覺得是聞先生有效的戲劇化了這首詩，他的演劇才能給這首詩增加了些新東西，它是在他的朗誦裏才完整起來的。」此後，《大堰河》幾乎成了聞一多的保留節目，又在多次會上朗誦過。光未然朗誦自創的《民主在歐洲旅行》深深打動了聽眾，博得熱烈的掌聲，在聽眾的要求下，他又朗誦了艾青的《火把》。李實中朗誦諷刺詩《我的實業計劃》，他的朗誦「抓得住一些大關目，又嚴肅而不輕浮」，「聽那洪鐘般的朗誦，更有沉著痛快之感。」〔註13〕

　　新詩社的其他活動中，最為出色的是為貧病作家募捐。「文協」昆明分會積極響應中華「文協」總會的號召，在昆明發起募捐活動。在這場活動中，新詩社採取了行之有效的方法，獲得了好成績。首先，在聞一多的建議和支持下，新詩社選出了部分詩作，在《掃蕩報・副刊》上出了一期專頁（內容另文介紹）。專頁除隨報紙發行外，還印成單張，上面加蓋了聞一多「為響應文協援助貧病作家基金運動義賣」的字樣，由新詩社社員去市內義賣。義賣所得收入全部作為捐款。其次，通過詩歌朗誦會募捐。1944年10月9日舉行的新詩社成立半週年紀念詩朗誦會，實際也是募捐會。事先，新詩社草擬了《給貧病作家的慰問信》，朗誦會開始前，聞一多、楚圖南、尚鉞、馮至、李廣田等123人在《慰問信》上簽名，壯大了新詩社的聲威，增強了募捐的召喚力，當晚便獲得了較大數目。之後，新詩社繼續努力，到1945年2月，共募得36萬元捐款。此數占西南聯大募集總數62萬元的一半多，占「文協」昆明分會200餘萬元的1／6，占全國後方各大城市300多萬元的1／10強，成績相當可觀。新詩社得到了「文協」昆明分會和「文協」總會的感謝。

　　「一・二一」運動的爆發改變了新詩社的方向，他們不得不投入政治鬥爭，朗誦會的形式也由群眾大集會變成了小集會。在運動中，新詩社寫了大量的詩歌。那些詩，有的保留了下來，絕大多數則隨時光流逝了。

〔註12〕《三十四年「五四」在聯大》，《聯大八年》，昆明：西南聯大學生出版社，1946
　　　　年7月，第25頁。
〔註13〕朱自清：《論朗誦詩》，《朱自清全集》第3卷，南京：江蘇教育出版社，1996
　　　　年8月，第255頁。

　　「一・二一」運動後，西南聯大出現了較爲平靜的「喘息期」，新詩社沒再舉行大的活動。1946 年 4 月 9 日，是新詩社成立兩週年的日子。新詩社在這一天舉行紀念晚會。這天晚上，聞一多、李廣田、李何林等先生蒞會並做了演講，新詩社社員朗誦了詩歌。

　　西南聯大於 1946 年 5 月 4 日宣告結束。結束後不久，新詩社在一家「青年公社」的茶館樓上，舉行話別會。這時，新詩社的社員有的畢業了，有的留在昆明做事，有的跟著學校回北平，大家不光是告別昆明，還是互相告別，因此，每個人都有些話要說。第一個站起來發言的是聞一多，他的第一句話就說：「這兩年裏，我跟新詩社，是血肉不可分的。」〔註 14〕接著，每個社員都表達了自己的感想和心情，大家相約到了北方繼續開展活動。夜深了，大家依依不捨地告別。

　　告別只是暫時的。不久，新詩社又在平津地區重聚了，而且，「這把火已經燒遍了華北」，「許多許多的新詩社都起來了」──北大新詩社、清華新詩社、南開新詩社、中法新詩社、師院新詩社、北洋新詩社、朝陽新詩社、燕大新詩社……他們繼續著西南聯大新詩社的精神，創造著新的朗誦詩。只是，導師聞一多永遠留在了昆明。1948 年 4 月 9 日，新詩社成立四週年時，何達寫了一首題爲《新詩社》的詩，抒寫了新詩社和聞一多的血肉聯繫：「新詩社舉起一隻大旗 / 上面寫著三個大字：/『聞一多』！」「新詩社是聞一多的紀念碑 / 新詩社是聞一多的銅像」。有這樣一些傳人，聞一多可以笑臥昆明了！

　　聞一多生命的後期與西南聯大新詩社在一起，因此，談論新詩社也就是在談論聞一多。

朗誦詩目標的確立

　　詩朗誦作爲中國詩歌的一個傳統，是古已有之的，但朗誦詩作爲一個詩歌品種，卻是 20 世紀 30 年代才興起的。殷夫的一些詩適合朗誦，光未然在延安時已寫出很好的朗誦詩，國統區的高蘭，朗誦詩名很大。但奇怪的是，新詩社似乎對他們的朗誦詩「一無所知」。新詩社當時無人提到早已著名的一些朗誦詩人的作品，在後來的回憶文章中也沒露出蛛絲馬迹。而且光未然就

〔註 14〕聞一多語，轉引自何達《聞一多・新詩社・西南聯大》，《回憶紀念聞一多》，
　　　　武漢：武漢出版社，1999 年 9 月。

在昆明，還多次參加新詩社的活動並朗誦詩作。出現這種現象，並不是新詩社的「無知」，而是他們的「無視」。因為，西南聯大圖書館的一些報刊上登載著朗誦詩。昆明的報刊上也有標明「朗誦詩」字樣的作品。生活在這種環境中的「愛詩者」不可能不知。新詩社這種隻字不提的現象不能說明他們不瞭解，而是他們不把那些朗誦詩看作自己效法的對象。換句話說，新詩社創作的朗誦詩並不是當時流行的那種朗誦詩。

　　新詩社對於朗誦詩的關注可以追溯到聞一多的「凹間課」。在那次課上，聞一多滿懷深情地朗誦了田間的《多一些》和《人民底舞》，田間的詩經過聞一多的朗誦創造，那鼓點般的詩句強烈地震動著聽者的神經，一種新的詩美觀念開始進入他們的意識。實際上，在文學史家那裏，田間的詩並不是朗誦詩，文學史家更願意給它一個新名詞：「戰鬥詩」。但由於傾倒於聞一多那美妙絕倫的朗誦，新詩社的同人便把它「誤讀」為朗誦詩了。歷史上有許多的發明創造是因「誤讀」而引出的。新詩社同人由於「誤讀」了田間的「戰鬥詩」，認為朗誦詩應該是田間那樣的，因而導致了西南聯大朗誦詩「異類」的產生。遺憾的是，我們無法知道從「田間課」到司家營草地談詩這半年間新詩社同人做了什麼樣的探索，甚至無從知道在司家營草地上他們朗誦的是些什麼詩，也就不可能瞭解他們走向田間詩的歷程。

　　新詩社成立後，開展的一系列朗誦活動，是對朗誦詩意識的加強。他們的活動，是對朗誦詩創作和詩朗誦藝術的雙重探討。由於史料缺乏，我們無從知道新詩社每次活動的情況，不知道社員創作了哪些詩歌，在會上朗誦的有哪些首，社員對詩藝有什麼認識和提高，但從當時的一篇文章看，社員對朗誦詩有過爭論。在 1944 年 7 月 9 日舉行的朗誦會上，有人提出「詩是否可以分為朗誦詩和非朗誦詩兩種」的問題，便出現了兩種意見：「一部分說根據語言和文字應是一致的這一原則，所有的詩應該都可以朗誦。目前還有一些人寫詩很難懂。但是，假如寫甚麼詩的時候都準備被朗誦，那麼漸漸便把難懂的字都丟掉了。因此提倡朗誦詩還可以改進文字。另一部分人則以為詩除了音樂美之外，還應有圖畫之美，有些詩卻不必一定都能被朗誦。而且詩如果只有音樂之美那就編樂譜好了，何必要詩？而且文字無疑是比語言史持久些更典型些，就是因為能使人更深遠地欣賞瞭解，不是一下子就過去了。詩就是這樣。」兩種觀點相持不下。「這爭辯還涉及到詩的內容和形式，詩的對象，詩和歌的起源和它們的關係」等問題，最後還是由導師聞一多作了總結。

〔註 15〕這段引文說明，新詩社推崇朗誦詩，已經確定了向朗誦詩發展的方向，但是大家對朗誦詩的理論並不很明確。有的人認爲所有的詩都應該是朗誦詩，其用意在於爲朗誦詩爭地位，但失之偏頗了。

當時新詩社關於朗誦詩理論的材料，目前僅找到這一份。雖然據此（當然還有詩歌作品）可以得出新詩社在 1944 年 7 月明確了朗誦詩的追求方向的結論，但對具體的發展情形仍難以推測。不過，我們對新詩社導師聞一多的詩歌觀念的發展脈絡還是大致清楚的。由於聞一多對新詩社進行了有效的指導，通過考察聞一多的詩歌觀念的變化來佐證新詩社的朗誦詩觀念也是行得通的。

聞一多對於新詩社的活動有請必到，而且每次都要發言，或者闡釋理論，或者點評詩作，或者做朗誦示範。而重要的講話和典型的示範會被人記錄發表或在後來回憶出來。這是探尋聞一多詩歌觀念的重要線索。眾所周知，聞一多是「新格律詩」的主要提倡者和創造者，後來，他專攻古代文學。1943 年秋，他在與白英選編《中國新詩選譯》的過程中，讀到田間的詩集，聞一多便情不可遏地把那「鼓的聲音」介紹給聽「唐詩」課的同學，從而喚起一群青年人寫詩的自覺意識。此時，聞一多似乎還沒有思考朗誦詩問題。1944 年 4 月 9 日在司家營草地上與同學的談話，他強調寫「新」詩，做「新」人，用生命寫詩等，新詩社根據他的談話精神歸結的「四條綱領」中沒有「朗誦詩」一詞，說明聞一多還沒有提出朗誦詩理論。新詩社成立後，聞一多經常參加社員的聚會，在此過程中，聞一多才對朗誦詩進行了不斷的思考。聞山的一段回憶說明聞一多在此過程中的變化——有一天晚上，新詩社在一座小樓上聚會，聞一多來了，和大家一起朗誦詩、談詩，他突然問：「你們以爲我到你們中間是幹甚麼來的？」接著自答：「我是到你們中間來取暖的！其實，哪裏是我領著你們，那是你們推著我走！」〔註 16〕「推著我走」指包括文學觀念在內的思想意識。在新詩社朗誦活動的推動下，聞一多對詩歌的道路和朗誦詩理論進行了思考，得出了他的見解。在上述 7 月 9 日晚新詩社的聚會上，社員對朗誦詩問題發生了爭論後，聞一多發表了他的見解：「朗誦詩的對象，是大家，是許多人在一起，這樣就能互相認識和團結，單

〔註 15〕王志華：《一個詩歌朗誦會》，《掃蕩報》副刊，第 143 號，1944 年 7 月 19 日。
〔註 16〕聞山：《教我學步的人》，《回憶紀念聞一多》，武漢：武漢出版社，1999 年 9 月。

是這一點已經應提倡朗誦詩了，而且朗誦詩尤其應該朗誦給人民大眾聽，應該是他們的今天，尤其要強調這一點，所以更該強調朗誦詩。但是，渡過了這個難關以後，今天需要熱情呼喊需要簡單有力的詩句的人們，到了那個時候，他們的水准將被提高了，他們的生活較優裕些了，應該為今日所唾棄的圖畫美的詩，那時將會興盛起來。而且為了爭取今天那些知識分子（因為他們總是偏執著『詩應該是玄妙的』，他們看輕朗誦詩），所以為了改變他們，就應該採取他們的方式去說服。故此一直在今天圖畫美的詩也不可完全丟掉！」〔註 17〕這是我們今天所見的聞一多關於朗誦詩的最早的言論。聞一多的話有五個突出觀點：第一，朗誦詩應該「朗誦給人民大眾聽」，這是「強調朗誦詩」的理由；第二，詩朗誦時「許多人在一起」，「能互相認識和團結」，這是「提倡朗誦詩」的另一個理由；第三，朗誦詩的提倡是時代的要求，因為朗誦詩面對的是「今天需要熱情呼喊需要簡單有力的詩句的人們」；第四，將來人們的文化水準提高，生活優裕後，供人看的圖畫美的詩將會興盛；第五，在今天的情形下，供人聽的朗誦詩和供人看的圖畫詩應該並行。聞一多的這些觀點是從時代的特點出發，從人民群眾的需要角度，從詩歌的社會作用立論的。

但是，當王志華的文章發表時，聞一多卻不願文中出現自己的名字，於是文中只用「導師」代之。這是為什麼？如果不是聞一多對文章中記述自己言論的文字不滿意的話，只能解釋為聞一多對自己的觀點還不十分確定。的確，此次講話仍然是即興發言，它是在同學發生了爭辯而又分不出對錯的情況下，導師表明自己態度時的言論。它說明聞一多此前對朗誦詩理論有了研究和思考，但還沒有「定型」，他不願發表自己不完全成熟的觀點。

把 7 月 9 日的即興講話作為聞一多朗誦詩的基本觀念，還因為聞一多此時正處於政治思想轉變的起步期，他的思想逐步由個人轉向大眾，由個體轉向群體，由於重視群體和人民的力量而重視朗誦詩的宣傳鼓動作用，順理成章。

新詩社在聞一多朗誦詩觀念的指引下，更加堅定了推行朗誦詩的態度。經過三個月的訓練，於 10 月 9 日開始，新詩社走出社內圈子，對外舉行詩歌

〔註 17〕聞一多語，轉引自王志華：《一個詩歌朗誦會》，《掃蕩報》副刊，第 143 號，1944 年 7 月 19 日。文中「應該是他們的今天」應理解為：「今天是人民的今天」。

朗誦會了。自此，新詩社開始向成熟邁進。之後，新詩社頻繁地舉行詩歌朗誦會乃至上千人的朗誦大會，就是把詩「朗誦給人民大眾聽」的實踐，在組織上抱定願意來的都歡迎的態度，就是發揮詩歌的「認識和團結」作用。新詩社是按照聞一多指引的路子走的。新詩社的成績證明，聞一多的朗誦詩觀念是正確的。

正是鑒於聞一多的朗誦詩觀念和新詩社的成績，我們把新詩社朗誦詩觀念的確立時間定在 1944 年 7 月，並把 7 月 9 日作為標誌性的日子。

2006 年 7 月 30 日初稿於成都西南民大

劇 藝 社*

【摘要】劇藝社是西南聯大一個有著獨特價值和地位的社團。它是由壁報團體發展成演出團體的。它誕生於 1944 年秋，創作演出了許多抗戰戲和反內戰、爭民主的戲劇，推進了學院派戲劇藝術的發展，劇藝社還發起了一臺民族民間原生態歌舞的演出，和新中國劇社結下了深厚的友誼。西南聯大北返後，劇藝社開拓了北大、清華、南開的戲劇新篇章。

【關鍵詞】西南聯大劇藝社、新中國劇社、史事。

劇藝社是西南聯大最後一個戲劇團體。它繼承了臨大劇團和聯大劇團開創的戲劇傳統，面對現實，演出抗戰戲和反內戰、爭民主的戲劇，追求藝術品位，用高超的藝術為現實鬥爭服務，以突出的「藝術」特質，推進了學院派戲劇藝術的發展。在西南聯大諸多劇團中，劇藝社是唯一能夠自編、自導、自演的劇團。其成功的劇作可以和抗戰時期著名的戲劇《放下你的鞭子》相提並論。〔註1〕在抗日戰爭的艱難歲月裏，劇藝社和新中國劇社相互扶持，結下了深厚的友誼。劇藝社還發起並參與籌劃組織了一臺彝族民間歌舞的演出，開創了原生態民族歌舞登上城市大舞臺的歷史。此外，西南聯大北返後，

---

* 本文原載於《抗戰文化研究》第 1 期，原題《西南聯人劇藝社史事──兼及與中國劇社的關係》，署名李光榮、宣淑君。

〔註 1〕 王蒙：《再說文藝效果》：「活報劇《放下你的鞭子》動員抗日、《凱旋》反對內戰，演完後觀眾邊哭邊喊口號……這都是直接的眼前的正面的效果」；崔國良《名家十日談：王松聲和街頭劇》：「《凱旋》在中國話劇史上同抗日戰爭中《放下你的鞭子》一樣，在動員人民反對內戰中發揮了重大作用。」

劇藝社分化爲北大、清華、南開劇藝社，推進了三校戲劇活動的新進程。在我國校園戲劇史上，劇藝社不僅是西南聯大戲劇活動的有力收束，而且是承上啓下，開拓北大、清華、南開戲劇新篇的劇團。

但是，這個有著獨特價值和地位的社團的歷史，卻有一些不明了處。本文在介紹其歷史的同時，試圖對其誕生和業績中幾個不甚明確的問題作重點論述。

關於西南聯大劇藝社的誕生時間，劇藝社內部沒有統一認識，有人認爲誕生於 1945 年春，其標誌是《草木皆兵》的演出〔註 2〕，有人認爲誕生於1945 年秋，其標誌是幹事會的產生，〔註 3〕被視爲劇藝社「社史」的《爲人民大眾吶喊的校園戲劇——回憶西南聯大劇藝社》則採取中和的態度：「兩次《草木皆兵》的演出（按，指 1945 年寒假前和寒假中的演出，演出情況見下文），準確地說，不能算作劇藝社的演出，因爲那時劇藝社尙未作爲演劇團體出現，而只是一個壁報團體。但參加兩次演出的許多人都是後來的劇藝社主要成員，劇藝社就是在這兩次演出的基礎上發展起來的。從這個意義上說，把《草木皆兵》看作劇藝社演出的開始，也是可以的。」〔註 4〕這種態度模棱兩可，實際只是史家的存疑方式。劇藝社到底從何時算起，迄無定論。筆者不揣冒昧地提出：劇藝社的誕生時間應爲 1944 年秋，標誌是《劇藝》壁報的誕生。其理由有五：一、辦壁報的目的是爲了吸引人才，壯大隊伍，組織演出；二、壁報首次打出了「劇藝社」的名稱；三、壁報的主要人員正是後來演出團體的骨幹；四、壁報的刊頭徽記成爲劇藝社的社徽；五、劇藝社的導師一直是聞一多。而外在的根據是，西南聯大訓導處的社團登記表中只有一個劇藝社，沒有兩個，也就是說，學校從沒有把「劇藝壁報社」和「劇藝演出社」分開來看。

現在就從《劇藝》壁報談起。1944 年「五四」以後，西南聯大校園裏的壁報紛紛亮相。但在數十種壁報中，還沒有一種是關於戲劇的。暑假中，基

〔註 2〕 鬼斗《劇藝社》最早提出，後爲張源潛等堅持。鬼斗文見《聯大八年》，西南聯大學生出版社，1946 年。

〔註 3〕 蕭荻：《承前啓後的戰鬥集體——憶西南聯大劇藝社》，西南聯大校友會編《茄吹弦誦在春城》，昆明：雲南人民出版社等，1986 年。另，2005 年 5 月蕭荻給筆者信，專門強調了這一點。

〔註 4〕 程法伋、孫同豐：《爲人民大眾吶喊的校園戲劇——回憶聯大劇藝社》，清華校友通訊叢書《校友文稿資料選編》，第 6 輯，北京：清華大學出版社，2000年。

督教青年會學生服務處組織一批同學到部隊去勞軍，由於從西南聯大徵集到的女同學不夠，便從昆華女中挑選，這樣，勞軍隊員便由西南聯大和昆華女中同學組成，辛志超爲領隊，蕭荻任隊長，何達任副隊長。勞軍活動的一個內容是演出文藝節目，劇本選定獨幕劇《鎖著的箱子》，再由張源潛改編潤色，由蕭荻任導演，羅長友管後勤，程法伋、游繼善和昆華女中的張琴仙（張進）任演員。多數人是初次涉足戲劇，演出水平可想而知。儘管如此，士兵還是較爲滿意。這給參加演出工作的同學很大鼓舞。秋季開學後，這些同學便想在學校裏演戲。但演戲光他們幾個人遠遠不夠，其他條件也不具備。於是他們便想先辦一份壁報，以壁報的形式宣傳戲劇，擴大影響，吸引人才，以期將來能夠組織演出。這時，又有王松聲、溫功智等同學參與謀劃。張源潛根據「孤島」時期的上海劇藝社和重慶的中華劇藝社之名，提出用「劇藝」命名壁報，得到大家的贊同。大家推舉張源潛主持壁報的組稿和出版工作。經過簡單籌備，一份面目全新的《劇藝》壁報出現在校園中。這份壁報立即吸引了師生的目光，尤其是它那喜劇形象的刊頭，新鮮別致。這個刊頭是張源潛設計的。他後來說：「所謂『設計』，我只是在一本《戲劇月報》封面上看到兩種希臘戲劇的面具，一個是悲劇的，長方形，瘦瘦的一副苦相；另一個是喜劇的，臉圓圓扁扁的，嘴巴張得大大的，很討人喜歡，便描下來，放大了，給幾位老朋友（松聲、蕭荻、碩文，法伋）看，在嘴巴裏安上『劇藝』二字，作爲壁報的刊頭，他們認同了，就用剪紙方式（比用色筆描畫色調均勻）貼了出去」，〔註5〕這幅希臘喜劇形象面目十分顯眼，輕鬆活潑，引人發笑，於是受到廣泛好評。《劇藝》壁報每期都隨著這副誇張的笑臉面具亮相校園，讀者老遠望見刊頭，就知道它是什麼壁報，漸漸地，大家便把它作爲《劇藝》壁報的象徵，後來也就做了劇藝社的社徽。由於學生社團大增，壁報繁多，學校於秋季開始執行5月份出臺的《本大學學生壁報管理辦法》，要求各社團嚴格登記。《劇藝》壁報刊出後，按照學校的通令，需到訓導處去補辦登記手續，蕭荻委託王松聲和另一人（迄今不知其名）去辦理。訓導處的老師曾問：你們未演過戲，爲何稱「劇藝社」？王松聲答：我們是出版《劇藝》壁報的那個社，不是演戲的劇團。於是作爲壁報團體登記了。他們在登記表的相應欄目，填上負責人王松聲、施載宣（即蕭荻），導師聞一多。至於成員，

〔註5〕 張源潛：《關於本刊頭徽記的史話》，《劇藝社社友通訊》（內刊）第29期，2005年5月20日，第30頁。

表上沒有要求登記，當然是《劇藝》壁報的最初參與謀劃者何達、張源潛、程法伋、游繼善、羅長友、溫功智等人了。《劇藝》壁報不定期出版，共出幾期沒人記住，大概只出了二、三期。因爲劇藝社的主要興趣不在戲劇理論研究，而在於戲劇演出實踐上，所以辦壁報不像一些社團那樣積極，它主要是打出「劇藝社」的招牌，宣傳劇藝社的主張，以期引鳳來巢，目的達到，就改弦更張，轉爲演出戲劇。《劇藝》壁報上的文章，據劇藝社社員回憶，有王松聲的《戲劇之成爲藝術的理論與實踐》，溫功智關於舞臺燈光的文章，程法伋《清宮外史》觀後感（按，《清宮外史》1944 年 9 月在昆明上演），張源潛的幾篇「讀劇隨筆」等。壁報不等於演戲，但壁報爲演戲張了目。《劇藝》壁報完成使命後，劇藝社便轉入演戲了。

這年秋，日本大舉進攻我西南後方，抗日戰爭進入極爲艱難的時期，蔣介石發表告青年書，動員十萬知識青年從軍。雲南省組織知識青年從軍徵集委員會，龍雲任主席，梅貽琦、熊慶來等爲委員。11 月 29 日，西南聯大在東食堂舉行集會，由教授多人向學生演講，勉勵青年從軍。至 12 月 9 日，西南聯大報名從軍者達 340 人。爲歡送同學參軍，學校舉辦多種活動，其中一項是演出話劇。據蕭荻回憶：「由於大家知道我演過戲，訓導長查良釗便要我負責邀集一些同學籌備演出。我便找了原戲劇研究社的張定華等，和曾在校內演過戲的王松聲、溫功智、叢碩文等同學，串聯一些同學排了夏衍同志的三幕喜劇《草木皆兵》，借用昆華女中禮堂演出了三場。」〔註 6〕這段話包涵了豐富的信息：第一，這次演出是學校交給的任務，不是劇藝社的計劃內容，因而未打劇藝社的牌子；第二，找蕭荻負責，是因爲他「曾演過戲」，並不是因爲他是劇藝社負責人；第三，蕭荻「邀集」同學時並不局限於劇藝社成員，而是在全校範圍內挑選。所以，這一次《草木皆兵》不能算劇藝社的演出。不過查先生在考慮找蕭荻時是否有他是劇藝社負責人的因素呢？因爲「演過戲」並且名聲很響的還有其他同學。再以西南聯大的劇團而論，「皖南事變」前後，劇團較爲興盛，演劇頗多，到了 1944 年底，各劇團的演出活動消歇，以劇團名義的演出幾乎沒有，劇藝社是唯一以戲劇團體開展活動的組織，儘管此時它不演戲，但它的性質屬於戲劇團體，這樣，找這個團體的負責人組織演出最爲恰當。因此，學校把這個任務交給蕭荻與壁報團體劇藝社是有關

〔註 6〕蕭荻：《承前啓後的戰鬥集體——憶西南聯大劇藝社》，西南聯大校友會編《笳吹弦誦在春城》，昆明：雲南人民出版社等，1986 年。

係的。蕭荻組織的人馬主要是兩部分人，一部分是原聯大劇團成員，一部分是劇藝社社員。原聯大劇團成員有張定華、黃輝實、黃伯申、楊郁文等，張定華和黃輝實是聯大劇團的元老，黃伯申和楊郁文後來參加了戲劇研究社的活動，但同時仍是聯大劇團社員；劇藝社的社員有張源潛、溫功智、叢碩文等，叢碩文當時是山海雲劇社的，後來亦成為劇藝社的中堅。從這個陣容看，說《草木皆兵》為原聯大劇團和劇藝社的合作演出更為恰當。張定華曾在回憶聯大劇團的文章中說：「我們在學校裏還演出了陳白塵同志的劇作《草木皆兵》。」〔註7〕如果要把這次演出掛在劇藝社的名下，就無法說服原聯大劇團的成員，換句話說，兩家將有打不完的歷史「官司」。我們的觀點是：1945年1月19～21日在昆華女中禮堂演出的《草木皆兵》是原聯大劇團和劇藝社的合演，同時，在戲劇的組織演出方面，學校充分考慮了作為學術團體的劇藝社的功能，它是劇藝社由學術團體轉向演出團體的轉折點。

緊接著，基督教青年會學生服務處又組織西南聯大學生去建水勞軍，便把《草木皆兵》搬去演出。此次的演員有溫功智、王松聲、齊亮、李明、李淩、馬如瑛、裴毓蓀等。勞軍隊伍於1月29日出發，整個寒假都在建水度過，演出了多場《草木皆兵》。此次還是不能算作劇藝社的獨立演出，因為一方面它是上次演出的承襲，另一方面演出沒有打劇藝社之名。它的意義是再一次發現了戲劇人才，為劇藝社以後開展活動和壯大隊伍做了進一步準備。

正式以「西南聯大劇藝社」的名義進行演出的是1945年3月開始的小劇場活動。春季開學後，大家演戲的願望更為迫切。一天，蕭荻、土松聲、溫功智、郭良夫、程法伋等同學在一起商量演戲之事，大家覺得困難很大，於是想起了中文系老師鄭嬰介紹過的小劇場。鄭先生在日本留學期間，曾參加過「築地小劇場」的演出，大家覺得，何不從小搞起，開展小劇場活動，準備條件，再考慮演大戲，便決定找基督教青年會學生服務處的負責人李儲文商量，想借服務部的小禮堂開展小劇場活動。由於兩次勞軍工作中都演出了戲劇，劇藝社的人和李儲文彼此熟悉，蕭荻還當過李儲文的助理幹事，所以李儲文給予了熱情支持，並願意將外國友人捐贈的布幕、化妝品和服裝提供使用。場地解決後，大家熱情更高，勁頭更足，齊心合力，參與小劇場的建設。服務處小禮堂在新校舍南區，整所房子是木板結構，長方形，東頭有一

〔註7〕張定華：《回憶聯大劇團》，西南聯大校友會編《笳吹弦誦在春城》，昆明：雲南人民出版社等，1986年10月。

個小舞臺，座位可以容納一二百人。劇藝社在舞臺的後壁開了一道小門，把後臺設在屋外；蕭荻又設計了一堂可以拆拼的活動布景框架，請黃輝實製作（按，此時黃輝實已在一家工廠工作）；大家再把服務處的布幕挑選改造後懸掛起來，小劇場的舞臺便製作成功了。演員方面，主要是劇藝壁報社的社員和《草木皆兵》在建水演出的隊伍，再加上大家約請來的本校同學。王松聲和溫功智還把留在昆明的原國立劇專的同學凌琯如、陳健、胡慶燕等請來參加。這時，演員的實力已較爲雄厚了。

劇團首先選定排演陳白塵的《禁止小便》和《未婚夫妻》兩齣劇。這兩齣劇都是抗戰時期優秀的獨幕喜劇。《禁止小便》「抓住國民黨官僚行政機構的一些本質特徵，辛辣地諷刺了衙門作風的腐朽和醜惡，高度發揮了諷刺藝術的現實主義精神，是現代喜劇史上一齣膾炙人口的喜劇佳作。」〔註8〕《未婚夫妻》是後來《結婚進行曲》的初本，「通過一對未婚夫妻在租房、求職和婚姻自由的矛盾中遇到的種種叫人啼笑皆非的尷尬事，暴露了國民黨統治下扼殺人民基本權利的黑暗現實，也表現了對青年人爭取自由、幸福的鬥爭的讚揚。」〔註9〕劇藝社選演這兩個劇本，表現出對國民黨的腐敗和黑暗的不滿。《禁止小便》由溫功智、叢碩文和王松聲三人合演，溫功智演主角老文書。《未婚夫妻》由張天瑢（張添）和施鞏秋主演。演出前，以「西南聯大劇藝社」的名義貼出海報，日期是周末和周日，出售座票。「演出場場滿座，氣氛十分熱烈。」〔註10〕演出成功，大家倍受鼓舞，接著再演第二次。這一次選定劇本《鍍金》。《鍍金》是曹禺根據法國劇作家拉比什《迷眼的沙子》改編的。原劇爲兩幕，曹禺把它改爲獨幕，目的是供南京國立戲劇學校的學生教學用。這齣戲通過對以金錢作爲唯一標準衡量一切的資本主義社會中人與人的獨特關係的描寫，揭露了社會的眾生相，「有風度、有幽默、有趣味。」〔註11〕這齣劇由蕭荻、張天瑢、傅素斐、陳柏生、張源潛等人演出，效果很好。演出

〔註 8〕陳白塵、董健：《中國戲劇史稿》，北京：中國戲劇出版社，1989 年 7 月，第 529 頁。

〔註 9〕陳白塵、董健：《中國戲劇史稿》，北京：中國戲劇出版社，1989 年 7 月，第 530～531 頁。

〔註10〕程法伋、孫同豐：《爲人民大眾吶喊的校園戲劇──回憶聯大劇藝社》，清華校友通訊叢書《校友文稿資料選編》，第 6 輯，北京：清華大學出版社，2000 年。

〔註11〕曹禺：《鍍金・後記》，田本相編《曹禺文集》（第三卷），北京：中國戲劇出版社，1990 年。

日期為 1945 年 4 月。此劇演出前，由陳健和胡慶燕演出獨幕喜劇《詩人與警察》。他倆是國立劇專的高才生，演技精湛，全場為之傾倒。這兩次小劇場演出是劇藝社樹起招牌、獨立演出的開始。

這年「五四」，西南聯大舉辦紀念周，學生自治會計劃由劇藝社演出曹禺的《日出》。雖然因時間倉促，未能演成，但說明劇藝社此時已是全校認可的能獨立演出的戲劇團體了。的確，1945 年劇藝社的地位有如 1939 年聯大劇團的地位，是西南聯大唯一能夠演出大戲的劇團。

1945 年 9 月 3 日，新學期開學。劇藝社為了組織力量，壯大隊伍，進行大規模的戲劇演出，乃以廣告的形式徵求新社員。廣告貼出，應者踴躍，幾天內有三四十人報名。人多了，就需要成立領導班子。按照西南聯大的傳統，組織領導必須實行民主選舉。再說，新加入的社員互不認識，影響交流，有必要聚在一起作些介紹。於是大約在 9 月下旬，劇藝社在一家茶館裏舉行了迎新會並選舉領導。大家邊喝茶邊開會，氣氛熱烈輕鬆。舉行選舉時，先由主持人宣布選舉要求，再經過自由提名，然後舉手表決，結果蕭獲當選社長，王松聲、程法侃、溫功智、羅長友、孫同豐、王××（按，王××是國民黨黨員，沒有人記住他的名字，在劇藝社的所有材料裏都用「××」代替，現只好原樣使用）當選幹事。接著幹事會作了分工，把 6 名幹事分為總務、研究、聯絡三個組。劇藝社的社員有哪些，因當時沒有登記，劇藝社的組織原則又是開放式的，願意來的都可以參加，不願意的可以離開，所以沒人記得住。連劇藝社同仁近年所寫的「社史」都說：「聯大劇藝社的社員究竟有多少，誰也說不清楚，有的是早期籌劃的元老，有的是演出時自願或邀請來幫忙的同學，還有的是在公開貼布告招收新社員時自動報名參加的。」〔註12〕當事人都弄不清，後人恐怕更困難了。筆者根據各種材料和走訪所得，認為這時的社員除上述當選為幹事會的成員和離校的張源潛、盧坤瑞等人外，主要有叢碩文、裴毓蓀、李凌、馬如瑛、黃鍾英、游繼善、過冉、張天璟、施聲秋、傅素斐、陳柏生、郭良夫、閻昌麟、聶運華、劉薇、彭珮雲、吳學淑、楊鳳儀、汪仁霖、馮建天、李志的、許健冰、張魁堂、張燕儔、聞立鶴、徐樹元、程遠洛、童璞、張祖道、吳徵鎰、土懇、胡小吉、汪兆悌、劉海梁、萬文偉、伍驊、蕭明、沈叔平、吳岱法、劉瑞歧、虞錫麟、

〔註12〕程法侃、孫同豐：《為人民大眾吶喊的校園戲劇──回憶聯大劇藝社》（未刊稿）附錄。該文在發表時略去了附錄部分。

錢惠濂、江景彬、傅姬、鄭一標、周錦蓀、常正偉等。〔註13〕從這個陣容可知，這時的劇藝社不僅人數眾多，而且具備了各個方面的戲劇人才，是一支較為成熟的演出隊伍了。

劇藝社從 1944 年秋誕生到 1945 年選舉產生組織領導，正好一年時間。在這一年裏，劇藝社由幾個人發展到幾十人，由少數戲劇專長者組成的團體擴展為戲劇愛好者濟濟的隊伍。在此間的諸多活動中，小劇場演出的效果最為顯著，它是劇藝社由學術團體轉為演出團體、由幼稚走向成熟的轉折。劇藝社不像聯大劇團，借助了名人的力量一舉成功，而是靠自己的力量穩步走向成熟。具備這樣一支隊伍的戲劇團體，當然要在戲劇領域一展才華了。

劇藝社演出的第一齣大戲吳祖光創作的《風雪夜歸人》，是為西南聯大 8 週年校慶而演出的。演出受到普遍讚揚。正當劇藝社準備大顯身手的時候，突如其來的「一二‧一」運動改變了劇藝社的方向和道路。在「一二‧一」鬥爭中，劇藝社自編、自導、自演了《匪警》、《凱旋》、《審判前夕》、《告地狀》、《民主使徒》（即《潘琰傳》）等戲。在 1946 年 5 月 4 日，又演出夏衍創作的《芳草天涯》，慶祝西南聯大完滿結束。關於劇藝社的創作和演出情況，由於篇幅關係，將另文論述。

在劇藝社的歷史上，值得抒寫的還有與新中國劇社的親密關係和組織彝族歌舞到昆明演出兩件事。

桂林戰事吃緊，新中國劇社撤出，於 1945 年春到達昆明。初來乍到，工作開展困難重重。這時，西南聯大劇藝社伸出援助之手，幫助新中國劇社完成了許多演出，彼此建立了深厚的友誼。劇藝社和新中國劇社本來有許多老關係：孫同豐曾參加過新中國劇社在湘潭的演出，和蔣柯夫、嚴恭、岳劼烈是故友；王松聲和嚴恭的弟弟是延安魯藝的同學；蕭荻與社長瞿白音是舊交等。因此，兩個劇團很快建立了聯繫並結成了親密的夥伴，在以後的戲劇活動中，兩劇團攜手合作，幾乎聯成了一體。

新中國劇社是一支深入民間，瞭解民情，創作力旺盛的隊伍。到昆明后，他們很快創作出了深受人民群眾歡迎的作品。在 1945 年 5 月 18 日西南聯大文藝社舉行的高爾基逝世九週年紀念晚會上，新中國劇社應邀參加，並首次演唱了樊膚穌作詞、費克作曲的歌曲《茶館小調》。很快，《茶館小調》就成

─────────────────

〔註13〕此名單根據各種材料彙集整理，並參照了《為人民大眾吶喊的校園戲劇》（未刊稿）附錄「社員名單」。錯漏不可免，祈望指正補充。

爲昆明的「流行歌曲」，並一直唱到解放戰爭時期，傳遍了全國。聞一多有感於新中國劇社「能把握人民現實生活」〔註14〕的優長，撰寫了《「新中國」給昆明一個耳光罷！》一文，加以褒揚。

「一二·一」運動中，劇藝社編演三幕劇《民主使徒》，「正在新中國劇社養病的演劇四隊著名導演張客抱病擔任導演，新中國劇社無保留地供應了演出需要的布景、燈光等舞臺器材」〔註15〕新中國劇社的李鳴回憶說：「聯大劇藝社自編自演的《潘琰傳》，舞臺工作、舞臺器材、群眾演員由我們去支持。在那時的白色恐怖下，我們越幹越起勁。我和王勁、黃國倫都是從頭到尾參加演出的，也等於是他們中間的一員。可以說，在昆明當時的話劇運動中，新中國劇社和西南聯大劇藝社是聯成一體的。」〔註16〕

新中國劇社在昆明學生「停靈復課」後，排演俄國奧斯特洛夫斯基的《大雷雨》，劇藝社參加了布景製作、裝臺和其他舞臺工作。此時已是新中國劇社的凌琯如對此有深刻的記憶：「《大雷雨》是白音導演的，讓我演卡琳娜一角，我們的製作費極少，有些東西都是自己湊合借來的。人手缺，是西南聯大劇藝社組織了同學大力支持我們，熱情幫助了我們。」〔註17〕1946年初，洪深到昆明爲新中國劇社導演陽翰笙的《草莽英雄》和他自己的《雞鳴早看天》，演員不夠，劇藝社即使在期末大考之時也立即派人參加工作，蕭荻、徐樹元、聶運華、張天瑹在《草莽英雄》中當演員，汪仁霖在《雞鳴早看天》中飾演重要角色。正如田漢所說：《草莽英雄》「演出規模很大……虧著聯大劇藝社和其他學校劇團同人來幫忙，所以不感竭蹶。」〔註18〕後來新中國劇社排演吳祖光的《牛郎織女》，劇藝社也出過大力。可以說，新中國劇社在昆明所演的各個戲中，都滲透著劇藝社的辛勞。特別值得記起的是劇藝社和新中國劇社的舞臺工作人員製作布景以至發明創造的功績。例如，他們用舊布或麻布

〔註14〕聞一多：《「新中國」給昆明一個耳光罷！》，《聞一多全集》第2集，武漢：湖北人民出版社，1994年。

〔註15〕蕭荻：《承先啓後的戰鬥集體——憶聯大劇藝社》，西南聯大校友會編《笳吹弦誦在春城》，昆明：雲南人民出版社等，1986年。

〔註16〕李鳴：《倥傯年代》，轉引自清華大學校友通訊叢書《校友文稿資料選集》第6集，北京：清華大學出版社，2000年，第190頁。

〔註17〕凌琯如：《難忘的兩次演出》，轉引自清華大學校友通訊叢書《校友文稿資料選集》，第6集，北京：清華大學出版社，2000年，第190頁。

〔註18〕田漢：《新中國劇社的苦鬥與西南劇運》，《田漢文集》第15卷，北京：中國戲劇出版社，1986年。

片縫成所需的布,裱上紙,再塗上顏色,做出各種布景。用完後放在水中清洗過後,又可以使用。如此,節約了許多經費。再如,牛郎織女鵲橋相會的場景,是他們製作成伸縮架搭在空中,讓演員在「星空」中實現的。這些創造有力地支持了戲劇的演出,是可以載入史冊的。

劇藝社幫助新中國劇社完成了許多演出,同時,業餘的劇藝社社員也向專業的新中國劇社社員學到了許多東西,更為重要的是,他們結下了深厚的友誼。1946 年元旦和春節,劇藝社和新中國劇社共同聯歡,導師聞一多和吳晗、田漢、安娥、洪深、孟超、藍馬、尚鉞、夏康農、楚圖南等社內外文化名人出席。在元旦聯歡會上,劇藝社演出京劇《鴻鸞喜》,兩社合演滑稽文明戲《唐伯虎點秋香》,由熊偉、孟超、汪鞏、蕭荻、費克、嚴恭、藍馬、奚蒙共同完成,藍馬還表演了滑稽走鋼絲等。在春節之日,兩社按雲南習俗,在天井裏鋪上青松毛,席地而坐,共進年夜飯,飯後演出節目。這一天,兩社還為蕭荻舉行了婚禮。這時蕭荻已加入新中國劇社,擁有劇藝社和新中國劇社雙重身份了。田漢在一塊紅綢子上寫了賀詞,大家均在上面簽名留念。兩次聯歡進一步加深了社員彼此間的情誼。50 餘年後,西南聯大劇藝社授予嚴恭名譽社員,新中國劇社授予郭良夫、王松聲、孫同豐名譽社員,2006 年,新中國劇社又為郭良夫舉辦 90 歲壽慶,可見兩個社團友誼的深厚與長久。

如果說彼此的合作與交往兩社社員記憶深刻,在各自的「社史」中都有記載的話,組織彝族民間歌舞演出一事卻被兩社「社史」疏漏了。

1946 年 5 月,一臺原汁原味的彝族原生態民間歌舞演出在昆明舉行,演出轟動全城,引得萬人空巷,爭相觀看。這臺演出是聞一多主持策劃,王松聲、畢恒光等發起並組織實施的,也是在西南聯大學生自治會的支持和西南聯大劇藝社、新中國劇社的幫助下,在昆明藝術界各團體和名人的配合下,以「圭山彝族旅省學會」的名義主辦的。準確地說,功勞屬於大家,這裏把它歸在劇藝社名下,不僅因為劇藝社為演出做了大量工作,更主要是因為兩個關鍵人物:劇藝社導師聞一多、劇藝社負責人之一王松聲所起的關鍵作用。演出的籌備經過是這樣的——

1945 年暑假,雲南的地下黨通過基督教青年會學生服務處從西南聯大、雲南大學和一些中學挑選 15 名進步同學,組成「暑期服務隊」,去石林縣圭山一帶宣傳抗日。服務隊由王松聲、侯澄、楊邦祺、陳月開、吳大年、李美

全、陳彰遠、陳端芬、杜精南和畢恒光等同學組成。侯澄任隊長，他是雲南大學學生。畢恒光是金江中學學生，又是當地彝族同胞，所以他還兼有向導的職責。服務隊到圭山後，住在海邑天主教堂，面向周圍十幾個村子開展工作。由於民族隔閡和語言不通，群眾一時難以接受。服務隊白天和群眾一起幹農活，晚上辦班教青年識字，工餘幫助群眾搞衛生、做家務，王松聲編了一個劇本《彝漢一家》排練演出，這樣，很快打開了工作局面。服務隊員們看到，彝族人民的生活極其簡陋，但歌舞卻非常優美。每到晚上，男女青年便聚在麥場上唱歌跳舞，快樂無比。服務隊員在艱苦的勞動和奔放的樂舞中感受著彝族人民豐富的內心世界。藝術敏感力和鑒賞力很強的王松聲，意識到這些歌舞中潛藏著巨大的藝術魅力，聯想到都市舞臺上的頹靡之風，便產生了把它們搬到昆明去演出的想法。他把想法告訴畢恒光，原來畢恒光也有此意。他倆不謀而合，大為高興。之後，他倆進一步商討了計劃，並和隊長侯澄等作了商量，他們決定各自再作一些考慮，等服務隊完成任務回昆明后再作計議。

回到昆明后，抗戰已經勝利，形式發生了變化，大家忙於其他事，此事便擱置了下來。一天，畢恒光去找王松聲，他倆又談起此事，謀劃了方案，最後決定去找德高望重，號召大家「向人民學習」[註19]的劇藝社導師聞一多指導。1946 年春的一天，王松聲領著畢恒光去拜訪聞一多。聞一多靜靜地聽了他們的談話，非常高興。因為聞一多對彝族歌舞已有觀感。那是 1945 年 2 月中旬，西南聯大悠悠體育會組織去石林縣（路南）旅遊，聞一多應邀參加，一天晚上，旅遊團與彝族青年聯歡，彝族青年表演「跳月」舞蹈，節目演出過後，大家手拉手圍著篝火跳舞。50 年後，當年還是小女孩的同遊者宗璞仍記得：「學生們在尾則小學的操場上圍成大圈子，學跳阿細舞，唱歌、朗誦詩，聞先生還站在操場的石埂上講了話。」[註20] 旅遊團回到昆明后，曾在一次周末晚會上專門介紹路南，《雲南晚報》載：「明晚周末晚會舉行『路南介紹』，由聞一多教授講『夷胞生活』，並由男女同學八人表演夷胞歌舞。」[註21] 由於聞一多對彝族舞蹈早有認識，聽完王松聲和畢恒光的計劃後大為

〔註19〕聞一多為醞釀籌備的西南聯大「藝聯」的題詞，見王景山：《聞一多先生的題詞》，《北京大學校刊》第 442 期，1986 年 7 月 5 日。

〔註20〕先燕云：《三千里地九霄雲——宗璞與雲南》，昆明：雲南教育出版社，2000 年，第 31 頁。

〔註21〕《周末晚會介紹路南》，《雲南晚報》，1945 年 3 月 1 日。

贊同，並說要把準備工作做得充分些。接著，王松聲和畢恒光又去找音樂家趙渢和舞蹈家梁倫商量，「他們都說：好！」〔註22〕聞一多建議先赴石林組織節目，由梁倫和王松聲、畢恒光前往，挑選演員，確定演出內容並作初步排練，把解說詞寫好，而後帶演出隊到昆明來。他自己則在昆明徵求文化界人士的意見，聯絡各方，爭取得到廣泛支持。王松聲等三人騎馬在石林和彌勒兩縣的村子裏轉了十來天，挑選了四五十個演員，於 4 月中旬集中於石林縣城，在梁倫指導下進行初步排練並做些技術處理，王松聲執筆寫出了介紹彝族生活、歷史和演出節目的音樂、舞蹈的解說詞。聞一多則通過西南聯大學生自治會，解決了墊付彝族演員來昆明的路費和住處等問題；得到了劇藝社和新中國劇社提供演出所需的全部設備的承諾；獲得了昆明文藝界前輩的支持。正如昆明《學生報》所說：這次演出實際上是「集全昆明藝術界於一堂」了。〔註23〕

　　1946 年 5 月 17 日，演出隊到達昆明，借宿於西南聯大師範學院。在編導團的指導下，進一步排練，劇藝社和新中國劇社給予他們多方幫助。19 日晚，舉行招待演出，新聞、教育、文化、藝術各界人士三千多人出席，演出引起強烈反響。演出完後即舉行編導團會議，聞一多等先生提出了許多寶貴意見，會上還給編導團分了工：聞一多、費孝通、查良釗、楚圖南、尚鉞諸先生為顧問，趙渢、梁倫和劇藝社的王松聲、溫功智、徐樹元、聶運華、郭良夫、蕭荻等為編導、音樂、舞蹈、朗誦、舞臺等小組負責人。根據大家的意見，在編導團的具體指導下，對節目再做了進一步整理提煉，定於 5 月 24 日起在國民黨雲南省黨部禮堂公演。消息傳開，座券提前銷售一空，團體定票接連不斷。

　　5 月 24 日晚，聞一多異常興奮，帶領全家前往觀看。表現戰爭的「跳鼓」、「跳叉」、「跳鱗甲」，勇武豪邁，氣勢雄壯；表現愛情的「阿細跳月」、「大簫」、「一窩蜂」，優美熱烈，純潔健康；記述歷史的「阿細的先基」，深厚悠遠，充滿幻想；反映娛樂生活的「架子騾」、「拜堂樂」、「三串花」、「猴子掰包穀」、「鴿子盜食」，生動幽默，趣味盎然……那木葉，那口弦，那大三弦的樂音各具特色，富有表現力。二十多個節目組合成一個藝術整體，

〔註22〕《關於西南聯大劇藝社的一些情況》（王松聲同志談話記錄），《「一二・一」運動史料選編》（下），昆明：雲南人民出版社，1980 年。
〔註23〕《學生報》（昆明）第 17 期，1946 年 5 月 26 日。

眞切地表現了彝族人民的生活與感情，深深地征服了觀眾。演出大獲成功，昆明又一次轟動。但演出僅兩天，省黨部便以「演出受共產黨利用」爲藉口下令禁演。大家很著急，王松聲、侯澄、畢恒光又去找聞一多。聞一多出了一條絕妙的主意：找張沖。張沖是彝族將軍、滇軍元老、臺兒莊大戰名將，威望極高。張沖聽了之後，立即找省黨部書記長交涉，得以重演。此後，觀眾越來越多，不得不將每晚演一場改爲日夜各演一場。本應多演一段時間以滿足觀眾的願望，但演員們要回去收麥插秧，不得不於 6 月 3 日結束。

6 月 3 日晚，昆明文化界在西南聯大師範學院舉行歡送圭山彝族演出隊聯歡會，出席的文化界人士和學生達三千多人。劇藝社、新中國劇社、雲大劇社、昆華女中合唱團、中華小學舞蹈隊等文藝團體表演了精彩的節目，彝族青年情不自禁地唱起了情歌、跳起了《阿細跳月》，大家歡聲笑語，熱鬧非常，但內心卻充滿了依依惜別的深情。快十二點了，主席不得不宣布聯歡結束。

演出期間，昆明各家報刊紛紛報導演出情況，刊登評論文章。演出結束後，《時代評論》出了《彝族音樂舞踴會專號》，刊登了費孝通《讓藝術成長在人民裏》、梁倫《山城看彝舞》、尙鉞《論保存中國民族藝術與彝胞舞踴》、高寒《勞動民族的健壯的樂歌和舞蹈》、徐嘉瑞《圭山區的彝族歌舞》等。聞一多則爲專號題詞：「從這些藝術形象中，我們認識了這民族的無限豐富的生命力。爲什麼要用生活來折磨消耗它？爲什麼不讓它給我們的文化增加更多樣的光輝？」〔註24〕

此次演出是彝族民間歌舞登上城市現代舞臺的開始。它不僅在昆明史無前例，而且在中國藝術史上也是第一次。它開創了把彝族原生態民間文藝搬上大雅之堂的歷史。它也是「五四」以來所倡導的文藝民族化和民間化的一次光輝實踐。因此它應當被載入史冊。

發動並組織彝族民間歌舞演出是劇藝社一項開創性的歷史貢獻，也有新中國劇社的一份功勞，而其首功，應當歸於聞一多和王松聲。

彝族歌舞的演出激活了聞一多的創作靈感，他在極短的時間內完成了《〈九歌〉古歌舞劇懸解》，把兩千年前的《九歌》還原成歌舞劇，「實現了」

〔註24〕聞一多：《爲彝族樂舞團題詞》，《聞一多全集》第 12 卷，武漢：湖北人民出版社，1993 年。

「多年的願望」。﹝註25﹞編寫脫稿後，他立即策劃排演。他讓聞銘複寫了四份劇本，而後請趙渢、梁倫和劇藝社的郭良夫、蕭荻和王松聲到家裏，把稿子分發給他們，請他們分別負責音樂創作、舞蹈編排、舞美設計、排練演出、演出腳本等工作，還向他們談了自己的創作構想。等他們熟悉了劇本之後，聞一多又請他們去昆明《民主周刊》社討論過一次。可這時，西南聯大已陸續北返復員，《〈九歌〉古歌舞劇懸解》已不可能在昆明演出。不過，聞一多把演出工作交給劇藝社是確定了的，他打算回到北京後，請中國民主同盟主持演出事宜，由西南聯大劇藝社排練演出。可是，聞一多未能回到北京，劇藝社回北京後組織有了變化，且面臨新的形勢，沒有實現演出《〈九歌〉古歌舞劇懸解》的願望，成爲歷史的遺憾！

國立西南聯合大學1946年5月4日完成其歷史使命，接著分批北返復校，7月11日，最後一批車隊開離昆明，劇藝社的社員也由此一分爲三，分別進入北大、清華、南開了。但它們在一段時期內仍以西南聯大劇藝社的名義開展活動，後來才分別成立了北大、清華、南開劇藝社，延續著西南聯大劇藝社的生命。

2005年7月4日初稿於昆明文化巷52號

﹝註25﹞聞一多語，轉引自蕭荻《我們應當寫聞一多頌》，《聞一多紀念文集》，北京：生活・讀書・新知三聯書店，1980年。

第二章　社團創作

南湖詩社的詩作[*]

【摘要】南湖詩社的文學成就主要表現在新詩創作和民歌收集兩個方面。新詩創作約百首，其中穆旦的《我看》、《園》、周定一的《南湖短歌》，劉重德的《太平在咖啡館裏》等可以列入中國現代優秀詩歌之列。民歌收集以劉兆吉收集蒙自民歌近百首爲主要成就，並編定《西南采風錄》一書。

【關鍵詞】南湖詩社、新詩、民歌、成就。

南湖詩社與西南聯大蒙自分校相始終，1938 年 5 月誕生，8 月結束。作爲一個獨立的文學社團，南湖詩社僅有三個多月的歷史。三個多月，實在太短暫了。社員的創作尚未從容展開，才華還沒充分顯示，就嘎然而止了，它給歷史留下一個感歎。由於存在時間短，許多理論問題未及深入，譬如新詩的種類與形式問題，繼承與創新問題；創作也未形成風格，社員只是憑著個人的興趣與愛好進行創作，沒有形成團體的優勢。雖然遷到昆明仍以「高原文藝社」的名字繼續著南湖詩社的文學活動，但它們畢竟是兩個社團。

在三個多月的時間裏，由 20 多人組成的南湖詩社寫出了百首詩歌，其數量並不算大，而其質量卻令我們刮目相看。穆旦的《我看》、《園》，趙瑞蕻的《永嘉籀園之夢》，林蒲的《懷遠（二章）》、《忘題》，劉重德的《太平在咖啡館裏》，周定一的《南湖短歌》都各具特點，稱得上中國新詩的上乘之作。其中，《我看》、《園》、《忘題》、《太平在咖啡館裏》、《南湖短歌》等，把它們放

---

[*] 本文原載於《《抗戰文化研究》2011 年第 5 輯，原題《試論南湖詩社的創作成就》，署名宣淑君。

在中國 20 世紀的優秀詩歌行列裏也不爲遜色。因此，高水平的詩歌作品是南湖詩社對歷史的基本貢獻。下面將對其創作成就作具體論析。

穆旦寫於蒙自的詩，現在留存並可以確認的有兩首：《我看》和《園》。這兩首詩，照我們的考察和分析，前一首寫的是南湖及其周邊的景象，而且作者是在南湖公園中寫成的；後一首寫的是海關大院即西南聯大蒙自分校的景象，是穆旦向分校的告別詩。

著名詩人趙瑞蕻在《南嶽山中，蒙自湖畔》一文中說：「有多少次，在課餘，在南湖邊堤岸上，穆旦獨自漫步，或者與同學們一起走走，邊走邊愉快地聊天，時不時地發出笑聲；或者一天早晨，某個傍晚，他拿著一本英文書——惠特曼《草葉集》或者歐文《見聞錄》，或別的什麼書到湖上靜靜地朗讀」，他說，這些就是穆旦寫作《我看》一詩的背景，他認爲這首詩「那麼巧妙地描繪了南湖景色」。〔註1〕這是知情者的解釋，目擊者的「證詞」。趙瑞蕻當年曾跟穆旦一起在南湖散步、讀書、寫詩，熟悉南湖的景象，這些話與其說是回憶，毋寧說是記錄。就是在 20 多年前的 1980 年代，筆者所見的南湖景象還和穆旦描繪的幾乎一樣：

> 我看一陣向晚的春風
> 悄悄揉過豐潤的青草，
> 我看它們低首又低首，
> 也許遠水蕩起了一片綠潮。
>
> 我看飛鳥平展著翅翼
> 靜靜吸入深遠的晴空裏，
> 我看流雲慢慢地紅暈
> 無意沉醉了凝望它的大地。

這是詩的前兩節，寫的全是「看」。「看」的地點應該在湖中的三山。南湖是一個雨水湖，天乾時，多數地方露出湖底，春雨過後，湖底長出青草。穆旦寫這首詩的 6 月初，湖水尚未積滿，第一節「看湖景」所見的正是這種情況。不過，「春風」、「青草」、「遠水」那樣溫馨多情，自在舒適，則是詩人的特殊感受。我們從中可以感受到南湖給予這些槍炮聲仍響在耳際的遠方游子的心靈慰藉。第二節「看天空」。蒙自的晴天，永遠是那麼湛藍幽深，空中彩雲多

〔註 1〕趙瑞蕻：《南嶽山中，蒙自湖畔》，《離亂絃歌憶舊遊》，上海：文匯出版社，
　　　　2000 年。

變，飛鳥悠閒。詩中把「飛鳥」、「晴空」、「流雲」、「大地」表現得那樣和諧優美，富有感情，讓人陶醉。面對這樣的景致，詩人抑制不住嚮往之情，高聲喊道：

> 去吧，去吧，○生命的飛奔，
> 叫天風挽你坦蕩地漫遊，
> 像鳥的歌唱，雲的流盼，樹的搖曳；
> ○，讓我的呼吸與自然合流！
> 讓歡笑和哀愁瀟向我心裏，
> 像季節燃起花朵又把它吹熄。

在這裏，詩人融入自然，和自然同悲共喜了。聯想到詩人離鄉背井，流轉數千里的苦難生活，這種感情是自然而又深沉的。整首詩的寫景繪意，感情流變，結構起伏，語言運用乃至壓韻技巧等，都達到了較完美的程度，尤其是情景交融和妙語達意，可謂技藝高超。詩人趙瑞蕻稱這首詩為「『五四』以來中國新詩中的精品」，〔註2〕殊為恰當。

《園》寫於 1938 年 8 月，時蒙自分校已準備遷往昆明。穆旦懷著依依不捨的感情寫下這首詩以為紀念。蒙自分校租用的海關大院，是一座美麗的花園。教授浦薛鳳記道：「一進大門，松柏夾道，殊有些清華工字廳一帶情景。」〔註3〕作家宗璞的印象是：「園中林木幽深，植物品種繁多，都長得極茂盛而熱烈，使我們這些北方孩子瞠目結舌。記得有一斷路全為薔薇花遮蔽，大學生坐在花叢裏看書。化叢暫時隔開了戰火。」〔註4〕穆旦在這座「隔開了戰火」的花園裏獲取知識，度過了初次遠離家鄉，心靈痛苦的三個月，並且得到了慰藉與收穫。現在要離開而去，確實有些難捨難分，於是詩人把花園的美麗留在文字之中：

> 從溫馨的泥土裏伸出來的
> 以嫩枝舉在高空中的樹叢，
> 沐浴著移轉的金色的陽光。

〔註2〕趙瑞蕻：《南嶽山中，蒙自湖畔》，《離亂絃歌憶舊遊》，上海：文匯出版社，2000 年。

〔註3〕浦薛鳳語，轉引自宗璞：《夢回蒙自》，《三千里地九霄雲──宗璞與雲南》，昆明：雲南教育出版社，2000 年。

〔註4〕宗璞：《夢回蒙自》，《三千里地九霄雲──宗璞與雲南》，昆明：雲南教育出版社，2000 年。

> 水彩未乾的深藍的天穹
>
> 緊接著蔓綠的低矮的石牆，
>
> 靜靜兜住了一個涼夏的清晨。

多美的景致和多美的詩句！如今，海關大院變了模樣，可它原先的景象被穆旦畫了下來。全詩共五節，這是前兩節，在詩的末尾，詩人寫道：

> 當我踏出這蕪雜的門徑，
>
> 關在裏面的是過去的日子，
>
> 青草樣的憂鬱，紅花樣的青春。

多麼準確的概括，多麼恰當的比喻，多麼精美的語言！在海關的三個多月，正是詩人的青春歲月，美麗中充斥著青春期的憂鬱與戰亂的憂傷，詩人把它們全都「關在裏面」，希望將來過上與此不同的新生活。這節詩精彩無比，意味深長。由此詩可以看出，穆旦寫景狀物，抒情表意的工夫已相當高妙了。

趙瑞蕻在南湖詩社時期的代表作是《永嘉籀園之夢》。這是一首長詩，約一二百行，也是南湖詩社的一首最長的詩。詩歌是詩人「思念親人，懷念故鄉之作，結合著愛國救亡的感觸」，﹝註 5﹞是在一種特殊的背景和強烈的感情中寫成的。「懷念故鄉」的緣由自然與南湖有關，南湖使他想起了故鄉的籀園。面對南湖，詩人觸景生情，思鄉心切，而此時硝烟彌漫的故鄉又激發了詩人對舊時風景的深切懷念，於是，思緒泉涌，下筆成章。作者對此詩較為滿意，可謂得意之作。詩的中間兩節是這樣寫的：

> 永遠不會忘記，啊，落霞塘！
>
> 踏過石橋，在秋天某個傍晚，
>
> 松臺山上叢叢樹木掩映，倒影潭中，描繪了美麗的夢幻；
>
> 還有那雪白的蘆葦叢中，
>
> 一群野鴨游蕩，那樣安閒；
>
> 忽然，從潭中跳出幾條魚兒，
>
> 金閃閃的，又鑽入水裏邊……
>
> 故鄉啊，山光水色活在心中，
>
> 我怎能忘記，我的愛戀？
>
> 當夕陽在雪山寺後漸漸消隱，
>
> 晚風吹拂過城頭的衰草，

﹝註 5﹞趙瑞蕻：《梅雨潭的新綠》，《離亂絃歌憶舊遊》，上海：文匯出版社，2000 年。

> 滿天彩霞把明淨的潭水
>
> 渲染成一片燦爛的仙境，
>
> 水波輕輕蕩漾，那麼寧靜；
>
> 我靠著橋上石欄沉思，
>
> 天色慢慢兒暗淡，擡頭忽見
>
> 西天閃爍著一顆明亮的星……

詩歌描繪落霞潭的「仙境」，細膩生動，美麗迷人。上一節寫水中之景，下一節寫空中之象，層次分明，色彩艷麗，動靜有致，活脫有靈，難怪詩人會反覆詠歎：「我怎能遺忘，我的愛戀」。詩歌寫成後曾請朱自清指正。朱自清 1923 年曾在溫州十中任教，籀園一帶的風光他熟悉，所以對此詩有較深體會。一天，南湖詩社在一間教室裏開會，朱自清前來參加。開會前，朱自清把詩稿發還趙瑞蕻，並向大家誇贊道：「這是一首力作。」著名詩人、評論家朱自清都如此讚揚，可見這首詩具有相當的水平了。青年學生得到老師這樣的褒獎，激動不已，對自己的才能更加充滿了信心。可惜長詩稿子遺失，只保存著開頭描寫溫州落霞潭的二三十句，因此改名為《溫州落霞潭之夢》，後又改為《夢回落霞潭》。由此詩可以見出詩人塌實的步伐，詩人的藝術才華將在昆明時期充分顯示出來。

林蒲，原名林振述，後用筆名艾山，時為外文系畢業班學生。他在南湖詩社時期的詩應該有多首，但林蒲的詩很少標明寫作日期，1956 年香港出版的《暗草集》中收了他許多三四十年代的作品，但未按寫作時間排列，所以，沒法判斷哪些詩歌寫於蒙自。在《暗草集》中，只有最後一首《懷遠（二章）》標明「一九三八年冬，蒙自」。1994 年澳門出版的《艾山詩選》選了這首詩，並在詩末標明了同樣的時間地點。但我懷疑這個「冬」有誤，因為沒有材料表明林蒲是年冬天在蒙自。「冬」應為「春」或「夏」，也就是說，這首詩應該寫於蒙自分校的南湖詩社時期。這首詩題下有序言：「寄北平心舟兼贈海外人李寧」，可知，這首詩有明確的讀者對象，寫作內容自然也是作者和具體讀者之間的事了。由於不知他們之間的「事」的秘密，讀來有些費解，但大意還是清楚的。詩歌緊扣一個「懷」字著筆。第一章起於一個故事，因「長城缺了口」，北方的駱駝隊來了，胡沙來了，白雪來了，北平沒有了春天，沒有了藍天的鴿鈴聲。這是用了象徵和暗示的寫法，那個年代的人一看就知其意，今人若瞭解戰爭背景，也就知道「駱駝隊」、「胡沙」、「白雪」象徵什麼，「春

天」、「鴿鈴」又意味什麼。這詩在表現方法上是現代的，值得稱讚。第二章頭一句是「晨起，接來書：」下面的詩行全在引號裏，說明詩歌是引述「來書」的內容。「來書」從夢寫起，夢中兩人在一起逛西長安街，「來書」說從他處知道你跨越了祖國南方的河山，令人敬佩，並預知必有「豐收」。這首詩的表達極爲新鮮，也許作者真的收到了友人的來書，也許只是假託來書的形式告訴友人自己的近況，這樣的表達的確新鮮別致，十分簡練，不同於傳統詩歌，所以是現代的。二章詩都有一些共同的特點，除上言現代性而外，還有構思的特別，表達的新穎，文詞的簡練，感情的隱藏等特點，而詩句的散文化亦值得注意，總之，這些特點都可以歸結到現代派詩歌中來。如此，林蒲的詩就值得我們格外注意了。

歷史學家張寄謙的《中國教育史上的一次創舉——西南聯合大學湘黔滇旅行團記實》選錄了林蒲的一首詩《忘題》，這詩首先收錄在 1960 年臺灣出版的《埋沙集》中，沒有注明寫作日期，張寄謙也沒考證寫作日期，但把它放在反映湘黔滇旅行的文章中，所以在這裏談一談。詩歌寫旅行的實際和感想，下筆以換草鞋表明旅途長遠，但旅人的步履是輕快的，他們「朝隨烟霞，暮從歸鴉」，征服了一重重山水；後一部分以一個奇妙的比喻收束：「旅行人已是一顆／離枝果實」。你盡可由此想到春天的花香或者秋天的成熟，但這樣的分辨似乎沒有意義，旅人只相信現實，因爲旅行認可的是行走的力量，就像「足底已習慣途路的沉默」一樣。這首詩前一部分表現旅行者的艱辛與豪情，後一部分表達對於旅行的理解，雖然帶有一些浪漫主義的色彩，但總體上是現代主義的：

　　總共換上第幾隻草鞋了

　　沉著的行腳仍然

　　和雲彩一樣輕快

　　眼底是幾重山水

　　無從問朝隨烟霞

　　暮從歸鴉

　　旅行人已是一顆

　　離枝果實

　　管它曾否有花香

　　蜜蜂細腳的蠕動

> 成熟的意義代表
>
> 春天呢或是秋天
>
> 足底已習慣途路的沉默

林蒲在《從我學習寫詩說起》一文中說：「……後隨學校組織的『湘黔滇三千里徒步旅行團』，徒步抵昆明，費時七十餘日，輾轉迂迴西南天地間，習作詩篇有『天心閣』、『古屋三章』、『老舟子』、『天馬圖』、『石榴篇』等」，〔註6〕但未說明寫於旅途、蒙自、還是昆明，從上下文也無從判斷，只好留待論述高原文藝社的文字中去談。這裏只想說明，林蒲寫於南湖詩社的詩歌具有濃厚的現代主義色彩，開啓了西南聯大詩歌現代主義的先河。

劉重德寫於蒙自的詩有 7 首流傳下來，是南湖詩社社員中能夠確認的蒙自詩存留最多的一位。這些詩名爲《理想》、《畢業生的群相》、《螢》、《家鄉的懷念》、《燈蛾》、《題贈林蒲》和《太平在咖啡館裏》等。這些詩基本上是速寫性質的，是剎那間的思想的記錄，例如《題贈林蒲》寫的是生活，表達了詩人對於生活的理解，是在畢業分別之際贈與林蒲的。詩歌把生活說成「幻想」，又將幻想比作「草」，榮枯交替，不絕於大地，而詩歌的重心也就落在了「希望」上：「生活／是成串的幻想／希望聯著希望」。詩人希望學友滿懷「希望」地生活，像青草一樣生生不息。在抗戰的艱苦年代，這種生活態度尤其可貴。這首詩的思想和藝術都是清新的。而《太平在咖啡館裏》則是流行一時的詩歌。詩歌針對「一些紈綺子弟、浪蕩青年，不知發奮讀書，終日嬉戲，把寶貴光陰消磨在安南少女做招待的咖啡館裏」〔註7〕的現象而作。由於現實針對性強，又有深刻的諷刺意味，音調鏗鏘，易於記誦，在《南湖詩刊》上一發表，很快就流傳開了。由於此詩不易查找，茲錄於下：

> 太平在咖啡館裏！
>
> 誰說
> 中國充滿了炮聲？
> 充滿了呻吟？
> 充滿了血腥？

〔註6〕 艾山：《從我學習寫詩說起》，〔美國〕《華風》（雜誌）第 2 期，《艾山散文紀念專集》，1996 年 12 月 31 日。

〔註7〕 劉重德：《跋山涉水赴聯大　讀書寫詩爲中華》，蒙自師範高等專科學校等編《西南聯大在蒙自》，昆明：雲南民族出版社，1994 年。

看——

南湖鸂鶒鳥

正在痛飲，

徐徐清風

在平靜的水面上

劃起無數

悠閒的紋。

看——

世外咖啡館

正在宴會

談笑風生，

在酸澀的檸檬裏

浸透無數

空白的心。

誰說

中國失去了太平？

失去了舒服？

失去了歡欣？

太平在咖啡館裏！

詩歌就地取材，卻又字字得當，因此對現實的諷刺透徹驚人。對比手法的運用很好地表現了主題，一邊是「炮聲」、「呻吟」、「血腥」，一邊是「太平」、「舒服」、「歡欣」，然而，「宴會」、「談笑」顯示出的是「空白的心」，這種「心」只能引「另類」的鸂鶒、清風、波紋爲同調，而不能有益社會人生。這首詩無論在思想和藝術上都堪稱中國現代詩歌的上乘。作者說：「《南湖詩社》雖係手寫壁報，但不乏膾炙人口的佳作……我曾以筆名劉一士在壁報上寫了一首諷刺詩，也受到不少同學的欣賞，傳誦一時」，〔註8〕信然。

周定一寫於蒙自的詩，保存下來的有《南湖短歌》、《雨》、《贈林蒲（並序)》等幾首。後來作者對每一首都作了「說明」，副在其後。《雨》的說明

〔註 8〕劉重德：《跋山涉水赴聯大　讀書寫詩爲中華》，蒙自師範高等專科學校等編
　　　　《西南聯大在蒙自》，昆明：雲南民族出版社，1994 年。

是：「1938 年 5 月某日，獨坐蒙自海關屋檐下，大雨滂沱，寫此。時與友人組南湖詩社初成，出《南湖壁報》第一期，乃刊出。」這首詩取眼前之景而寫之，像一篇速寫，生動地描繪了作者當時所見所聞的情景，很是生活化。《贈林蒲（並序）》，注明：「1938 年 7 月寫在將離蒙自的林蒲紀念冊上。」這首詩重點寫林蒲步行三千里的壯舉及文學創作成果，表達深厚的友情。《南湖短歌》尾注：「1938 年 6 月作於蒙自南湖。曾在南湖詩社所辦的《南湖壁報》上載過，大約是在第二期。」這是一首非常優美的詩，趙瑞蕻回憶當時的情況說：「《南湖短歌》大家很誇獎，實在是難得的創作。」〔註9〕《南湖短歌》全詩如下：

我遠來是爲的這一園花。

你問我的家嗎？

我的家在遼遠的藍天下。

我遠來是爲的這一湖水。

我走得有點累，

讓我枕著湖水睡一睡。

讓湖風吹散我的夢，

讓落花堆滿我的胸，

讓夢裏聽一聲故國的鐘。

我夢裏沿著湖堤走，

影子伴著湖堤柳，

向晚霞揮動我的手。

我夢見江南的三月天，

我夢見塞上的風如剪，

我夢見旅途聽雨眠。

我愛夢裏的牛鈴響，

隱隱地響過小城旁，

帶走我夢裏多少惆悵！

我愛遠山的野火，

〔註 9〕趙瑞蕻：《南嶽山中，蒙自湖畔》，《離亂絃歌憶舊遊》，上海：文匯出版社，2000 年。

燒赤暮色裏一湖波，
在暮色裏我放聲高歌。

我唱出遠山的一段愁，
我唱出滿天星斗，
我月下傍著小城走。

我在小城裏學著異鄉話，
你問我的家嗎？
我的家在遼遠的藍天下。

詩歌名曰「南湖短歌」，實爲「南湖頌歌」。面對南湖美景，詩人產生了錯覺：「我」遠來爲的似乎不是讀書，而是爲的「這一園花」，「這一湖水」。因此，「我」要好好的享受這花、這水的賜予：詩人「枕著」湖水睡，湖風吹散落花，堆滿詩人的胸，詩人的感覺似真似夢，在湖堤上，影子和柳枝一塊兒舞動，情不自禁地揮手作別晚霞，還有牛鈴聲，還有山火，還有滿天星斗……詩人激動得放聲高歌。但是，「我」卻總不能盡興徜徉，故國的鐘聲，江南、塞上的景象不時跳躍在「夢裏」，幸好有牛鈴聲把惆悵帶走，「我」才能高歌，但無奈的是唱出的歌聲也是「一段愁」，因爲，「我的家在遼遠的戰雲下」。這首詩的第一層意思是描繪出優美的意境：藍天下的一園花，一堤柳，一湖水，湖水的柔波映照著晚霞、野火、星斗、月光，還有音樂般隱隱約約的牛鈴聲，這樣的景象真令人陶醉！詩歌的第二層意思是表達詩人的陶醉與享受，如夢似幻，以至放聲高歌。但詩歌卻一而再，再而三地表達出另一層意思：揮不去的戰爭愁緒。所以，這首詩非常準確而深刻地表達了從戰雲下遠道而來的西南聯大師生置身南湖美景中的心情。這首詩一共 9 節，每節 3 行，每行 6 至 10 字，基本上是 1、3 句長，第 2 句短，具有「建築的美」；這首詩所寫的藍天、落花、湖水、堤柳、晚霞、野火、暮色、星斗、月光等都是有顏色的，而且顏色豐富，美麗如畫，詩歌用詞講究，語言精練，表情達意準確，具有「繪畫的美」；這首詩每句 3 至 4 頓，節奏鮮明，每節一韻，句句同韻，讀起來朗朗上口，具有「音樂的美」。所以，這首詩在藝術上深得新月詩歌之精髓。筆者曾問周定一先生：「《雨》和《南湖短歌》藝術上不是一路，是有意爲之，還是偶然形成？」他答道：「初學寫詩，尚未定型，無所謂藝術追求。讀過一些詩，腦子裏有印象，知道詩怎麼寫，但寫時並沒想去模仿，根據當時的心情，自然地寫出來，以能充分地表達思想和感情爲宜。」

〔註 10〕也許確實是這樣，這首詩並不是刻意雕琢的一類，自然流暢，行止自如。總之，這首詩融情於景，具有中國古詩的意境美，又具備新月派詩歌的「三美」特點，所以，它進入中國現代優秀詩歌之列是當之無愧的。

以上分析了南湖詩社的代表作。寫詩固然是詩社的主要任務，但南湖詩社的工作不僅是詩歌創作，還有其他，如散文創作和民歌收集。由於散文的形式離詩較遠，南湖詩社並未提倡，在此不作論述。收集民歌則是南湖詩社的工作內容，雖然收集工作只是少數社員進行，但作為口頭創作之詩的民歌，曾在《南湖詩刊》上登載過，所以在此要作評介。

南湖詩社的發起人之一劉兆吉當時沉浸在民歌的收集與整理之中。西南聯大遷徙開始，聞一多先生指導他進行采風。一路上，他克服長途跋涉的艱辛和遭遇強梁土匪的危險，獨自走村串寨，訪老問幼，收集民歌。到蒙自後，他主要做了兩方面的工作：編輯所得民歌為書，繼續收集蒙自民歌。他從 2000 多首民歌中，選出 771 首，編成《西南采風錄》一書。在《西南采風錄》中，有蒙自民歌 17 首，其中情歌 12 首，兒歌 5 首。這些民歌反映了人民群眾真實的感情和樸素的願望。如：

隔河看見甘蔗黃，
可憐甘蔗可憐郎；
可憐甘蔗空長大，
可憐小郎未成雙。（《情歌》第 619 首）

洋烟開花口朝天，
我勸小郎莫吹烟；
吹上洋烟非小事，
黃皮瘦臉在人間。（《情歌》第 628 首）

豌豆菜，綠茵茵，
隔河隔水來說親。
爹爹哭聲路遙遠，
媽媽哭聲水又深，
哥哥哭聲親妹妹，
嫂嫂哭聲小妖精。（《兒童歌謠》第 25 首）

〔註 10〕李光榮訪周定一筆記，2004 年 10 月 9 日，北京周寓。

這幾首民歌極富「蒙自意味」：甘蔗是蒙自最普遍的經濟作物，「吹烟」即抽鴉片，邊疆一帶有許多人由於無知抽上了鴉片，豌豆是雲南較爲普遍的農作物。民歌就地取材，取喻成譬，十分得體又具有地方特色。比興手法是中國民歌的傳統藝術，這幾首民歌中運用自如。在內容上，第一首傳達愛情信息，第二首勸誡惡習，第三首巧妙地用哭訴的內容刻畫出家人的心理。《南湖詩刊》曾刊登劉兆吉採集的蒙自民歌，可見詩社對民歌的重視。收集並保留了蒙自民歌和編輯民歌集《西南采風錄》是劉兆吉和南湖詩社對文學史的一個獨特貢獻。

2005 年 7 月 28 日初稿於昆明文化巷 52 號

高原文藝社的創作*

【摘要】高原文藝社是南湖詩社的繼續，因此在詩歌方面有進一步發展，但高原文藝社畢竟改變了南湖詩社的性質，把單純的詩社變成了文藝綜合社團，在散文、小說和戲劇方面也取得了突出的成績，尤其是戲劇創作，開創了西南聯大戲劇文學的先河，地位較高。後來，南荒文藝社繼續了高原文藝社的道路，並且發展了高原文藝社的創作。因此，從創作上也可以看出高原文藝社在西南聯大文學社團中的承先啓後作用。

【關鍵詞】西南聯大、高原文藝社、創作、承先啓後。

離開了南湖而到昆明高原，南湖詩社更名爲高原文藝社。其創作也有明顯變化。與南湖詩社相比，高原文藝社的創作不僅品種更爲豐富，而且數量也更爲眾多。詩歌仍然是高原文藝社的主要創作文種。此外，不僅散文、小說有了顯著成績，戲劇創作也有了新的成果。所以，高原文藝社雖然只存在半年多，但其創作收穫是巨大而可喜的。下面將分文體進行論述。

詩歌

高原文藝社的詩人中，最引人注目的是趙瑞蕻、穆旦和林蒲。

趙瑞蕻在西南聯大詩名很大，那時，「他對詩的愛的確是熱烈的」，〔註1〕

---

* 本文原載於《現代中國文化與文學》第 12 輯，原題《高原文藝社的文學創作初論》。

〔註 1〕周班侯：《我們年輕的詩人──給趙瑞蕻》，姚丹《西南聯大歷史情景中的文學活動》，第 7 章「附錄」，桂林：廣西師範大學出版社，2000 年。

同學給他起了一個雅號——「Young Poet」，他寫了很多詩，而且很有吸引力，同學很崇拜他。可惜他在高原文藝社的詩幾乎沒有留存下來。南荒文藝社成立時，由於他即將進行畢業論文寫作，沒有參加活動，但詩情總來扣他的心扉，倒有幾首詩保留了下來，特在此作一些介紹。

一首是《遺忘了的歌曲——贈 L.Y.》，寫於 1939 年初，發表於 1940 年 3 月 17 日出版的《今日評論》第 3 卷第 11 期，原題是《Arlettes Oublie'es——贈 L.Y.》，改為現題，詩句也作了改動，其中改動最大的是刪去了末尾的兩行：「倚枕遙聽鄰雞的長鳴，我知道將是黎明的時分了。」詩歌是寫給一位少年夥伴的，那往日的情景，少年的幻想，很是美麗迷人。開頭結尾都問對方是否還有「水樣的心情」？扣人心扉。被刪去的兩句既是寫實，又是暗示，預示著詩人的期望。這是一首優美的抒情詩。詩人說，是沈從文先生推薦到《今日評論》雜誌上去的。〔註 2〕另一首仍然發表在這首後一期的《今日評論》上，時間是 3 月 24 日，同樣也是沈從文推薦去的。作品題為《詩》，較長，寫想像，甚至是幻想，古今中外，天上地下，高山流水，動物植物，文化創造等無所不包，詩歌繁麗豐富，跳躍著迷人的色彩和景象，一些詩句很優美，如「春日黃昏茜色的雲華／沾染上香草味，搖曳著金鈴」，有的比喻新鮮奇特，如「學會了沉默，像條多蜇的蛇」。但詩歌的弱點也在這裏，似乎詩人在展示自己寫景抒情的才華，任憑思緒的流動，而缺乏剪裁與節制。這種「無節制」在《昆明底一個畫像——贈新詩人穆旦》中仍繼續表現著。這首詩寫於 1940 年 1 月 8 日，發表於 5 月 29 日昆明《中央日報·平民》第 225 期，〔註3〕寫昆明「跑警報」的生活，不按時間順序敘事，把古代和現代許多人和事交織在一起，造成一種「混亂」和豐富，通過躲避空襲時人們畫畫，下象棋，談天，遐想等現象的敘寫，表現出人們對於戰爭生活「接受」的「平常心」，末節的「憤怒」、「抗爭」、「高唱」，反映出人們對於戰爭的態度。姚丹說：「對於個人日常生活的『庸常性』的關注，在聯大詩人中王佐良處理得最好，但開風氣之先的卻是趙瑞蕻的這一首『畫像』。」〔註 4〕以緩慢冗長的散文句式表達繁麗豐富的內容是詩人當時的一種探索，從此詩的副標題看，再聯繫到穆旦的《一九三九年火炬行列在昆明》，可以推斷這兩個睡在上下床

〔註 2〕趙瑞蕻：《想念沈從文師》，《離亂絃歌憶舊遊》，上海：文匯出版社，2000 年。
〔註 3〕此詩後來作者從標題到內容都作了多次改動，此依據原本。
〔註 4〕姚丹：《西南聯大歷史情景中的文學活動》，桂林：廣西師範大學出版社，2000 年，第 232 頁。

的「兄弟」正在做著一種詩歌的語言實驗。

這幾首詩發表的時間都在高原文藝社結束之後，嚴格說來已不是高原文藝社時期的作品，但趙瑞蕻是高原文藝社的代表詩人，由於文學社團結束後還有一段延續時間的特點，把它們看作高原文藝社的作品也不爲錯。從這些詩看來，趙瑞蕻的詩屬於浪漫主義派，感情濃烈，意境清新，色彩鮮明，上口易讀。以散文入詩亦是他的特點，不過這種實驗沒有成功，他不像艾青，達到了「散文化」的程度，另一點值得注意的是，大量使用括號裏的詩句，這可以增加詩歌的容量，表達詩人的多維思索，有時還可以造成表達上的多角度和多層次，它與散文詩句的運用相連。

穆旦寫於高原文藝社時期而又留存於今天的詩有《合唱二章》、《防空洞裏的抒情詩》、《一九三九年火炬行列在昆明》等幾首。這幾首詩顯示詩人正在進行多種詩歌的探索，其詩風也在探索中發生著變化。

《合唱二章》原題《Chorus 二章》，寫於 1939 年 2 月，10 月 27 日發表於香港《大公報・文藝》第 724 期，收入《穆旦詩集（1939～1945）》時改此題。這首詩大氣磅礴，詩人似乎在「指揮」人類歷史和山川自然一起「合唱」。我們無法知道是什麼事件給予詩人這樣的感興，使他寫出這樣一首具有浪漫氣息的詩歌。第一章寫人文：「看怎樣的勇敢，虔誠，堅忍，／闢出了華夏遼闊的神州」，在巨變中，「埃及，雅典，羅馬從這裏隕落」，唯一存在的文明古國神州，這時也「在崖壁上抖索」，因爲「一隻魔手堵塞你們（按，指『黃帝的子孫』）的胸膛」，詩人決心「以鮮血祭掃」「莊嚴的聖殿」。顯然，這裏有戰爭的陰影，古國遇到的挑戰以及「你們」的「合唱」，都是爲了戰爭。第二章寫自然：帕米爾高原，崑崙、喜馬、天山，「迸涌出堅強的骨幹」，「向遠方的山谷，森林，荒漠裏消溶」，於是，「人們」「睡進你們的胸懷」，「化入無窮的年代」……這一切都是「我」「用它峰頂的靜穆的聲音」的「歌唱」。這一章頌揚自然的偉大和人們對於祖國山川的熱愛。在收入集子時，作者對這首詩作了改動，第二章的改動尤大。《防空洞裏的抒情詩》採用反諷手法寫人們在躲避空襲時的種種表現，詩歌還把古人和今人交叉在一起，表達了詩人對於死的看法，最後詩人發現樓被炸毀了，過去的「自己」也死了。讀完詩，會發現，詩裏沒什麼情好抒，有的是現代詩的一些氣息——反叛傳統。《一九三九年火炬行列在昆明》是一首近百行的長詩。不僅詩篇長，詩行也長，有的一行長達 50 多字，瑣碎、冗長、緩慢，讀來不像詩。這首詩寫於 1939 年 5

月，和寫於 4 月的《防空洞裏的抒情詩》在使用句子上很接近，是以文爲詩的典型，說明詩人這時正在進行一種詩體試驗。半年後，趙瑞蕻寫了《昆明底一個畫像》以「贈新詩人穆旦」，考其內容，趙瑞蕻的詩與「贈」毫無關係，而且特別點明「新詩人」，說明作者把穆旦引爲同調，讚賞穆旦的試驗，才用這種「穆旦體」寫詩相贈。這種探索在穆旦後來的詩裏仍繼續著，如《蛇的誘惑》、《玫瑰之歌》等，而最成功的作品就是《讚美》。

如果說穆旦在南湖詩社時期，浪漫主義還占優勢的話，高原文藝社時期浪漫主義開始退位了，這幾首詩正是反映出穆旦由浪漫主義向現代主義的轉變。姚丹分析《一九三九年火炬行列在昆明》和《昆明底一個畫像》後說：「穆旦和趙瑞蕻的詩歌都非常明顯地帶有從『浪漫主義』向『現代主義』轉變的艱澀乃至混亂的痕迹。」〔註 5〕這種「艱澀」「混亂」表現在詩意和詩句的提煉上，作者把詩歌當作散文來寫了。幾個月後，穆旦發表文章批評「自然風景加牧歌情緒」的「舊的抒情」，顯然也是在清算自己的過去。不過，趙瑞蕻沒走多遠又回到了浪漫主義的道路上，穆旦則在現代主義的道路上堅定地走了下去。總之，對於穆旦來說，高原文藝社的意義在於標誌了他的詩風的轉變。

林蒲在談到自己寫詩經歷的時候說：「後隨學校組織的『湘黔滇三千里徒步旅行團』徒步抵昆明，費時 70 餘日，輾轉迂迴西南天地間，習作詩篇有《天心閣》、《古屋三章》、《老舟子》、《天馬圖》、《石榴篇》等，收集在《暗草集》中，這些習作，像在《印詩小記》所說，都是『聊備一格』的。」〔註6〕林蒲這時對新詩特別有興趣，創作的詩歌當然不止這些，但無法肯定哪些詩寫於此時，就連這幾首，也無從確認是寫於旅行途中，或者南湖詩社時期，還是高原文藝社時期，但肯定不會在此後，所以只能在這裏談。林蒲的詩，思路開闊，概括力強，往往思接千載，視通萬里，「籠天地於形內，挫萬物於筆端」，〔註7〕不限於一時一地一事，顯出了作者博大的心胸和氣度。如《天心閣》，既描寫了嶽麓山上天心閣的現實美景，又寫了嶽麓山的滄桑歷史，詩歌把眼前的實景和觀念中的歷史各截成數段，交叉組合在一起，遠近

〔註 5〕姚丹：《西南聯大歷史情景中的文學活動》，桂林：廣西師範大學出版社，2000年，第 231 頁。
〔註 6〕艾山：《從我學習寫詩說起》，《華風》〔美國〕第 2 期，1996 年 12 月 31 日。
〔註 7〕陸機：《文賦》，郭紹虞主編：《中國歷代文論選》第 1 冊，上海古籍出版社，1979 年，第 171 頁。

錯落，虛實相生，有著生動的現實感和縱深的歷史感，表達出深厚的愛國情懷，是深刻的「抗戰文學」。在詩歌形式上，自然與歷史的交叉錯落猶如雙聲部合唱，再用分散於各處的括號裏的詩句表達詩人的各種思想感情，又增加了一個聲部（或者說「朗誦」），整首詩就像多聲部合唱，豐富多彩。這正是「聊備一格」的典型。的確，以上幾首的體式各不相同。又如《石榴篇》，由古代而現實，又由現實而古代，寫石榴的「相思」意蘊，把古代和現實融為一體，甚至難分古今了。開頭和結尾都有「千萬年」之語，即形成了首尾照應的格式，有如戲劇的閉鎖式結構，又表達出石榴所包含的「千萬年」不變的「相思」意蘊。這些詩歌說明，林蒲此時正在進行詩體探索，且是富有成效的，因此才一首與一首不同。不過，無論如何變化多端，有幾點是相同的，如把感情掩藏在敘述描寫之中，如在一首詩中採用多角度敘述，如打亂時空順序，如引語的運用，詩前引，詩中引，有的詩尾還引，如形式上的括號詩句等。

聯繫穆旦和趙瑞蕻以文為詩的試驗，可以認為高原文藝社這時正在積極地進行詩體探索。林蒲曾描述過這種探索：「新寫成的詩，交換閱讀，批評詩該怎樣讀，批評詩該怎樣寫，用哪種文字和技巧，這些基本問題，討論起來有時很融洽，有時各抒己見，有時折中取義……那時，我們雖身在昆明、蒙自，不太容易得到外界的消息，然何者為現代詩與現代詩人也頗聞火藥味。」〔註8〕可見，現代詩是高原文藝社社員追求的一個方向。其中一些東西，如以文為詩，打亂時空，括號詩句等還是他們的一些共同點，而且對詩句提煉不夠也是他們詩作的共同缺點。在諸多詩人的探索中，相比起來，林蒲更為多樣化一些，對現代詩的試驗也更自覺些，因而他的詩歌多透露出現代主義的因素。可以說，林蒲是西南聯大第一個較成功地邁進現代詩歌行列的詩人。

散文

散文是高原文藝社創作的一個亮點，其中又以反映「湘黔滇旅行」的作品最為成功，代表作者是向長清和林蒲。他倆是南湖詩社的中堅分子，寫作的興趣首先在詩歌，但他倆留存下來，可以確認為南湖詩社和高原文藝社的詩歌卻不多。尤其是向長清，他是南湖詩社的發起人、組織者和領導者，也是高原文藝社的領導者，但他南湖詩社時期的詩幾乎沒有留下來，高原

〔註8〕艾山：《從我學習寫詩說起》，《華風》（美國）第 2 期，1996 年 12 月 31 日。

文藝社時期只見一首《弔捷克》。從現存作品看，他倆散文和小說的成就更大一些。

向長清的《橫過湘黔滇的旅行》寫於南湖詩社時期，由於南湖詩社不注重散文創作，在此介紹。《橫過湘黔滇的旅行》是第一篇發表於報刊，向人們介紹西南聯大湘黔滇旅行團旅行經歷的文章，1938 年 10 月刊登在巴金主編的《烽火》雜誌第 20 期上。文章採用綜合報導的方法，報告人們所關心的旅行生活。文章既沒有採取日記體寫法，也沒有採取分類寫法，而是圍繞「旅行」二字，點線結合，串珠成文。一群文弱書生，怎樣走過 3500 里河山，創造世界教育史上的奇迹的？這是人們第一個要問的問題。文章「回答」說：每天雄雞初唱之後，300 多人就起床了，睡眼惺忪地卷起被蓋，送到行李車旁，然後開始了一天的生活，「行軍開始，的確我們都曾感到旅行的困難。腿的酸痛，腳板上磨起的一個個水泡，諸如此類，實在令人有『遠莫致之』的感覺」，「奇怪的是到了第十天之後，哪怕是最差勁的人，也能絲毫不費力氣地走四、五十里」。每天，宿營在學校、客棧、古廟、農家，「有時候你的床邊也許會陳列得有一口褐色的棺材；有時候也許有豬陪著你睡，發出一陣陣難聞的腥臭氣；然而過慣了，卻也就都並不在乎。不論白天怎樣感覺到那地方的骯髒，一到晚上稻草鋪平之後，你就會覺得這是天堂，放倒頭去做你那甜蜜的幻夢。」湘黔滇山高路險，文弱書生是怎麼征服的呢？這是人們的第二個問題。文章「回答」：「雖說走慣了，我們對於山卻仍然沒有好感」，「一路上我們爬夠了無數險峻的山巒，假如你看到五里山、雄鎮關、關索嶺之類的地方，你會覺得南口、居庸關也不過是那麼平淡無奇」，「夾路的山從湘西直送我們倒貴州的平壩，濛濛的滂沱大雨直送我們過貴州的境界。」那時侯，湘西、貴州兵匪橫行，強梁出沒，這群文弱書生又是怎樣對付的？這是人們的第三個問題。文章簡捷「回答」：「我們一路上沒有遇到什麼不幸的遭遇」。關於土匪，文章揭露了官逼民反的事實。茶館掌櫃說：「幾個月裏頭就抽了幾次壯丁，五個丁要抽四個，抽的抽走了，逃的逃上山啦。」官場黑暗，欺壓百姓，百姓才不得不做匪爲生！另一個地方的老掌櫃說：「出了錢就是匪也可以保出來，沒有錢你就千眞萬確地是匪。要砍頭！」「一有軍隊過路，就挨家挨戶地派糧食」，區長「是得了大筆錢了的」。文章還報告了貴州被鴉片烟毒害的嚴重情形和一些地方的習俗。的確，從湖南到雲南有不同國度之感，作者最後感慨道：「三千多里是走完了，在我的心頭留下了一些美麗或者慘痛的

印象。恐怖的山谷，罌粟花，苗族的同胞和瘦弱的人們，使我覺得如同經歷了幾個國度。」作者大約只想作旅行的表層報導，沒有寫出細緻的情況和深入的感受，更兼文章組織上的無規則，影響了它的傳播。

林蒲在湘黔滇旅行中寫有日記，後來他把日記整理成文，在香港《大公報‧文藝》上連續發表。由這些作品可以看出作者在旅行途中的用心——觀察、諦聽、採訪、筆記，獲得並保存了多麼豐富的材料！第一篇《湘江上》刊登於 1939 年 3 月 22、23 日《大公報‧文藝》第 559、560 期，講旅行團出發夜宿船上、沿江而行、到達清水潭的經歷。第二篇《下益陽》載 4 月 4 日第 710 期，講從清水潭到益陽，而後開始步行。第三篇《濱湖的城市》發表於《今日評論》第 2 卷第 11 期，時間是 9 月 3 日，講旅行團從益陽到常德的經歷，分《霧的人》、《軍山鋪》、《太子廟》、《石門橋》、《善卷村》、《春申墓》、《五倍子商》、《濱江之城》八節，採用倒敘手法，先寫常德，而後從益陽一路寫來，最後又回到常德。第四篇《桃園行》載 6 月 7、8 日《大公報‧文藝》第 634、635 期，講從常德到桃園，在桃園逗留的日子，分《船上談兵》、《在潯陽》、《茶店之夜》、《桃花園》四節。作者本要繼續寫出發表，卻因別的原因停止了。這四篇作品（前兩篇稱為「旅行日記」），均未採取日記（記敘文）的寫法，而是散文，作品內容多樣，手法不一，是優美的散文。在這些作品中，「旅行」只是寫作的線索，見聞才是作品的內容，而主題是抗戰。作品圍繞著抗戰的「民氣」來寫，寫人們對抗戰的認識，參戰的勇氣，對勝利的信心，是鼓舞讀者的「抗戰文學」。文中寫了一些奇人奇事，如常德的「霧的人」——一個英勇作戰丟了四肢的殘疾人，他非常自信而樂觀，他有學問，「跟穿長衫的讀書人，講四書五經，物理，化學；和拉車的論股勁臂力」，而罵「吃糧家」「膽怯丟人」。只幾百字，活脫脫一個奇人被寫了出來。林蒲的散文，文筆活潑生動，讀來饒有興味，幾篇之中，一篇與一篇各不相同，一篇之中，一節與一節各不相同。譬如結尾，《湘江上》寫艄公許諾帶大學生們去看洞庭湖的「湖蠻子」，但因甘溪港水淺，船退息清水灘，去不成了。作品寫道：「我們捨舟登陸的時候，像丟下東西在他的船上忘了拿走似的，艄公訇然響亮的話語，趕著我們的腳跟來了：『沒看那湖蠻子，沒可惜呀？下次來？』／／下次？——」「丟下」的「東西」送回來了，卻是一個空願，真是意猶未盡，餘音繚繞。這類文字在文中隨處可見。

此外，林蒲還在 1939 年 6 月 18 日的《今日評論》第 1 卷第 25 期上發表

了《尋夢——還鄉雜記》，講家鄉人去馬寺「尋夢」的風俗，記述地方文化和風土人情。《今日評論》在《本期撰者》中介紹作者說：「林蒲先生廈門人，畢業於北京大學英文系，作品多發表於香港《大公報》，文字清新樸實，尤長於組織故事，為西南青年作家中最有創造性之作家。」〔註9〕此言是符合實際的。

小說

高原文藝社的小說是西南聯大學生小說創作的起步，多數描寫抗戰內容，是傳統意義上的「抗戰文學」，但在我國抗戰文學中又有其特點，值得注意。代表作者是向長清、劉兆吉、林蒲等。

向長清的《許婆》或許是西南聯大學生發表的第一篇小說，1939 年 3 月 28 日刊登於香港《大公報·文藝》第 565 期，署名向薏。這是一篇現實性很強的小說，故事發生的地點應在昆明，大約是根據日本飛機轟炸昆明的事實而創作的。主人公許婆是一個普通的市民，過著平靜而自足的生活，「魚呀肉呀的吃不了」，可是，戰爭來了，她的生活被打亂了。大兒子被徵去當兵，二兒子在外來的一所大學裏找到一份工作，他時常拿些衣服回來讓自己幫著洗洗，後來，她也在一家外省來的年輕夫婦家當上了保姆，日子也還好過。但有一天，日本飛機來了，扔下一枚枚炸彈，從此，人們瘋了似的跑警報，有一次，許多飛機對大學區狂轟爛炸，她的二兒子被炸死了，她趕到現場，見到兒子的慘狀，哭不出聲。她走到街上，「一顆心簡直和午前的市街一樣冷清和闃寂，也許壓根兒她就忘了世界上有一個自己。」此後，人們叫她「瘋子」，都怕她，躲她。她失業了。十月深秋的一天，她不知不覺地走進自己做保姆的人家的大門，那家人驚慌失措，她退了出來。走在街上，她想到大兒子正和夥伴做廝殺前的準備，想到一具冰冷的血淋淋的屍體，想到飛機，最終想到死，這時，「她像是尋到了一線真理，望著那遼遠的藍天下的陌生的世界，像一個老年的和尚一旦徹悟了金光大道。」作者以全知全能的主觀敘述法講述故事，以十分冷靜的筆調描寫人物心理。許婆孤獨、空虛但懷有希望地死去了。她的寂寞讓人想起魯迅筆下的祥林嫂，想起契訶夫筆下的姚納。作品受十九世紀歐洲小說的影響較深，開頭有長長的環境描寫，而後有細緻沉靜的心理描寫。許婆的「現在」行動僅僅是從凳子上起身走向青年夫婦家

〔註9〕《本期撰者》，《今日評論》第 1 卷第 25 期，1939 年 6 月 18 日。

而後「回到那條冷清的路上」，其他全是作者的描述。作品創設了淒涼冷清的氣氛，讓人感到「契呵夫味」。這篇小說以刻畫人物心理見長，環境氣氛協調，只是人物的行動和衝突較少，給人壓抑，但這樣的處理又符合了作品的情調。

向長清接著於 1939 年 6 月 12、13 日在《大公報・文藝》第 639、640 期上連載了《小客店》，寫一位十幾年沒回家的北平大學生於抗戰中回湘西老家，可老家小城被叛軍佔領，他只好投宿小店，在與三位客人的交談中知道了小城情況。第二天，叛軍離去，他得以回家。作品寫出了湘西的社會面貌和民眾的抗日情緒，現實意義濃厚。小說故事簡單，人物不多，筆力集中，追求人物心理刻畫，多用側面手法，筆調細膩。但把《許婆》表現出的沉靜和細緻發展到了行文沉悶不暢的程度，讀來費勁。

劉兆吉這時的興趣轉移到了小說上，雖然畢業在即，功課甚緊，他還是沒有放下創作之筆，在昆明《中央日報・平明》上連續發表了《木乃伊》、《古董》等小說。這兩篇作品的發表時間雖然在高原文藝社改為南荒文藝社之後，但作者 1939 年夏畢業去了重慶，其創作時間仍在高原文藝社時期，而且作者沒有參加南荒文藝社，所以在這裏論述。

《木乃伊》載於 1939 年 6 月 23 日《中央日報・平明》第 26 期。作品寫一個大學生的變化，很有現實性。「木乃伊」本名居靜，「木乃伊」是半年前同學給他起的綽號。抗戰爆發後，同學們整天忙於宣傳抗戰，居靜由於不會唱歌、演講、寫標語，只能當一名聽眾和旁觀者，他又不輕易表露自己的態度和感情，同學便給他起名「木乃伊」。他認為，獲得這個綽號，「是由於他的性格太好靜了，因之也聯想到居靜這名字太不吉祥」，遂起別號「戰鼓」。他的性格也隨著別號而改變了。他摘抄新聞，編寫壁報，宣傳抗戰。但不知者仍然叫他「木乃伊」。為了「雪恥」，在一次集會上，他發表慷慨激昂的講話，獲得了成功。接著他在《新生》文藝壁報上發表「由驚人的時髦字句」「炸彈、頭顱、血花、死呀、衝鋒呀、民族觀念呀、國家意識呀」組成的詩文，遂被別人充分認識了他——「戰鼓」。不久，《新生》推薦他為總編輯，他乾脆把壁報名稱改為《戰鼓半月刊》。這時，他寫的詩文都用驚歎號，而且總是 3 個驚歎號連用，「他有一篇十行的新詩，竟用了 28 個驚歎號。」接著，他被選為學生自治會主席，進而被委任為救國會幹事。他成天忙於開會、寫文章，喜歡得到別人的安慰（誇贊）。但是他很少上課，月考交了白

卷。他進而鼓動同學罷課，以反對學校的「奴性教育」。不過，同學似乎不買他的賬，照樣上課。他於是轉而痛恨這般大學生「沒有國家觀念，民族意識，都是一群書呆子」，氣憤地說：「我再不願意和這些『木乃伊』為伍了。」作品最後寫道：「在學期終了，舉行考試的前一個星期，他因為救國工作繁忙呈請休學了，從此以後同學們很少再看到他了。」居靜的轉變實在太快了。但又不是沒有根據的。所謂時世造英雄嘛。只要人肯改變自己，在風雲變幻之際，是很可能發生突變的。居靜由於想改變自己的性格和形象，積極適應時代的要求，而環境接受他，社會認可他，潮流推動他，即主客觀相適應，他就能實現轉變，成為潮頭人物。但作為一個大學生（當時大學生很少），變成一個在後方呼呼口號的「職業」救亡工作者，是好是壞？這很難說。不過，作者是持否定態度的。有兩點可以預見：一、為適應環境而迅速變化的人，難保今後環境變了不會發生別的變化；二、國家需要文化人才，所以易地辦學，停學救亡，不符合「抗戰建國」之國策。《左傳》有言：「不有居者，誰守社稷？不有行者，誰捍牧圉？」〔註 10〕前方和後方是相互聯繫、相互支持的。我們相信，「木乃伊」這個形象的塑造是有現實依據的，且這個形象一直「活」在中國社會，在各個歷史時期都能看到，可以說，這是一個獨特的、不朽的形象。

《古董》刊登於 1939 年 9 月 6 日《中央日報‧平明》第 74 期，署名兆吉，寫一個聰明人製造了一個假古董，再進行炒作，使其價錢越來越高，名聲越來越大，以至「三位學者的降臨」，其中一位外國漢學家搶購了它。作者通過這個以假亂真「闖老外」的故事，揭露世相，刻畫人物心理，具有喜劇意味。小說表面諷刺那些迷古者，實際意味深長：由於人們的古董投機心理趨向，為造假者提供了生存空間，假冒偽劣的人和事由之產生。

劉兆吉生於山東，從小聽慣了各種各樣的故事，受古代小說的影響很深。他的作品故事性很強，人和事件的來龍去脈講得清清楚楚，即使作品的筆調也是故事性的；作品全知全能的敘述方式是古代文學的常用方法，作者完全繼承；作品語言幹練，描寫簡潔，不作鋪張揚厲，環境描寫、人物描寫、心理描寫都簡潔明瞭，大有古代小說的韻味；就連起綽號的方法也保留了中國古代小說的傳統，兩篇小說的主人公都有綽號，《木乃伊》甚至以綽號和名字的變化結構小說，貫穿全文，深得古代小說藝術之妙。

〔註10〕《左傳‧僖公二十八年》。

　　林蒲在寫作詩歌和散文的同時，開始了小說的試作。這時的小說主要有《陳金水》和《二憨子》等，作品顯示出林蒲小說的創造才能。從藝術上看，這些作品受中國古代小說的影響較大，講故事，寫性格，結構完整，語言簡練，同時，也吸收了外國小說的一些特點，注意環境描寫和情調渲染。在思想上，它們寫的都是宣傳抗戰，打擊侵略者的，屬於「正統的」抗戰文學作品，有強烈的現實意義。

　　《陳金水》1939 年 5 月 20、22 日連載於《中央日報‧平明》第 4、6 期。臺灣臨近日本，因此較早遭受日本的荼毒。1937 年日本全面侵華開始，曾大量徵調臺灣青年充當日本軍人，替日本進攻中國。《陳金水》寫的就是一個在「八‧一三」上海戰爭中負了傷，回家養病的臺灣老兵陳金水。回到臺灣後，陳金水整天躺在竹林下乘涼，衣食無憂，悠然自得。忽然有一天，來了一個人，通知他立即到村邊去集合，他上了車，被拉到皇軍的駐所，一個軍官和他談話，原來是他滬戰中的上司。上司交給他一份新的工作：到廈門、漳州一帶執行一項特殊任務。他和一個日本人、一個中國人上了船。日本人武井是頭，在船上，武井任意鄙視、污蔑中國人，說中國人像豬一樣，甚至直接稱他倆「笨豬」。陳金水忍受著侮辱，思想產生了激烈的鬥爭。他們在鼓浪嶼下船，呆了 6 個月，而後以南洋華僑的身份來廈門。在集美碼頭，被警察盤問，假稱星洲華僑武井的日本人，準備的知識用完，露出馬腳。陳金水乘機揭露，另一個中國人證明，警察抓捕了武井。接著在泉州一帶冒充染料房的屋裏，抄出了幾十捆以「萬事大吉」紅色布條為暗號的東西，進而粉碎了敵人的一次軍事計劃。陳金水和另一個中國人立了大功。作品歌頌了陳金水的民族意識和愛國精神，是典型的「抗戰文學」，在當時具有社會意義。但作品精練不夠，故事有些散漫，人物性格不太明顯，在藝術上顯得不夠老練。

　　發表於 1939 年 7 月 30 日《今日評論》第 2 卷第 6 期的《二憨子》，克服了《陳金水》中的毛病，這篇作品是林蒲和一帆合寫的。小說寫一個名叫二憨子的農民兵，臨時受命，帶領小分隊執行任務，打了一場漂亮的伏擊戰的故事。故事寫得相當簡潔：在 11 人的隊伍中，有大學生、公務員、小學教員，還有一個窮苦出身，性格直笨的二憨子。在一次巡查閣子嶺（穆夫關）的任務中，大隊長偏偏把隊長的職務交給這位沒有文化且笨直的二憨子。大家不服，不大聽他的指揮。他們到了當年穆桂英顯威風的地方時，來了二三十個

日本兵。二憨子當機立斷，要大家隱蔽，來一次「套黃狼」。當敵人走近，有人要開槍射擊，他堅決不允，果敢地以軍令從事。待敵人到了面前，他一聲令下，手榴彈猛投，敵人還沒有反映過來，就被炸翻在地，二三十人，只剩三個滾落山底。老吳要追，被他阻止。他帶領隊伍迅速撤離。到了嶺上，只見敵人的炮火集中轟炸剛才的戰場，連石頭樹根都被炸開了。大家始信二憨子判斷的正確。這時，二憨子讓大家坐著聽炮聲、看戰場，自己則飛快離開，去找游擊隊司令，「要來第二次的『套黃狼』！」那些知識分子不得不佩服這個沒文化的憨笨之人的指揮才能了。二憨子形象塑造得相當成功。他平時老實憨厚，可打仗卻異常聰明，是一個優秀的軍人。小說一開始集中筆墨寫他的「憨」——憨厚、老實、嘴笨、樸素、節約、惜物、家苦，而他帶領隊伍執行任務時，則顯得沉著機智、胸有成竹、指揮得當，他地形熟、歷史熟、戰法熟，時機把握得恰倒好處，所以能打出漂亮的伏擊戰，他還當機立斷，要搬兵來打更大的勝仗。小說把寫人物性格作為主要任務，讓故事為人物性格服務，做到了性格鮮明、故事集中、篇幅簡短，實是短篇小說的做法。讀這篇小說，讓人想到《荷花澱》，其人物、故事、格調盡可與《荷花澱》媲美，只是作品還缺少《荷花澱》的詩情畫意，少一點匠心安排。儘管如此，它還是算得上中國現代的優秀短篇小說之一。

戲劇

戲劇文學是高原文藝社新的開拓，由於南湖詩社沒有戲劇創作，高原文藝社的劇作即是西南聯大的第一批戲劇作品。高原社之後，很少見學生社團的劇作，直到劇藝社，才有了戲劇作品，其間相隔約 6 年。因此，高原文藝社的戲劇作品，無論成就高低都值得我們珍視。留下戲劇作品的高原文藝社社員是周正儀和劉兆吉。他們的作品成就雖然不很高，但開創之功不可磨滅。

周正儀是高原文藝社的新社員，他這時的作品，僅見獨幕劇《告別》。作品發表於 1939 年 4 月 9 日《今日評論》第 1 卷第 15 期，寫一個年輕醫生「告別」親人到前方醫院去工作的事，反映了青年的抗戰熱情。故事梗概是：為抗戰的情緒驅動，外科醫生張志濟主動報名去前方醫院服務，上船前，帶著行李來跟女友黃緋霞告別。他希望女友和他一起去。可是，女友不願意去，也不希望他去。她假意同意，說是出去收拾行裝，實際是去給張母打電話。

而後她回來穩住張志濟。張母帶著小兒子立即趕來。在母親面前，張志濟推說自己哪兒都不去，並問母親聽誰說自己要走？張母掩飾。10 歲的弟弟說出是黃緋霞打的電話。事已至此，張志濟轉而做母親的工作，說自己是國家的技術人員，去當醫生，不上前線，沒什麼危險；說請母親替受傷的將士想想，他們多痛苦；說自己若是做工或種田的，早已被徵走了；說母親都疼愛兒子，「把您疼愛兒子的心，放開去疼愛別人，讓您的兒子去救別人的兒子！」張母聽後，擦乾眼淚，同意兒子去，並要親自送兒子上船。臨行，張志濟對黃緋霞說：「沒想到你是這樣一個人！」留下黃緋霞一個人失神地立在臺中。

此劇篇幅短，場景小，故事簡單，難以出大效果。但故事有變化，有起伏，因而有「戲」。作品意在歌頌青年抗戰愛國的決心和行動，也清楚地表達出了主旨。惟其「清楚」，藝術上顯得不豐富、不細膩，思想上有些「直白」，有借人物之口說「動員詞」的弊病，細節挖掘不夠，語言直露，人物感情不細緻。此劇表現出了一般初期抗戰文學的缺點。

雖然如此，黃緋霞的心理刻畫還是較爲突出的。她是一個很有心計的青年，暗自做著自己的事卻不露聲色。她聽到張志濟要走，並不驚訝，還責備「你爲什麼不早同我說？」明白張志濟想要自己一同走，先答應下來，還說父母那裏沒問題，瞭解到張母不知兒子走的情況，就借收拾行李爲由出去悄悄打電話給張母，借他人之力以達到自己的目的。聽到張母的汽車聲，還假裝不知，說是過路的汽車響。張母詢問兒子，她又裝給張志濟看，先替他藏藥箱，後幫助掩飾說：「他是到我這兒來玩的。」張志濟追問出消息來源，她「扭頭旁視」，不得不面對時，她才說：「志濟，對不住你。」最後，她又解釋成「完全爲了愛你。」這個兩面人，「表演」很到位，但最後還是落得失敗、孤立。而主人公張志濟則寫得簡單了些：要女友同走，卻臨時告知；說服母親只用了十幾句話；對黃緋霞的心理毫無認識等。他有強烈的民族意識和國家觀念，具有崇高的職業道德，主動要求去前方醫院，是一個有作爲的好青年，但他爲什麼一定要採取「出走」的方式呢？作品解釋爲擔心母親不讓走，可是後來他輕輕地就說服了母親——他識人不深啊。該告的不告，不該告的告了，把親人的態度判斷反了，其昏昧不明可知。因此，這個形象的塑造沒達到作者的意圖。

劉兆吉 1939 年在《再生》雜誌第 27 期上發表了兩幕劇《何懋勛之死》，

署名劉曉鐸。劇本寫西南聯大投筆從戎的學生何懋勛英勇抗戰，壯烈犧牲的故事。何懋勛，又名何方，江蘇揚州人，1935 年考入南開大學經濟系，抗戰爆發後隨學校進國立長沙臨時大學學習。1938 年赴魯西抗日根據地參加抗日救亡工作，任山東省第六區游擊司令部青年抗日挺進大隊參謀長。1938 年 8 月在齊河縣縣城外戰場英勇犧牲，時年 21 歲。劉兆吉也是南開大學哲學系的學生，與何懋勛同級，又一起經歷國難，到長沙學習，感情深厚。何懋勛犧牲後，劉兆吉懷著十分崇敬的心情，寫這個劇本，紀念老同學。

劇本根據何懋勛的事迹編寫，實際是何懋勛的「文學傳記」。在何懋勛 21 歲（劇中 23 歲）的生命中，選取哪些事件來寫，反映出作者的態度。此劇沒有選擇他的出身，沒有選擇他的少年事迹，也沒有選取他們的同學情誼，而是集中寫他犧牲前兩個晚上的活動，這是要突出他的抗日英雄特色。劇本分兩幕，第一幕寫何參謀長在抗日隊伍中處理軍務，深夜伏案工作，並主動要求參加挺進隊衝鋒陷陣，受命任隊長；第二幕寫何隊長帶領挺進隊到達目的地，準備攻城，不幸被漢奸出賣，遭敵襲擊，為國捐軀。

作者這樣選擇和處理題材，意在刻畫一個能文能武、智勇雙全、很有前途的軍事人才。作品基本上實現了這個目的。我們看到的是一個夜以繼日，刻苦工作，起草檄文的「筆杆子」，並從側面知道了他能出高招，克敵制勝，他雖然體弱有病，但能帶領部隊日行 130 多里，布置戰術，準備戰鬥，對於可能出現的情況和漢奸的行為，已有預料，只是估計不足和防範不力才遭出賣，最後在敵人襲擊中身負重傷，又遭毒刑，但英勇無畏，壯烈犧牲。一個抗日英雄的形象傲然屹立在讀者眼前。

范素娟形象的刻畫尤見成功。范素娟的性格特點是淘氣、愛哭、深明大義和智勇兼備。她喜歡使氣，說話常常「反彈琵琶」，打打鬧鬧，嘻嘻哈哈，似很幼稚，但其內心卻很有主見；她易動感情，隨便一點事就哭，但更多的是為關心他人而哭，可見她心地很善良；她有強烈的愛國心，支持愛人上戰場，自己也英勇地上戰場，這時儼然不像一個愛哭的女孩；她擔任偵探任務，完成得很出色，巧妙的化裝，闖得過所有的人，當挺進隊員全部犧牲了的時候，是她用僅有的子彈，一槍一個消滅敵人，報了大仇，自己也殺身成仁。這個形象在現代文學中是光彩而又獨特的。

情節的豐富性是此劇的特點。劇本不僅僅表現主人公何懋勛的作戰犧牲，而且表現了他的其他方面。例如，他是「一個英勇多謀的領袖人材」。劇

本寫他作戰勇敢，能出謀劃策而獲得勝利，深夜批閱文件，起草宣言，帶兵打頭陣等。劇本還寫了他的愛情糾葛。他和司令員的女兒范素娟建立了戀愛關係。由於范素娟性格特別，他們相處充滿了悲喜意味。但是，堅持抗日，英勇無畏，敢打頭陣是他們共同的思想基礎。最後，他們雙雙英勇犧牲。讀罷作品，油然而生崇高感。

作品的結局是悲劇，但這不是性格的悲劇，而是戰爭的悲劇、故事的悲劇。主要人物全都犧牲了，讀後深感鬱悶。雖然范素娟殺死了日軍頭目和漢奸，給讀者心理帶去了一些平衡，但以我精銳易敵小弱，總覺不值。更有甚者，先頭兵挺進隊員全都犧牲了，大部隊如何攻城？作品沒有暗示出勝利的希望，給人一片黑暗。況且，何懋勛和他所帶挺進隊的精兵強將不是死於戰鬥，而是死於戰前，讓人有「出師未捷身先死」之慨。而其根本原因又在於何懋勛未有效地防範漢奸的疏忽，這是有損於「英勇多謀的領袖人材」形象的。作品這樣寫，也許戰爭本身就是這樣，也許是 1939 年作者看不到勝利的前途而如此表現。但無論如何，作者把戰鬥描寫得簡單了些。例如，假若何懋勛悉心布陣，頑強戰鬥而最後犧牲，藝術效果就會好得多。如果說寫何懋勛的犧牲情形有失誤的話，寫他體弱多病則是敗筆。弱病與他的智勇沒有關係，與他的犧牲也沒有關係，至多只能表現他工作的忘我，以及對於表現愛情和范素娟的性格有作用，作品卻把它放在開頭大肆渲染，給人把一切苦難都安在歌頌對象身上的感覺，在藝術上起到了相反的作用。

通過以上介紹和分析，可以得出這樣的認識：高原文藝社在詩歌、散文、小說、戲劇方面都取得了創作成果，其中的一些優秀篇章，散文如林蒲的湘西旅行系列，小說如向長清的《許婆》、林蒲的《二憨子》、劉兆吉的《木乃伊》等可以視為西南聯大文學的代表作品，即使放在中國現代優秀短篇小說之列也不會遜色，詩歌如穆旦的《防空洞裏的抒情詩》、趙瑞蕻《昆明的一個畫像》的探索精神及其留給後人的討論話語也值得注意；經過高原文藝社的培育，成長為著名作家的有穆旦、趙瑞蕻、林蒲等。一個存在時間僅有半年的文學社團，能夠取得這樣的成績，實在可喜！這些成績決定了高原文藝社在西南聯大文學社團中的重要地位，同時也說明，高原文學社的名字可以書入中國現代文學社團史。

2005 年 8 月 15 日初稿於昆明文化巷 52 號

冬青文藝社的小說創作*

【摘要】冬青文藝社的小說創作者不少，作品量較大，作品以現實主義居多，現代主義次之，浪漫主義極少。作者中的佼佼者是汪曾祺、盧靜、李金錫、林元、劉北汜、黃麗生、田堃、顧回、白煉、馬爾俄、辛代、王佐良等，他們的創作風格各有千秋，這裏選擇幾位並以汪曾祺和劉北汜爲重點作出評論。

【關鍵詞】冬青文藝社、小説、汪曾祺、劉北汜。

大學生初登文壇，還不知道自己的長項是什麼，各種文體都試驗一下，各種樣式都涉足一番，於是，冬青社嘗試小說創作的社員不少，舉凡汪曾祺、盧靜、李金錫、林元、劉北汜、黃麗生、田堃、顧回、白煉、馬爾俄、辛代、王佐良等都寫過。不過，後來堅持小說創作，成爲小說名家的社員卻不多。冬青社的小說創作量大面廣，風格各異，以現實主義居多，現代主義次之，浪漫主義極少。

汪曾祺

汪曾祺是冬青社進行小說探索，並取得重大成就，後成爲小說大家的社員。瞭解汪曾祺的人都知道，他考西南聯大是奔沈從文去，爲向沈從文學習寫作的，而且如有神助，在發高熱，頭腦昏昏的情況下走進考場，竟然考上了，從那時，1939 年起，一篇文壇的師徒佳話開始了。汪曾祺參與發起組織

---

* 本文原載於《現代中國文化與文學》2008 年第 5 輯，原題《冬青社的小說創作》。

多青社，猶如建立一座實驗室，他在其中進行多種小說文體試驗，「試驗品」經沈從文「鑒定」後，一篇連一篇問世。筆者所見汪曾祺寫於多青社時期的小說20多篇，1998年北師大出版社出版《汪曾祺全集》收入8篇，僅占三分之一，尤其是1943年以前的汪曾祺小說，筆者所見10篇，《全集》僅收入2篇。鑒於人們對汪曾祺早期小說知之不多的情況，本節所論多以1943年以前的作品爲主。

　　汪曾祺較早的小說《翠子》，寫於1940年11月，發表於1941年1月。小說的主要人物三個：翠子、父親和「我」，次要人物也是三個：大駒子、薛大娘和高家伯伯。一個5000字的短篇，出場六人，不爲少了。小說分前後兩部分，前部分「我」和翠子等待父親回來，後部分「我」和父親談話。大致內容是：近來，有兩件事「我」不能解：一是父親天天出去，每晚回來都帶一支白花，這種花只有娘的墳地才有；二是小保姆翠子常常發呆，也不給「我」講故事了。入夜，久等父親不來，翠子先做飯給「我」吃，並伺候「我」睡覺。父親回來時，「我」還沒睡著，便向父親彙報一天的事：翠子正在煮蓮子湯給父親吃；今天高家伯伯來，對「我」說「教爺替你再娶個媽」，留下一封信；晚飯吃的青菜是「我」和翠子去園裏，大駒子給挑的，薛大娘看見的。我說：「翠子讓你明兒別出去了，爲你做生日，她辦菜！」最後，「我」要求父親「不要讓翠子走」。父親卻說：「我要翠子回家，她長大了，留不住。」「我」哭了，不知何時入睡的。第二天醒來，父親已起了床，翠子站在「我」床邊，眼睛紅紅的。小孩如何懂得大人的心思？小說以孩子的認知能力觀察大人，有一種朦朧美。文中透露出的關係是：父親天天去娘的墓地，翠子有許多心事，她家裏替她找了一個跛足男人，而她和大駒子互有好感，父親對她也有難言的隱衷。小說的事件不構成前因後果，「我」也起不到串聯全部事件的作用，完全是圍繞翠子和父親的心事展開，用了散點描寫法。小說僅僅寫家中一段平常的生活，筆法細膩，多以神態、動作、語言暗示人物心理，體現了「中國作風」。就總體而論，這篇小說是現代派的寫法，淡化情節、淡化矛盾、淡化人物、淡化結構、淡化主題，注意表現生活實際，甚至不排斥細小瑣屑，用語通俗化而富有表現力。《翠子》不僅反映了汪曾祺的探索精神，而且奠定了汪曾祺小說藝術的基礎，他後來的小說藝術特色有許多都可以在這裏找到因子，因此，《翠子》是小說家汪曾祺的偉大開端。

　　之後，汪曾祺接連發表了《悒鬱》、《寒夜》、《復仇》、《春天》、《獵獵》、

《燈下》、《待車》、《誰是錯的？》、《結婚》、《除歲》等短篇小說，形成一個創作的小高潮。

《悒鬱》是一篇「微型小說」，僅 1000 多字，描寫少女銀子情竇初開時的心理，貼切入微，十分迷人。秋天的一切都是成熟的，也是憂鬱的。銀子沿著恬靜的溪流漫不經心地走著，一會兒自己叫自己的名字，一會兒自己跟自己說話。可事與願違，她希望看見馬，卻偏偏看見了牛。她真地做起了「騎著馬」奔跑的遊戲，還到河邊去「飲馬」。她感到胸跳劇烈，伸手一摸，臉無端地紅了，很害羞地往草地上一伏。她似乎聽到媽媽在叫她。這時，隔山有人吹蘆管，她唱了首山歌，對方回唱，是情歌，她不答。回到家，飯已擺到桌上了。吃飯時，爸對媽說：「銀子長成人了」，還默默地笑。她不能忍受，把筷子一放，飛跑出門，向樹林跑去，想哭一會兒。小說通過以上情節準確細緻地刻畫了少女的心理。銀子感到「地面一切都在成熟」，她無目的地往外走，發呆，看天，看自己的腳尖走路，看草有沒被馬嚙過，見牛也要說上幾句，對一切都有興趣，幻想著騎馬、飛、高興地唱歌，她感到母親呼喚的溫暖，覺得父親的話和笑都在刺激自己。她莫名的煩惱、憂鬱、敏感，情緒變幻不定。小說通過人物自言自語、唱歌、幻想和心理、行動、景物描寫等刻畫人物形象，大得中國古代小說的神韻，同時小說又用西方意識流方法寫人物心理：「時近黃昏」，「銀子像是剛醒來，醒在重露的四更的枕上」，還在追憶夢，其時她已在外面邊走路邊想心事了。小說的語言極為考究，繪聲繪色，明朗傳神。《悒鬱》讓人想起《邊城》，儘管它們有諸多不同，但在人物形象的塑造上，作品的藝術成就上卻在伯仲之間。學生直追老師，實在令人歡喜！

《寒夜》寫一群人在村口車棚裏守夜的場面，《燈下》寫一群人在店鋪裏的活動，兩篇作品有如老師布置的場面描寫訓練，具有濃重的散文筆調。《春天》寫幾個人的童年情事，寫法上有些獨特。《獵獵》寫一個瞎子夜間坐船航行的經歷，辭句優美。《結婚》寫一對大學生的戀愛婚姻，表現人性的崇高。《除歲》敘述一個淒清的年夜，是汪曾祺作品中極少涉及政治的小說。收帳人回報時搖頭歎氣，遠處傳來低鬱的炮聲，父親算完帳說：「還好，虧不了多少，夠開銷的。」他接著說，今年生意很難，恐怕只有材板鋪子有點賺頭。並說：「為了抗戰，商人吃點苦是應該的」。然後讓「我」寫春聯「頻憂啓端，多福興邦。」寫完，爺兒倆喝一盅。有人敲門，是「公會」主席，他說前線

戰況很好，抓到了替敵人收米的漢奸，「市面要緊」，你們得支持。父親和「我」乾杯後，眼睛全飄在春聯上：一片希望的顏色。小說從容不迫地敘述，把戰爭災難平淡化、生活化，抗戰思想堅實，無提煉痕迹。

《誰是錯的？》可以看作汪曾祺早期的另一篇精心之作，體現了作者對於人性、人的心靈和精神境界乃至生活的一種哲學探討。小說的題目就是一個「問題」。題下有題記：「生命的距離：因為這點距離，一個人會成為瘋子，另一個人呢，永遠是好人。」題記可以幫助讀者理解這篇作品。小說雖為探討哲學問題，但卻集中於人物心理刻畫，無旁逸斜出之筆，體現了作者對於人物心理及性格刻畫的一貫功力。小說開篇寫道：「我想，我必須去找一找路先生，向他詳細地解釋清楚……我被自己不小心的幾句話，帶到倒霉裏來了。」是幾句什麼話，如此重大？而作者接下去卻走筆去寫人物的感受。這就截斷了故事，把講故事和寫人區分開了。下面寫「我」一直在自責，讀者卻越想知道原委。可小說轉而介紹路先生的外貌，實際是再次埋下伏筆：「他一切都好，只是左耳下有一個櫻桃大的小瘤，好像和生命或身份不大調和，懸綴在那地方。」這時小說再次宕開去寫櫻桃。而後才道出原委：上午，「我」和路先生談話時，他關切地問「我」的父親，「我」卻挖苦諷刺了他，而後飄然離去。「我」一下午想來都難受，不得不去向他道歉。至此，方知小說是倒敘，然而是怎樣幾句話仍然沒說。接下去又有一段「買櫻桃」的心理描寫。最後進門，「路先生見我來，一把就握住我的手……只覺他的手更較往日柔滑，也較往日溫暖。」「我」羞怯地解釋道：由於夢見父親打我，所以厭惡你問我父親，以致說您左耳下的那個肉瘤是多餘的。路先生卻說：「本來是多餘的！」然後要我明天陪他去割掉。我大為驚訝，心事盡釋。路先生形象寬厚、大度、實事求是，「我」衝動、緊張，能勇於承認錯誤。小說結構十分講究，伏筆運用很好，主線、副線交錯，故事卻講得若斷若續，情節幾次斷開，幾次續上，而起貫穿作用的是「我」的心理活動。

之後，汪曾祺又發表了《序雨》、《小學校的鐘聲》、《復仇》（第二篇）、《老魯》、《膝行的人》、《磨滅》、《廟與僧》、《醒來》等多篇小說。其中，《序雨》可能是一部中篇小說，但只發表了「引子」和「第一章」，沒見下文，十分可惜。它應該是汪曾祺早期作品中唯一的一部中篇，要是能找到下文該多好？寫這些小說時，汪曾祺已經肄業於西南聯大，在昆明做中學老師了，但這些作品仍延續他大學時的文學觀念和藝術風格，說明他在大學時的小說創作已

經基本定型。

汪曾祺在多青社時期的小說基本上是寫「我」的，寫「我」的家，「我」的兒童時代，「我」的故鄉，「我」的生活，「我」的朋友，「我」的熟人，較少超出「我」的生活經驗範圍，而完全靠虛構形成。

由於作品中有「我」參與，決定了汪曾祺的小說具有主觀性和抒情性的特點。他的小說往往從「我」的角度選材、取景、寫人、敘事，較少從「他者」的立場觀察並描寫人和事物。從汪曾祺的小說中不難感覺出「情」來。只不過，他很懂得藝術的融合與節制，往往把感情融合在具體的對象中去描寫，很少作獨立的或者抽象的抒情，也不歌哭不止，任情恣肆，大段大段地抒情。許多時候他淡淡地敘述，平靜地描寫，客觀地介紹，但語句間卻包蘊了深厚的感情。主觀性和抒情性不是浪漫主義的「專利」。汪曾祺也絕不是浪漫主義作家。

但是，主觀性和抒情性與「淡」是矛盾的。汪曾祺小說的總體風格特徵是淡，這是大家公認的。汪曾祺的早期小說已表現出淡的特點了。或曰，既言主觀抒情，又說淡，不是自相矛盾嗎？不一定。筆者認為，淡不是平淡，不是乏味，也不是沒有感情；淡是看透一切的態度，冷峻睿智的目光，平和沖淡的心情，老辣獨到的筆調；淡是除卻毛躁，摒棄火爆，過濾浮躁，冷凝熱情。所以，淡裏邊可能折射出主觀態度，會隱含著熱烈的感情。要做到淡是相當困難的，可這位 20 來歲的青年卻做到了。這裏不想掉書袋去論證汪曾祺早期小說的淡，只要讀一讀上面所舉的幾篇小說，就會贊同筆者的觀點了。

和諧是汪曾祺小說的美學追求和總體特徵。在汪曾祺的小說中，少有深刻的矛盾、劇烈的鬥爭，更多的是人與人的和諧、人與景物的和諧。從這裏，我們可以看出汪曾祺對沈從文先生的繼承。在汪曾祺的小說中，即便有矛盾衝突，都淡化處理了，或者不渲染悲情，或者雙方和解。在《誰是錯的？》中，「我」譏諷了路先生的生理缺陷，犯下了不道德的錯誤，後悔不迭，忐忑不安，去向路先生道歉，可路先生正視事實，毫不介意——雙方本來就沒有衝突嘛。《復仇》中，復仇者謹記「這劍必須飲我仇人的血」的父親遺囑，尋找仇人多年，但當他認識到仇人的負罪心理和偉大壯舉後，放回寶劍，和仇人一起幹起了鑿岩開路的事業。

汪曾祺的小說藝術取中外並舉，古今兼容的態勢，一開始就走在繼承、

借鑒與創新的道路上。他不像穆旦等現代主義作家，有過較長一段學習、借鑒甚至模仿的過程，他一來就表現出了中國化的特色。這大約與沈從文先生的引導分不開。沈從文教學採用從創作實際學創作的方法，跳過了從「理論到實踐」的模式，不依「主義」或「派」，聽者要能自「悟」藝術真諦。汪曾祺小說淡化故事情節甚至淡化主題意義，著重刻畫人物心理的做法，深得語言藝術之圭臬，但這有可能是從沈從文「要貼到人物來寫」的話裏悟出來的。總之，汪曾祺師從沈從文有別於穆旦等師從燕卜蓀，所得必然不同。我們看到，汪曾祺小說通過神態、動作、語言暗示人物心理的寫法，注意色彩和傳神的語言功力，寫心理而不作大段單獨描寫等做法都是中國特色，而意識流方法、散點透視法、「蒙太奇」借用法、抒情性與戲劇性等又是從外國作品中學習來的。而這兩個方面則統一於汪曾祺的和諧和淡的美學風格之中。汪曾祺是中外文學藝術精華的集成者，同時又是現代小說的獨創者。

多種手法的運用是汪曾祺小說的一個突出表現。敘事、描寫、抒情、議論並用，心理描寫、景物描寫、場面描寫、外貌描寫兼具，白描、含蓄、留白、意識流、散點透視、蒙太奇、戲劇性等方法同舉，構成了汪曾祺小說藝術手法的多樣性。再加上結構多種多樣，開頭和結尾各不相同，語言手段豐富，造成了汪曾祺小說的另一個特點：體式多樣。我們發現，汪曾祺寫在多青社時期的 20 幾篇小說，一篇與一篇不同，即使是由《復仇》改寫的《復仇》（二），寫法上亦有很大的不同。這與老師沈從文的培養有關。沈從文當年曾被稱為「文體作家」，他曾進行過各種小說文體的探索，汪曾祺繼承老師的精神，繼續探索各種小說體式，呈現出多樣不同的文體格式，這種精神是值得肯定的。

林元、劉北汜

林元和劉北汜的小說在當時都是有地位的。林元在《文聚社》一節裏介紹過了，這裏專講劉北汜。《文聚叢書》計劃中有一本劉北汜的短篇小說集《陰濕》，沒有出成，但後來他的小說編成集子，收入巴金主編的「文學叢刊」，於 1946 年 5 月出版了，1981 年又重印為《山谷》。在《山谷》所收小說之外，劉北汜還發表過《期待》、《暗夜》、《青色的霧》等，頗受好評。

《山谷》裏的四篇小說，可以看作劉北汜的代表作。第一篇《雨》，寫小知識分子的生活。主人公李子魁在一家茶館裏以代人寫書信、呈文等為生，

無事時義務爲人讀報。次要人物姓江，靠說書爲生，也在這家小茶館裏。老闆靠他們招徠茶客，願意爲他們提供方便。李文魁是一個正直、有民族感的知識分子，他聽不慣「飛龍傳」、「彭公案」一類評書，那是在舊夢中尋找精神寄託，因此有意無意地跟說書人作對，但茶客卻愛聽彭公案，不願聽新聞，把他趕出了茶館，老闆也說他是「說謊大王」，叫他以後少來。原來，報紙比彭公案還假！這個短篇讓人想起阿Ｑ和小Ｄ的「龍虎鬥」。李文魁和說書人都處於困頓之中，卻爲爭奪生存空間而互相傾軋。他們的出路在哪裏呢？作品讓人深思。

第二篇《暑熱》把一個知識分子放在一群庸眾中去觀察，揭示出知識分子的生存困境。小說的出場人物可多了：房東和房東太太及其兒女，老太婆和丈夫及其女兒，司機、木匠、挑夫及其女人等，而居於中心地位的是家庭教師，一個小知識分子。傍晚天氣熱，院里人都坐在大柏樹下乘涼閒談，家庭教師卻總是與大家談不到一塊兒，房東給他下了一個結論：「黑與白當然不能交朋友，一交就是灰了，連本性也交掉了。」可這個家庭教師卻願意多管閒事，幫助或安慰別人，可總不被別人接受甚至遭誤解，他在人們心目中的地位極低，連房東小孩都欺負他，最後，被房東家掃地出門。家庭教師是一位正直、善良、高尚、富有同情心的知識分子，但他的思想性格、生活習慣、行爲作風與大雜院裏的人無法融合，所以演成了悲劇。作者把這位從外省遷徙來的人放在一群庸俗不堪的小市民之中去研究，表現了兩種文化的衝突，自然也有「猩猩惜猩猩」的感情。

第三篇《山谷》寫普通老百姓對於抗戰的支持和貢獻，批判的矛頭直指日本侵略軍。由於日本飛機猛烈轟炸昆明，政府實施機場修築，居住在山谷附近的農民被徵爲民工。伢子的爸爸做了民工，一天，他與大夥進山炸石頭，被炸起的石塊打死了，媽媽又接著去機場工地當了碎石工。小說通過小孩和爺爺的對話揭示主題。伢子不知道父親已死，要爺爺領他去工地看爸爸媽媽如何做工，路上碰到二叔和三叔，談話中伢子才知道爸爸死了，如何死的。作品沒有政治套話，沒有豪言壯語，通過樸實的敘述講述了工地的緊張、修築的忙碌、民工的精神、老百姓的犧牲，從而控訴了日本侵略的罪惡。

第四篇《機場上》反映機場建設者的生存狀況。這些建設者，從全國各地聚集在一起，住在簡陋陰暗的工棚裏，生活條件極其艱苦。這且不算，他

們還受到工頭的剝削與欺騙。他們幹完一天的活之後，酗酒、打架、爭鬥、玩女人，講著粗魯的醜話，打發生命與時光。他們有時拿不到工錢，甚至生命不保，不尋求刺激難以度日。而那個工頭，爲了獨吞工人工錢，捲款逃走，竟把仇人和心腹好友一齊推下了山谷。他跑後，憤怒的工人又把他的另一個心腹扔下了山谷。小說如一齣鬧劇，混合著忙碌、繁亂、吵鬧和嘈雜的聲響，構成一種情調。這種情調是那種環境生發出來的，因而是恰當的。

劉北汜和林元一樣，都採用現實主義的方法進行創作，取材現實，注意反映實際生活，描寫普通人的生存狀況。如果說，林元主要反映大學生和農民（漁民）的生活的話，劉北汜則主要反映小知識分子和農民工的生活，更爲底層一些。劉北汜取批判的態度對待作品中的人和事，極少正面歌頌的形象，每個人都掙扎在艱難的境遇之中，極少高大崇高的思想境界，他們奮鬥、爭奪的只是人類生活中最低層次的生存問題。這與劉北汜在昆明的生活經歷有關，他說：「我熟悉他們，我就生活在他們身邊。他們的生活環境，也正是我所經歷、或耳聞目睹的。」﹝註1﹞所以，劉北汜的小說有強烈的現實性。

社會生活的實際決定了劉北汜作品的悲劇色彩。他小說中的人物基本上是悲劇人物。李子魁的飯碗被說書人砸了，家庭教師喪失了租住的房屋，伢子沒有了年輕的爸爸，《機場上》的民工，死的死了，活著的拿不到工錢，都在生存線上掙扎，而且幾乎是生存無路。這些悲劇從各個方面警示讀者：這個社會不改變不行了。

劉北汜的小說都採用作者全知全能的敘述方式，所有的事件都是作者講述，所有的人物都由作者調度，景物雖然有的是作品中人物所見，但都掌控在作者筆下，這就使小說的客觀效果受損。當然，全知全能有其好處，那就是敘述清楚流暢，行止自如，作者可以較主觀地調度人物事件乃至景物用具。但畢竟有其「視覺盲點」存在。全知全能方式長於敘述，因此劉北汜的小說都用講故事的形式寫成，《雨》講李子魁的故事，他除了與說書人爭鬥外，還與一個女人相好，用謊話欺騙著她，他倒了霉，比他倒霉的人還有，《山谷》講伢子和他父親，把伢子父親的死作爲一個謎底放在幕後，步步緊逼、步步深入，最後謎底亮出，小說收場，這些都是吸引人的。小說還注意人物心理

﹝註1﹞ 劉北汜：《重印題記》，《山谷》，南昌：江西人民出版社，1981年11月，第1頁。

的刻畫和環境描寫，如對李子魁和伢子爺爺的心理有較深入的刻畫，環境如《雨》中的道路和破屋，《暑熱》中的大雜院和柏樹下，《山谷》中黃昏時的山色都較著名。

若要選一篇劉北汜的代表作，筆者認為是《雨》。

盧靜、馬爾俄

盧靜 1939 年入外文系，酷愛文學，創作了許多詩歌、散文、小說，是西南聯大較為著名的作家之一。

小說《滄桑》的主人公余太婆有個觀念：「只要子孫好，有出息，興興衰衰，全在人為。」她身世很苦的，丈夫是個賭鬼，打她、搶她的錢，後來還不出賭債被人弄死了。那時她才 20 歲，在親戚的幫助下，她擺個竹貨攤，漸漸發迹，還建了一所五開間的大房子。現在她老了，孤苦伶仃，可她很硬氣。一天，鬼子來了，她被弄死，房子被東洋兵燒了。聽到這個結局，「我」耳畔又響起她的話：「興興衰衰，全在人為」。「滄桑」指世態變化。作品對於身處抗戰艱難歲月中的人，是一種巨大的勉勵。作者還有《期待》反映漢奸的家庭及暗殺漢奸的事，《騎士錄》批判大學生的消極思想與生活。

西南聯大應徵去美國空軍「飛虎隊」做翻譯的學生不少，但寫飛虎隊的作品卻不多，因此，盧靜的短篇《夜鶯曲》十分難得。小說以空軍戰士奈爾為主人公，選取他生活中的幾個片段，敘寫他的心靈。小說沒有連貫的故事，沒有矛盾衝突，以散文筆調，鋪張描寫。構成小說核心內容的是「美」，作品按美的原則選材並進行描寫。第一節寫奈爾從宿舍開汽車去機場執行起飛任務。一路上，展開了他小時候有關中國的聯想和初次駕飛機到昆明的回憶。他被雞足山、蒼山、洱海迷住，他早就打聽到昆明有西山、龍門、昆明湖，心嚮往之。第二節奈爾和女友絲蒂娜在咖啡室約會。他們談昆明的感受，對昆明的風物景色、人及文化他們都喜歡，尤其喜歡夜鶯每天晚上在窗外唱歌。第三節寫奈爾參戰並犧牲。奈爾已有擊落敵機 14 架的戰績。這天，奈爾奉命去轟炸敵人陣地，飛機不幸被高射炮擊中，「為了這新生的古國，也為了人類」，「他的靈魂卻已隨著那美麗的夜鶯歌聲升上天，進了天國的大門」。小說的格調是平靜的，沒有波浪起伏的情節，而是對山川、人物、文化、生活的美的頌歌，奈爾參加戰鬥、消滅敵人、英勇獻身都被寫得很美。讀該小說是一次美的航行，詩的陶冶。《夜鶯曲》1942 年發表，受到讀者一致好評，作者

大受鼓舞，又把它擴充爲中篇小說，由巴金編入「文學叢刊」出版。《夜鶯曲》是一篇優美之作。

　　和盧靜一樣寫空軍戰士的還有馬爾俄，他有短篇《颶風》寫英、美空軍聯合作戰的故事，充滿強烈的英雄主義色彩。蒙樹宏評價說：「《颶風》則重視刻畫人物性格的複雜性及其變化發展，寫得眞實可信。」〔註2〕《颶風》發表在《文聚》上，後來，作者以《颶風》作爲短篇小說集的書名，列入《文聚叢書》出版計劃，可見這篇小說在當時的影響和作者對它的看重。

　　另一篇小說《逃去的廚夫》也是一篇優美之作。小說寫一個怕槍者精神變化的故事。主人公廚夫的父親曾做過賊頭，殺過很多人，後來放下屠刀，帶著妻兒到遠處種田爲生。一天他驗槍走火而死。因此廚夫對槍極度恐懼。他被徵到部隊，神經緊張得難以忍受。敵人從大鵬灣登陸，「我」和他所在的部隊被調往廣州增援前線。一天早上，發現他不在了，找回來後被看守。夜裏，敵炮亂想，他嚇得像瘋子一樣怪叫。有一天抓回兩個日本兵，讓他做飯給俘虜吃，他不肯，有人用槍嚇唬他，沒想到他寧死不做飯。有一天，「我」問廚夫：「你還想逃嗎？」不意問出一個秘密：昨晚逃過，過河時發現一具女屍，胸上有槍眼，又跑回來了。從此部隊不再看守他。可是廚夫又逃了，且沒再回來。部隊奉命撤退，「我」被調到江東一個民團做領導，不意廚夫在民團裏打鬼子。他講述了自己後來的經歷：逃回家，家園一片瓦礫，全村人都被鬼子殺了，仇恨燃胸，進了民團，再也不怕槍了。「我」問他還記不記得父親的故事，他說「記得」，但「以後不要再提」。小說對廚夫的性格描寫十分眞切。他開初極端怕槍，中間有所轉變，後爲復仇，竟不怕槍。槍在他心目中是一個情結，深仇大恨解開了他的情結。他雖然怕槍，以致臨陣逃跑，聽到炮聲會瘋叫，但他明白是非，懂得民族大義，先是不給日本俘虜做飯，後來自願參加民團，常破壞敵人的交通線。他熱愛親人，逃跑的另一個原因是「我還有一個妻和一個兒子在家」。他在脫逃途中看到一具女屍，「想到我的女人，也許就是她」，又悄悄回到前線部隊。最終他逃走也是想看看家人。當「家早已變成瓦礫，再看不見一個人」，他參加了抗日組織。這一切的發展變化順理成章，廚夫的形象也就刻畫得栩栩如生。這篇小說不像他的《爐邊的故事》、《網》等作品的散文筆調或者交代故事，而是集中寫人，所以人物形

〔註 2〕蒙樹宏：《雲南抗戰時期文學史》，昆明：雲南教育出版社，1998 年 4 月，第129 頁。

象刻畫成功。小說敘事簡潔，過渡巧妙，語言簡練。除開頭寫父親即廚夫怕槍情結的形成稍嫌長外，其他文字都恰倒好處。小說的結構也很巧妙，以廚夫怕槍的心理為中心內容，結尾落到「父親的故事」上，照應開頭。

馬爾俄作品的中心內容是寫抗戰，寫人民的災難、覺醒、反抗、戰鬥，從多方面反映了中國人民的抗戰精神。所以，每不忘抗戰是馬爾俄作品的內容特色。

李金錫、白煉、田堅

李金錫1940年考入經濟系，和白煉是同班同學。他倆較早參加冬青社活動，發表了不少詩歌、散文和小說，成為西南聯大較為著名的作者。

李金錫較早的小說《晚安，年青的女工們》，寫昆明紡織廠的四個女工的生活。年輕人總是充滿生機的，她們白天各自上班，晚上在宿舍裏說說笑笑，打鬧取樂，氣氛活躍。一天夜裏，小秀回宿舍時，看到幾個人正在打一個女子，走近看看，是文英。原來，文英被引誘，當了娼妓，因沒有伺候好客人，慘遭毒打。宿舍中輕鬆活潑的氣氛從此消失，「咱們這號人，反正命壞，不當女工，就當娼」，大家沉浸在慘淡的命運憂戚中。小說緊扣性格落筆，主要人物小秀聰慧、開朗、活潑的形象躍然紙上。作品的思想稍嫌表層，但寫法上卻有優長，以小秀起，以小秀結，既使故事集中，又能首尾照應。這篇小說是西南聯大文學作品中極少的以工人生活為題材的作品。之後，李金錫又寫了《紡織溫暖的姑娘》，塑造紡織女工的形象。這兩篇小說確定了李金錫是西南聯大作者中寫紡織女工的唯一一人的地位。

《趕馬車的》寫一個汽車駕駛員的人生經歷。當時的汽車駕駛員很稀奇，可如今，英雄落難，趕起了馬車。趕馬車不掙錢，生活日益窘迫，老婆跑了，他心裏很苦。但他自有信念：「日頭不會整天掛在天正當中」，「日頭不會永遠不落」。小說以「我」夜裏乘馬車回城為線索，用馬車師傅講述的方式寫出，故事中包涵著一些人生哲理，並有一種悲涼的情調，筆調有似契呵夫。作者還有《臘月的村鎮》反映農民的困苦和農村人際關係的複雜。

李金錫矚目校外，關心普通人的生活，以題材的廣泛體現出知識分子的社會情懷，尤其是反映紡織工人的生活命運，形成了獨特性。但他的小說大多浮於表面，不能深入地挖掘人物的內心和性格，較少虛構與開掘，藝術魅力稍差。

　　白煉的小說集中寫日軍侵略下中國人民的苦難生活。《恨》描寫日本侵略軍造成一家人的悲慘遭遇：「我」去找同學，遇到一個聰明伶俐的九歲小女孩。她本是鎮江人，父母開糧店，生意很好。兩年前，日寇入侵，父母帶著一家人逃難。路上，哥哥病死了，父親和姐姐被日本飛機炸死了，妹妹下落不明，媽媽帶著她逃到昆明，把她送進兒童教養院，自己開起了米線攤。母親聽說女孩生病，一急就瘋了。後來病好了，但米線生意很差。昨天，她又瘋了。「我」看著聰明的小女孩，酸從中來，「我」彷彿又聽到她先前所唱的清脆歌聲。小說以集中的筆墨反映出戰爭中人民的苦難，語言明快，故事真實感人。

　　另一篇小說《賣水漢》仍然以「我」為敘述者，講賣水漢的故事，筆力集中，人物形象突出。當時，昆明的自來水覆蓋面很小，市民飲用井水，一些有錢的人或無力挑水者便賣水為生，於是市裏出現了挑水工這個職業。挑水工全是力氣活，掙錢很少，又得不到尊重，很苦的。小說裏的賣水漢性格剛強，極少說話。他本是人力車夫，兩年前，日本飛機炸死了他一家人，炸毀了房屋和車，他無路可走，當了賣水漢。小說筆力集中，故事引人，形象突出，語言流暢，是一篇優秀作品。

　　白煉長於講故事，作品往往以「我」為敘述者，增加了故事的可信度。作品在故事中刻畫人物性格，表達思想感情，有一定深度。作品語言老辣，有表現力。照此發展，作者的小說創作是有前途的。可惜作者後來沒再創作，一顆希望之星消失了。

　　同樣揭露日軍罪惡的是老社員田堃。田堃發表的第一篇小說《虛驚》反映日本侵略了使許多人失去了家園和生存資源，逼民為盜，社會治安不良的現象。西南聯大建在城外，不時遭土匪威脅。《虛驚》寫一天夜裏，聽說土匪將來，同學們的緊張心情。另一篇《鹽》揭露日本侵略造成老百姓連鹽都吃不上的苦難生活。小說主題鮮明，人物心理清晰，形象逼真，且筆法簡練，與《虛驚》相比，有很大的進步。

　　《這就回到家了——紀念春妹》是一篇力作，講述一家人逃難外地後，思家心切，又千辛萬苦奔回老家，路上損失了財物、丟失了愛女的悲慘故事。主人公住在黃河北面，日本軍隊打來，他帶著家人逃到安徽，「可是蘇州的退卻，南京的失守，戰爭像一把順風的野火，即刻撲到他做事的安徽來」，他又帶著全家逃到四川邊界的小城。敵人的踐踏下的老家，還有哥哥一家，有房

子，有財產，他們日夜思念，寢食不安。三年後，帶著妻子、九歲的春妹和三歲的皖生回家，一路勞頓不說，到了黃河邊，貴重東西被負責檢查的日本兵搶走，過河去城裏投親，親戚被逼死了，轉車回家，車上日本兵爭座位，打了他的妻子。快到家時，車外突然出現了日本兵，前面的車廂「轟」的一聲被炸了，火勢襲來，車廂裏一片混亂，他們擠到車下，卻不見了春妹！他復奔上車，什麼也看不見，喊春妹，春妹不應。他倒下了。醒來時，躺在醫院，哥哥站在他床前，可春妹，再也見不到了……。這是一個令人撕心裂肺的故事！日本侵略者造成了中國人民慘重的災難：城市被燒，火車被炸，生產停頓，景象蕭條，人民生命不保，文化創造被毀壞一空！逃難悲慘，回家更遭殃。小說採用逃難者回家這一巧妙情節，揭露了日本侵略軍作惡，反映了敵占區人民的痛苦，構思獨到，主題深刻。

田堃落筆不忘抗戰，作品從多個方面反映了日本侵略下中國人的痛苦生活，把日本侵略軍打出去，這是他作品的總主題。他不僅用作品宣傳抗日，而且親自上前線抗擊侵略者。這成了他散文作品的主要內容。

2007 年 7 月 24 日初稿成都西南民大

文聚社的詩歌創作*

【摘要】本文認爲，詩歌是文聚社創作中成就最高的文種。在文聚社刊物上發表詩歌的作者有馮至、卞之琳、李廣田、程鶴西、楊剛、姚奔、李慧中、趙令儀、穆旦、杜運燮、羅寄一、陳時、許若摩等，在他們的作品中，可以稱爲 20 世紀中國文學代表作的有《十四行六首》、《詩八首》、《讚美》、《滇緬公路》等。由於論題和篇幅所限，本文選取文聚社社員的代表作品《讚美》、《詩八首》、《滇緬公路》、《詩六首》等進行分析，所得觀點多爲新論，有的則在此前研究的基礎上深化了對於作品的理解和認識。

【關鍵詞】西南聯大、文聚社、詩歌、研究。

由於文聚社社員和多青社社員交叉，無法區分兩社同一時期的作品，只好以不甚科學的外在條件爲依據，認定文聚社的刊物上發表的作品爲文聚社所有，而把文聚社刊物以外的作品劃歸多青社名下。情知這種方法讓文聚社吃了虧，也只好如此。

詩歌是年輕人最喜歡的文學體裁。在文聚社刊物上發表詩歌的西南聯大學生是穆旦、杜運燮、羅寄一、陳時、許若摩等，老師有馮至、卞之琳、李廣田等幾位，校外作者爲趙令儀、姚奔、李慧中、程鶴西、楊剛等。詩歌形式還包括了散文詩。由於本課題以校園文學爲研究對象，主要關注文學社團及其社員的作品，對老師和校外作者的作品只好割愛不論，儘管這些作品的成就較高。

---

* 本文原載於《西南民族大學學報》2009 年第 8 期，原題《文聚社的詩歌創作初論》。

《讚美》

文聚社的開篇之作是《讚美》。

《讚美》在西南聯大文學發展史上是一篇特出的作品，它宣告了一種新的美學觀念的誕生，並把一種新的藝術風格推向成熟，因此，此詩在西南聯大文學史上具有重要地位。

《讚美》抒寫了民族的深重苦難：貧瘠的土地，乾燥的風，憂鬱的森林，荒涼的沙漠，坎坷的小路，陰雨的天氣；說不盡的災難，道不完的悲哀，難忍耐的飢餓，不可知的恐懼，綿綿不絕的呻吟，無邊無際的等待；數千年歷史的重壓，若干代祖先的恥辱，希望和失望的交替，犁頭和鋤頭的輪番，粗糙而佝僂的身軀，看著自己溶進死亡……，農民的也是民族的痛苦實在是太多了！從魯迅筆下的閏土到茅盾筆下的老通寶再到葉紫筆下的雲普叔，我們可以從他們的形象中看到以上的部分或者主要內容，但沒有一個形象承載著如此廣博的歷史和民族的內涵。穆旦不僅看到了民族的痛苦，而且看到了民族的覺醒，這才是《讚美》的思想光芒和時代意義所在。我們的民族沒有被深重的災難壓垮，並且在極度的忍辱負重中蘊蓄著巨大的力量，他們在苦難中、在恥辱裏、在憂患下擡起頭來了！詩歌以「一個民族已經起來」作為每一節的結尾，形成音樂主旋律的迴旋效果，產生出強烈的藝術力量。這聲音不是綿綿不絕的瀟瀟春雨，而是雄渾的具有震撼力的轟隆隆的春雷。穆旦曾經從長沙步行 3000 里到達昆明，又在蒙自的田邊住過數月，再在昆明城外讀書、教書，見過許許多多農民，懂得他們的掙扎與繁衍，瞭解「那曾在無數代祖先心中燃燒著的希望」，而且深知「這不可測知的希望是多麼固執而悠久」，〔註 1〕才能寫出這樣深刻的作品，才能迸發出「一個民族已經起來」的歡呼。

這首詩讓我們感覺到作者思想感情的移位。這些高居文化殿堂的大學生，被戰爭推到社會底層，瞭解到民間的生活、認識了民族的苦難與偉大，思想感情逐步從上層社會轉向民生底層。這是一個了不起的變化，是抗戰文學的堅實根基。劉兆吉湘黔滇步行一路採集民歌，林蒲寫《湘西行》，聞一多從「愚魯、遲鈍、萎縮」的外表下，看出鄉下人「每顆心裏都有一段驕傲」，〔註 2〕

〔註 1〕穆旦：《原野上走路──三千里步行之二》，《穆旦詩全集》，北京：中國文學
　　　　出版社，1996 年 1 月，第 84 頁。
〔註 2〕聞一多：《〈西南采風錄〉序》，《聞一多全集》，武漢：湖北人民出版社，1993

都是思想認識轉變的證據。但此前沒有一個人像穆旦這樣以江河奔流般的感情，用急雨般的語言傾吐出對於那些粗糙骯髒、痛苦乾癟的農民的大海一樣的深愛：「我要以一切擁抱你，你，／我到處看見的人民阿，／在恥辱裏生活的人民，佝僂的人民，／我要以帶血的手和你們一一擁抱。」

如果說，此前穆旦的詩以描寫生命個體心靈的緊張劇烈著稱的話，這之後穆旦的創作道路更寬廣了。在南荒文藝社時期，穆旦和趙瑞蕻等探索一種散文體的詩歌，穆旦的《防空洞裏的抒情詩》、《一九三九年火炬行列在昆明》，趙瑞蕻的《昆明底一個畫像——贈新詩人穆旦》等即是探索的結晶，但在這些詩中，詩人的技法還較生澀。穆旦再經過《從空虛到充實》、《玫瑰之歌》、《在寒冷的臘月的夜裏》、《華參先生的疲倦》、《小鎮一日》等的試驗，到了《讚美》，這種詩體和藝術風格成熟了。我們還注意到，1940 年穆旦發表評論《他死在第二次》，肯定了艾青「詩的散文美」主張，並且認為「我們終於在枯澀呆板的標語口號和貧血的堆砌的詞藻當中，看到了第三條路創試的成功」。〔註 3〕可見，穆旦的散文體詩歌的探索不僅有創作實踐，而且有理論思考，他獲得成功也就不奇怪了。

《讚美》是文聚社衝鋒陷陣的先鋒，是文聚社和穆旦前進的旗幟，同時也應該是 20 世紀中國文學的一面旗幟。

《詩八首》

穆旦的貢獻在於不斷的創造，不斷為中國文學推出新的精品。

他發表在《文聚》的《詩》（即《詩八首》）和《讚美》一樣，被學術界推為 20 世紀中國文學的代表作品。但《詩八首》和《讚美》完全不是一路詩歌，它們表現出截然不同的思想和藝術風格。《讚美》的思想感情外露熱烈，讀來易懂，《詩八首》則內斂深沉，難以理解。因此，許多解詩者包括一些著名學者都為《詩八首》作過解讀。

穆旦自己說：《詩八首》是一組愛情詩，「那是寫在我二十三四歲的時候，那裏也充滿了愛情的絕望之感」，並在奧登的《太親熱，太含糊了》一詩旁作了這樣的注解：「愛情的關係，生於兩個性格的交鋒，死於『太親熱、太含糊

年 12 月，第 194 頁。

〔註 3〕穆旦：《他死在第二次》，《穆旦代表作》，北京：華夏出版社，1999 年 10 月，第 160 頁。

的』俯順。這是一種辯證關係，太近則疏遠，應該在兩個性格的相同與不同之間找到不斷的平衡，這才能維持有活力的愛情。」〔註4〕這是我們理解這一組愛情詩的鑰匙。我們看到，在這一組愛情詩裏，通常的感情的纏綿與熱烈、顧戀與相思的描寫全然不見，有的是理性的思考，哲理的分析和深刻而又劇烈的矛盾衝突。這裏引幾位詩評家的話對這組愛情詩加以論述。

藍棣之說：「《詩八首》所寫的，是愛情生活不可克服的深刻矛盾和把愛情作爲一個生命階段來看待的愛情觀念。……彷彿他寫詩是爲了提醒自己：愛情中充滿了克服不了的煩惱，而且是短暫並且最終是虛無的，以使自己從中擺脫出來。」〔註5〕的確，照這樣的理解，《詩八首》「太冷漠」了。但這組詩所表達的愛情，有災難、有恐怖、也有矛盾、有衝突，還有驚喜、有沉迷，更有安憩、有平靜。在詩人看來，愛情是極其複雜，極其豐富的心靈和生命的過程，是上帝「給我們豐富，和豐富的痛苦」的一種方式。的確，「豐富，和豐富的痛苦」之語緊接著《詩八首》創作的《出發》中寫出，有助於理解《詩八首》。孫玉石和鄭敏都把《詩八首》看作一個有機的整體。孫玉石認爲：第一首寫愛情初戀的時候，一方愛的熱烈與另一方的冷靜之間所形成的矛盾；第二首寫「你」「我」的愛逐漸變得成熟起來，由擺脫理性的控制而開始進入熱烈的階段；第三首寫已經達到「豐富而且危險」的境界，「你我」完全超越了理性的自我控制之後，愛情熱戀的時刻到來，「你我」之間才獲得了愛的狂熱與驚喜；第四首進一步講兩個人進入真正的熱戀之後，在一片寧靜的愛的氛圍中，所產生的種種複雜的情感的表現；第五首是愛情的交響樂章，在這裏進入了轉折之前的寧靜部分的抒情；第六首繼續上一首的熱烈後產生的寧靜的思緒，進入了一種更深入的哲學的思考；第七首寫經過愛的熱烈，也經過愛的冷卻後的生命的愛情，才能夠變得如此的成熟而堅強，使它成爲獨立生長的生命，成爲相愛者的「你我」戰勝一切恐懼與寂寞的力量的精神支點；第八首奏出人類生命的真正的愛情，也是詩人「你我」自己的「我們的愛」的「巨樹永青」的贊歌。〔註6〕顯然孫玉石是把《詩八首》看作

〔註4〕 穆旦語，轉引自郭保衛：《書信今猶在，詩人何處尋》，《一個民族已經起來》，南京：江蘇人民出版社，1987年11月，第177～178頁。

〔註5〕 藍棣之：《論穆旦詩的演變軌跡及其特徵》，《一個民族已經起來》，南京：江蘇人民出版社，1987年11月，第62頁。

〔註6〕 孫玉石：《穆旦的〈詩八首〉解讀》，《中國現代主義詩潮史論》，北京：北京大學出版社，1999年3月。

描寫愛情不斷發展攀升的過程的交響詩，是愛情由初戀到成功，最後走向「平靜」的贊歌。鄭敏更注重這組詩所表現的幾種愛情的力量的矛盾鬥爭與情感的起伏變化。她認為：《詩八首》「是一次痛苦不幸的感情經歷」的描述，「全組詩貫穿著三股力量的矛盾鬥爭。這三股力量是『你』『我』和代表命運和客觀世界的『上帝』。上帝在這裏是冷酷無情的，他捉弄著這對情人，而就是在『你』『我』之間，也是既相互吸引又相排斥的，他們之間有著不可逾越的距離，而又有著強烈的吸引力。」組詩的「主題是既相矛盾又並存的生和死的力，幸福的允諾和接踵而至的幻滅的力。」〔註7〕我以為，鄭敏的分析更切合組詩的實際一些。組詩所寫的愛情經歷並不是線性發展的過程，而是充滿了性格的交鋒並在他種力量的「玩弄」中尋求平衡的過程，其中所寫的矛盾、痛苦、鬥爭、擁抱、背離、生長、定型、飄落，讀來令人心靈震顫。

關於這組詩的獨特性，王佐良肯定了它的哲理化，「使愛情從一種欲望轉變為思想」，「把現代青年知識分子的愛情特點……突出出來」，評價說：「這樣的情詩在中國的漫長詩史上也是從未見過」。〔註8〕袁可嘉則通過比較突出了穆旦情詩及其《詩八首》的特點：「新詩史上有過許多優秀的情詩，但似乎還沒有過像穆旦這樣用唯物主義態度對待多少世紀以來被無數詩人浪漫化了的愛情詩。徐志摩的情詩是浪漫的，熱烈而纏綿；卞之琳的情詩是象徵派的，感情沖淡而外化，可意會而不可言傳；穆旦的情詩是現代派的，它熱情中多思辨，抽象中有肉感，有時還有冷酷的自嘲。」〔註9〕這些評價都較為恰當。

《詩八首》在形式上不同於《讚美》，是一組較為整齊的詩歌，體現出穆旦詩的另一種風格特色。

對於《詩八首》的思想和藝術的闡釋遠沒有結束，如同歷史上最優秀的文學作品那樣，《詩八首》將會被一代又一代人闡釋下去。《詩八首》的魅力沒有窮盡之日。

〔註7〕 鄭敏：《詩人與矛盾》，《一個民族已經起來》，南京：江蘇人民出版社，1987年11月，第34、38頁。
〔註8〕 王佐良：《穆旦：由來與歸宿》，《雲南文史資料選輯》第34輯，昆明：雲南人民出版社，1988年10月，第330～331頁。
〔註9〕 袁可嘉：《詩人穆旦的位置》，《一個民族已經起來》，南京：江蘇人民出版社，1987年11月，第14頁。

　　穆旦除《讚美》和《詩八首》外，在文聚社的刊物上還發表了《春的降臨》、《合唱二章》、《線上》和《通貨膨脹》等。這幾首詩也是經常被論者談起，爲新詩提供了多種經驗，經得起多方分析的優秀作品。

《滇緬公路》

　　《滇緬公路》也是文聚社的詩歌傑作。

　　滇緬公路穿梭在滇西高原的崇山峻嶺中，像一條巨龍，擡頭時與藍天親吻，俯身時到江流飲水。太平洋戰爭後，海上交通被截斷，它成了中國唯一的一條國際大通道，歐美援華物資由它輸入，它「送鮮美的海風，送熱烈的鼓勵，送血，送一切」，支持了中國抗戰。要知道，這條巨龍是滇西人民（主體是農民）在沒有機器幫助的條件下，憑一雙肉手，在懸崖峭壁和溝澗河谷中摳出來的通衢大道！面對如此偉大的工程及它的巨大貢獻，杜運燮傾其熱情進行了歌頌：「這是不平凡的路，更不平凡的人：／就是他們，冒著飢寒與瘧蚊的襲擊，／（營養不足，半裸體，掙扎在死亡的邊沿）／每天不讓太陽占先，從匆促搭蓋的／土穴草窠裏出來，揮動起原始的／鍬鎬，不惜僅有的血汗，一釐一分地／爲民族爭取平坦，爭取自由的呼吸」，「看，那就是，那就是他們不朽的化身：／穿過高壽的森林，經過萬千年風霜／與期待的山嶺，蠻橫如野獸的激流，／以及神秘如地獄的瘧蚊大本營……／踩過一切阻礙，走出來，走出來」，「它，就引著成群各種形狀的影子，／在荒廢多年的森林草叢間飛奔：／一切在飛奔，不准任何人停留，／遠方的星球被轉下地平線，／擁擠著房屋的城市已到面前，／可是它，不能停，還要走，／整個民族在等待，需要它的負載。」詩人對於滇緬公路和修路人縱情禮讚，其思想感情與穆旦及其《讚美》相一致，《讚美》從苦難而沉默的老農身上看到「一個民族已經起來」，《滇緬公路》則歌頌「他們」「給我們明朗的信念，光明閃爍在眼前」；《讚美》預示著民族解放與興旺的偉大力量，《滇緬公路》則感到「一種聲音在響，一個新世界在到來」，號召「放聲歌唱吧，接近勝利的人民」。這樣說來，似乎《滇緬公路》比《讚美》更有思想亮度。兩首詩發表在同一期《文聚》上，其寫作時間前後相差不遠，都在抗日戰爭極其艱難的時期，作者能從人民群眾之中看到勝利的力量和希望，已表現出深遠的思想眼光。我在這裏要特別肯定的是作者的思想立場，他們把視線移出廟堂，轉向民間，自覺而深情地向農民行禮，是由對個人主義的信仰移就人民大眾的表現。這

種思想觀念的堅實，從兩位詩人在寫作了各自的詩歌不久，都參軍上前線，抗擊日本侵略軍的行動中也可以得到確認。

《滇緬公路》發表不久，朱自清即在課堂上評價介紹，後又在《詩與建國》一文中把它作爲「現代詩」的例子加以分析；聞一多編《現代詩抄》把它選入其中。這兩位大家的肯定和鼓勵，一方面緣於詩的思想感情傾向，另一方面緣於詩的藝術表現。

這首詩把滇緬公路寫動了，寫活了。一條默然無言、沒有生命、不會做動作的公路，被作者賦予了活力：「滇緬公路得到萬物朝氣的鼓勵，／狂歡地引負遠方來的物資，／上峰頂看霧，看山坡上的日出，／修路工人在草露上打欠伸，『好早啊！』」滇緬公路「傾聽村落裏／安息前歡愉的匆促，輕烟的朦朧中／洋溢著親密的呼喚，人性的溫暖，／然後懶散地，沿著水流緩緩走向城市。」這是擬人。詩歌賦予它的主要動作是「負載」和「走」：「踩過一切阻擋，走出來，走出來」，「走向城市」，「還要走，還要走」，「在荒廢多年的森林草叢間飛奔」。在「走」，在「飛奔」的路，絕無呆板死沉之感。詩歌還用一連串繁密意象寫滇緬公路的多面形象：「看它，風一樣有力，航過綠色的原野，／蛇一樣輕靈，從茂密的草木間／盤上高山的脊梁，飄行在雲流中，／儼然在飛機的座艙裏，發現新的世界，／而又鷹一般敏捷，畫幾個優美的圓弧／降落到箕形的溪谷」。這樣的「公路」自然不會讓讀者看而乏味了。可見，作者的藝術手法是高妙的。

《滇緬公路》同樣被列爲 20 世紀中國文學的優秀作品之一。

除《滇緬公路》外，杜運燮在文聚社的刊物上發表的詩歌還有《馬來亞》、《恒河》、《歡迎雨季》、《一個有名字的兵》等。這幾首詩都各有特點，體現了作者的多方面貢獻，一同構成了杜運燮的代表作品。其中的前三首寫的都是外國，可以稱爲國際題材作品。國際題材在西南聯大文學中不多見，它是繼向意之後杜運燮的又一個獨特貢獻。

《詩六首》

文聚社的另一首優秀詩歌是羅寄一的《詩六首》。

羅寄一在西南聯大寫了不少詩，頗有詩名，但他後來寫詩不多，故不爲人們注意。聞一多 1945 年編《現代詩抄》，選入羅寄一的三首詩，其中兩首就是《詩六首》中的第一首和第四首。

　　發表在《文聚》創刊號上的《一月一日》和《角度》慨歎現代人生存的艱難，前一首因除舊換新而引出，「無組織的年月就這樣流」，「多少次艱難而笨拙地／描畫圓圈，卻總是開頭到結尾／那一個點，羈押所有的眼淚和嗟歎」，新年總該有新的希望，但生命的列車總是穿梭在痛苦的山洞裏。後一首從一個角度、普通人的角度觀察生存狀況：「理智也終於是囚徒，／感情早腐爛了」，「有炸彈使血肉開花，也有／赤裸的貧窮在冰冷裏咽氣，／人類幸福地擺脫。彼此間的眼淚，聽候死亡低低地傳遞信息。」兩首詩的調子是暗淡的，反映了知識分子在戰爭的災難歲月裏對於人生的獨特感受，充滿了現代意識。

　　《詩六首》發表時，末尾有注：「Msr. Miniver 影片觀後，三月二十五」，說明這組詩屬於「觀後感」一類文章。但作者用詩的形式表現，就不是一般的觀感議論，而是另有所託了。由於無法知道「Msr. Miniver」影片的內容是什麼，就無法確定此組詩所詠的對象為何。不過，詩裏既沒有出現影片的主人公，又沒有寫出故事發生的地點，甚至沒有留下可以追尋的痕跡，可以斷定，影片只是一個誘因，組詩要表達的是早已存在於作者心中的東西。我認為這組詩是一個有聯繫的由低級到高級的發展過程，其主題是愛情。或許電影就是愛情片。正如穆旦的《詩八首》沒把愛情表現為纏綿、幸福、迷醉、顧盼一樣，這組詩也沒有這樣的感情，但它不像《詩八首》那樣緊張、矛盾、衝突、背離，它基本上是直線發展的，從「面對」到「莽撞」、到「讚美」、到「擁抱」、到「承受」，步步發展完成。《詩八首》和《詩六首》兩組詩相同的是，不同於傳統的愛情詩一往情深或失戀悲痛，而是用理智控制情感，寫出了愛情中的隱晦，表達了清醒的意識和痛苦的感受，只是，《詩六首》沒有《詩八首》的痛苦程度深。在《詩六首》中，大量使用了沉默、眼淚、悲哀、歎息、靜寂、哀愁、焦灼、暗淡、絕望、嚴酷、寂寞、寒冷、恥辱、厭倦、陰暗、哀痛、悲痛、怔忡、消逝等表達非幸福的情感的詞語，但它沒寫出愛人之間心靈的劇烈交鋒，因此它不像《詩八首》那樣震撼人心。在哲理的昇華與表達方面，《詩六首》亦有《詩八首》的睿智：「我將更領悟血與肉的意義」、「幸福與哀痛在永久的意義裏激蕩」。《詩六首》的最大思想價值在於揭示愛情的「承擔」：「上帝莊嚴地說：『你要承擔』」，「讓我們時時承受人類的尊嚴，／我們底生命將是它不息的噴泉」。《詩六首》中的一些句子是相當機智深刻的，例如：「你底眼睛將為我設榻安臥，／監護我夢中隕落

的怔忡」，「你底風姿綽約的形影，／直趨我燃燒而彌漫的靈魂」。從以上分析可知，羅寄一接受了西方現代主義詩歌的影響，他的詩歌具有濃重的現代派因素。

儘管與穆旦的《詩八首》相比，《詩六首》有些黯然，但《詩六首》仍不失爲一組好詩。它與《詩八首》特點不同，自有突出之處。因此，《詩六首》在西南聯大的詩歌中應爲上乘。

《商籟》和《悲劇的金座》

文聚社推出的西南聯大學生詩人還有許若摩和陳時。

許若摩在《文聚》上發表了兩首十四行詩，題名《商籟》，詩歌的前兩節各四句，後兩節各三句，每句均爲十一字，看上去整齊勻稱，相當規整。十四行是西南聯大較爲通行的詩體，許多師生都運用過，這兩首詩可爲成功的例子。詩歌吟詠宇宙人生，寫得奇幻迷離，例如第一首開頭一節：「跨上無形的翅翼飛入靜朗，／是一聲兩聲清脆的笛音吧？／來自輕妙清瑩綣戀的羽間，／讓歡悅突然浮映上了臉頰」；第二首末一節：「對著水面底漪漣於是哀沉，／哀沉於自身底繾綣的病魂，／但願自身也隨同光影而滅」。詩中所寫多爲心靈的感受，多爲幻想奇景。

陳時以詩歌創作爲主，他發表在《文聚》上的是兩首散文詩。第一首《悲劇的金座》感歎人間的悲劇。作者產生了對於人類命運的悲憫和對不良社會的憤怒。由於「我往往是憤怒的瞪大眼睛看著現實的世界」，平日裏「給我快樂、美麗的夢幻和靈感」的古希臘雕像變成了「人生的悲劇的金座」，因爲此刻「我看見古城 Ponpey 的毀滅，我看見古羅馬滅亡，我看見巴黎的陷落，北平的陷落……」作者「憤怒得顫栗」，「要打碎這社會的黑暗」。但是，「每當我想衝出去的時候，我往往陷在自己的悲劇中」。這「自己的悲劇」就是只有思想而無行動，每次想衝出去時都迷戀書齋生活，只能看著「悲劇的金座」流淚。第二首《地球儀》表達的也是這種痛苦情懷：「我的眼淚滴在地球儀上，浸流過好幾個城市。」陳時感染了現代青年的深沉痛苦，以致不能自拔。其作品對我們認識長於思想、短於行動的現代知識分子有作用。

詩歌是文聚社文學成就的代表，作品較多，以上只講了幾個西南聯大學生的代表作品，對於他們的其他作品未作評介，而老師和校外作者的作品則隻字未提。此中原因，本文開頭已作過說明。雖然本文只論了文聚社刊物上

的學生詩作，我們也可以看出，文聚社創作了 20 世紀中國詩壇上的一些優秀
作品，《詩八首》、《讚美》、《滇緬公路》等即爲代表。這些詩不僅從一個方面
表明文聚社是西南聯大的一個優秀社團，而且奠定了文聚社在中國現代文學
史上的地位。

2007 年 6 月 28 日初稿於成都西南民大

新詩社的詩作*

【摘要】新詩社是西南聯大以「詩社」命名的第二個學生社團，在聞一多的指導下，新詩社致力於朗誦詩的創作，在西南聯大文學中獨標一格，成為抗戰及其以後中國朗誦詩的一種新因素。其代表詩作是聞山的《山，滾動了》，何達的《舞》、《我們開會》、《圖書館》等，何達是新詩社最成功、最著名的詩人。俞銘傳及其詩作的存在，證明新詩社也是多元的。創作表明，在西南聯大和中國現代文學史上，新詩社是一個具創作實力和特色的社團。

【關鍵詞】西南聯大、新詩社、朗誦詩、何達。

新詩社的詩基本上是朗誦詩（包括歌詞），詩的選材是大家所關心的社會或政治問題，詩的藝術表現有一些共同的特點，即淺顯通俗、節奏強烈、情緒激昂，不乏直陳呼告，因此，他們走的是大眾化的詩歌道路，他們重視詩歌的興、觀、群、怨，用詩歌去鼓動群眾，激發力量，並使之化為行動。這在西南聯大文學中是獨標一格的。新詩社的作者較多，成就較高的有幾位：

聞山，原名沈季平，因寫了一首關於山的詩得到聞一多的讚賞而以「聞山」作筆名。他於 1943 年考入外文系，曾參加中國青年軍赴印緬作戰，後隨校復員入清華大學。聞山的詩保存下來的僅有《山，滾動了》一首：「山，拉

---

* 本文原載於《成都大學學報》2013 年第 1 期，原題《新詩社三詩人初論》，發表時因篇幅關係有刪節。

著山／山，排著山／山，追著山／山，滾動了！／霜雪爲它們披上銀鎧／山群，奔馳向戰場呵！／／奔馳啊！／你強大的巨人的行列／向鴨綠　黃河　揚子　怒江／奔流的方向，／和你們在苦鬥中的兄弟／長白　太行　大別　野人山／拉手啊！」好大的氣魄、好大的力量！山，憤怒了，「巨人的行列」出發了，無數的山戮力向前，誰能擋得住呢？於是，這位 17 歲的詩人，在抗日戰爭最艱難的歲月，宣告了中國勝利的消息：「當你們面前的太平洋掀起了勝利的狂濤／山啊！／我願化做一道流星／爲你們飛傳捷報」。有這樣的山，詩人怎能不滿懷信心，準備充當勝利的信使呢？

　　這首詩給人的最初印象是擬人的成功運用。詩把山當作人來寫，賦予山人的感情，面對凶暴殘忍的侵略者，以巨人的身軀「拉著」、「排著」、「追著」、「滾動著」，「奔馳向戰場」，它還與「弟兄」「拉手」前進，靜止的山在詩人筆下變成了行動的山。詩的效果再通過排比推進，山的形象更爲鮮明。開頭四個「山」句的排列，寫出了山的四種動作，動的山一下出現在讀者眼前。排比還使筆墨儉省，詩味突出。再仔細品味，這首詩還有兩點很突出：一是想像奇特，山本是靜止的無感情的物體，詩人把它想像成出征的英雄，「披上銀鎧」，「奔馳向戰場」，而且想像山能夠排成「巨人的行列」，「拉」起「弟兄」的手前進；二是氣勢雄偉，在祖國遼闊的國土上，從東到西，山以整齊的行列，「滾動」「向戰場」，這是多麼宏偉壯觀的景象啊，任何敵人在這樣的氣勢面前都會魂飛魄喪。面對此景，太平洋也興奮得「掀起勝利的狂濤」——又一番雄大壯觀的景象。這首詩可以稱爲抗戰詩的傑作。聞一多把它選入《現代詩抄》後，又被收入《中國新文學大系》等書，成爲中國現代詩歌的代表作之一。

　　白鵠，原名趙寶煦，1943 年從西安一路寫詩到昆明，考入化工系，後轉政治系，是新詩社的發起之一。《夜歌》是一首 40 行的寫景抒情詩，以「夜色是美麗的呀／夜色的世界是美麗的呀」爲主旋律歌唱夜色，立意新穎，受到關注。夜在中國人的審美觀念中向來是不美好的，《夜歌》一反「向來」，讚美夜的美好，具有「反叛性」。詩人選取在昆明常見的景物尤加利樹、仙人掌、睡美人爲意象進行描述，抒寫出它們在「朦朧的夜色裏」的美：「夜色／在周身遍訂著針刺的仙人掌上／在朦朧裏／多情地笑了。」那座「古希臘雕塑臥像」應該是滇池邊的西山「睡美人」。睡美人是大自然雕塑在昆明的最美的傑作，每一個到昆明的人都會爲之擊節讚歎。睡美人被朦朧的夜色塗飾，

更加迷人，詩歌用整整三節大加讚賞。作者賦予夜色的主體感情是溫柔，高高的尤加利樹是溫柔的，渾身長刺的仙人掌也是溫柔的，西山睡美人更其溫柔。溫柔的感情基調在朦朧中才倍加突出，因此作者非常喜愛這朦朧的夜色，希望它能保持下去，並在朦朧中盡情地欣賞夜的溫柔，詩歌結尾說：「而太陽升起的時候／還遠哪！」作者不是不喜歡太陽，而是怕太陽會破壞夜色的美。美麗的事物需要美的心靈去發現。詩人從習以爲常的事物中，從傳統的「丑」中發現了美，這就是創造。

如果說聞山和趙寶煦的詩歌朗誦出來，知識分子能夠聽懂的話，俞銘傳的詩則不能朗誦。他雖然是新詩社的一員，但他所走的詩歌道路與新詩社大相徑庭，是現代派的道路。俞銘傳詩歌的取材不是朗誦詩人喜愛的政治，而是能夠體現現代文明和時代色彩的機械化和商業。《夜航機》和《壓路機》是兩首較著名的詩，一詠天上的機械，一詠地上的機械，表現的不是什麼「詩意」和感情，而是詩人的觀感和思考。《金子店》和《拍賣行》也是名詩，寫商業的情況和買賣的行情。《金子店》寫金價的暴漲和「拜金」者的心理，十分生動。《拍賣行》寫店裏的物品——「失寵的尤物」的命運，諷刺深刻。《拍賣行》雖然作爲新詩社的代表作發表在《詩葉之七》上，但它仍然不是爲朗誦而作的，這說明新詩社的早期，風格多種多樣。

俞銘傳的詩歌屬於收不到朗誦效果的現代詩，詩歌不僅聽不懂，有的甚至不易看懂，詩中那些名詞、術語、典故（而且多爲外國的）、外文、意象、隱喻、暗示、言外之意等，必須經過思考才能弄懂。俞銘傳雖然是新詩社的代表詩人之一，但他沒有沿著新詩社的朗誦詩道路前進，而是停留在新詩社的前期，並且發展成西南聯大後期現代主義詩歌的代表詩人。

與俞銘傳的道路不同，尹洛則出抒情詩逐步轉向了朗誦詩的創作。尹洛，原名尹落，筆名還有伊洛、沙珍等。1944 年，尹洛從重慶到昆明，也是一路寫詩進入歷史系，隨後參加新詩社活動的。西南聯大的新鮮和明朗使他興奮不已，情不自禁地喊道：「這新天地／這新天地呀／我將是你中間的一個人」（《新的呼吸》）。不幾天，他又信筆寫出了《朝陽花》，詩歌把小孩、鮮花、太陽三種形象疊印在一起，構成一幅美不勝收的畫面：小孩仰望著朝陽花的金花環，朝陽花仰望著溫暖的太陽；朝陽花得到了太陽的恩惠，又把光明的種子撒向小孩的心田。不過，詩人的心情很快就不那麼「單純」了。《給詩人》努力寫出「這時代」對於一個「眞正的詩人」的要求：是一個農人、工人、

兵士或學生，是鼓手或號兵，寫詩也不再是編織「桂冠」，詩歌是「烟火」、「炸藥」、「槍刺」、「蒺藜」，詩人要以詩歌爲武器，去和群眾一起開闢「將來的世界」。這首詩已體現出人民性的思想，重視詩歌改造社會的作用，同時也流露出「非藝術」的思想迹象。這首詩可以看作詩人文藝思想的轉折。其後，尹洛致力於朗誦詩的創作。「一二·一」慘案發生，尹洛連續寫了一些朗誦詩作爲「烟火」、「炸藥」、「槍刺」、「蒺藜」投向戰場。在許許多多的悼詩中，《血的種子是不會死亡的》具有代表性，詩歌既歌頌死者永生，又告慰死者：生者將繼承遺志，表達了大家的心裏話，因此，詩歌被節錄鐫刻在「四烈士」紀念碑的《悼詩錄》上，激勵後人。

本爲多青社的骨幹，又參與發起新詩社的蕭荻，也是由「閱讀詩」轉向朗誦詩的。蕭荻原名施載宣，1939 年進西南聯大，初讀化學，後攻歷史，1946年畢業。他經歷豐富且多才多藝，是文藝活躍分子。1943 年，盟軍抗擊日本侵略軍的印緬大反攻開始，作者異常興奮，作《雲的問訊》，借印度上空的雲表達歡快的感情。這時的蕭荻走著現實主義道路，風格樸實，淺顯易懂。這樣的詩風容易邁向朗誦詩。他確實把這時的詩帶進了新詩社：《詩葉之七》上刊登的《最初的黎明》寫於 1941 年，《祝》寫於 1943 年，並非新詩社時期的創作。到了 1945 年 6 月，蕭荻寫出了較爲成熟的朗誦詩《保證——給屈原》，歌頌屈原的人格和堅持眞理、敢於反抗的精神，歌頌他的死和詩作的意義，並向這位「歌者的先鋒」「提出保證」。詩歌把「我們」和屈原對比，突出了屈原的偉大，但也不輕視「我們」的作用。詩歌力求通俗明白，節奏有力。受到「一二·一」運動的激發，他的詩成爲大眾思想的承載體和傳播器，實現了詩歌大眾化，《不僅是爲了哀悼》和《繞棺》就是這方面的代表作。

蕭荻走著一條由「個性化」現實主義到「大眾化」現實主義的道路。大約被大眾「化」了，1945 年以後他沒有寫出好詩，1948 年他在整理舊稿時痛苦地發現：「這黑鴉鴉的一片／是謊言，是囈語，帶著病菌／沒有價值，全不是詩」，(《詩——整理舊稿有感》) 於是他放棄了詩歌創作。蕭荻的道路值得我們深思。但他畢竟當過詩人，他的一些好詩，如《寄別》、《往事——憶蕭珊》、《雲的問訊》、《樹與池水》等還是值得一讀的。

「一二·一」的確是朗誦詩的催生素。面對惡魔的殘暴和同學的鮮血，哀悼、控訴、戰鬥之情猛然爆發，而詩歌正是表達這種感情的最好載體，因

此，朗誦詩大量地產生了。新詩社一年多來苦心探索的朗誦詩遇上了最好的展示機會。有人說：「時代不幸詩家幸。」這話雖不是真理，確有符合實際的因素，新詩社此時大顯身手，創作了數量眾多的朗誦詩。

沈叔平 1942 年進入政治系，運動中他寫了《欺騙》、《悼潘琰》、《奠與控告》三首詩，從不同側面，表達了對於「一二‧一」運動的態度和感情。

因蔯的身份無人知道。《詩葉之七》上刊登的《原始》，讚美早晨是「一張從未被修改過的圖畫」，想像奇麗。他較為著名的是《我們還要趕路——祭烈士》，這首詩控訴現實的黑暗與齷齪，表示自己要像先烈一樣以死去改變現實，不同於一般的悼念詩，所以，被節錄刻在「四烈士」紀念碑上了。

彭允中 1942 年考入師範學院國文系。他的《潘琰，我認識你》和《靈前祭四烈士》具有獨特價值。聞一多殉難後，他寫了《聞一多先生遇害》，把「一二‧一」「明殺」學生和「七‧一五」暗殺教授聯繫起來，控訴了政府的累累血債。彭允中的詩思想明確，詩句有力。

許明的身世也無人知道，他的詩有妙思奇想，注意提煉形象，詩意跳躍，語言凝練，短小精悍，巧妙地表達出獨特的思想，富有美感。《風》、《潮》、《說》都是這樣的詩篇，有人說：「這是宣傳，也是閃光的詩。」〔註1〕

新詩社社員寫於「一二‧一」運動並保存下來的詩還有黃海的《爭回失去的太陽》，繆祥烈的《黨國所賜》、《媽媽，要是你今天還活著》、《給慰勞我的人們》，吳郎沙的《靈活與劍》、《刀》、《送葬》，芳濟的《生命伸向永年》，東方明的《給武裝同志》等。運動中還產生了一種特殊的詩歌——歌詞，既可以唱，又可以朗誦。例如嚴寶瑜的《送葬歌》是「四烈士」出殯大遊行時，殯儀隊哀唱的，也在許多場合朗誦過。

在新詩社社員中，創作成就最高的是何達。何達對詩歌情有獨鍾，用心殷殷，直至以詩為生命，最終在詩歌創作上取得了卓越的成就。詩壇上有「西南聯大三星」之說，「三星」指穆旦、杜運燮、鄭敏，這是就西南聯大現代詩派而言的。西南聯大詩壇還有其他「星」，何達便是其中一顆。何達的貢獻在於朗誦詩。正如西南聯大學生中現代詩的成就以穆旦、杜運燮、鄭敏、袁可嘉等的詩為標誌一樣，何達的詩是西南聯大朗誦詩成就的標誌。西南聯大的朗誦詩創作和朗誦詩運動與何達的名字緊密相連。

〔註 1〕 王笠耘：《詩的花環（代跋）》，龔紀一編《「一二‧一」詩選》，北京：人民文學出版社，1983 年。

　　朱自清認爲，朗誦詩和傳統詩的「根本的不同在於傳統詩的中心是『我』，朗誦詩沒有『我』，有『我們』，沒有中心，有集團。」〔註2〕何達的詩正是「我們」的詩，「集團」的詩。這個「我們」，有時候是「人民」，有時候是「大家」，有時候也是「我」，反正不是作者自己。作者已經融入「集團」，所說的話已是「集團」的意識，作品中的「我」只是「集團」的代言人。讀何達的詩一定要注意這種關係。

　　新詩社追求的全「新」的詩，說穿了，是融合聽者、走向大眾的「人民的詩」，這是西南聯大前所未有的。經聞一多的輔導，新詩社通過一段時間的試驗，逐漸形成了「新」詩歌的觀念，他們努力獲得大眾意識，成爲集團的代言人，在寫詩的立場上，以「我們」代替了「我」。這第一首以「我們」寫成的「新」詩是《我們的心》：

　　　　我們太潮濕了！
　　　　我們太寒冷了！
　　　　把我們的肋骨
　　　　像兩扇大門似地
　　　　　　　　打開！
　　　　讓陽光
　　　　　　直曬到我們的心。

全詩一句一個「我們」。這個「我們」不是新詩社，而是西南聯大的學生。當時，西南聯大的政治熱情還沒有從「皖南事變」後的高壓中復蘇過來，大家互不聞問，熱血青年實在難以忍耐了。所以，何達才會喊出這樣的詩句。這首詩無疑是西南聯大「五四」精神復蘇的先聲。其後，何達寫出了著名的《我們開會》。西南聯大民主空氣復蘇後，會議多了起來。《我們開會》不僅描寫了會議的情形：「視線」「集中在一個軸心」，「背」「砌成一座堡壘」，而且寫出了會議達到的目的：「靈魂」「擰成一根巨繩」，「我們」「變成一個巨人」。雖然這首詩對於開會這個大題目「只寫出了很少的一點」，〔註3〕但它確實抓住了開會的典型形象，大家背向外，注意力集中，目光朝一處看，最終達到思想的統一和精神的團結，收到以少見多，以形象取勝的效果。

〔註2〕朱自清：《介紹何達的詩集〈我們開會〉》，何達著《我們開會》，上海：中興
　　　　出版社，1949年。
〔註3〕清華大學中文系某班學生的意見，轉引自朱自清：《論朗誦詩》，《朱自清全集》
　　　　第3卷，南京：江蘇教育出版社，1996年。

　　以後何達寫的「我們詩」，有《我們》、《霧》、《過昭平》、《士兵們的家信》、《選舉》、《羅斯福》、《瑪耶可夫斯基》、《五四頌》、《民主火》、《我們是民主火》、《寫標語》、《五四晚會》、《圖書館》、《四烈士大出殯》、《我們不是「詩人」》、《舞》、《人民的巨手》、《我們的話》、《無題》、《不怕死，怕討論》、《悼六一慘案三烈士》、《獻給師長們》、《火葬》、《新詩社》等。這些詩，儘管內容不同，風格各異，但有一點是相同的，即屬於某一個「集團」（群體）。作者不是從自我的立場出發去觀察世界，認識事物，而是站在群體的立場，用大眾的眼光去對待人和事，進而表達出群體（「集團」）的思想、願望和意志。這種詩不同於以往表現群體利益的某些詩的地方在於，以往的詩人取一個觀望者的角度去表現群體，何達則將自己融入群體，雖然都是表現群體，但兩種詩對群體的意志和願望的表現程度不一樣。這就是何達所說的：「在／為生存而奮鬥的人們的面前／我／火一樣地／公開了自己」。（《無題》）讀這些詩，你感覺到的，不是詩人在表達自己的思想感情，而是群體在表達「我們」的思想感情。這是何達以及新詩社的自覺行動。當然，從歷史的角度看，新詩社不是先行者，在他們之前，田間已寫出部分大眾詩，在解放區，大眾文藝已成為文學的一個方向了。但在昆明，他們還是先行者。何達自己就說：「今天青年代的詩都在發展這個『我們』而揚棄那個『我』，不管朗誦不朗誦。」〔註4〕由此可以看出，何達詩的特點，新詩社的貢獻以及「我們詩」的創作傾向。

　　何達的「我們詩」同時是朗誦詩。由於朗誦詩反映的應該是當前群體所關心的現實問題，表達的是群體的意願，何達的「我們詩」基本上都被朗誦過，有的如《五四頌》、《圖書館》等被多次朗誦，成為「最尖銳、最猛烈的／武器／最高大最新式的／工廠」。（《瑪耶可夫斯基》）詩朗誦一定是針對一定的群體，在一定的場合中進行的。群體的思想傾向不同，文化修養不同，詩朗誦的效果也不同，即使是同一群體，在不同的場合朗誦同一首詩，效果也會不同。上列何達的個別詩，寫的不一定是政治問題，但由於是當前大家熱心的事並在特定的環境朗誦，效果也是相當好的。我們今天無法再現當時的情境，只能展開想像。譬如《舞》一首，我們想像在一片原始森林裏，在熊熊燃燒的篝火旁，在鼓聲的強烈節奏中，一群赤裸的青年男女，狂熱地跳

〔註4〕何達語，轉引自朱自清：《介紹何達的詩集〈我們開會〉》，何達著《我們開會》，上海：中興出版社，1949年。

起了舞。周圍一團漆黑，唯有他們在火光的映襯下顯出明暗交錯的運動著的身體。他們是那樣的投入、那樣的狂熱，彷彿不是在跳舞，而是在融化，融化在此時此刻的情景中了。在一段舞的間歇，一個男高音突然爆發出：

> 燒起臂膀的火焰
> 搖動乳房的鈴鐺
> 　（和聲：）舞啊　舞啊
>
> 憤激的腳步
> 搗碎了地面
> 　（和聲：）舞啊　舞啊
>
> 眉毛跳進眼球
> 眼球跳進口唇
> 肌肉跳進骨頭
> 骨頭跳進血液
> 　（和聲：）舞啊　舞啊
>
> 我跳進他
> 他跳進你
> 卷起情感的旋風
> 　（和聲：）舞啊　舞啊〔註5〕

隨即，新的一段舞又開始了……。在那個狂舞的特殊環境裏，這樣的朗誦何其帶勁！

　　然而，詩歌畢竟是個人創作的。人活在群體之中，也活在獨立的自我之中。詩人在傳達群體的意願之時，也表達自我的心靈。何達雖然以朗誦詩的形式充當了群體的代言人，但他在「代言」之外，也表達「自我」。這就構成了他詩作中與「我們詩」並行的「自我詩」（有時兩種是交叉的）。這類詩又可以分為幾種：第一種是讚美親情和友情的，《朋友》、《家信》、《弟弟，你好好地睡罷》、《給葉華》等即是；第二種是描寫愛情的，《等》、《你》、《期待》、《一個名字》、《愛》、《聽》等即是；第三種是寫景狀物的，《燈》、《路》、《貴州速寫》、《清華園風景》等即是；第四種是表達內心感受的，《我走》、《思想》、《他們》、《詩朗誦》、《憶安南》等即是；第五種是同情勞動者的，《老鞋匠》、

〔註 5〕各節中的「（和聲）」為引者所加。

《黃包車夫》、《一個少女的經歷》、《自殺》、《蕭大媽》等即是。第一種「親情和友情」是個人之交，不可能用「我們」來表達；第二種「愛情」更是個人化的；第三種「寫景狀物」出於自我的認識，代表不了群體；第四種「內心感受」無法公眾化，但在一定的條件下有可能轉化成群體認同；惟有第五種「同情勞動者」的詩可以是「我們」的，是典型的朗誦詩。總之，第四種詩可能是朗誦詩，在一定的對象、範圍和場合中，朗誦效果也會相當好，但前三種詩就不一定適合朗誦了。何達不愧是優秀的詩人，上述五種詩，每一種都有佳作，尤其是一些短章，寫得巧妙。這裏舉著名的《老鞋匠》看看其成就。當時許多人都吟詠過補鞋匠，在《文藝社》一章中我們曾分析過繆弘的《補鞋匠》一詩。而在同類詩中，何達的《老鞋匠》獨具特色。其特色在於把老鞋匠的命運與破鞋的命運「等同」起來。詩先寫老鞋匠的工作的艱辛：「兩手蹦緊了青筋……／一針一用力／一錐一喘氣」，他一生補綴過不知多少雙鞋子，不知使多少人重新踏上了征程。如今，「他老了／他失去了青春／就像那些破皮／失去了光彩」。接著詠歎道：「他——／老鞋匠／也是一雙快要解體的破鞋啊／被拖曳在／生活的道路上」！無論讀者還是聽者，都會被這樣的結尾打動：老鞋匠補鞋一生，自己的命運如同一隻被拖曳在路上的破鞋，多麼凄涼、多麼無奈！此詩不長，成就卻不小。老鞋匠的形象、心靈、動作和工作環境、艱難的生活、悲涼的命運都傳達給讀者或聽者了。而這成就的取得，除巧妙的構思外，還靠了新鮮的比喻和適度的誇張——手法的恰當一直是何達詩歌藝術的特點。

說到藝術，何達是新詩社作者中藝術手段最高超的詩人。他的詩總是以一種藝術的色彩呈現出來。因此，許多詩，既是宣傳品，又是藝術品。這就出現了這樣的情況：不同創作方法和流派的選本都收有他的詩。朗誦詩關注實際、反映現實，自然屬於現實主義，但現代主義詩集也收了他的作品。《我們開會》、《老鞋匠》、《過昭平》、《風》四首，被聞一多選進《現代詩抄》後，又被杜運燮等選編的《西南聯大現代詩抄》收錄。這說明何達不拘泥於一種創作方法的運用。他的詩既擁抱現實，又表現心靈，講究藝術，具有個性，因而，既是大眾的，又是獨創的。的確，何達的一些詩很有現代色彩，除上面的四首外，還可舉出《女人》、《給》、《期待》、《士兵們的家信》、《選舉》、《燈》、《一個名字》、《舞》、《一個少女的經歷》等，這些詩都具有某種現代意味。居於這樣的事實，我們認為用創作方法來框範何達，把他劃分為

現實主義詩人或現代主義詩人是徒勞無益的。何達詩歌的主要藝術特色有以下三點：

一、構思精巧

　　何達極爲注意詩的構思，他的每一首詩都包含著匠意。《霧》寫一種氛圍，一種令人鬱悶的氛圍：「霧，霧／到處是霧／／是墻／我們推倒它／是鐵柵欄／我們鋸斷它／是高山／我們炸翻它／／然而是霧／到處是霧／／睜著眼睛／看不見東西／伸出拳頭／碰不到對象／掄起大刀／射出子彈／——霧還是霧」。這是多麼頑強的障礙，多麼使人煩亂的環境啊！「霧，到處是霧」的反覆把鬱悶情緒提到了極點。推不開，炸不倒，讓不掉，打不著的描寫把人的煩亂心緒表達得淋漓盡致。「我們不能就這樣黴掉爛掉」，怎麼辦？「燒起漫天的大火……明明白白地幹一場」。「霧」的隱喻，「幹一場」的內涵，當時的人都很明白。在濃霧彌漫的環境中，這種構思與表達至爲恰當。由於構思巧妙，有時詩意大幅度跳躍，達到了經濟的目的，《一個少女的經歷》就是這樣的詩。這首詩通過一個少女的乳房五次被人摸，表達了少女的苦難經歷：第一個是工頭，第二個是情人，第三個是日本人，第四個是美國兵，第五個是中國警長。不同人的變化，反映了中國社會的變遷和少女的底層地位，人不同而做的事相同，少女被人亂摸的痛苦相同，中國人苦苦奮鬥的結果仍然相同。而最後一個人竟然是中國警長！詩歌的意思顯然。這首詩不僅寫出了少女的經歷，而且寫出了幾個時代（或時期），表達了作者的思想傾向，詩卻只有 19 行，其構思的經濟效果十分突出。

二、比喻生動

　　何達的詩，每一首都有比喻，有的全是比喻構成，似乎沒有比喻就寫不成詩。記得艾青說過這樣的話：詩人的職責是尋找最恰當的比喻。何達曾親炙艾青的教誨：「到桂林，艾青先生糾正過我的方向」，〔註6〕學到了艾青尋找比喻的能力。他詩中的比喻，既新鮮獨特，又豐富繁麗。一首《等》，全是比喻構成：「多少年我等著你／像柴等著火／言語等著口舌／琴弦等著歌」。還有比這種「等」更執著的嗎？他等的可是「唯一」！再如「我們要說一種話／乾脆得／像機關槍在打靶／一個字一個字／就是那一顆顆／火紅的曳光彈

〔註 6〕何達：《給讀者》，《我們開會》，上海：中興出版社，1949 年。

／瞄得好準」；「字是一隻隻的船／句是一列列的船／我們的口／是閘／船等著水／水／是我們的情感」；「滇越鐵路／像一條毒蛇／張著血口／在雲南府／滇越鐵路／像一條鐵鏈／打在奴隸的肩上／又打在奴隸的朋友的後腰」。不用說詩題，單是欣賞詩句的比喻，也夠賞心悅目了。一些政治性很強的內容，由於用了比喻，便減少了說教氣，不那麼枯燥了。例如：「五四／是從暗啞的歷史裏／跳出來的／血紅的大字／五四／是從暗啞的世紀裏／爆發出來的／怒吼的聲音／五四／用中國人的憤怒／震落了／簽訂賣身契的筆／五四／在青年人的生命上／掛上了／拯救民族的勛章」，四句詩，四個比喻，把靜止的「五四」寫活了。在何達詩中，比喻比比皆是，俯拾即得。

三、細節典型

一般說，細節是敘事文學的要素，抒情作品不以此為要求。何達寫的是抒情詩，本不以細節為意，但他卻與眾不同地抓住典型細節加以描寫，顯出特色。「是男孩子的錯，爸爸的／巴掌打在女孩子的頭上／娘說──／『有什麼哭頭／命和我生得一樣苦／又怪哪個？』」全詩幾乎都由細節構成。由於細節的妙用，使語言十分經濟，六行詩，寫出了兩代女人的共同命運，揭示了男權社會的不公平。寫老鞋匠，突出他手背上蹦緊了的青筋，錐鞋度針時用力與喘氣的神情。而寫老鞋匠的生產資料：「桌底下／像停尸房／狼藉著無法補救的破皮」，這既是細節描寫，又是比喻，生動形象。作品寫蕭大媽「穿著破棉襖」、「纏著兩隻小腳」、「梳著花白頭髮」、「癟著老嘴眯著眼」，來弔唁「四烈士」，問她「怎麼曉得的？」她「舉起綻開了棉絮的袖口／指指耳朵／又指指眼睛／扯起喉嚨大聲喊著／說：『我不聾／也不瞎』」。幾個細節，使蕭大媽的形象躍然紙上了。「大聲喊」的話，似乎是說給另外的人聽的。作者譏刺「我們的詩人」，正忙於「向白雲作恬淡的遐想」，「捕捉水紋的顫動的線條」，「溫習公子王孫的甜夢」，「向短垣斜杏輕籲淺笑」，「掏出一瓣心香奉獻給過路的紅衣女郎」，五個細節，寫出了一個「有福的」詩人。這個詩人實際是時代的廢物。作者的態度，感情全都通過細節表達了出來，勝過其他的若干詁詘。

以上分析說明，何達的詩是經過精心構建的藝術詩。雖然詩人寫詩的目的是為現實鬥爭服務，甚至宣告「我們不是詩人」，〔註7〕但他所寫的詩都是

〔註 7〕何達有一首詩，詩題就是《我們不是詩人》。

通過認眞思索，調動各種藝術手法寫成的，因此具有很高的藝術價值。政治
運動中的大喊大叫，雖然可收一時之效，但難於成就流芳百世的藝術精品。
何達的詩不與此爲伍。雖然他的詩也宣傳、也鼓動，但力避標語口號和平鋪
直敘，而是靠藝術的力量去感染，去鼓動。可以說，何達的詩較好的實現了
思想和藝術的統一，內容和形式的統一，是「藝術的政治詩」的成功典範。
聞一多曾要求文藝發揮藝術的力量去達到政治的宣傳目的，何達實現了這一
要求，所以，何達是聞一多親手培養出來的一位優秀詩人。

2006 年 8 月 16 日初稿於昆明文化巷 52 號

劇藝社的舞臺創作*

【摘要】劇藝社是西南聯大最後一個戲劇社團。劇藝社上承聯大劇團的傳統，下啓北大、清華、南開的戲劇新篇。1945 年以後，劇藝社演出了《風雪夜歸人》、《匪警》、《凱旋》、《審判前夕》、《告地狀》、《民主使徒》、《芳草天涯》等戲。這些演出顯示了高超的技藝，奠定了西南聯大劇藝社在中國戲劇史上的地位。

【關鍵詞】劇藝社、戲劇、演出。

劇藝社是西南聯大最後一個戲劇社團。劇藝社上承聯大劇團的傳統，下啓北大、清華、南開的戲劇新篇，在校園戲劇史上具有重要的意義。

1944 年秋，劇藝社誕生。在之後的一年裏，劇藝社由幾個人發展到幾十人，由具有戲劇特長者的小團體擴展爲戲劇愛好者濟濟的大劇團。在這一年的戲劇活動中，劇藝社的小劇場演出效果最爲顯著，它標誌著劇藝社由學術團體轉爲演出團體、由幼稚走向成熟的轉折。1945 年秋，劇藝社擴大組織，選舉產生了新的領導班子。接著，劇藝社演出了第一齣大戲《風雪夜歸人》。此次演出得到普遍讚揚。正當劇藝社準備大顯身手的時候，一場突如其來的政治事件改變了劇藝社的方向和道路。在「一二·一」政治鬥爭中，劇藝社自編、自導、自演了《匪警》、《凱旋》、《審判前夕》、《告地狀》、《民主使徒》（即《潘琰傳》）等幾部戲。1946 年 5 月 4 日，西南聯大宣布結束。劇藝社演

---

* 本文原載於《抗戰文化研究》2011 年第 5 期，原題《西南聯大劇藝社的重要演出》。

出夏衍創作的《芳草天涯》以爲紀念。這些演出顯示了劇藝社的高超技藝，奠定了西南聯大劇藝社在中國戲劇史上的地位。

演出是戲劇團體的主要功能，也是劇藝社所追求的。劇藝社隊伍壯大後，首選吳祖光創作的三幕劇《風雪夜歸人》。這齣戲，西南聯大中文系爲歡送畢業生，於 1943 年 5 月在中法大學禮堂演出過。當時的演員有的成了劇藝社社員。由於熟悉劇情，排演起來容易把握，演出成功的可能性較大，所以劇藝社選定《風雪夜歸人》作爲組織擴大後的第一個演出劇本。劇藝社決定，導演由王松聲擔任，演員安排如下：王松聲演魏蓮生，施鞏秋演玉春，郭良夫演蘇弘基，聶運華演徐輔成，溫功智演李蓉生，叢碩文演陳祥，王××演王新貴，〔註1〕劉薇演蘭兒，彭佩雲演小蘭，吳學淑演馬大嬸，楊鳳儀演馬二傻子，汪仁霖、馮建天演乞兒，李志的、許健冰、張燕儔、萬先榮等演學生，張天璖、常正文、江錦彬等飾演群眾。這些演員中，王松聲和溫功智曾在重慶國立劇專讀書，受過正規表演訓練，有豐富演出經驗，郭良夫畢業於北平國立藝專，是演戲的行家裏手，叢碩文中學時就喜愛演戲，曾是怒潮劇社和山海雲劇社的骨幹演員，施鞏秋曾在山海雲劇社主演的《家》中飾演過主角，聶運華從中學到大學都是演戲的活躍分子，其他演員也分別在其他戲劇和小劇場演出中受過鍛鍊，具有一定的舞臺經驗。劇組工作人員也相當出色：蕭荻任舞臺監督，程法伋、張魁堂管燈光，蕭荻、徐樹元、程遠洛管布景，童璞管化妝，孫同豐任劇務，前臺由張祖道負責。由此可見，劇藝社的演出隊伍已相當完備。可以說，這些演員基本上集中了當時西南聯大校內學生中的戲劇精英，構成了 1945 年西南聯大較爲強大的學生演出陣容，是理想的演出隊伍。由於演職員各有所長，在工作中積極負責，此次演出過後，便形成了專人專職，分工明確的後勤劇務團體。正如蕭荻所說：「劇藝社不僅有相當強的演員隊伍，而且有一支可以自己進行製作的專職舞臺工作隊伍。」〔註2〕劇藝社已相當成熟了。

這時，正值西南聯大建校 8 週年，校學生自治會組織籌備「校慶周」，便把《風雪夜歸人》的演出列爲校慶活動之一。這又給劇組人員帶來了鼓舞。上次「五四」紀念周時因條件不具備，沒演成《日出》，大家過意不去，決心

〔註 1〕 王××是國民黨黨員，沒有人記住他的名字，在劇藝社的所有材料裏都用「××」代替其名。

〔註 2〕 蕭荻：《承前啓後的戰鬥集體──憶西南聯大劇藝社》，西南聯大校友會編《笳吹弦誦在春城》，昆明：雲南人民出版社等，1986 年，第 397 頁。

在這次校慶周奉獻一齣好戲。校慶周從 10 月 29 日開始，組織者把《風雪夜歸人》的演出安排爲「壓軸戲」。11 月 3 日，等待已久的全體演職人員終於在學校東食堂登臺演出，獻藝師生。《風雪夜歸人》，是吳祖光的代表作，寫京劇名伶魏蓮生與當朝一品蘇弘基的寵妾玉春的愛情悲劇，但沒有落入「姨太太與戲子戀愛」的套路，而是揭示出普通人對自身價值的審視、覺悟和追求，立意深刻，情節委婉曲折。王松聲、施鞏秋、郭良夫等人的表演準確到位，細膩生動，贏得了全場的陣陣掌聲。原計劃演出 1 場，實際卻連演 3 場，至 11 月 5 日結束。校慶周隨之圓滿落幕。

此次演出受到普遍讚揚，大家一致看好劇藝社。劇藝社也爲自己的成功演出而自豪，更爲自己擁有一批優秀的演員和全方位舞臺工作者而高興。按照這條路走下去，劇藝社完全可以成爲能演大戲、演好戲，同時也可以深入群眾演小品的戲劇團體，進而發展成爲雲南的一支獨具實力的藝術隊伍。但此時，一場突如其來的政治災難改變了劇藝社的方向和道路。

抗戰剛剛勝利，正當人民渴望著山河重光，安居樂業的時候，不料內戰陰雲又起，有識之士紛紛站出來呼籲和平，全國上下反內戰要和平的呼聲逐漸高漲，其中昆明、重慶等後方城市反內戰的呼聲尤高。昆明學生與文化界、職業界的青年共同展開了熱烈的民主運動。1945 年 11 月 25 日，昆明國立西南聯合大學、國立雲南大學、私立中法大學和省立英語專修學校四所大學的學生自治會聯合舉辦「反內戰時事報告會」，大會在西南聯大民主草坪上舉行，到會者近六千人，會上請西南聯大教授錢端升、伍啓元、費孝通及雲南大學教授潘大逵四位先生演講，中心是討論內戰問題，呼籲民主和平。當大會正在進行的時候，反動軍警包圍了校園，切斷四周交通，並鳴槍威脅到會群眾，子彈從會場上空、從正在臺上演講的費孝通頭頂上飛過。但是與會師生不爲槍聲所懼，繼續開會。反動派又讓特務切斷了電源，並在會場上搗亂起鬨。這一切引起師生極大的憤慨。次日，爲反對內戰和抗議軍警暴行，西南聯大學生舉行了罷課。也是這一天，昆明《中央日報》登載消息，把昨夜對晚會的武力威脅說成是「西郊匪警，半夜槍聲」，公然污蔑時事晚會和師生們的愛國活動，更激起了大家的義憤。27 日，昆明全市 3 萬多學生宣布總罷課，進而發展成轟轟烈烈的「一二・一」民主愛國運動。

昆明全市學校罷課後，各校學生紛紛走上街頭，開展多種宣傳活動。劇藝社社員們也聚在一起商量目前自己該做什麼以及怎麼做。大家一致認爲劇

藝社專長就是演戲，並且自抗戰以來，戲劇的宣傳戰鬥作用也已得到了充分的顯現，因此應該發揮戲劇社團的長處，通過演出宣傳來鼓舞師生的鬥志。演出就要有劇本，於是幾位平時愛好文學和寫作的同學立即投入到劇本創作中。

劇藝社首先出臺的劇本是活報劇《匪警》。作者是一個不知其名的國民黨黨員「王××」。這是針對國民黨中央社「匪警」、「槍聲」的污蔑報導而創作的。劇本寫出後，劇藝社突擊排練。11 月 29 日，該劇作為學校罷委會組織的文藝宣傳活動內容之一，在被污為「匪警」開會的「民主草坪」上演出。此劇及時報告了反內戰時事晚會的真相，回擊了反動派的不實污蔑，揭露了他們欺騙愚弄群眾的用心。由於劇本是趕寫而成，又是突擊排練演出，談不上什麼藝術性，但戲劇的現實意義很強，起到了正人視聽，揭露陰謀，回擊敵人的作用。當時的報導是：演出的「話劇有《凱旋》〔註 3〕及《匪警》，其中尤以《匪警》一劇，實情實景，頗得觀眾同情。」〔註 4〕如果說聞家駟先生的《當真是匪警嗎？》是最早寫出的揭露文章（此文發表時間稍後於「告書」、「宣言」等公文和《罷委會通訊》上的報導）的話，《匪警》則是還擊污蔑的第一篇文學作品和揭露真相的第一齣戲劇。

劇藝社在罷課後演出的第二個劇目是廣場劇《凱旋》，作者王松聲。時事晚會結束後，王松聲就開始創作《凱旋》，三四天後寫出了初稿，經過試排，演出效果不錯。作者根據試演的情況進行了修改，在「一二‧一」慘案發生的當天夜裏修改完畢。由於這場劇是作者邊修改劇本，劇藝社就邊進行排練，所以在 12 月 2 日，也就是「一二‧一」慘案發生的第二天，《凱旋》就在西南聯大「民主草坪」的舞臺上正式演出了。劇本講述的故事發生在河南的一個村鎮：「中央軍」某班班長張德福，參軍抗戰八年，他離家時兒女尚小，抗戰勝利後他跟隨自己所在的中央軍某團「凱旋」歸來。部隊在河南省中部的一個村鎮與當地的抗日少年自衛隊遭遇，中央軍奉命以「剿共」為名向少年自衛隊發起攻擊。少年自衛隊隊長張小福在戰鬥中受傷。之後，中央軍某團長前來「宣慰」村民，同來的還有原日軍大佐岡川以及原偽縣長，他們現已搖身一變，岡川成了「剿共志願軍」司令，而原偽縣長成了「先遣軍」

〔註 3〕當時演出的《凱旋》是初稿試演。修改稿是「民國三十四年十二月一日於聯大被暴徒狙擊後一小時脫稿」的。見《凱旋》發表稿文末注。
〔註 4〕西南聯大《罷委會通訊》，1945 年 12 月 2 日第 2 期「綜合報導」。

的參謀。此時，回家養傷的張小福被認出而遭到抓捕。團長在日本軍官和原偽縣長的脅迫下，命令張德福開槍殺死了張小福。之後，張德福找到了自己的父親和女兒，才知道被槍殺的正是自己日夜思念的兒子，他悲痛難當，拔槍自殺。作品通過張德福一家的悲劇，揭露了抗戰帶給老百姓的所謂勝利「成果」，控訴了內戰的罪惡。參加演出的演員是：溫功智（飾爺爺）、楊鳳儀（飾張德福）、伍驊（飾小鳳）、聶運華（飾團長）、叢碩文（飾原偽縣長）、江景彬（飾日本軍官）。演出時，臺下坐滿了觀眾，聞一多、吳晗等先生也在其中。和以往的演出場面不同的是，觀眾極其安靜，好像是等待著什麼事情發生一樣，靜靜地等候著幕啓。此時，「一二・一」慘案四烈士的尸體就停放在舞臺背後圖書館的閱覽室裏。大家的心中充滿了悲憤的感情，演員在舞臺上忘記了自己，他們已不僅僅是「進入角色」，而是完全「融化」在角色之中了。演員把內心的悲憤轉化成了角色的語言，朗誦臺詞實際就是在抒發內心的情感。飾演爺爺的演員溫功智，具有相當豐富的舞臺演出經驗，他在《凱旋》中的演出極為投入和成功，「他說還從來沒有一個戲爲他在演出中提供過如此震撼心靈的創作激情，他幾乎是一拿到劇本就進入角色」，〔註5〕他那渾厚的嗓音極富感染力，每一句臺詞都是血和淚的控訴，使許多觀眾泣不成聲。飾演小鳳的伍驊不僅在臺上悲傷不已，而且在演出結束後仍抽泣不止。在整齣戲的演出過程中，沒有掌聲，只有哭聲，因爲劇情和現實都實在太令人悲憤和哀傷！

劇末有一段臺詞是由劇作者王松聲親自朗誦的：「我的朋友，感謝你流著眼淚，看完這個悲慘的故事，你感動了，你哭了，可是你拭乾了眼淚想一想，爲什麼會有這種悲劇發生啊！朋友，這是因爲內戰。因爲內戰，使我們生活痛苦，因爲內戰，使我們骨肉殘殺，就在今天，此刻，在華北、在東北、在江南、在塞外，正有許多類似的悲劇在發生……」。他那悲憤激昂的朗誦再次把觀眾的情緒推向高潮。整場演出，對於演員來說是終身難忘，對於觀眾來說是記憶猶新，幾十年後，當時的人還能說出個大概來。汪仁霖說：「半個世紀過去了，涉及《凱旋》的許多往事，追憶起來，還歷歷在目。每逢談起演出此劇的情景，大家都激動不已。」〔註6〕急就而成的《凱旋》，雖然算不上

〔註5〕 汪仁霖：《〈凱旋〉的創作和演出》，《西南聯大北京校友會簡訊》（內刊）第19
期，1996年4月。
〔註6〕 汪仁霖：《〈凱旋〉的創作和演出》，《西南聯大北京校友會簡訊》（內刊）第19
期，1996年4月。

經典作品，演出也是趕排出來的，算不上精緻，但它的演出效果卻非常之好，是昆明最爲成功和最有影響的演出之一。

首場演出後，劇藝社又在校內舉行了多次演出，觀眾的要求仍然不減。由於「一二‧一」運動的鬥爭需要，學校「罷委員」會還組織劇團到學校、工廠和農村去演出，每場演出都收到很好的效果，許多觀眾哭成淚人。西南聯大北返復員後，《凱旋》被帶到北京，北大劇藝社把它作爲保留劇目經常演出，並且還到清華、燕大等校去進行過演出。此外，在解放戰爭期間，武漢、重慶、天津、南京等一些大城市都演出過此劇。據不完全統計，從 1945 至 1947 年間，僅劇藝社在昆明、北平兩地的演出就達 40 多場次。《凱旋》成爲反內戰中演出場次最多，影響最大的戲劇。

「一二‧一」慘案發生後，劇藝社的王××還寫了一個活報劇《血債》，控訴反動派的罪行，表達師生的復仇決心。劇藝社立即決定排演。經過簡單謀劃，劇務主任孫同豐帶著劇本去女生宿舍落實演員，準備排練。不意途中被特務跟蹤，孫同豐跨進女生宿舍門口，劇本被突然衝上來的特務奪走。因此《血債》未能演出。

12 月 4 日，反動派迫於壓力，公審「一二‧一」慘案元凶。他們採取偷梁換柱手法，將兩個死刑犯當作凶手，企圖蒙蔽群眾，一則開脫自己的罪責，二則平息反內戰運動。郭良夫根據這一黑幕，連夜編寫活報劇《審判前夕》，揭露反動派的陰謀詭計，以正視聽。作者一邊寫，同學一邊復抄劇本，劇藝社一邊排練，第二日就在「民主草坪」上演出。演員是聶運華、叢碩文、張天璋、童璞、聞立鶴等。由於現實針對性強，演出收到了較好的效果。以後的演出中，孫同豐、劉薇等社員也出了場。聞一多不僅關心此劇的演出，而且還爲劇本題簽篆書「審判前夕」。

在排練《審判前夕》的同時，劇藝社的另一些社員排練王松聲創作的街頭劇《告地狀》，伍驊飾姐姐、汪仁霖飾弟弟、張天璋飾教師、吳學淑飾李魯連的母親、過衛鈞飾大學生。演出地點在雲瑞公園大門口，時間是 12 月 6 日。當時，《罷委會通訊》發表了一篇「本報特寫」，對劇作的情節內容和演出情況作了較爲細緻的介紹，全引如下：

> 下午一時許，太陽照在雲瑞公園門前的石階上，石階上出現了兩個
> 衣服襤褸，神情頹喪的小孩子，弟弟有十六七歲，低著蓬鬆的頭，
> 無語的蜷伏在墻根下。姐姐有十七八歲，精神憔悴，蹲在地上用粉

筆寫地狀：

落難女子劉秀英，自賣自身，身價二十萬。

觀眾漸漸圍攏來，大家都靜靜的看地上所寫的端正秀麗的字迹。有一個老太太還特別彎下身子用憐惜的眼光打量這個落難的孩子，好像說：「可憐呵！這麼好的孩子。」觀眾越聚越多了，一層又一層，姐弟二人在場內羞愧的蹲著，相對無語，觀眾默默地讀地上的文告，場中空氣愈現悲涼。

突然從人堆裏走出一個中年人來。他在（從）文告知道了他們是同鄉，相談之下，原來他們還是街坊，異地偶遇鄉人，這姐弟二人才向他悲淒的訴出了他們生活中痛苦的遭遇！

原來這姐弟二人從淪陷區逃到後方尋父，正好父親奉命出國參加緬甸戰役，才在重慶留下來，姐姐在渝紡紗廠當女工，弟弟在花紗布管制局當服務生。抗戰勝利後各機關裁員，姐弟二人失了業。聽說國軍從緬甸凱旋，兩個人變賣了所有的衣物來昆尋父，不幸路途遇匪，把所餘錢物搶去，至昆後父親卻又調到山海關打內戰去了。姐弟二人無親無友，難度歲月，姐姐乃決心自賣自身，助其弟赴東北尋父使一家子團圓。

他們姐弟二人流著淚向這位鄉親苦訴了這一段悲慘的遭遇，觀眾有許多人哭了。演員自己控制不住自己的感情，也真哭了。這位同鄉站在場中向大家解說這一切痛苦，完全是因為內戰，我們要反對內戰！

正當觀眾為這姐弟二人的可憐命運所嗟歎時，忽然有人喊：「瘋子，瘋子！」

觀眾閃開一條路，有一個十五六歲的小女孩扶著一個五十多歲的老太婆走到場上來。小女孩低頭飲泣，老太婆手裏抱著一個骨灰罈子，兩眼直直的，嘴裏喊著：「手榴彈，我的小連兒，你死得好慘啊！」

這落難的姐弟原來和他們認識，他們一路到昆明來的，那小女孩才啼哭著把事情原委告訴他們。

原來這老太太是帶著女兒到昆明來找兒子的，她兒子在西南聯大念

書。可是不幸在他們來的頭一天，她兒子因為反對內戰罷課被暴徒用手榴彈炸死了，朋友們把他火葬了，把骨灰裝在罈子裏。老太太聽到這消息就瘋了，守了十幾年的寡，一下把希望完全毀滅。她每天抱著這骨灰罈子，瘋瘋癲癲的到處亂跑。

聽完了這老太太的遭遇，觀眾唏噓的感歎著，流下淚來。那位同鄉又站在場中把這次「一二・一」慘案的原委告訴了大家，並指出這慘案是因為反內戰而起的，我們要反對內戰。

末了，一位西南聯大同學來了，他們雇了一輛洋車把這老太太扶到車上。演老太太的同學已經把假戲當作真戲了，她哭得止不住，無法控制自己的感情，一直到商校卸了裝，還哭了好半天。許多觀眾一直就沒有看出是在演戲，就是連許多宣傳隊員也不曉得是假的。

第二天有些說李魯連的母親到昆明來了！〔註7〕

有的回憶文章說此次演出地點在圓通山門口。筆者曾做實地考察，認為圓通山門口與實景不符，應該是昆明市中心的雲瑞公園門口。此劇還在西南聯大和其他地方演過。

在罷課期間，郭良夫抑制不住對烈士的崇敬和懷念，多方收集潘琰的生平事迹，寫出三幕劇《民主使徒》（即《潘琰傳》）。劇本「描寫了潘琰離開封建家庭，投身革命，輾轉到西南聯大學習，在『一二・一』運動中英勇獻身的史詩。」〔註8〕劇藝社傾全力排演，請客居昆明的演劇四隊的張客擔任導演，舞臺監督程法伋，裴毓蓀飾潘琰，蕭荻飾潘父潘致和，吳學淑飾潘致和的太太，陳幼珍飾潘琰的生母即潘致和的二太太潘王秀英，孫同豐飾潘琰的七堂兄潘瑞璋，伍驊飾潘琰的堂侄女潘倩如，常正文飾潘琰的三堂兄潘瑤璋，汪兆悌飾潘琰的女友蕭素華，參加演出的還有叢碩文、胡小吉、張天瑨、楊鳳儀、汪仁霖、程法伋、劉海梁、聞立鶴、劉薇等，總共不下二三十人。後勤、聯絡等工作人員不夠，又吸收了一些新社員。聞一多、吳晗、楚圖南、尚越、夏康農等教授給予了關懷和指導，聞一多還為劇本「民主使徒」

〔註7〕 《劇藝社告地狀》（本報特寫），西南聯大學生自治會編《罷委會通訊》第13期，1945年12月16日。

〔註8〕 蕭荻：《承前啟後的戰鬥集體──回憶聯大劇藝社》，西南聯大校友會編《笳吹弦誦在春城》，昆明：雲南人民出版社等，1986年。

題簽篆書。劇作計劃於 1946 年 1 月 27 日，在昆華女中禮堂舉行演出。當局加以阻止，指令昆華女中校方以禮堂是危房爲由拒絕租借。劇藝社請清華大學土木系校友陸雲龍爬上屋頂，對梁柱一一檢查，並由他寫出「禮堂安全，可供演出」的鑒定書，憑條租借禮堂，挫敗了陰謀。反動派無奈，只好把阻止變爲限制，要昆華女中只租 4 天。在昆明學聯的支持下，劇藝社便用加演場次來彌補，每晚連演兩場。演出如期舉行，觀眾極爲踴躍，引起震動，以至田漢、洪深都親臨觀看。演出時演員們彷彿不是在演戲，而是在回憶和同學親密相處的日子，因此，極爲眞切感人。大型話劇每晚連演兩場，演員的辛苦自不待言。飾演潘琰的裴毓蓀，戲特別吃重，有時到了後臺就發暈，社友沖些白糖水給她喝，上臺時又精神抖擻了。兩場演完，往往是淩晨一點左右，總有許多觀眾（多數是中學生）護送劇藝社社員迴學校，一路上，大家手挽著手，唱著歌，闊步前進，共同分享著勝利的快樂。

西南聯大劇藝社演出的最後一齣戲是《芳草天涯》。由於西南聯大忙於考試、結束、北返等事務，1946 年的「『五四』紀念周」由雲南大學主辦，但演劇一項仍要劇藝社承擔。劇藝社愉快地接受了這個任務，大概出於三個方面的考慮：一、紀念「五四」，二、慶祝結業，三、告別昆明。選演的劇本是夏衍的四幕劇《芳草天涯》。劇本描寫戰亂罹難中尚志恢、石詠芬、孟小雲的愛情和婚姻糾葛，人物心態複雜，情感細膩，主人公隱晦的戀情，內心的痛楚，淡淡的悲傷，以及新生的喜悅委婉含蓄而又纖毫畢露。這與劇藝社在「一‧二‧一」運動中所演的戲大相徑庭。因爲是最後一齣戲，即使演出難度很大，社員們也決心把它演好。演出人員確定爲：聶運華演尚志恢，王懇演石詠芬，胡小吉演孟小雲，張天瑝演許乃辰，蕭荻演孟文秀，吳學淑演孟太太。演出地點在西南聯大東食堂，5 月 4 日至 6 日每晚一場。演出以委婉、細膩和含蓄雋永吸引了許多校內外師生和文化界人士，較好地體現了夏衍的創作意圖和藝術風格，獲得觀眾的普遍贊許，特別是演孟小雲的胡小吉，把那少女的情懷表現得眞切動人，受到新中國劇社的專業導演和演員們的稱讚，人們對於劇藝社的評論是：「不僅能演活報劇，演出藝術質量要求較高的大戲，也是很有水平的。」〔註9〕

《芳草天涯》的演出表明，劇藝社又回覆到演出《風雪夜歸人》的路子

〔註9〕 蕭荻：《承前啓後的戰鬥集體——回憶聯大劇藝社》，西南聯大校友會編《笳吹弦誦在春城》，昆明：雲南人民出版社等，1986 年。

上，而且藝術水平有了提高。可惜這是西南聯大劇藝社在昆明演出的最後一齣戲，人們不能看到劇藝社更進一步的風姿了。令人難忘的是，這齣戲以適當的情調表達了「告別」的心情，留給人們深刻而又雋永的念想。

2005 年 7 月 4 日初稿於昆明文化巷 52 號

第三章　社員作品

《西南采風錄》的方言特點*

【摘要】語言是一切文學的基本要素，也是歌謠的基本要素。1938 年，劉兆吉參加西南聯大的「湘黔滇旅行團」，一邊步行一邊采風，他以忠實的原則記下了 1000 多首歌謠，後選出 700 多首編成《西南采風錄》，於是《西南采風錄》不僅保留了湘黔滇一線的真實語言，還使其歌謠保持了濃厚的地方色彩。因此《西南采風錄》是今天研究 20 世紀 30 年代中期湘、黔、滇地區社會習俗諸方面的珍貴文獻。其文獻價值首先體現在對於已經衍化乃至消失了的語言的保存方面。本文即從語言的角度揭示《西南采風錄》的文獻價值，進而考察其地方色彩。

【關鍵詞】劉兆吉、西南采風錄、方言價值、地方色彩。

採集民歌的基本要求之一，就是必須忠實於原作。忠實原作的最佳辦法，就是忠實記錄，所以，忠實記錄是歌謠採集的一條原則。堅持忠實記錄的原則，就是不加入自己的「補充」，也不刪削原作的內容或語句，而最基礎的還是記錄講唱者的語言甚至是方言。正如鍾敬文先生所說：「既要忠實於原作的思想和內容，又要忠實於原作的藝術形式。但為了實現這兩點，最關鍵的還是忠實於講唱者的語言。」〔註1〕劉兆吉的《西南采風錄》正是這樣做的。所以《西南采風錄》裏的歌謠具有強烈的地方色彩。這種地方色彩首先體現在

---

* 本文原載於《西南聯大研究》2005 年第 1 輯，原題《論西南采風錄的地方色彩》，署名宣淑君，發表時有所改動。
〔註 1〕鍾敬文：《民間文學概論》，上海文藝出版社，1980 年 7 月版，第 156 頁。

語言上，本文將從《西南采風錄》的語言特點來揭示它的地方色彩。

一、地方語音

　　中國地域遼闊，方音甚多。尤其是雲貴高原，地貌複雜，山川阻隔，形成了數里之外發音有所不同的現象。當然，這種細微的差別不一定反映在歌謠中，但就大的地方而言，比如一個壩子與一個壩子之間，發音的差異是可以反映在歌謠中的。但文字記錄卻很難反映這種情況，歌謠又沒有平仄的要求，發現並記下這種差異也無必要。更主要的，雲貴方言屬於北方方言區，用普通話的語音就能夠把民歌記錄下來，不知道方音也能讀得順當妥帖。但是，如果能用方音來讀或唱，味道就很足了。如第 348 首平彝歌謠：「井上打水井上挨，裝著挑水做郎鞋；爹媽問我挨什麼，因龍方身水不來。」從語音的角度說，這首歌用普通話有兩處讀不懂：一是「鞋」，二是「方身」。在雲貴川一帶，「鞋」讀作「hái」，這就與「挨、來」諧韻了；雲南的平彝、鎮雄等地把「fān」發作「fāng」，這樣，「方」即是「翻」，「方身」即是「翻身」。這樣讀，才能會意。讀音的辨析在句子中無關緊要，但在句尾就較為突出了，因為歌謠講究押韻。《西南采風錄》裏的歌謠幾乎都是押韻的，不用方音，讀出來會拗口。例如：

　　　　大田栽秧角對角，
　　　　小妹下田卷褲腳。
　　　　過路先生莫笑我，
　　　　四月農忙可奈何。（第 634 首）

　　　　紅旗繞繞要開差，
　　　　把妹拋在十字街；
　　　　要想和哥重相會，
　　　　除非半路開小差。（第 71 首）

　　　　吃了晚飯想回程，
　　　　聽見黃風吹樹林；
　　　　聽見黃風吹樹林，
　　　　吹得小郎不回程。（第 64 首）

　　　　遠遠望妹身穿綠，
　　　　手中提者半斤肉；

> 心想和你打平夥，
>
> 可惜人生面不熟。（第 241 首）

這幾首詩都是第一句起韻，第二、四句押韻的，第一首韻爲「uo」，第二首韻爲「ai」，第三首韻爲「in」，第四首韻爲「u」，只有這樣來讀或唱，才有韻味。同第一首的有第 167 首「薄、學、腳」，第 477 首「哥、多、藥」，第 100 首「腳、著、合」等；同第二首的有第 84 首「崖（岩）、來、開」，第 323 首「街、開、鞋」等；同第三首的有第 44 首「行、銀、行」，第 82 首「青、茵、親」等；同第四首完全相同的有第 428 首等。

除幾個獨特的字音外，雲貴人的發音規律是：發「e」爲「uo」，發「ie」爲「ai」，發「ü」爲「u」或「i」，把後鼻韻歸爲前鼻韻等。這種情況，劉兆吉是有所瞭解的，他寫了《歌謠區域的方音與國音之比較》一文放在書中，以指導讀者閱讀。

劉兆吉是北方人，初次行經湘、黔、滇，一時聽不懂方音，於是出現了錯記的情況。如：

> 不會唱歌不要來，
>
> 請哥在家打草鞋；
>
> 一對草鞋三碗米，
>
> 連米帶糠夠你腮。（第 41 首）

> 對門杉樹十八棵，
>
> 一對花雀在理窠；
>
> 花雀理的十樣草，
>
> 小妹唱的百樣歌。（第 382 首）

劉兆吉在書中注道：「『腮』是當地的土音，即吃的意思。」劉兆吉以爲「吃」須用嘴，而「腮」與嘴義近，所以用「腮」來記音。實際上，這個字應是「塞」，是一個粗俗的詞，帶有罵人的意味，即往嘴裏填食物。第二首的「窠」字實爲「窩」字。劉兆吉大概以爲「窩」不押韻，於是用「窠」字與「棵、歌」諧。從意思上講，並沒有錯，但讀音則不然，雲南人把「e」發成「uo」，所以用「窩」字是完全押韻的；再從習俗考慮，雲南人只說「雀窩」，不說「雀窠」。北方人難記南方的發音，這些錯誤，倒從反面證明了這些歌謠的地方特徵。

所以，地方音是歌謠地方色彩的體現之一。

二、地方詞彙

　　各地方言往往有各自的特有詞彙，它們和方音一起構成方言的特色。因此，研究歌謠地方色彩必須分析語言中的地方詞語。《西南采風錄》裏的方言詞大致說來有三種：一種是具有獨特意義的詞語，一種是與普通話略有不同的詞語，一種是特殊的稱呼。通過這些詞語，我們可以判斷《西南采風錄》裏的歌謠是哪些地方的作品。

（一）具有獨特意義的詞語

1. 名詞

　　名詞如板墻、辣子、玉麥、包穀、套頭、火堂（塘）、粘鑽子等，讀到這些詞語，我們就知道其作品產生於雲南或貴州。例如：

　　　　新打板墻亮晶晶，
　　　　板墻頭上掛盞燈；
　　　　誰家嬌娘燈下過，
　　　　燈下美女更多情。（第 474 首）

　　　　好塊大田四方方，
　　　　又栽辣子又栽薑；
　　　　辣子沒有薑辣嘴，
　　　　家花沒有野花香。（第 357 首）

　　　　太陽出來白又白，
　　　　照著小妹鋤玉麥；
　　　　鋤死玉麥有根在，
　　　　曬黑小妹洗不白。（第 605 首）

　　　　好棵包穀不打包，
　　　　好棵桃樹不結桃；
　　　　好個情姐不玩耍，
　　　　枉來世上走一遭。（第 149 首）

　　　　哥要去來妹要留，
　　　　沒有什麼做念頭；
　　　　只有半匹乾青布，
　　　　送給情哥打套頭。（第 577 首）

> 好朵鮮花鮮又鮮，
>
> 可惜生在火堂邊；
>
> 有心採朵鮮花戴，
>
> 可惜公公在眼前。（第 446 首）

> 過路大姐你莫忙，
>
> 歇歇氣來躲躲涼；
>
> 小郎不是粘鑽子，
>
> 不能粘在你身上。（第 349 首）

「板墻」即用木版築的土墙，表面用拍子打光滑，所以說「亮晶晶」；「辣子」即「辣椒」；「玉麥」即玉米，雲貴人又稱「包穀」，但滇東人叫「玉麥」；「套頭」，雲貴一帶男人不戴帽子，而用一條布把頭包起來，稱為「套頭」；「火堂（塘）」，雲貴人在屋子的地上挖出的坑，用以燒火取暖；「粘鑽子」即鬼針草，其子實會粘在人和動物的身上，以傳播種子。

2. 動詞

動詞最有地方特色，如「連」字，西南人用以表達男女之間的戀愛關係，這在普通話中是沒有的，如：

> 十兩銀子八串錢，
>
> 妹家門口買塊田；
>
> 妹家門口買塊地，
>
> 活計得做妹得連。（第 330 首）

這是雲南平彝歌謠。有一首貴州爐山歌謠以一年十二個月為開頭，表達戀愛的過程：「正月連表正月正……二月連表二月二……三月連表三月三……」。這是一首女子的歌，歌中的「表」即「哥」，「郎」。雲、貴、川還有「打失」一詞，意為「丟失」，如：

> 郎騎白馬妹騎騾，
>
> 鑰匙掉在響水河；
>
> 失掉鑰匙坑了鎖，
>
> 打失小妹坑了哥。（第 344 首）

雲貴話中這類地方詞很多，若讀得懂以下歌謠，就懂得雲貴話了：

> 折根茅草搭過溝，
>
> 妹坐城來郎坐舟；

一心搬妹來舟住，

免得一心掛兩頭。（第 164 首）

遠遠望妹身穿綠，

手中提者半斤肉；

心想和你打平夥，

可惜人生地不熟。（第 241 首）

十七十八下貴州，

連路採花連路丟；

連路採花連路扔，

好話還在那前頭。（第 426 首）

五月五來是端陽，

窮家小戶理田莊；

男的出來使耕牛，

女的在家把飯忙。（第 491 首）

隔河望見李子溝，

郎摘李子妹來兜；

郎說甜來妹如蜜，

妹說一樣滋味在心頭。（第 520 首）

「坐」其實是「住」，由房屋坐落轉化而來；「打平夥」是一塊兒吃東西，共同分擔錢，即西方人的「AA制」；「連路」是一路，意為一邊走路一邊做某事；「使耕牛」也說「使牛」，即耕田或耕地；「兜」是承托之意，即用手或其他物體承托某物。可見，這些詞語的含義在其他方言中是沒有的。

3. 形容詞

形容詞在語言中具有獨特的地位，各地方言也都有各自的形容詞，雲貴方言的形容詞也有為外人聽不懂的，收入《西南采風錄》裏的形容詞，如打飄、白漂漂、刁登、匆等。請看下列歌謠：

想起這事心好焦，

走起路來腳打飄；

心頭好比鑽子鑽，

臉上就如放火燒。（第 73 首）

　　　老遠望妹白漂漂，

　　　好比廣州白雲苗；

　　　恰似蘇州白紙扇，

　　　何時得在手中搖。（第 93 首）

　　　踩一腳來恨一聲，

　　　可恨刁登貪花人；

　　　從前說的那樣好，

　　　奈何翻臉就無情。（第 133 首）

　　　郎也匆來妹也匆，

　　　紙表窗戶沒打通；

　　　有朝一日打通了，

　　　二人做事在心中。（第 494 首）

「打飄」是形容腳步不穩的樣子，飄飄忽忽，難以控制；「白漂漂」即白，形容漂亮；「刁登」編者注為「頑皮」，實際是刁鑽奸猾之意；「匆」，編者注：「據土人解釋，為愚笨的意思，也許即『蠢』字」，這可能是唱歌人的解釋，實際在雲南方言中，「匆」是英俊美麗，兼有不愚不笨的意思，也許應寫作「葱」，諺語有「一根葱的子弟」之說。

4. 代詞和數量詞

　　雲南話中的代詞是「自家」、「你家」等，這在《西南采風錄》中亦有記錄，如：

　　　隔河望見姐穿白，

　　　搖搖擺擺那家歇；

　　　怪你小郎瞎了眼，

　　　自家妻子認不得。（第 387 首）

「自家」即自己。這首歌謠很有意思。歌為兩人對唱形式，首先是男的問大姐將到那家歇，但大「姐」是自己的妻子，因隔著河沒看清楚，結果被妻子罵為「瞎了眼」。

　　數量詞在雲貴方言中也有比較特殊的，如：

　　　你是那家小愛嬌，

　　　人才蓋過這一朝；

　　　你是那家愛媛姐？

人又聰明嘴又刁。（第 128 首）

火鏈打火火星飛，

昨晚和妹在一堆；

走掉多少夜黑路，

受了多少冷風吹。（第 412 首）

「一朝」就是一群、一批。「一堆」就是一塊。

5. 虛詞

虛詞在《西南采風錄》中用法較為明顯的有「在」、「把」、「才有」三個。

請看「在」字的例子：

郎在郎鄉在唱歌，

來在姐鄉才現學；

來在姐鄉不會唱，

山中打魚是為何。（第 147 首）

這首歌中的「在」字都是介詞，有三個意思，第一個「在」是引入地點「郎鄉」；第二個「在」是「正在」，表示「會唱」並且「正在唱」；第三、四個「在」字表存現，意思是「到」。又如：

送妹送在大橋頭，

立在橋頭看水流；

要學泉水常常淌，

莫學洪水不長久。（第 487 首）

這裏的第一個「在」字亦為「到」的意思，表存現。

再請看「把」字的例子：

我家賣鹽飯菜香，

把心把意來把娘；

把心把意來把你，

恐怕情姐不嫁郎。（第 148 首）

「把心把意」的「把」應為「巴」，是形容詞，有「真心」「實在」之意，「把娘」、「把你」的「把」則是介詞，意為「給」，普通話裏是決沒有這種用法的。同樣的例子如：

大田栽秧水又深，

淹沒情姐花手巾；

　　那個情郎拾把我，

　　收拾打扮報你恩。（第 227 首）

最後請看「才有」的例子：

　　天上才有紫微星，

　　地下才有龍海深；

　　家頭才有明亮燈，

　　世上才有姐聰明。（第 34 首）

「才有」可作動詞講，但其意思並不是一個動詞所能表達的，「才」相當於「惟」、「只」，「才有」更為虛化，起到強調作用，大約雲貴人才這樣用。又如：

　　冬青花黃葉子青，

　　場上買米斗合升；

　　場上才有升合斗，

　　世上只有姐合心。（第 140 首）

這首歌裏的「才有」和上一首的意思一樣。但雲貴人不用「只」，而用「才」，意義更為強調，「才有」的意義更為虛化。也有用「才」代替「只」的：

　　月亮出來照半岩，

　　金花銀花掉下來；

　　金花銀花我不愛，

　　才愛姐們好人才。（第 35 首）

這裏的「才」雖然和「只」意思一樣，但「才」的強調之意是「只」字無法表達的。讀了這個例子，可以更加相信「才有」的虛詞意味了。

（二）與普通話有差別的詞語

　　在雲貴方言中，有許多詞語和普通話的含義略有不同，雖然說北方方言的人也能大致聽得懂，但其準確的含義不是北方人能夠細察的，只有瞭解雲貴方言的人才能確切把握。例如名詞屋頭、外頭，動詞裝著、提起等，人人都明白是什麼意思，但這些詞在雲貴方言中另有含義。請看下例：

　　高山使牛犁高丘，

　　使著黃牛想水牛；

　　騎著騾子想大馬，

　　有了屋頭想外頭。（第 399 首）

清早起來把門開，

一股涼風刮進來；

涼風出在涼風洞，

耍家出在十字街。（第 404 首）

第一首歌裏的「屋頭」、「外頭」並不是家中和外面，在句子中也不表達有了安定的家還想去外邊漂流，而是說有了老婆還想外面的女人，因爲「屋頭」是「屋頭的人」的省略，「外頭」是「外頭的人」的省略，「屋頭的人」特指老婆，「外頭的人」特指心儀的女人，所以劉兆吉注爲：「『屋頭』是指自己的妻子，『外頭』是指人家的妻女」，〔註 2〕這是完全正確的。第二首中的「耍家」可拆解爲玩耍的人家，但它並不是指一般的玩耍人家，而是特指有女人供玩耍的場所（並非妓院）；另一個意思是指玩耍的對象即女人。再請看下面的例子：

井上打水井上挨，

裝著打水做郎鞋；

爹媽問我挨什麼，

因龍方身水不來。（第 348 首）

老遠望妹身穿紅，

手頭提起畫眉籠；

問妹畫眉賣不賣，

單賣畫眉不賣籠。（第 98 首）

第一首歌裏的「裝著」並不是裝有什麼東西，而是「裝作」即假裝；第二首歌裏的「提起」則是「提著」的意思。這類動詞還很多，例如：

清早起來要上山，

那裏等得露水乾；

露水不乾就要走，

昨晚閑妹在華山。（第 308 首）

高山跑馬道路長，

平地栽花惹鳳凰；

高樓大廈惹燕子，

〔註 2〕劉兆吉：《西南采風錄》，商務印書館，2000 年 8 月影印版，第 53 頁。

十八女子惹小郎。（第 325 首）

淺藍褲子弔褲腳，

不釣金雞釣陽鵲；

金雞陽鵲釣完了，

只有小妹釣不著。（第 570 首）

上坡不去歇一歇，

下破不去妻來接；

人家有妻妻接去，

我們無妻半路歇。（第 612 首）

第一首的「闓」並不是欺騙，而是「約」，當然有引誘、說服的意思，甚至包括善意的欺騙在內，雲南話讀作「huō」。第二首的「惹」並不是逗，而是「招引」，但這不一定是主動的行為，而是「願者上鈎」式的。第三首的「釣」並不是在水裏釣，而是在山上釣，其方法是做一個扣，設下機關，用誘餌把鳥引來，鳥觸動機關，釣竿立即上揚，扣子收攏勒住鳥的脖子；末一個「釣」則用的是比喻意，意為「勾引」、「闓到手」或「連」。第四首的「不去」是「上不去」或「下不去」，即做了但做不到之意，雲貴話讀「去」為 kè，表達意思更為地道。

（三）特殊稱謂

歌謠普遍把女方稱為「妹」，但西南有稱為「姐」的，這已具有地方特色了，可是還有稱為「娘」的，這就奇了：

娘家門口有個塘，

二龍鬥寶在中央；

郎們只望龍搶寶，

娘們喜歡有錢郎。（第 18 首）

過來娘，過來娘──

過來同哥坐這廂；

過來同哥坐這點，

哥們有話要商量。（第 37 首）

好久不逢我的娘，

心頭擾亂如麻穰；

此時得會表一眼，
好比明月會太陽。（第 54 首）

新打板墻亮晶晶，
板墻頭上掛盞燈；
誰家嬌娘燈下過，
燈下美女更多情。（第 474 首）

在這些歌謠裏的「娘」決不是北方話裏的娘，否則就產生「認人爲娘」的笑話了；也不是古代的「娘子」，娘子是自己的夫人。這裏的「娘」其實是對年輕女子的通稱，準確地說應該寫作「孃」。

我國歌謠把男方稱爲「哥」、「郎」的很普遍，但稱爲「表」的大約就只有南方部分地區了。上引第三首就是稱男爲「表」的例子，下面幾首亦是：

正月連表正月正，
人來人往鬧成成；
幾時陪得人客轉，
一夜陪表到五更。（第 49 首）

不會吸烟想烟香，
不會連表慢慢誑；
幾時誑得表到手，
橫切蘿蔔順切薑。（第 50 首）

正月忙起二月來，
二月忙工砍生柴，
……
九月有個九月九，
十月表家帶信來，
冬月帶信表去了，
臘月帶信了一年。
這個情表心意好，
要唱山歌天天來。（第 52 首）

從以上可見，各地方言的差異是很大的，而地方特色往往通過方言表現出來。

三、地方語法

雲貴方言屬於北方方言區，其語言沒有獨立的語法體系，在明白語音和詞彙的前提下，只要能聽懂普通話的人，基本上能聽懂雲貴話。但與普通話的語法相比，雲貴話也有一些小的不同。雲貴人用自己的語言創作的作品，必然反映出這種不同來。不過，詩歌與散文相比，句式的靈活性較小，反映的語法的特殊性也較小。下面我們還是通過例子來辨析《西南采風錄》裏記錄的雲貴話語法的不同之處：

（一）「給」字的特殊用法

鴉雀喳喳，

哭回娘家，

爹爹不在家，

告訴給我媽；

媽呀媽！

你的女兒命不好，

嫁個丈夫不成材，

又吹洋煙又打牌。

三天不買米，

四天不打柴，

這個日子叫你心肝女兒怎樣過得來。（第 616 首）

姑媽姨媽下毒藥，

小小的就給我把媳婦說；

討著這個金子殼的小妖精，

不如一個賣魚婆！（第 636 首）

「告訴給我媽」一句，在普通話裏，「給」字是多餘的，但在雲南話裏一般不能省略，它起到引出對象的作用。「小小的就給我把媳婦說」一句裏的「給」字，在普通話裏，一般用「替」或者「爲」字，雲南話卻用「給」字。至於「給」字在雲南話裏的其他用法，因本文不是一般地討論語法問題，就不涉及了。

（二）代詞置於名詞之前

山中無木不成林，

人間無伴不成群；

我的同伴就是你，

無你同伴不歡心。（第 58 首）

隔河望見姐穿白，

搖搖擺擺哪家歌；

怪你小郎瞎了眼，

自家妻子認不得。（第 387 首）

這兩首歌中的「無你同伴」和「怪你小郎」結構相同，都是代詞前置。普通話中應爲「無同伴你」和「怪小郎你」，雲貴話卻可以把代詞置於名詞之前。也可以把「無你同伴」看作「無你做伴」，但那是意會，不是語法問題了。

（三）賓語置於補語之前

吃烟不夠自栽烟，

吃茶不夠自上山；

那天曉得茶山路，

茶要吃來花要貪。（第 150 首）

太陽落坡坡落腳，

留郎不住雙手拖；

留郎不住雙手拉，

不重情義可奈何！（第 590 首）

「吃烟不夠」和「留郎不住」的結構是「動——賓——補」的關係。在普通話裏，應說成「吃不夠烟」和「留不住郎」，成爲「動——補——賓」關係。也許，雲貴方言更多的保留了古代漢語的語法，更符合語言發展的習慣，但我們今天推廣的是普通話，這就不符合普通話的語法了。

（四）省略代詞句

小妹已到十八春，

遍臉泛出紅茵茵；

請個媒人去打探，

他家不要好寒心。（第 105 首）

清早起來望晨星，

望姐不來把腳登；

　　　　望見別人說是你，

　　　　喊破喉嚨不作聲。（第132首）

在第一首中，「他家不要好寒心」句在「好寒心」前省略了代詞「我」字，「寒心」的是「我」而不是「他家」。在第二首中，「望見別人說是你，喊破喉嚨不作聲」有歧義，正確的理解是「望見別人我認為是你，我喊破了喉嚨你卻不做聲」，原句省略了代詞「我」和「你」。

　　還有一些句子，不便用現成的漢語語法歸納，只能做單獨分析。

　　上例中的「把腳登」決不是今天所說的「登腳」，而是「登門」的意思。再請看下面的例子：

　　　　送妹送出十里坡，

　　　　離娘家鄉錯不多；

　　　　離娘家鄉不多遠，

　　　　隔條江來隔條河。（第155首）

這裏的「娘」不是姑娘，而是「媽」，「錯」不是差錯，而是「距離」，「離娘家鄉錯不多」的意思是「十里坡與妹的娘家相差不遠了」。

　　　　梁山伯來祝英臺，

　　　　二人恩愛丟不開；

　　　　夫妻要想成雙對，

　　　　只等來世再投胎。（第202首）

夫妻已經是雙對，還想成什麼雙對呢？這句的意思是「要想成為夫妻那樣的雙對」。此歌以梁山伯與祝英臺的故事暗喻現實中不能成婚的恩愛男女，充滿了極度的悲傷。

　　　　十七十八到貴州，

　　　　買把花傘送妹收；

　　　　天晴下雨少要打，

　　　　郎回八字在後頭。（第305首）

歌中的「少要打」即「要少打」，意思是要珍惜情物。這首歌產生於雲南平彝。從雲南去到貴州路程很遠，買來的東西當然很珍貴了。

　　　　太陽要落快快落，

　　　　小妹有話快快說；

　　　　有話無話說兩句，

日落西山各走各。（第 410 首）

「各走各」的意思是「各人走各人的路」，即「各走一邊」。

小哥哥來小哥哥，

路上涼水少吃多；

吃多涼水易得病，

還說小妹下毒藥。（第 477 首）

「吃多」即「多吃」，「少吃多」即「少多吃」，小妹勸哥走長路要少吃涼水，以免得病。

扁擔開花結綉球，

郎穿麻布妹穿綢；

郎穿麻布妹穿緞，

配搭不住在心頭。（第 509 首）

「配搭不住」是說「配不上」。麻布是土製粗布，綢緞乃富貴之物，穿麻布的郎配不過穿綢緞的妹，「郎」心中明白。

《西南采風錄》忠實記錄了 20 世紀 30 年代湘、黔、滇社會的某些特徵，是今天研究當時歷史情形的寶貴材料。假若沒有地方色彩的保留，《西南采風錄》不僅失去社會學價值，也失去了文學價值。所以，《西南采風錄》的地方色彩是極其突出和珍貴的。它是該書的一大歷史貢獻，同時也是劉兆吉先生為我們留下的一份文化遺產。

2003 年 10 月 16 日初稿於昆明文化巷 52 號

穆旦在南荒文藝社的創作*

【摘要】本文截取穆旦前期創作中的南荒文藝社時期進行考察，發現了一些被以往的研究所忽略了的東西，如穆旦積極向上的人生態度，抗戰的思想等，並對一些作品作了新的或更深入的闡釋。文章通過穆旦詩歌的思想和藝術分析，得出了南荒社時期是穆旦詩歌創作轉折的一個重要時期的結論。

【關鍵詞】西南聯大、南荒文藝社、穆旦、詩歌。

南荒文藝社是以西南聯大學生爲主體的一個文學社團，由西南聯大高原文藝社轉化而成，吸收了昆明地區在《大公報》上發表過文章的學生，因蕭乾倡導而組織起來，目的在於爲香港《大公報》副刊《文藝》組織穩定的作家隊伍，以提供充足的稿件。穆旦是南荒文藝社的骨幹之一。在南荒社社員中，穆旦是只寫詩歌的唯一一人，其成就也以詩歌創作最爲突出。他對詩歌的熱愛到了痴迷的程度。王佐良在論穆旦時說：「這些聯大的年青詩人們」，「在許多個下午，飲著普通的中國茶，置身於鄉下來的農民和小商人的嘈雜之中，這些年青作家熱烈討論著技術的細節。高聲的辯論有時伸入夜晚；那時候，他們離開小茶館，而圍著校園一圈又一圈地激動地不知休止地走著。」〔註1〕穆旦這時創作和發表的詩歌有《勸友人》、《從空虛到充實》、《童年》、《祭》、《蛇的誘惑》、《玫瑰之歌》、《漫漫長夜》、《在曠野上》等，都是穆旦的重要作品。在研究南荒社時，專門探討穆旦的創作具有重要意義。

---

* 本文原載於《西南民族大學學報》2007 年第 11 期，署名李光榮、宣淑君。

〔註1〕 王佐良：《一個中國詩人》，《穆旦詩集》，人民文學出版社，2001 年 1 月，第118 頁。

　　我們在介紹南荒社時期的穆旦時，還必須從《防空洞裏的抒情詩》談起。這首詩雖然寫於高原社時期，但發表時末尾注有「南荒文藝社」幾字，是穆旦提交的「社費」。這首詩對於穆旦的意義，在於奠定了穆旦在南荒社時期的詩歌基調：內容上的自我解剖，形式上的散文化。此詩寫人們在防空洞裏的所言所想所做，瑣屑雜亂，沒有任何重大的意義，不僅消失了空襲的緊張感，反而把躲空襲當作「消遣的時機」，進行著毫無價值的「抒情」。詩人對這種態度是反感的、厭棄的：「我是獨自走上了被炸毀的樓，／而發現我自己死在那兒／僵硬的，滿臉上是歡笑，眼淚，和歎息。」詩人將自己分裂成兩個「我」，讓那個空虛無聊的舊「我」死去，表達出詩人對自我的審視與企圖更新的願望。詩歌結構鬆散，詩句長短無序，語言缺乏詩味，這是對傳統詩學的反撥，對新詩另路的探索。這種新意也許是穆旦看重這首詩，把它作爲代表作品提交南荒社的原因。論者多注意這首詩的反諷、分裂等現代手法，反而忽視了他的思想意義。實際上，這首詩反映了穆旦積極進取的人生態度，詩中對於現實人生的厭棄和對舊「我」的告別，就是這種人生態度的表現。

　　在積極進取的人生態度指導下，穆旦還寫了《勸友人》。這首詩表面上是「勸友人」不要爲「失去的愛情」苦惱，要爲創造「千年後的輝煌」而努力，實際表現的是穆旦的志氣和胸懷。詩歌巧用我國民間「每個人都是天上的一顆星星」的傳說，告訴友人，你這顆「藍色小星」千年後也要「招招手」，「閃耀」出「光輝」，其思想精神積極向上。

　　由此可見，積極向上的人生觀是穆旦在南荒社時期詩歌的首要內容特色。而且，它還是穆旦此時所有詩歌內容的思想基礎。論者津津樂道的內心反省、自我解剖、靈魂拷問都是建立在這種人生態度之上的。

　　表達抗戰思想內容是穆旦南荒社時期詩歌的另一個內容特色。這也是爲以往論者輕視了的一個內容。爲突出穆旦詩歌的現代性，強調其心靈表現是對的，但也要看到穆旦的抗戰文學業績。

　　《祭》就是一首抗戰詩。此詩原題《有錢出錢，有力出力》，其表現上手法是現代主義的，但其內容是傳統意義上的抗戰詩。它不像一般流行詩那樣狂喊猛叫，也沒有豪言壯語、英雄形象，而是將寫實和寫意結合，象徵和暗示同構。出力犧牲者「瞑目的時候天空中涌起了彩霞，／染去他的血，等待一早復仇的太陽」，後方出錢者雖然跳狐步、喝酒，但「身上／長了剛毛，腳下濡著血」。這「血」就是「錢」的暗示，就是「祭」。後方的朋友以血祭奠

前方的戰死者，也是為抗戰出錢出力出精神。由於《探險隊》沒有收入這首詩，也就為後來的選本遺漏，多數論者無從知道，這恐怕是論者忽略此詩的原因。

《漫漫長夜》也是一首抗戰詩，是「有錢出錢，有力出力」的另一種抒寫。詩歌把「我」確定為一個「老人」。「老人」是一個象徵，是詩人自我心態的畫像。此方法使人聯想到魯迅在《野草》裏寫的「夢見自己……」。「老人」「默默地守著／這迷漫一切的，昏亂的黑夜」。「黑夜」也是象徵，象徵「老人」所處的環境。「老人」在「黑夜」裏耳聞或目睹「無數人活著，死了」：「那些淫蕩的夢遊人」，那些「陣陣獰惡的笑聲」，「我」「都不能忍受」。但是「我的孩子們戰爭去了」，「我」沒有了助力，只能「默默地躺在床上」，任憑「黑夜／搖我的心」。「我」想「搬開那塊沉沉的碑石」，放出「許多老人的青春」，可「我」失去了能力。這裏隱含了詩人對於自己有心無力的批判。「我」像厭惡「防空洞裏」的人一樣，厭惡身邊這群死了的活人，想同去做一些有益國家民族的事，可是失去了行動的能力。明於此，便可理解詩歌為什麼要寫殺海盜了。詩中用同義反覆的形式表達了「老人」對於「殺死」「海盜」的正義戰爭的支持態度，表達的正是作者的抗戰態度。末兩行的「為了」可以理解為「因為」，「期待」是對勝利的期待，「咽進」「血絲」是說自己忍受著痛苦，支持「孩子們」去贏得戰爭的勝利。「血絲」使人想到艾青的《吹號者》裏的號兵「吹送到號角裏去」的「纖細的血絲」。整首詩的內容仍然是幽暗的，環境黑暗，眾人獰惡，海盜凶殘，「我」卻不能像年輕人那樣跳出環境，擺脫眾人，以行動去參戰，而是一個「躺在床上」的「老人」。此詩對於自我的批判是深刻的。雖然此詩只是寫了抗戰的願望，但其精神是積極的。「老人」的意象可能是「穆旦們」的一個共同認識，此時穆旦的好友王佐良寫有小說《老人》，也是極言老人無用，雖然他倆筆下「老人」的具體含義各不相同。

《漫漫長夜》已表現出思想和行動的矛盾，已有強烈的內心衝突，而把內心衝突表現得緊張劇烈的是《童年》和《玫瑰之歌》。事實上，思想和行動（理想和現實）的衝突是穆旦詩歌最為精彩感人的內容，它是南荒社時期穆旦詩歌內容的又一個重要特色。

在《童年》一詩裏，「歷史」與現實相對，「薔薇花路」象徵物質的誘惑，「歷史」意味著過去，「野獸遊行」意味著自由。「我」翻閱歷史，查看「文

明」，可現實總在引誘「奔程的旅人」「喪失本眞」。詩人厭惡這樣的現實，「停留在一頁歷史上」，「摸索」大自然未經人類文明濡染時的「滋生」、「交溶」、「矯健而自由」。但那終究是「美麗的化石」，我此時聽見的是「那痛苦的，人世的喧聲」。「我」無奈地丟失了「童年」，而被拋入「今夜的人間」，「望著等待我的薔薇花路，沉默」。可見，詩中的矛盾鬥爭是緊張激烈的。

《玫瑰之歌》表現「現實」與「夢」的衝突。全詩由三章構成。第一章《一個青年站在現實和夢的橋梁上》寫選擇的兩難。詩的開篇說：「我已經疲倦了，我要去尋找異方的夢。」而「現實」卻「拖」住了「我」的腳步：「你帶我在你的梳妝室裏旋轉，／告訴我這一樣是愛情，這一樣是希望，這一樣是悲傷，／無盡的渦流激蕩你，你讓我躺在你的胸懷」。而「我」懷疑現實的「眞實」性，並且「在雲霧的裂紋裏，我看見了一片騰起的，像夢」，所以要「離去」。「現實」的溫暖與腐蝕，「夢」的美好與召喚，定下了全詩的基調。第二章《現實的洪流沖毀了橋梁，他躲在眞空裏》，繼續寫「現實」與「夢」的矛盾。「我」被愛人領入了迷宮，「在那裏像一頭吐絲的蠶，抽出青春的汁液來團團地自縛」，溫暖、舒適、體面的家庭羈絆著「我」，使「我」失去了奔向理想的勇氣，「我蜷伏在無盡的鄉愁裏過活」。「我」想到老來回憶這種「眞空」的生活，將會「對著爐火，感不到一點溫熱」。「我」仍然想「離去」，但已失去了先前「去」的叫喚，只是「期待著野性的呼喊」。上一章的「你」，這一章的「她」——愛人及溫暖的家都是現實的比喻。第三章《新鮮的空氣進來了，他會健康起來嗎》〔註 2〕有了轉機，湖水、鶯燕、新綠、季節、「觀念的突進」等喚醒了「我」，「我」意識到前兩章的「現實」——「愛情」「太古老了」，「太陽也是太古老了」，「沒有氣流的激變，沒有山海的倒轉，人在單調疲倦中死去。」於是「我」要「突進！因爲我看見一片新綠從大地的舊根裏熊熊燃燒，／我要趕到車站搭一九四〇年的車開向最熾熱的熔爐裏。」這時的「我」，有過多的無法表現的情感，「一顆充滿著熔岩的心／期待深沉明晰的固定」，又如「一顆多日的種子期待著新生」。不過，「我」始終沒有行動，而較多的用了「期待」。因此，這首詩表達的仍然是詩人面對現實與理想的矛盾衝突而表現出來的內心苦悶與呼喊。

對於生命意義的探討是穆旦南荒社時期詩歌內容的第四個特色。

《從空虛到充實》是這個內容的代表。此詩發表時，詩後有「南荒文藝

〔註 2〕此章原題爲《變成一條小蹵，他將要浮海而去》。

社」幾字，是穆旦交給南荒社的第二次「社費」。詩歌表達了在戰爭的特殊年代，詩人對一個人應當「怎樣愛怎樣恨怎樣生活」的深刻思考。「洪水」是日本侵略戰爭的象徵，它在詩中反覆出現，給人以巨大的恐怖：「整個城市投進了毀滅，捲進了／海濤裏」。身處這種環境的人應該怎麼辦？「固守著自己的孤島」，「播弄他的嘴，流出來無數火花」？或者，「把頭埋進手中」，任「血沸騰」地聽「成隊的人正歌唱，／起來，不願做奴隸的……」？或者，去淪陷區的荒亂環境中寫《中國的新生》，而「得救的華宴」卻是「硫磺的氣味裂碎的神經」？這些都不是「我」的選擇。由於「我」在「洪水」中失去了一切，由於「洪水」「在我們的心裏拍打」，而在「原野上丟失的自己正在滋長」，「我們」將因此變得更加輕鬆和充實！詩分四章，揭示自我內心的矛盾和鬥爭，表明自我由高談闊論的無聊到上戰場的過程，〔註3〕但「我」似乎沒有在抗擊「洪水」中獲得真正的充實，因為「我」「只等在春天裏縮小，溶化，消失」，沒有在戰場上獲得新生。詩歌描寫的是思想的過程而不是行動的過程，因此「我」長於思想短於行動。

《蛇的誘惑》則是一首關於「生的命題」的詩。在戰爭與貧困的苦境裏，面對物質的吸引——蛇的誘惑，怎麼辦？每一個人都接受著靈魂的拷問。詩前有四段引言，交代了寫作的背景，這是理解全詩的鑰匙。人被蛇第一次誘惑，放逐到地上來，「生人群」被蛇第二次誘惑，「有些人就要放逐到這貧苦的土地以外去了」。此詩可以說是「我」陪德明太太去百貨大樓選購東西時的感想。當然這些都是詩歌創設的情景。夜晚把人分成了兩極，一極是富人的狂歡，一極是窮人的痛苦。「老爺和太太站在玻璃櫃旁／挑選著珠子」，窮人則在「垃圾堆，／髒水窪，死耗子，從二房東租來的／人同騾馬的破爛旅居旁」呻吟。黑夜中兩極生活的對比更增添了蛇的誘惑的力量，即詩人靈魂搏鬥的力度：「哪兒有我的一條路／又平穩又幸福？」人偷吃了智慧的果子後，得到的是「阿諛，傾軋，慈善事業」，「貧窮，卑賤，粗野，無窮的勞役和痛苦……」，但人卻在困境裏創造了「文明的世界」。這時，蛇又施展了第二次誘惑，一些人隨它而去，得到了物質享受的快樂，但同時，又得到了「訴說不出的疲倦，靈魂的哭泣」，「陌生的親切，和親切中永遠的隔離。」這兩次誘惑也就形成了「兩條鞭子」：一條是生活的痛苦，一條是富裕的寂寞。詩中

〔註 3〕 此詩初刊時有「於是我病倒在游擊區裏」等 17 行，收入《探險隊》時刪去。此據初刊而論。

有兩次對於「活」的發問，兩次問的是生命的兩個層次：第一次是物質層面的生存問題，第二次是精神層面的生存意義問題。兩個問題所帶來的是「兩條鞭子」：生活的痛苦與寂寞。詩人痛苦地喊道「呵，我覺得自己在兩條鞭子的夾擊中，／我將承受哪個？」在許多人追求金錢物質的熱潮中，詩人看到了物質背後揚起的另一條鞭子，其目光更為深刻。而「陰暗的生的命題」的自我拷問也就異常嚴峻了。

　　穆旦這時期的詩歌已經脫離了單純情感的抒發，而表現為心靈的抒寫，他的每篇作品都是對自我思想靈魂的深刻揭露，而其揭露又帶有批判性質，因此，孫玉石用「詩人心靈的自審或『拷問』」來描述穆旦這時期的詩歌表現是恰當的。〔註4〕但我們要看到，穆旦的這種拷問不是脫離現實的抽象的哲學探索，而是在中國社會特定的現實環境中產生的。穆旦剛進入青年時期就經歷了太多的痛苦。十九歲的穆旦隨南開大學「校衛隊」輾轉到長沙臨時大學外文系讀書，不足20歲的他又隨「湘黔滇旅行團」從長沙步行到昆明，後隨學院輾轉於蒙自、昆明。這期間，抗日戰場節節失利，國土大片淪喪，大後方人民的生活水平急劇下降，學生的溫飽都成了問題。在這種情況下，多數學生靠打工維持生計完成學業，一部分人休學工作以攢錢讀書，有的人則乾脆離開學校去經商發財。穆旦這時讀四年級，自然不便外出兼職，其艱難困苦可想而知。但穆旦的詩作寫出的並不是個人的痛苦，而是在這種環境下人們共同的感受，這就使他那些現代主義色彩的作品衝出了個人的圈子，而具有了大眾的色彩。因此穆旦詩中的「我」顯得很複雜，有時是作者自己，有時包括吟詠對象，有時代表著一個群體。我們看到，詩中的「我」往往面對物質的誘惑，大義的吸引，理想的明麗，愛情的溫暖與自己處境的艱難而必須做出選擇，這個選擇的過程便是心靈的拷問過程。在拷問的過程中，我們看到了詩人（及大眾）跋涉的腳步和向上的力量，有人說穆旦的作品充滿了矛盾，困惑與鬥爭，其主要表現或集中表現正在這個時期。

　　這個時期穆旦詩歌的藝術表現往往具有很多「發現底驚異」，〔註5〕甚至每一首詩歌中都出現了讓人感到「驚異」的句子。例如：「我看見誰在客廳裏一步一步地走，／播弄他的嘴，流出來無數火花。」(《從空虛到充實》)「細長的小巷像是一支洞簫，／當黑夜暗伏在巷口，緩緩吹完了／它的曲子：家

〔註4〕孫玉石：《中國現代主義詩歌史論》，北京大學出版社，1999年3月，第384頁。
〔註5〕穆旦：《致郭保衛的信（二）》，《蛇的誘惑》，珠海出版社，1997年4月。

家門前關著死寂。」(《蛇的誘惑》)「一片新綠從大地的舊根裏熊熊燃燒」。
(《玫瑰之歌》)這些句子確實是中國以往的詩作裏所沒有的,它使一首詩增
添了亮度。但是,詩中也僅限於有許多這樣讓人感到新鮮和震動的句子,而
沒有達到整首詩的精美的高度。鄭敏說:「穆旦不喜歡平衡。」〔註6〕但這種
平衡指的是內容上的和諧,即矛盾的解決。如果藝術上也以不平衡爲上,絕
不可能成爲好的作品。在這個時期,他的幾首較長的詩歌均缺乏嚴格的剪裁
和良好的布局,有的地方顯得臃腫鬆散甚至雜亂,詩句有的囉嗦冗長缺少提
煉,那種「滿載到幾乎超載」〔註7〕的詩句還沒有出現。穆旦此時正在進行著
高原文藝社時已經開始了的散文化試驗,因此,詩句的散文化應該是他此
時的一個特點。他認爲「詩的散文美」「是此後新詩唯一可以憑藉的路子」。
〔註8〕而這話正是他在寫作以上詩歌的同期說的。但是,他把艾青提倡的「散
文美」變成了散文化。因此他這時的詩失去了詩歌語言的凝練緊湊,而成爲
散文句式的泛用,也就缺少了詩味。或許這是他後來所說的「『非詩意的』辭
句」,〔註9〕但「非詩意」不等於無詩味,緊湊凝練是不可缺少的。這些都說
明穆旦此時的詩歌在藝術上還是不完全成熟的,它還帶有轉變期的痕迹,詩
人還在艱難地探索。

總的說來,穆旦在南荒社時期仍處於詩歌創作的轉變與發展之中。南湖
詩社時期,穆旦以浪漫主義爲主調,高原文藝社時期開始向現代主義轉變,
南荒文藝社時期基本實現了轉變。這時,穆旦的詩作全是現代主義的,雖然
表現出了深刻的銳氣,有了一些力作,但十分成熟的作品還沒有出現。這時
的作品,充滿了「發現底驚異」,但還沒有完整、精緻、美好的全詩。但我們
知道,那種完美的詩歌已經呼之欲出了。所以,南荒文藝社是穆旦詩歌道路
上的一個重要階段。

2005 年 11 月 10 日初稿於昆明文化巷 52 號

〔註6〕 鄭敏:《詩人與矛盾》,《一個民族已經起來》,南京:江蘇人民出版社,1987
　　　 年 11 月。

〔註7〕 鄭敏:《詩人與矛盾》,《一個民族已經起來》,南京:江蘇人民出版社,1987
　　　 年 11 月。

〔註8〕 穆旦:《他死在第二次》,香港《大公報·文藝綜合版》第 794 號,1940 年 3
　　　 月 3 日。

〔註9〕 穆旦:《致郭保衛的信(四)》,《蛇的誘惑》,珠海出版社,1997 年 4 月。

辛代在南荒文藝社的創作*

【摘要】辛代是西南聯大南荒文藝社的創作骨幹，他在南荒社創作了多篇散文和小說，作品生動感人，藝術性強，有的散文寫得非常出色，如《蜀小景》、《野老》、《沙》等，有的藝術手法新穎，如《一支插曲——大時代的小泡沫》，小說則多爲力作，《紀翻譯》、《九月的風》、《八年》、《孩子們的悲哀》等是抗戰文學早期作品中不多見的思想內容和藝術特色均佳的作品。因此，認識辛代是文學研究者的責任。

【關鍵詞】西南聯大、南荒文藝社、辛代、作品。

西南聯大湘黔滇旅行團出發時，辛代在湖南永豐鎮（現爲雙峰縣）讀中學。1938 年 7 月，他中學畢業並參加了高考後，去長沙等候發榜。長沙危急，他和另外五個同學相約去重慶，於是開始了由湘步行入川（當時重慶市屬四川省）的歷程，歷時四十六天，到達重慶朝天門碼頭，喜氣迎面撲來——西南聯大新生錄取榜上自己的名字赫然在目！他立即奔赴昆明，走進西南聯大教務處，已是新生報到的最後期限。入學後，湘川路途中所遇的奇事險情總在心頭回蕩，在沈從文老師的鼓勵下，他寫成一篇篇文章，以「辛代」爲筆名發表。「辛代」是端木蕻良替他起的，意爲「辛苦的一代」。

辛代的文章選取路途中新鮮、有趣、驚險、刺激的人和事，形成一篇篇紀實散文。其中較出色的有《旅伴》、《野店》、《酒仙》、《家長》、《同鄉》、《馬槽口》、《荒村》、《投宿》、《蜀小景》、《野老》等十幾篇。

---

* 本文原載於《抗戰文化研究》第 7 輯，署名宣淑君。

　　《旅伴》記述大家初出長沙，行李即被一個爛眼邊的人騙走的遭遇。《野店》敘寫在三角坪夜晚投宿的經歷。《酒仙》寫一個店老闆。在湘西，由於怕途中遇匪，大家在店中等候汽車。初得不到店家信任，三天後，情況大改。老闆娘主動聊天，老闆勸大家喝酒。老闆酒酣興高，講出了他的經歷。文章寫道：「鎮上貼出壁報來了，說南京、徐州、上海、北平已同時克服……老闆樂得閉不上口，眼睛笑得更歪斜了：『先生！南京北平都收轉來，我不吃飯都可以飽了！』」「酒仙」的胸懷可見博大。《家長》描述一個追趕妻兒的人，表現深刻。《同鄉》寫一個異地「老鄉」，最為有趣。湘西某小城，地小人多，天色漸黑，找不到旅店。這時，一個小公務員模樣的人前來打招呼。他說自己是從長沙來的，要到四川永綏去，在此等伴。他聽口音認定大家是「安徽老鄉」，主動領「我們」去找旅店。安頓好後他走了，過一會兒，他帶同鄉會的一位負責人來看大家。明明口音不同，卻不由分說把幾個東北人劃入安徽人氏。大家因此得到了許多關照。為了不叫這位好心的「老鄉」失望，大家於是將錯就錯，索性冒充說「我們是安徽滁縣人」。文章結尾寫道：明早「上了路，再與同伴來討論我們做滁縣人還是東北人的問題尚不嫌遲。」

　　湘西的經歷複雜、艱難、有趣，四川的旅程則險峻、驚異、新奇。相臨的土地，形狀不一，民情異趣。《馬槽口》記述遇匪的經歷。由龍潭去酉陽有兩條路，為避土匪，大家選擇了比古道長三十里的新路。店夥計說：「過了馬槽口就渡過關口了。」「馬槽口」三字便印在大家腦海中了。「這就是馬槽口，公路與小山道的交點。山高而禿，荒涼得幾乎令人不能忍受。」「先到的人在路邊休息，到最後一人的腳步剛一踏上公路時，突然從後山小竹林中閃出四條影子。這四個人打扮完全如水滸中人物」，他們用槍和大刀威逼著，搜查大家的行李，然後又把大家逼到山彎處，要大家脫衣「檢查」。這時，遠處傳來汽車聲，土匪被嚇，拿著大家的行李跑了。要不然，大家的衣服都將被剝光。《荒村》記述四川途中幾次遇「匪」，均化險為夷的經歷。《投宿》寫夜晚投宿，沒床沒飯，圍著火塘講故事驅趕飢餓和勞苦的經歷。《蜀小景》記述一群在大山中背鹽巴的人，他們之中有老人也有小孩，背著沉重的鹽巴，在陡峭險峻的山道上爬行，一步一滴汗，太陽西下而路途遙遠。這是多麼艱難的生存方式，在那些瘦弱的軀體中包裹著多麼堅強的毅力！《野老》敘寫大山中的一位文化老人。旅伴飯沒吃完，走來一位老人，是鄰居。「這老人鬢髮皆白，身體魁梧如一棵老松，那麼壯，那麼結實。」交談中得知，他今年73歲，一

生「從沒有登過對面的山峰看一看外面有怎樣的世界」,「還沒有踏過十里以外的土地,只在這小小的山灣裏寂寞地活著。」但他知道外面的許多事情。他說「打走日本人才有太平日子」,他問「長沙丟了沒有?」他知道北京是皇帝住的地方,「那裏有皇宮,有金鑾殿,有萬壽山,還有大雪鋪地像灰面」,他突然問:「你看見過梅蘭芳嗎?天下美男子!」「我」感到驚奇。店主人解釋說:「這老人年輕時候走過紅,川戲是拿手,扮老生,登臺出大風頭,逗引全城好女子為他發痴發瘋」。在大家的央求下,他唱了一段「崇禎煤山上弔」。外地人雖然聽不懂內容,但那腔調板眼透露出行里人的本色。一個足不出山灣的文化野老活現於讀者眼前。四川多奇人!

以上十篇作品皆寫湘川旅途,但互不重複,各顯特色。這些作品貫穿著「奇、險、趣」三字,以奇人、險情、趣聞為取材依據,給人以新鮮和刺激,不像林蒲那樣注意社會面的拓展和民風民俗的揭示,而顯出單純的品質。以藝術而論,這些作品每一篇都是精緻的散文,都有一定的藝術價值。由於注重抒情寫意,或可稱為散文詩。作品無論寫景、敘事、記人都真實生動,形象逼真,富有吸引力。這些作品往往短小精悍,結構緊湊,達意精確。作者在語言表達上有著特別的功力,首先是能把普通內容生動形象地表現出來,其次是剛健有力,不拖沓,不沉滯。這裏以《蜀小景》為例看看作者的藝術尤其是語言方面的特點。該文內容包括疊嶂起伏的大山,山中背鹽的人,孤獨的人家,老太婆,迎親行列,打尖,奔店,日暮途遠的惆悵等,均放在山與人的變換描寫中表現出來,因山大而人稀,因人稀而山幽,人行山中,拉活了一座青山。作者是寫山中行人的行家裏手。請看寫背鹽人的一段:「他們默默無聲沉重的走著,在陡的山道中上上下下,(這裏有孩子也有老人)到累了的時候,最前頭的一個『咻──』一聲停下來,把那拐杖放入石頭上的小洞裏,上端支撐著背上的背籮,這就叫『休息』,小石洞的用處也可以知道了。這『咻──』的聲音挨個傳下去,挨個停下來,像軍隊裏傳達一個命令那樣。那『咻──』的一聲該是怎樣一種生活的唏噓啊。」語言的準確簡練可見一斑。

《一支插曲──大時代的小泡沫》發表時末尾有「南荒文藝社」五個字,是辛代交給南荒社的「社費」。文章寫一個大學生淩晨醒來躺在床上的思緒。昆明雖然四季如春,冬天還是寒冷的。「我」從東北敵占區來春城讀書,家裏寄不來錢。為了吃飯,在秋天把被子賣了。在冬天的半夜,「我」被凍醒了,

不由得想起二月前被賣掉的棉被；一陣飢餓襲來，又想到明天沒了飯費。在冷和餓雙重煎逼下，「我」的思維也特別活躍，想到北方，想到母親，想到貧困而自殺的大學生；又想到自己的使命和責任，應該活下去，且不能到郵局去當一個小職員，還應替前線犧牲的人擔負起雙倍的擔子；最後仍回到明天的飯費上——貸金發不下來，稿費收不到，幾個朋友處都已借過錢了。突然又想到明天的七堂課和一個小考。「我」又冷又餓又焦急，沒了睡意，睜開眼，屋裏已有些蒼白，隔街某大學的晨號響了。但是，仍沒有想出籌飯費的辦法，可典賣的衣服已經典賣光了，唯有幾本書值點錢，可出讓告貼貼出去十幾天了，還無購者問訊……。文章用意識流方式寫成，「我」凌晨躺在床上，任憑思維「流動」，文字由細緻到粗疏、由具體到簡略、由緩慢到快速、由精密到跳躍，段落也由長到短，無論「我」的思維如何放得遠，涉及事情如何多，又都維繫在「冷」和「餓」兩個字上：冷醒了，餓跟著來，不能不破解難題——飯費。由於思維活動有集中點，加之用了意識流的創作方法，文章所寫雖然瑣碎，但不混亂，這是此文的成功之處。文章寫的是作者的實生活，環境、人物、事件都很真實，易於為讀者接受。大後方這類以學生的窮困生活為題材的作品很多，此文是其中的佼佼者。

像《一支插曲》一樣記述作者在雲南的生活和感想的作品還有一些，它們大多是一些短小的篇章，富有散文詩的情調。《高原散記》、《夜景》、《雨天的記憶》等都是這一類文章。

除了記述來滇旅途和昆明生活兩類作品外，辛代寫得最多的是對家鄉的懷念和抗戰的願望。辛代是吉林省扶餘縣人，故鄉不幸，早已落入日寇手中，10多歲開始就逃難他方，對於他來說，懷念故鄉與驅逐日寇幾乎是同一件事。最能說明他的這種思想甚至是「情結」的是1939年9月18日這天，他發表了三篇文章：《九月的風》、《八年》、《祭》。前兩篇同時刊登在《大公報·文藝》上。一個版面刊登同一作者的兩篇作品，這在名家尚屬不多，何況是一個年輕的學生作者呢？同一天發表三篇同一主題的作品，恐怕在中國現代文學史上也不多見。這一方面說明了作者旺盛的創作能力和高超的藝術表現力，另一方面說明了作者對於「九·一八」的深刻記憶。辛代懷念故鄉與反映抗戰的作品有散文和小說兩種。

散文有《弟弟》、《平原》、《長城》、《悼》、《祭——紀念「九·一八」八週年》、《沙》等篇。其中《弟弟》和《平原》可為代表。前一篇通過弟弟形

象的描寫及弟弟的來信寫出了作者對親人的無限思念並表達出抗戰的思想，結尾想像日本侵略軍製造的另一種悲劇：兄弟搏擊於戰場。此文雖短，可結構恰當精巧，語言流暢，含義深刻，所以，列爲《大公報・文藝》當版第一篇文章發表。

《平原》的風格與《弟弟》迥異，顯出一種恢弘博大之氣。在遼闊的東北平原上，世代繁衍生息著中國同胞。他們的祖先從華北跑來關東創立基業，後代在這片土地上戀愛、生育、耕種、收穫。作品選取秋天收穫的美好季節，豐收、戀愛，人們投以這片土地深情的愛。可是，「一個秋天，這秋天完全如以前的秋天，只是平原上憑添無數災難了，老年人南望王師，小夥子們卻拿起以前打兔子打火雞的火槍，在冰雪裏和另一種獸類戰鬥。望望這平原大野，他們想起了祖先創業的艱難，他們想起了『跑關東』。」言猶未盡，寓意深刻。作者善於提煉出精巧的句子表達普通的意思，有類外國詩的「機智」。作品文學性強，富有吸引力。編輯有言：「《蜀小景》與《平原》的題材均是他專長的。」〔註1〕

小說主要有《無題》、《紀翻譯》、《九月的風》、《八年》、《孩子們的悲哀》等篇。《無題》後改名爲《夢生女》，描寫北方婦女的命運。主人公小珠出生前父親就死了，出生後母親改嫁，奶奶把她養大。奶奶臨死時告訴她：你媽「還活著」。兩個月後，她被接去當童養媳，受盡折磨。她屢屢託人帶信給母親，均無消息。一天，一個四十歲左右的憔悴女人來找她，向她講述了母親的悲慘命運。她認定這人就是她母親，並且願意養她時，那人走了。兩代，不，三代婦女的苦難命運包容在一個短篇之中，可謂一字千金。人物性格尤其是小珠的性格明朗感人。

《紀翻譯》寫一個漢奸的悲哀，是一篇十分難得的小說。紀天民是日本皇軍中尉翻譯官。他效勞「皇軍」，幫助參事官小野田剿過「馬賊」，檢舉過「思想犯」，致使許多「反滿抗日」分子的生命化爲灰塵，「三年裏，他忠實得像一條狗對它主人那樣服侍著小野田」。可是，他愛上的女人被小野田看中。小野田還警告他：「亡國奴有戀愛麼？小心你自己！」他感到了「悲哀」，想起了遠方的父母，想起了三年前的自由生活。可如今……他想起自己說「全村人都不是好東西」，致使全村壯丁被槍殺，還被割下頭懸掛於城門；想起自己說校長、教員、學生「都是反抗帝國的壞蛋」，致使三百多性命完事。夜深

〔註1〕《本期撰者》，《今日評論》第2卷第9期，1939年8月20日。

了，他感覺「好像有無數幽靈向他索取性命」，他感到「可怕」。作品仍然採取意識流的方法，讓紀天民在暮秋的夜晚，聽著小野田的鼾聲，點燃一支烟，坐著想心事，想著想著，悲哀侵襲心頭，恐怖籠罩全身，漢奸沒有國家、民族、道德和良心，有的是他自己，「壁鐘響了十二下」，對於血債太多的人，夜是「可怕」的。這篇小說對於漢奸的思想、行為、心理乃至靈魂的揭露是深刻的，意識流方法在集中、深入地揭示人物心理方面發揮了很好的作用，使得作品篇幅雖短，思想卻深刻而突出。總之，這篇作品的主題、內容和藝術表現，在 1939 年的文壇上，是不可多得的。需要指出的是，辛代使用的意識流不同於西方主要描寫潛意識的活動，而更多的是顯意識的活動，人物因環境引起了思考，漸漸地進入了一種「自我」的思維狀態，這時，潛意識出現，分不清顯意識還是潛意識了，最後又回到顯意識上來。小說《紀翻譯》是這樣，散文《一支插曲》也是這樣。西南聯大後來的文學作品如汪曾祺所使用的意識流也是西方意識流手法的變異。

《九月的風》反映「九‧一八」事變，是一篇力作。1931 年 9 月 18 日，日本軍隊攻打北大營，東北軍旅長王以哲帶領部隊撤出瀋陽（其他部隊早已隨「少帥」去了關內）。瀋陽變成了屠場，變成了血海。東三省隨之淪陷，東北成了日本關東軍的樂園。小說以散文筆調寫成，大氣磅礴，結構完整。全文分四節，外加序曲和尾聲。「序曲」展現出豐饒的原野，農民的收成，一派美麗可愛的秋景；第一節寫古城瀋陽的政治形勢，關東軍搞軍事演習，王旅長擔憂，平靜中隱伏著殺機；第二節「九‧一八」事變發生，關東軍要求王以哲軍在四小時以內撤出瀋陽，王集合全旅，跪求撤退，天色破曉，北大營一旅人向東山嘴退去；第三節寫日本人進城後的暴行；第四節記述市民的生活和軍人自動的零星戰鬥；「尾聲」悲情籠罩，九月沒有豐收的喜悅，九月的風將哀怨擴散，九月的哀風一吹八年。感情濃烈是這篇小說的最大特色。作品像一首抒情詩，不僅「序曲」和「尾聲」感情濃厚，中間各節都充滿感情，如王旅長集合全體官兵，官兵要求打開倉庫拿出武器，死守瀋陽的氣勢可以掀動天蓋，王以哲跪求全旅，悲情激盪山河，因此，氣勢雄偉亦是這篇小說的特色。小說未刻畫主人公形象，而群體形象鮮明，這是散文體小說的特點。這篇小說不僅在辛代的作品中是特出的，就是在抗戰前期的作品中亦是特出的。

《孩子們的悲哀》亦是一篇力作。小說寫「博物」老師柳先生被學校辭

退，「我」和班長挽留柳先生的事，表達出抗日愛國的情緒。情節是這樣的：
「我」看到柳先生「因故去職」的通告，大爲震驚，班長小鄭正好路過，便
和他分析問題，決定發動全班同學挽留柳先生，班長和「我」被推爲代表向
學校反映。於是，「我倆」去找教務長，教務長讓去找校長。「我倆」到了校
長室，幾經詢問，校長才說柳先生不聽警告老在課堂上講時事，總與同學接
觸。「我倆」提出挽留柳先生，遭校長拒絕。「我倆」滿腔憤恨地離開校長室，
直接去找柳先生挽留。方知柳先生家很貧困，師母說他上山打柴去了。「我倆」
決定去接柳先生。見面後，「我倆」把校長的態度告訴柳先生，他卻說「不能
怨校長」。「我倆」代表全班挽留柳先生，他說已經不可能了，並說他打算去
當義勇軍。「我倆」立即表示願隨老師去，老師想了想說：「我看你們最好到
關內去。」這一天，「我」很晚才回到家。我病了。我睡不著，夜裏「我」告
訴爸爸：「我想到關裏去！」這篇小說也許寫的是作者自己的事，所以眞實，
自然。小說篇幅不長，但人物較多，可各個人物的性格都輪廓分明。柳先生
秉持公心、立場堅定、剛強不屈，決心戰鬥到底。「我」和小鄭倔強、愛國、
充滿熱血，但年少無能。校長膽小怕事，求全枉屈。小說以「孩子」的眼睛
和心靈反映僞滿洲的形勢與人心，這在西南聯大作品中是開創性的。不過，「孩
子」與校長的對話過於成熟了些。《孩子們的悲哀》1940 年 8 月 24 日發表，
是南荒文藝社的最後一篇作品。如果把南荒社的創作比作一篇文章，它可謂
「豹尾」。

　　辛代的幾篇小說各不相同，說明他在進行著各種探索，但有一些是共同
的特點，即內容都反映抗日戰爭，地點都在東北，文筆剛健有力，語言直爽
流利，風格沉鬱壯闊。

2005 年 11 月 16 日初稿於昆明文化巷 52 號

汪曾祺的文學開端[*]

【摘要】《釣》發表於 1940 年 6 月 22 日，是目前所見汪曾祺發表最早的作品。作品寫「我」無所事事，爲打發時間臨時準備釣具去釣魚，由於心不在焉，釣無所得，卻灑脫而歸，認爲自己釣到了所釣之外的東西。作品體現出汪曾祺後來小說的一些基本色彩，值得我們注意。本文認爲，《釣》是汪曾祺文學創作的開端作品。

【關鍵詞】汪曾祺、《釣》、文學開端。

　　汪曾祺曾在多篇文章中寫過同樣的話：「我寫小說的資歷應該說是比較長的，一九四〇年就發表小說了」，「那年我二十歲」，「那是沈從文先生所開『各體文習作』課上的作業，經沈先生介紹出去的」，「我記得我寫過一篇《燈下》（這可能是我發表的第一篇小說）」。〔註1〕他在這裏所說的幾點意思是互相聯繫的。1998 年 8 月，北京師範大學出版社出版鍾敬文、鄧九平主編的《汪曾祺全集》，所收第一篇作品是《復仇——給一個孩子講的故事》，自此，人們都以《復仇》爲汪曾祺的處女作。至於 1997 年 7 月江蘇文藝出版社出版的陸建華著《汪曾祺傳》沒有提到《復仇》，而說「在沈先生的習作課上，汪曾祺寫了他平生第一篇小說《燈下》」，〔註2〕是那時他不可能看到《汪曾祺全集》，當然也沒有查過《大公報》。2001 年 1 月，中國人民大學出版社出版「追憶文

---

[*] 本文原載於《新文學史料》2009 年第 1 期，原題《〈釣〉汪曾祺的文學開端》。

〔註 1〕 參見《〈汪曾祺短篇小說選〉自序》，《小說創作隨談》，《〈晚翠文談〉自序》，《自報家門》，《卻顧所來徑，蒼蒼橫翠微——小說回顧》，《我的創作生涯》等文。

〔註 2〕 陸建華：《汪曾祺傳》，南京：江蘇文藝出版社，1997 年，第 345 頁。

叢」，其中有汪朗、汪明、汪朝合著《老頭兒汪曾祺——我們眼中的父親》一書，確認《復仇》是汪曾祺的第一篇小說。汪朗寫道：「爸爸 1941 年 3 月 2日在《大公報》上發表的小說《復仇》，就是沈從文先生介紹出去的。這是現在可以查到的他所發表的最早作品」。〔註 3〕連子女都這麼說，大家也就相信《復仇》爲沈從文介紹發表的汪曾祺的第一篇作品了。所以，不僅研究汪曾祺的論文如此寫，而且關於汪曾祺的專著也都這麼寫。例如，去年出版的一本研究汪曾祺小說的專著，儘管沒在「參考文獻」中列出《汪曾祺全集》，但看得出其作品材料全都出自《汪曾祺全集》，所以，此書只能以《復仇》爲汪曾祺的第一篇小說。事實上，《復仇》的問世確實比《燈下》早。《燈下》發表於 1941 年 9 月 16 日出版的《國文月刊》第 1 卷第 10 期，《復仇》則發表於 1941 年 3 月 2、3 日出版的《大公報·戰線》，早於《燈下》半年。《復仇》是汪曾祺的處女作也就成定論了。

但是，前不久解志熙教授在《十月》2008 年第 1 期上發表文章，以確鑿的事實推翻了這種流行的說法並且提出了新見解：汪曾祺的處女作是《悒鬱》。他在文中寫道：《汪曾祺全集》收錄的《復仇》，「是此前人們所能找到的汪曾祺最早發表的作品，也有人認爲是汪曾祺小說創作的處女作，這自然是誤解。此處輯錄的《悒鬱》就初刊於 1941 年元月昆明出版的《今日評論》周刊第 5 卷第 3 期，而作者在篇末注明完成於『二十九年十一月二十一日』即 1940 年 11 月 21 日。顯然，不論從寫作時間還是發表時間看，《悒鬱》都早於《復仇——給一個孩子講的故事》。據汪曾祺後來回憶，他的『第一篇作品大約是一九四○年發表的。那是沈從文先生所開各體文習作課上的作業，經沈先生介紹出去的』。汪曾祺雖然在 1939 年就考入西南聯大，但直到第二學期開始的 1940 年 9 月才選上沈從文的課，開始與沈從文有所接觸，那接觸的開端當在第二學年開始的 1940 年 9 月，至《悒鬱》完稿的 11 月 21 日，不過短短兩月。縱使汪曾祺在 11 月 21 日還會有更佳的習作可堪發表，但限於戰時的出版印刷條件，要在 12 月底發表出來，是不大容易的。然則《悒鬱》或許就是汪曾祺沒有說出題目的那篇處女作了，而這篇小說也可以肯定是經沈從文之手發表的——沈從文乃是《今日評論》的文學編輯。」〔註 4〕《今日評論》

〔註 3〕 汪朗、汪明、汪朝著：《老頭兒汪曾祺——我們眼中的父親》，北京：中國人民大學出版社，2007 年，第 36 頁。

〔註 4〕 解志熙：《出色的起點——汪曾祺早期作品校讀札記》，《十月》2008 年第 1 期。

第 5 卷第 3 期出版於 1941 年 1 月 26 日。此說把汪曾祺處女作的誕生提前了一個多月。而更為重要的是，《悒鬱》顯示了汪曾祺小說的某些一貫特點和風格，首先是體現了沈從文小說的風采，其次是繼承了中國傳統小說的神韻，再次是運用了西方意識流方法，最後是語言有聲有色，明朗傳神。因此，汪曾祺以《悒鬱》起步比以《復仇》起步意義更加豐富，更具有「汪曾祺味」。解志熙的發現特具價值。

問題是，汪曾祺發表於《悒鬱》之前的作品還有別的。

為了完成國家社科課題《西南聯大文學社團研究》，從 2003 年開始，我往來於全國多座城市，翻閱了西南聯大時期各地出版的報刊雜誌和書籍，發現了大量未經收集出版的西南聯大師生的作品，其中包括汪曾祺的作品二十多篇。當時曾想輯錄發表，以饗讀者，但忙於課題騰不出手來，現在課題完成準備輯錄，解志熙卻走在前面了。讀了解志熙的「校讀札記」後，覺得「汪曾祺的第一篇小說」是一個需要解決的問題，於是有了這篇文章。

就我所見，汪曾祺發表在《悒鬱》之前的作品有兩篇：《翠子》和《釣》。《翠子》刊於《中央日報·文藝》第 10 期，時間是 1941 年 1 月 23 日。報紙比雜誌出版周期短一些，發表日期早 3 天似乎不足以說明《翠子》一定比《悒鬱》早，但看篇末標注的日期就可以確定了。《悒鬱》標明民國「二十九年十一月二十一日草稿」即公元 1940 年 11 月 21 日，《翠子》署明「十一月一、二日，聯大」。當時多用民國紀年，「十一月一、二日」即公元 1940 年 11 月 1、2 日。會不會是公元 1939 年呢？不會。1939 年 11 月 2 日，汪曾祺僅在西南聯大學習一個月，很難寫出這樣成熟的小說，且在此日期前後沒有他的其他作品發表以為佐證，再就是那年汪曾祺 19 歲，不符合作者「我 1940 年開始發表小說，那年我二十歲」的記憶。〔註 5〕會不會是 1941 年呢？也不會。所載報紙的日期「中華民國三十年一月二十三日」赫然在目，世上絕沒有發表在前，寫作在後的作品。也就是說，《翠子》創作的完成日期比《悒鬱》早約 20 日，發表日期相應較早是情理之中的。這樣，就說明了《翠子》是比《燈下》早，比《復仇》早，比《悒鬱》早的小說。而《釣》就更早了。《釣》刊登在 1940 年 6 月 22 日《中央日報·平明》第 241 期，比《悒鬱》早出 7 個月。篇末注明「二十九年四月十二日昆明」即 1940 年 4 月 12

〔註 5〕汪曾祺：《卻顧所來徑，蒼蒼橫翠微——小說回顧》，《汪曾祺全集》第 6 卷，北京師範大學出版社，1998 年，第 59 頁。

日，寫成日期也比《悒鬱》早 7 個多月。這樣，汪曾祺的處女作就由《復仇》和《悒鬱》提前了 7 至 8 個月了。我們可以得出這樣的結論：《釣》是汪曾祺作為作家的開篇之作。

由於《釣》難以查找，且篇幅不長，全錄於下：

釣〔註6〕　　　汪曾祺

曉春，靜靜的日午。

為怕攜歸無端的煩憂，（夢鄉的可憐的土產）不敢去尋訪枕上的湖山。

一個黑點，劃成一道弧線，投向紙窗，「嗡」是一隻失路的蜜蜂。也許正惓懷於一支尚未萎落的殘蕊，匆忙的小小的身軀撞去；習於播散溫存的觸鬚已經損折了，仍不肯終止這痴愚的試驗，一次，兩次⋯⋯「可憐蟲亦可以休矣！」不耐煩替它計較了。

做些什麼呢？

打開舊卷，一片虞美人的輕瓣靜睡在書頁上。舊日的嬌紅已成了凝血的暗紫，邊沿更鑲了一圈憫憫的深黑。不想打開銹錮的記憶的鍵，掘出葬了的斷夢，遂又悄然掩起。

烟捲一分分的短了，珍惜的吐出最後一圈，擲了殘蒂，一星紅火，在灰爐裏掙脫最後的呼吸。打開烟盒，已經空了，不禁悵然。

提起瓷壺，斟了半天，還不見壺嘴吐出一滴，哦，還是昨晚沖的，嚼著被開水蝕去綠色的竹心，猶餘清芬；想後園的竹子當抽了新篁，正好沒〔做〕漁竿，釣魚去吧，別在寂寞裏凝成了化石。

小時候，跟母親糾纏了半天，以撒嬌的一吻換來一根綉花的小針，就燈火彎成鈎子，到姐姐的匣內抽出一根黑絲線；結繫停當，捉幾隻蜻蠅；懷著不讓人知道的喜悅，去作一次試驗。學著別人的樣，耐心的守候著水面「浮子」。（那也是請教許多先輩才曉〔得〕用蒜莖做的最好）起竿時不是太急，驚走了；便是太慢，白丟了一隻蠅天〔頭〕。經過了許多次的失望，終於釣得一尾鱸魚，看它在鈎上閃

〔註 6〕文章照原文實錄，「（　）」及裏面的字為原文，「〔　〕」及其中的字為錄者所加。

著銀光，掀動鮮紅的腮，像發現了一件奇迹，慌亂的連手帶腳的捉住，用柳枝穿了，忘了祖父的斥罵，一路叫著跳回去。

而今想來，分外親切，不由得不躍躍欲試了。

昨晚一定下過牛毛雨，看綿軟的土徑上，清晰的畫出一個個腳印，一個守著油燈的盼待，拉快了，這些腳步，腳掌的部分那麼深，而腳跟的部分卻如此輕淺，而且，兩個腳印的距離很長，想見歸家時的急切了。你可沒有要緊事，可以不必追迹這些腳印〔，〕儘管慢點兒。

在往日，便是這樣冷僻的小村，亦常有古舊的聲昔〔音〕來造訪的。如今，沒有碎布爛鐵換糖的喚賣；賣通草花的貨郎的小鼓；走方郎中踉蹌的串鈴；即使〔便〕本村的瞎先生，也暫時收起算命小鑼的鐺鐺，沒有一個辛苦的命運來叩問了，正是農忙的時候呀！

轉過一架鋪著帶綠的柳條的小橋，有一棵老樹，我只能叫它老樹，因為它的虬幹曾做過我兒時的駿馬，它照料著我長大的〔，〕鄉下〔人〕替它起的名字，多是字典辭源上查不到的。頑皮的河水舔去覆土，露出隱秘的年青的一段，那羞澀的粉紅的根鬚，真如一個蒲團，不妨坐下。

也得像個樣兒理了釣絲，安上餌，輕輕的拋向水面。本不是為著魚而來的，何必關心「浮子」的深淺。

河不寬，只消篙子一點，便可渡到彼岸了，但水這麼藍，藍得有些神秘，這〔你〕明白來往的船隻為甚麼不用篙子了吧！關於這河，鄉下人還會告訴你一個神奇的故事，深恐你不相信，他們會急紅了臉說：縣裏的志書上還載著。

也不知是姓甚什麼的做皇帝的時候，——除了村館裏的先生，這村裏的人都是只知道「民國」與「前清」的〔，〕頂多還曉得朱洪武是個放牛的野孩子，則「不知有漢，何論魏晉」何足為怪。這兒出了個畫畫的，一點不說謊，他畫的玩意兒就跟真的一般，畫個麻雀就會叫，畫個烏龜就能爬，畫個人，管少不了臉上一粒麻子。天下事都是這樣，聰明人不會長壽的，他活不上三十歲，就讓天老爺給收去了，臨死的時候，跟他的新娶的媳婦說：「我一不耕田，二不

種地，死後留給你的只有綿綿的相思……」取張素絹，畫了幾筆，密密卷好，叫她到城裏交給他的師傅，送到京城的相爺家去，說相爺的老太太做壽，壽宴上甚麼東西都有了，但是還缺少一樣東西，心裏很不快活，因此害了症候，若能如期送到，准可領到重賞，並且關照她千萬不要拆開來看，他咽了最後的一口氣，媳婦便上城去了。她心理〔裏〕想到底是個甚麼呢？耐不住拆開望望，一看是一片濃墨，當中有一塊白的，以爲丈夫騙了她，便坐在陽岸上哀哀的哭起來。一陣大風，把這卷兒吹到河裏去了，我的天，原來是一輪月亮啊！從此這月亮便不分日夜的在深藍的水裏放著淒冷的銀光。

你好意思追問現在爲甚麼沒有了？看前面那塊石碑，三個斑駁的朱字「曉月津」，一個多麼詩意的名兒。

> 「山外青山樓外樓，
> 　我郎住在家後頭，
> 　……」

夾著槐花的香氣，飄來清亮的山歌，想起甚麼浪漫的佳話了？看水面上泛起一個微笑。她們都有永不凋謝的天眞，一條壓倒同伴們的嗓子的驕傲，常常在疲乏的夢裏安排下笑的花蕾的。

一片葉子，落到釣竿上來，一翻身，跌到水面上，被微風推出了視野。還是一樣的碧綠，閃耀著青春的光輝。你說，便這樣無聲的殞折，不比抖索著枯黃的靈魂，對殘酷的西風作無望的泣求強些？且不浪費這些推求，你看，這葉片綠得多麼可人，若能以此爲舟，游家泛宅，浪迹江湖，比莊子那個大葫蘆如何？

遠林漏出落照的紅，像藏在捲髮裏的被吻後的櫻唇，絲絲炊烟在招手喚我回去了。咦，怎麼釣竿上竟栖歇了一隻蜻蜓，好吧，我把這只綠竹插在土裏承載你的年青的夢吧。

把餘下的飯粒，拋在水底，空著手走了。預料在歸途中當可撿著許多誠樸的歡笑，〔我〕將珍重的貯起。

我釣得了甚麼？難得回答，然而我的確不是一無所得啊。

二十九年四月十二日昆明

本文開頭曾引汪曾祺多次說自己最初作品的話，概括起來有四點意思：第一，1940 年開始發表作品，第二，那時二十歲，第三，第一篇作品是沈從文布置的作業，第四，作品是沈從文推薦發表的。我們用這四點意思衡量《釣》，則有的相符有的不相符。第一、二點，1940 年發表第一篇作品，那時二十歲，完全吻合，這比發表於 1941 年的《復仇》和《悒鬱》更確當。第三、四點，「習作」課上的作業和沈從文推薦發表並不相符。然而，第三、四點並非客觀實際，是汪曾祺本人記錯了。

汪曾祺是 1939 年考入西南聯大中文系的。上汪曾祺「大一國文」課的老師不是沈從文，據汪曾祺說是陶重華。陶重華教汪曾祺「國文作文」課。汪曾祺是大二時才上沈從文「各體文習作」的，時間是 1940 年 9 月以後，所以，《釣》不可能是沈從文老師布置的作業。根據汪曾祺的記憶，他的文學創作開始於沈從文的課堂教學，就應該是 1940 年 10 月及其以後。《釣》寫在是年 4 月，發表於 6 月，太早了。會不會是別人的作品呢？不會。因為發表時題目下分明署有「汪曾祺」三個字。那麼，會不會是另一個汪曾祺呢？也不會。據筆者所見資料，發表文學作品的只有一個汪曾祺，而且 1940 年的報刊上沒有署名「汪曾祺」的其他文章。汪曾祺為什麼在這時寫出這麼一篇文章呢？我想不出。但有一點可以肯定：汪曾祺喜愛文學。1938 年他避戰亂住到鄉下，所帶書籍除了教科書外，是兩本文學書，一本是《沈從文小說選》，一本是《獵人筆記》，他說：「這兩本書定了我的終身」。〔註 7〕第二年，他隻身遠行數千里，投考了西南聯大中文系。入學不久，學生組織群社的文藝小組獨立開展活動，發起成立冬青文藝社，他成了第一批社員。冬青社辦有《冬青》雜文壁報、《冬青小說抄》、《冬青散文抄》、《冬青文抄》、《冬青詩抄》等刊物，社員積極創作和發表作品，舉辦文學講座，組織朗誦會和文學討論會，活動開展得有聲有色。或許正是在這種文學氛圍中，汪曾祺創作了《釣》。我甚至推測，這是汪曾祺交給社裏的文稿，是為履行社員職責而創作的，先行刊登在某一期《冬青小說抄》上，因得到較高評價，才投報刊發表的。再從汪曾祺所受的文學影響、早期的創作追求和一貫的文學特點與風格來看，也可以判斷這篇作品是汪曾祺的創作。《釣》還留有沈從文批評的「兩個聰明腦殼打架」的語言痕迹，〔註 8〕雖然顯示了汪曾祺特殊的語言敏感和運用語言的

〔註 7〕汪曾祺：《自報家門》，《汪曾祺全集》第 4 卷，北京師範大學出版社，1998年，第 286 頁。
〔註 8〕汪曾祺：《沈從文先生在西南聯大》，《汪曾祺全集》第 3 卷，北京師範大學出

能力，但有些過分雕琢，不夠平常自然，是汪曾祺作品走向生活化之前的「創作證據」。由於本文的任務止於判定《釣》爲汪曾祺的最早作品，在此就不作分析評價了。

《釣》的發表也與沈從文沒有關係。因爲那時汪曾祺還沒有向沈從文展示出文學才能。如上所說，直到 1940 年 10 月，汪曾祺才開始上沈從文老師的課。這當然不能說明此前汪曾祺沒有接觸過沈從文（如同一些書上所説的那樣，汪曾祺直到第二學年才有緣拜見他崇拜多年的作家沈從文）。汪曾祺進入西南聯大時，沈從文已經在西南聯大任教，上「國文」和師範學院國文系「各體文習作」課。西南聯大雖爲當時全國最大的大學之一，但當年只有教師 339 人，學生 3019 人，學生見到老師較爲容易。且沈從文時不常給學生開講座，遠的如 1939 年 5 月 7 日，應高原文藝社之邀講「文藝創作問題」，近的如同年 8 月 9 日，應師院國文學會之邀講「小說的作者和讀者」，講座的聽者都是自由參加的，沈從文的崇拜者恐怕不會放棄這種機會。還有，據許多學生回憶，西南聯大搞創作的同學幾乎都與沈從文有聯繫，學生徑直去老師家訪問是常有的事，林蒲、方齡貴等並未聽沈從文的課，卻是沈從文家的座上客，外校學生李霖燦等也多次到沈從文家訪談，以文結交沈從文並無障礙。不過，汪曾祺由於性格等原因，沒有主動接近沈從文，這時還不好意思呈作品給沈從文看也是可能的，因此《釣》的發表不一定是沈從文推薦的。但是《釣》的發表仍然與沈從文有一點間接關係，《中央日報‧平明》的負責人鳳子與沈從文是朋友，另一個編輯程應鏐是沈從文推薦去的，他是西南聯大的學生，有材料表明《平明》對西南聯大作者的倚重。由於這層關係，初學寫作者汪曾祺的作品在《平明》上推出就順利一些。但也僅此而已，不能把《釣》的發表之功記在沈從文名下。

看來，汪曾祺關於自己「最初的小說是沈從文先生《各體文習作》和《創作實習》課上所教課卷，經沈先生寄給報刊發表的」，〔註 9〕和「我在一九四六年前寫的作品，幾乎全都是沈先生寄出去的」〔註 10〕等語，一方面由於時間久遠記憶混淆，另一方面是出於崇敬和感激之情誇大了些。例證再如，汪

版社，1998 年，第 465 頁。

〔註 9〕汪曾祺：《沈從文先生在西南聯大》，《汪曾祺全集》第 3 卷，北京師範大學出版社，1998 年，第 466 頁。

〔註 10〕汪曾祺：《卻顧所來徑，蒼蒼橫翠微——小說回顧》，《汪曾祺全集》第 6 卷，北京師範大學出版社，1998 年，第 59 頁。

曾祺在《掃蕩報》上發表過散文《灌園日記》，日記不可能是課上布置的作業，而沈從文既沒有在《掃蕩報》上發表過文章，也沒有材料表明他和《掃蕩報》的編輯有交往，所以，《灌園日記》的寫作與發表均與沈從文無關。這樣，《釣》和《灌園日記》的寫作和發表都證明了汪曾祺記憶上的誤差。

因此說，上文歸納的汪曾祺所言第三、四點，即第一篇作品是沈從文「習作」課上的作業並且是沈從文推薦發表的，並不全是客觀事實。

最終一句話，《釣》是目前所知汪曾祺最早發表的作品，因而是作家汪曾祺的文學開端。

2008 年 7 月 27 日初稿於成都西南民大

汪曾祺的初期小說*

【摘要】本文對新發現的江曾祺初期小說四篇以及他的處女作《釣》作了說明和解讀，主旨在於揭示每篇作品的創作特點，而後概括出它們共同的特點，如以作者自己的生活爲取材對象，避開宏大敘事而講述平常生活，以第一人稱「我」爲敘述者，藝術手法既現代又傳統，語言溫婉貼切，比喻描寫生動，風格淡雅、簡練，具有和諧之美等，最後指出汪曾祺一生的文學作品都貫穿了他早年的這些創作特點，正印證了「從三歲看老」的民諺。

【關鍵詞】汪曾祺、初期小說、《釣》、《翠子》、《寒夜》、《春天》、《誰是錯的》、創作特點。

汪曾祺在大學時代，是西南聯大文學社團冬青文藝社和文聚社的發起人之一，自然也是創作骨乾和代表作家之一，但先前汪曾祺早年的行世作品卻很少。爲完成科研課題《西南聯大文學社團研究》，筆者於 2003 和 2004 年間，查閱了大量抗戰時期的報刊雜誌，發現了許多不爲人知的西南聯大師生的作品，其中包括汪曾祺的作品數十篇。就小說而言，筆者所見汪曾祺早年寫於昆明的作品有《釣》、《翠子》、《悒鬱》、《寒夜》、《復仇》、《春天》、《獵獵》、《匹夫》、《燈下》、《待車》、《誰是錯的？》、《結婚》、《除歲》、《序雨》、《小學校的鐘聲》、《復仇》（第二篇）、《老魯》、《膝行的人》等十多篇。這些

---

* 本文原載於《中國現代文學研究叢刊》2009 年第 2 期，原題《當年習作不尋常——汪曾祺初期小說校讀札記》。

作品，有的已收入《汪曾祺全集》，有的爲解志熙和裴春芳兩先生發現並已刊佈或即將刊佈，有的我已著文投了其他刊物，所剩的幾篇，或因當時即未發表完全，或因我手頭材料不濟，無法確切校對，只能公佈文字較爲準確的四篇，個別篇章雖然未能在此公佈，也將我所知道的情況作一些簡單介紹，以便同好瞭解。

一

　　汪曾祺說：他最初的作品，是沈從文所開「各體文習作」課上的作業，由於寫得好，沈從文推薦到報刊上發表的〔註1〕。本處所錄四篇小說，從取材上看，有的確實是課堂上布置的作業，有的則是獨立的創作了。

　　《寒夜》寫一種氣氛，一種寒冷和緊張的氣氛。其內容和寫法，很有可能是老師在課堂上布置的描寫訓練。沈從文先生曾在課堂上出過《我們的小庭院有什麼》，《記一間屋子裏的空氣》一類題目，前一道題目曾有兩個學生的文章刊登在沈從文參與編輯的《國文月刊》上。由此推論，沈從文有可能出《記一個寒夜裏的緊張氣氛》這樣的題目讓學生做。不過，題目不一定這麼具體，其中的「寒冷」或「緊張」可能是汪曾祺增加的內容，或者全題都是汪曾祺根據沈先生的題目仿製的。作品寫寒冷，通過對雪、風、凍鈴子、狗、被窩裏的人等的描寫，尤其是通過月光和烤火的描寫與敘述而實現。我由此想到繪畫的技法，畫者爲在白紙上畫明月而將月亮周圍塗黑之類。事實上，汪曾祺當年就在作畫，他還有幾篇散文談過畫面，極有見地。繪畫的方法也被他用在這篇小說中了，雪中的車棚和烤火的場面都是極好的畫。不過小說的「畫面」是「動態」的，不是水墨畫。作品寫緊張，通過「守夜」的場面描寫，具體爲七八個人，槍，動作，語言，響聲等實現。例如，「突然，太保一回身，拉開門走去了……大家站起身，有的已經拿住了槍。」——一場虛驚。整篇小說的緊張都是虛驚。也正是這種虛驚，反映出村里人的警惕性。

　　沈從文曾在課堂上反覆強調「要貼到人物來寫」。這句話被汪曾祺奉爲小說創作的精髓。但當時許多同學不理解這句話。汪曾祺則心領神會：「照我的理解，他的意思是：小說裏，人物是主要的，主導的；其餘部分都是次要的，

〔註1〕《〈汪曾祺短篇小說選〉自序》，《汪曾祺全集》第3卷，北京師範大學出版社，1998年8月版，第165頁。

派生的。作者的感情要隨時和人物貼得很緊，和人物同呼吸，共哀樂。不能離開人物，自己去抒情，發議論。作品裏所寫的景象，只是人物生活的環境。所寫之景，既是作者眼中之景，也是人物眼中之境，是人物所能感受的，並且是浸透了他的哀樂的。環境不能和人物游離，脫節。用沈先生的說法，是不能和人物『不相黏附』。他的這個意思，我後來把它稱爲『氣氛即人物』。〔註2〕《寒夜》彷彿是沈從文先生小說理論的具體實踐。作品寫夜裏的寒冷和緊張，正是人物的寒冷和緊張，氣氛通過人物表現出來，或者說環境「黏附」在人物身上了。小說雖然寫的是環境和氣氛，實際寫的是人物，「氣氛即人物」嘛。從這裏，我們可以領悟到汪曾祺能夠成爲一個優秀小說家的原因——他創作一開始就把握了小說的精髓，緊緊「貼到人物來寫」。

汪曾祺寫人物的功夫直接表現在寫作時間比《寒夜》稍早的《翠子》和《悒鬱》裏。這兩篇小說前後五天問世，都是寫女孩的。從作品的人物、內容、風格和情調方面能看出沈從文小說的影響，不過，它們並非模仿之作，而是滲透著汪曾祺的創造的，其成就相當高，是汪曾祺早期小說的重要作品。通過這兩篇作品，我們能認識到，汪曾祺創作的起點是很高的。上文說《寒夜》是沈從文先生所教課程的課卷，這兩篇則是汪曾祺的「自由創作」。一方面，課堂上難以布置這種自由度極大和創造性極強的題目，另一方面，汪曾祺在1941年1、2、3月連續發表了五篇小說，課堂作業不可能如此密集。正因爲是自由創作，這兩篇作品才寫得較爲豐滿而成爲優秀的作品。《悒鬱》一篇，已被解志熙教授公佈在《十月》2008年第1期上，並作了精彩的分析，請讀者查閱。《翠子》一篇，筆者曾寫過《冬春社的小說創作》一文，刊登在四川大學主辦的《現代中國文化與文學》第5輯上，文中作了介紹，在此從略。

二

《誰是錯的？》雖然拙文和拙著也已寫到，但在此還有一些話要說。汪曾祺說：「我是較早的，也是有意識的動用意識流方法寫作的中國作家之一。」〔註3〕他舉的例子是《小學校的鐘聲》和《復仇》。其實，在他的早期作品中

〔註2〕 汪曾祺：《我的創作生涯》，《汪曾祺全集》第6卷，北京師範大學出版社，1998年8月版，第492頁。

〔註3〕 汪曾祺：《卻顧所來徑，蒼蒼橫翠微——小說回顧》，《汪曾祺全集》第6卷，北京師範大學出版社，1998年8月版，第60頁。

意識流用得最多的是這篇《誰是錯的？》。汪曾祺生前爲什麼沒說到這篇作品呢？大概是忘了。汪曾祺從未提起過這篇作品。《誰是錯的？》通篇都寫心理活動即意識，是典型的用意識流方法寫成的作品。由於不小心對父執路先生說了幾句錯話，弄得「我」一個下午張皇失措，把自己幽閉在小樓中，用各種辦法排解內心的愧疚都無濟於事，這幾句話「像一根刺簽在我心上，老拔不去」，控制不住的要想它。於是決定鼓起勇氣去向路先生解釋清楚說那幾句傻話的原因，而在解釋時，自己又不經意地把你左耳下的那個肉瘤「是多餘的」幾個字說得「響亮又清晰」，以致錯上加錯！沒想到的是，路先生毫不介意，承認「是多餘的」，並決定明天把它割去。告辭離開，又想到路先生父女會把這件事當個笑話說上許久……需要注意的是，小說沒有按事件的先後順序寫出，而是居中落筆，用「我」的意識活動貫穿，意識在這裏既是敘述的主要對象，又是小說的組織形式。文中還穿插了「我」本想買櫻桃送給琳，但專注於爲傻話道歉而忘了，最後身上還粘著琳吐的櫻桃核的細節描寫，也是爲了強化「我」的意識活動。這裏要點明的是，小說寫的是人物的意識活動，而不是下意識的活動，與一些意識流小說有別。汪曾祺當年使用意識流受了伍爾芙的影響，對中國的意識流小說具有開拓之功，雖然運用意識流手法在汪曾祺之前有魯迅、廢名和林徽音開路，而在他之後則是王蒙、諶容等一批小說家。

《春天》寫少兒時代的夥伴，中心事件是放風箏。這類題材在文學作品尤其是學生課堂作文中常見，沒什麼稀奇的。這篇作品得以公開發表，我想主要是因爲它的敘述方式。小說採用故事套故事，或者說回憶或倒敘的方法寫成。「我」由朋友的來信引出「春天」的情思，又由此想到童年的趣事──「我」和玉哥兒造兔窩失敗，而後去「老敗家」找英子，三人一塊去放風箏，風箏放上去了，「我」卻因玉哥兒的一次偶然失手與他打了起來，英子來解決矛盾但站在玉哥兒一邊，「我」委屈地跑了……後來，他們倆結婚了，來信並寄來一張照片。故事用「講」的形式表達，講述者自然是「我」，而聽者呢，是「我」的女朋友，因此有一些追問。小說寫春天，起於信，收於信，中間講述童年與小夥伴放風箏的喜怒哀樂。故事雖然簡單陳舊，卻寫得有情致，有寓意，末尾一句「春天，──我們明天也買個風箏去放放」真是神來之筆。雖然在汪曾祺的小說裏《春天》不算出色，但也有其特點。

三

　　未錄在此而有必要提及的佚文是《釣》。《釣》是目前所見汪曾祺發表最早的小說，刊登在《中央日報》1940 年 6 月 22 日，作品寫「我」的一次釣魚經歷。「我」是一個慵懶的人，坐在家裏無所事事，擔心「在寂寞裏凝成了化石」而去釣魚，最終什麼都沒釣到，結尾卻說「然而我的確不是一無所得啊」。「所得」者，無外乎打發了時間，親近了自然，認識了生活，馳騁了聯想而已，是精神上的，不是物質。作品沒有故事性，寫「我」的思想和行為，「我」所見的景物，「我」知道的傳說，還有「我」的童年回憶等，極散，簡直可以看作一篇散文，正是作者後來所說「不大象小說，或者根本不是小說」的那一類小說。〔註4〕作品的語言較為雕飾考究，留有沈從文所說「兩個聰明腦殼打架」的痕迹，〔註5〕不過，也可以看出汪曾祺早年對於語言的修煉和運用才能。這篇小說顯示了汪曾祺作為一個作家的秉賦和發展潛力。數月前，我寫了一篇題為《〈釣〉：汪曾祺的文學開端》的小文，包括原文投給《新文學史料》，刊登在 2009 年第 1 期，並已收錄為本書上一節了，請有興趣的讀者查閱。

　　總之，這裏所錄的四篇小說內容不同，形態多異，顯示了汪曾祺的多樣探索，但無論它們如何相異，有一些東西是一致的，例如以作者自己的生活為取材對象，避開宏大事件的敘述而講述平常生活，以第一人稱「我」為敘述者，藝術手法既現代又傳統，語言溫婉貼切，比喻描寫生動，風格淡雅、簡練，具有和諧之美等。不過這些特點並非這四篇作品獨有，而是汪曾祺早期小說所共有的。民諺曰：「從三歲看老」，意即從一個人小時候的表現可以預見他的將來。汪曾祺一生的文學表現又一次證明著民諺的正確——他初期的小說特點貫穿於他一生的文學創作，儘管他前後期的小說創作間隔了三十年。對這些共同特點的綜合考察與論述應是幾篇大文章，並不是一篇札記能夠完成的。就此打住。

2008 年 12 月 10 日成都西南民大

〔註4〕《〈汪曾祺短篇小說選〉自序》，《汪曾祺全集》第 3 卷，北京師範大學出版社，1998 年 8 月版，第 165 頁。

〔註5〕汪曾祺：《我的創作生涯》，《汪曾祺全集》第 6 卷，北京師範大學出版社，1998 年 8 月版，第 492 頁。

王松聲的《凱旋》*

【摘要】《凱旋》是 1945 年誕生於昆明的一部廣場劇，由西南聯大劇藝社創作並首演。劇本以反內戰的時代思想、悲憤的感情和恰當的藝術表現感動了無數觀眾，在「一二・一」和反內戰運動中發揮了極大的宣傳作用，演出場次居同類劇作之首，其效果和影響大約只有《放下你的鞭子》可以相比。

【關鍵詞】凱旋、廣場劇、反內戰、影響。

抗日戰爭勝利，中國人民終於舒了一口長氣。而這時，內戰的陰雲也漸趨濃厚。於是，有識之士紛紛起來呼籲和平，昆明、重慶等地反內戰的呼聲尤高。1945 年 11 月 25 日，昆明的四所大學學生自治會在西南聯大舉行「反內戰時事晚會」，請西南聯大四位教授演講，正當費孝通先生高聲呼籲和平的時候，學校院牆外馬路上響起了槍聲，子彈從聽眾上空、從費孝通頭頂上飛過。原來是國民黨第五軍武裝士兵鳴槍放炮威脅，壓制民主。費孝通、主持人和與會師生不為所懼，照樣開會。反動派見威脅無效，又切斷電源，企圖阻止會議進行。殊不知會議早有防備，電燈熄滅後，大家掛起汽燈又繼續開會。反動派見事不成，又讓特務起鬨搗亂。這一系列破壞引起了廣大師生的憤慨。第二天，西南聯大學生罷課抗議。正是這一天，昆明《中央日報》發布消息說「西郊匪警，半夜槍聲」，污蔑時事晚會，更加激起了學生的公憤。

---

* 本文原載於《雲南師範大學學報》2007 年第 5 期，原題《〈凱旋〉：影響最大的反內戰廣場劇》，署名李光榮、宣淑君。

27 日，昆明市學生聯合會通過全市總罷課決議。進而形成了著名的「一二・
一」民主運動。

罷課後，西南聯大劇藝社全體社員聚集在召開時事晚會的「民主草坪」
上，討論該做些什麼、怎麼做？劇社的特長當然是演戲。抗戰以來，戲劇一
直被作爲宣傳鼓舞群眾的工具和進行思想戰鬥的武器使用，大家決定發揮戲
劇的戰鬥功能，以演戲來鼓舞師生，向反動派鬥爭。演戲需要先有劇本，會
議決定，現在該做的第一件事就是寫劇本。

在這樣的氣氛和背景下，王松聲僅用三四天時間寫出了廣場劇《凱旋》。
劇本能夠這麼快地產生，是因爲素材早就積累，構思已經形成，「一二・一」
運動只是一種催生劑。王松聲講到《凱旋》的創作時說：劇本的素材來自
1944 年春去河南中部的一次旅行，「《凱旋》一劇早已在我腹中醞釀，而寫出
來則是在『一二・一』學生運動這個特定的歷史環境中。」〔註 1〕一部短劇從
1944 年春到 1945 年冬，一年半的醞釀構思時間，可以說相當成熟了，所缺的
惟有創作衝動。而國民黨軍隊威脅民主運動的槍聲正好爲作者提供了感情衝
動的契機，在極度的憤怒中，作者久埋心底的情感決堤而出，彙成了劇作
《凱旋》。

劇本設置 7 個人物，講述了張德福一家的悲慘遭遇：國軍某班班長張德
福離家抗戰八年，現在跟隨部隊「凱旋」歸來，盼望見到自己朝夕思念的父
親和兒女。部隊到達河南省中部一個村鎮，執行命令以「剿共」爲名向當地
的抗日少年自衛隊發起進攻。之後，中央軍某團團長來「宣慰」村民。在戰
鬥中掛彩回家的少年自衛隊隊長張小福不幸被他們抓住。團長迫於日本軍官
（現爲「剿共志願軍」）和原僞縣長（現爲「國軍先遣軍」參謀）的壓力，命
令張德福將張小福槍殺。事後，張德福認出自己的父親和女兒，知道自己殺
死的是日夜想念的兒子，悲痛不已，拔槍自殺。作品通過張家的悲劇，揭露
了抗戰帶給老百姓的勝利「成果」，控訴了內戰的罪惡。

作者初稿草成，劇藝社立即試排並預演。根據預演情況，作者再作修改。
在「一二・一」慘案發生的第二天上午，作者含著眼淚修改完畢。由於作者
邊修改，劇藝社邊排練，當晚便在西南聯大「民主草坪」上演出了。

演出時，「四烈士」的尸體就停放在舞臺背後的圖書館，悲憤的感情鉛一
樣壓在演員的心上，演員走上舞臺，眞的變成了劇中的角色，舞臺對話實際

〔註 1〕 轉引自松嶺：《〈凱旋〉的創作和演出》，《新文化史料》1999 年第 6 期。

是在訴說內心的情感。這種演出恐怕不能用「進入角色」來形容，而要用「融化」二字，即演員完全「融化」在角色中之了。扮演爺爺的溫功智，是一個舞臺經驗很豐富的演員，他在國立劇專讀書時就演過戲，1943 年考入西南聯大先修班，又活躍在昆明的話劇舞臺上，在《清宮外史》、《大地回春》中扮演過角色，是小有名氣的演員，他在《凱旋》的演出中全身心地「融化」了：「他說還從來沒有一個戲爲他在演出中提供過如此震撼心靈的創作激情，他幾乎是一拿到劇本就進入角色，他用他那渾厚的嗓音在舞臺上控訴：『八年前一開戰，你們就走了，丟下我們走了，我們叫日本鬼子殘殺，受漢奸的虐待，我們一點也沒有屈服。黃河決了堤，沖了我們的家產，天旱蝗災，沒收成，我們也都忍著——我們天天在想，等著吧，等著吧，等到有一天我們的中央軍回來——如今你們回來了，可是你不是回來殺日本鬼子、漢奸，給我們那些屈死的冤魂報仇，你們反而帶著日本鬼子、漢奸來⋯⋯殘殺我們自己的骨肉⋯⋯』。這段血淚控訴使許多觀眾泣不成聲。」〔註 2〕他哪裏是在演戲，而是在「現場」哭訴！演小鳳的伍驊不僅在臺上悲傷不已，而且在演出完後仍常常抽泣不止。劇終前有一段臺詞是作者王松聲自己朗誦的：「我的朋友，感謝你流著眼淚，看完這個悲慘的故事，你感動了，你哭了，可是你拭幹了眼淚想一想，爲什麼會有這種悲劇發生啊！朋友，這是因爲內戰，使我們生活痛苦，因爲內戰，使我們骨肉殘殺，就在今天，此刻在華北、在東北、在江南、在塞外，正有許多類似的悲劇扮演著⋯⋯」王松聲說：「演完，當我站在人群中朗誦最後念白時，激動得手都麻了」。〔註 3〕飾張小福的汪仁霖說：手腳麻木不止是王松聲一個人的感覺，「當時臺上的許多演員也都有這種手腳麻木的感覺。」〔註 4〕這說明，演員和角色已經融爲一體了。正是他們的動情演出，使觀眾恍惚身在其中，悲痛不已。在整齣劇的演出過程中，沒有掌聲，只有哭聲。因爲劇情太眞實，太感人，而現實又太令人悲傷：昨天的慘案還在眼前，一周前的槍聲還記憶猶新，就在對面不遠處的圖書館裏，烈士的尸骨未寒——現實和劇情緊密地聯結在一起，焉能不令人感動！

〔註 2〕 汪仁霖：《〈凱旋〉的創作和演出——記「一二‧一」學生運動中產生的廣場劇》，《西南聯大北京校友會簡訊》（內刊）第 19 期，1996 年 4 月。

〔註 3〕 王松聲：《關於聯大劇藝社的一些情況》，《一二‧一運動史料選編》，雲南人民出版社，1980 年 12 月。

〔註 4〕 汪仁霖：《〈凱旋〉的創作和演出——記「一二‧一」學生運動中產生的廣場劇》，《西南聯大北京校友會簡訊》（內刊）第 19 期，1996 年 4 月。

　　此次演出後，《凱旋》的名聲傳開了，許多人想看，劇藝社又在校內多次演出。更由於當時的形勢需要，西南聯大罷課委員會把《凱旋》作為宣傳內容，組織去學校、工廠、農村演出。西南聯大附中宣傳隊還把它帶到石屏、建水等地的部隊中演出。三校復員，劇組人員全部返回北京大學，《凱旋》成了北大劇藝社的保留節目長期演出。解放戰爭期間，全國許多地方如重慶、武漢、南京、天津等地都演出過此劇。據不完全統計，從 1945 至 1947 年，僅劇藝社在昆明、北平兩地就演出了 40 多場。

　　在反內戰的民主運動中，沒有哪一齣劇能夠在全國各地如此廣泛地演出，也沒有哪一齣劇的影響有《凱旋》這麼大，所以說，《凱旋》是反內戰鬥爭中最著名的戲劇。

　　《凱旋》為什麼能夠獲得這麼大的成功？除演出的情景外，還可以從劇作的思想感情和藝術表現兩個方面尋求解答。

　　作品以反對內戰為思想核心，而在表達上又具有巧妙的方法和強烈的效果。作品把劇情放在抗戰結束（劇本寫作時抗戰結束不久），人民需要安定，恢復生產，重建家園的時候，這時國民黨發動內戰，違背人民群眾的願望──反內戰的思想由此提了出來。作品把故事的發生地放在「黃泛區」，更有典型性：為了抵抗日軍，蔣介石不惜炸開花園口大堤，致使下游老百姓的房屋被沖毀，土地被淹沒，老百姓無家可歸，他們為抗戰做出的犧牲超過別處的人，抗戰勝利，他們急需返歸家園過日子，可這樣的人生基本願望都被剝奪──反內戰的思想就突出了出來。作品又將故事集中在一家人中，日軍侵入，張德福的妻子遭侵略軍強奸而死，為了報仇，他報名參軍去了。他走後，家園被黃河水淹沒，父親和兒女流浪他鄉。抗戰勝利，他滿懷希望隨部隊回家見親人，部隊進村後，他誤殺了自己日夜思念的兒子！鑒於此，父親和女兒不認他了。他悲痛欲絕，自殺身亡。悲劇如此慘痛──反內戰的思想深刻地表現了出來。再從當時的時代要求看，八年抗戰，人民疲憊不堪，厭戰心切，極需和平，流亡者渴望返回故里，每個人都希望過上安定幸福的生活，而戰爭的陰雲越來越厚，有識者則採用各種方法制止戰爭，《凱旋》提出反內戰的思想適應了時代的思潮。如此鮮明突出的時代思想，當然能夠引起觀眾的共鳴。

　　作者在總結《凱旋》的創作經驗時反覆提到「激情」二字：「首先是它感動了我，使我產生了激情。在寫作《凱旋》的那幾天，我一直生活在故事情

節中，生活在劇中人物的喜怒哀樂裏。大段的臺詞是我自己反覆吟誦、字斟句酌後寫出來的。常常半夜裏我在雙層床的上鋪默誦臺詞時哭了起來，把下鋪的同學也驚醒了。故事情節和人物的命運衝擊著我，使我產生了激情。」〔註5〕「修改第二稿時，正趕上『一二‧一』。那天校門口特務在打人，攻校園，我放下筆，跑出去和大家一起把敵人打退，回來又繼續寫，心裏充滿了戰鬥激情。最後修改定稿是『一二‧一』慘案發生的第二天。在聯大圖書館的一個小角落裏，旁邊隔著一塊布幕，同學們滿懷悲憤激情地在爲死難烈士洗尸體，準備裝殮；窗外，則有一些準備上街宣傳的同學們在練習剛剛譜寫出來的輓歌，『你們的槍口不能再對內啊，兄弟們站過來啊』，歌聲滿含悲憤激情，清晰地傳到我的耳朵裏，我心潮起伏，思緒萬千，一口氣將它寫完……」〔註6〕可見，時代催生了激情，激情又反映了時代。作品中燃燒的激情，點燃了同一環境中人的感情，反內戰的時代思想也就能夠引起內戰前後人們的強烈共鳴了。

可以這麼說，時代的思想，加悲憤的感情，再加恰當的藝術表現是《凱旋》獲得成功的原因。

作爲獨幕廣場劇，《凱旋》在藝術上有其特點，尤其是構思上體現了作者獨運的匠心。

首先看劇作的人物設置。獨幕劇不能安置太多的人物，但也不可太少，多了容易造成走過場，難於刻畫出典型性格，少了則易流於單調，缺少豐富性。《凱旋》的作者深知此道，安排了七個人物。這七個人物各有其功能：張氏四人是災難的承受者，主要完成悲劇任務和負載反內戰主題；其他三人，一個國軍團長，一個前僞縣長，一個日本軍官，他們是張家悲劇的製造者，參與完成反內戰主題，同時，還通過他們揭露了國軍性質的改變，即國、僞、日合一，共同消滅共產黨——抗日自衛隊。因此，《凱旋》的人物設置相當得體。

其次看劇作的開場和結尾。獨幕劇很講究劇情的開場和結尾，它猶如短篇小說的起止一樣，必須找到那個最恰當的切入點和收束點。《凱旋》從一場

〔註5〕 王松聲語，轉引自汪仁霖：《〈凱旋〉的創作和演出——記「一二‧一」學生運動中產生的廣場劇》，《西南聯大北京校友會簡訊》（內刊）第 19 期，1996年 4 月。

〔註6〕 《關於聯大劇藝社的一些情況》（王松聲同志談話記錄），《「一二‧一」運動史料選編》（下），昆明：雲南人民出版社，1980 年 12 月。

戰鬥結束，槍聲漸息開始。這個開頭既交代了故事的背景，又創設了戲劇氣氛。人物在這種情況下登場，各自的心理和行為就會有所不同，這個開頭既便於展開故事情節，又為刻畫人物性格提供了條件。因此，這個開頭恰當而有利於劇情，是一個成功的開頭。《凱旋》的結尾收束在悲劇結束之時，這當然是水到渠成，該止則止的關節。但我們也看到，這不僅是故事的結尾，同時也是人物心理的展示：原偽縣長和日本軍官大為高興，團長氣急敗壞，小鳳和爺爺不能承擔悲痛，爺爺以致神經失常。這一結尾不僅只是交代人物，還是刻畫人物性格的，因此是一個好結尾。

再次看人物性格。獨幕劇不可能細緻地刻畫人物性格，更不可能寫出人物性格的發展變化，只能做到把人物性格突出地顯示出來。《凱旋》中的七個人物，基本上做到了性格鮮明、形象突出。張爺爺老成持重，處事溫和得體，說話柔中有剛；小鳳天真單純，充滿幻想，雖愛憎分明卻向敵人乞求解救哥哥；張小福英勇無畏，勇敢剛強，敢於報仇雪恨，和敵人戰鬥到底；張德福親仇分明，但服從命令，誤殺親子，難以承受痛苦而自殺；前偽縣長奴顏婢膝，一副漢奸嘴臉；日本軍官凶殘狠毒，惡性不改；團長思想正確但軟弱屈從，終致犯下罪過。這些性格既從他們的戲劇動作，又從他們的語言對話中顯示出來，因此這部劇的人物動作和語言基本上達到了個性化的高度。一部獨幕劇，能夠刻畫出如此鮮明的性格，尤其是塑造出這許多的人物形象，實在是難能可貴的。

最後看戲劇的技巧運用。張德福槍殺小福，不光是為了執行命令，還因為有槍殺之仇。他們在村東頭溝邊相逢，開槍互擊，為後來張德福執行命令埋下了伏筆。張德福後來開槍，多半是執行命令，少半是為了報仇。張德福離家八年，回來時小福已經十七歲了，父子相見不識。為使他們相認，作品用了一支水筆。這支水筆是張小福為母報仇的證據。他殺了一個鬼子祭獻母親，從鬼子手裏得到一支筆，還把日期刻在筆桿上，將作為證物給父親看。德福當兵，染上了一些醜行，把這支筆偷了。小福臨死時向爺爺交代那支筆，被德福聽見，知道了小福是一個好孩子，可這時小福已經被自己槍殺了！這支筆是作品運用得很好的一個細節。劇本還多次使用了誤會：一開始打仗，老百姓還以為是日本軍隊，後來才知道是中央軍，可中央軍借消滅共產黨打擊老百姓的抗日自衛隊；小鳳和爺爺做飯給自衛隊，張德福還以為是做給中央軍的；最大的誤會是父親殺兒子，兒子日夜想念父親，父親朝夕

思念兒子，可父子相見卻開槍對射，最後父親誤把兒子當作仇人殺了！這些誤會產生出了強烈的戲劇性。從以上可知，《凱旋》的戲劇技巧運用是較爲成功的。

關於反內戰主題，劇中人物反反覆覆地說，確實有些太直露，太瑣碎。但這恰巧是廣場劇的特點。從寫作意圖說，廣場劇不是爲了藝術，而是爲了宣傳。向觀眾宣傳某個思想意圖，這就決定了作者會「現身說法」，即使通過人物之口也是實現作者的宣傳目的。從觀眾方面說，作者創作時想到的不是那些文化修養較高的人，而是普通大眾，他們可能隻字不識，如果寓意高深，就達不到目的，劇中有必要反覆「宣講」，讓其明白，這是作者不厭其煩地表述同一個意思的原因。《凱旋》以場外朗誦開始和結束，也是同樣的目的——讓觀眾明白其意圖。今天看來，或者用藝術的眼光看來，這樣的說教有些畫蛇添足。但在當時，在廣場劇那裏，也許是必要的。它讓觀眾一開始就帶著一個觀念去看戲，不至於出現理解的偏向，結尾再作歸結，讓觀眾把認識集中在某一點上。《凱旋》結尾的念白還有一個作用，就是把觀眾的悲痛昇華爲反對內戰的理念。觀眾被劇中的人物悲劇感染得痛哭流涕，作者通過朗誦的說教把觀眾的悲傷轉化爲反內戰的思想和行動。這樣，演出給觀眾的不僅僅是悲傷的情緒，而是思想觀念和行動了。

從以上看來，《凱旋》的藝術是成功的。儘管作品沒有爲戲劇藝術史提供多少新東西，但它對獨幕廣場劇是有著重大貢獻的，我們用廣場劇的藝術標準去衡量，便會發現作品是優秀的。廣場劇是純大眾化的藝術，有強烈的目的性，一部劇作成功與否，還要看演出的效果。《凱旋》其他場次的演出效果，還可以引演員的回憶爲證：「在『一二‧一』運動中，《凱旋》演出了許多場，有時在學校，有時在近郊農村，不管在哪兒演出，都取得了非常好的效果。每場演出結束，群眾流著熱淚，高呼『反對內戰』的口號，臺上、臺下打成一片。」〔註7〕劇組去昆明北郊龍頭街雲南大學附中演出，「演出一結束，臺下的雲大附中同學就哭成一團，怎麼勸也不肯走，在無可奈何的情況下，只好由王松聲出來說：『別哭了，那是演戲』。一下子同學們都驚呆了……」〔註8〕一次，劇組去呈貢演出，「演出結束後，好幾個老大媽硬把煮

〔註7〕伍驊：《我參加演出〈凱旋〉和〈潘琰傳〉的點滴記憶》，《劇藝社社友通訊》（內刊）第29期，2005年5月20日。
〔註8〕松嶺：《〈凱旋〉的創作和演出》，《新文化史料》1999年第6期。

雞蛋往演員口袋裏塞，哭著說『你們演得太好了！』」〔註9〕

　　《凱旋》這樣的演出效果和影響，在廣場劇中，恐怕只有《放下你的鞭子》可以相比，所以人們喜歡把這兩部劇作相提並論。王蒙《再說文藝效果》一文開篇就說：「文藝的作用有直接的、眼前的、正面的；與間接的、長遠的、側面的乃至反面的之別。活報劇《放下你的鞭子》動員抗日、《凱旋》反對內戰，演完後觀眾邊哭邊喊口號……這都是直接的眼前的正面的效果。」〔註10〕崔國良說：「《凱旋》在中國話劇史上同抗日戰爭中《放下你的鞭子》一樣，在動員人民反對內戰中發揮了重大作用。」〔註11〕汪仁霖說：「『七·七』事變前後的一些青年學子是在看了《放下你的鞭子》後走上抗日戰場的。抗日戰爭勝利後，國民黨又發動內戰，當時的學生中有不少人是看了《凱旋》後投身到解放戰爭的革命隊伍中來的。」〔註12〕

　　這是《凱旋》的意義和價值，由此也決定了《凱旋》的地位。可是，《凱旋》至今還沒有得到學術界的注意，現有的幾本戲劇史都沒有介紹《凱旋》的思想和藝術，這與《凱旋》的地位和影響不相稱。某一天學術界重視了《凱旋》，本文的目的也就達到了。盼望！

2005 年 7 月 9 日初稿於昆明文化巷 52 號

〔註 9〕汪仁霖：《〈凱旋〉的創作和演出——記「一二·一」學生運動中產生的廣場劇》，《西南聯大北京校友會簡訊》（內刊）第 19 期，1996 年 4 月。
〔註10〕王蒙：《再說文藝效果》，《王蒙文集》第 6 卷，北京：華藝出版社，1993 年。
〔註11〕崔國良：《名家十日談：王松聲和街頭劇》，《城市快報》，2004 年 11 月 26 日。
〔註12〕汪仁霖：《〈凱旋〉的創作和演出——記「一二·一」學生運動中產生的廣場劇》，《西南聯大北京校友會簡訊》（內刊）第 19 期，1996 年 4 月。

郭良夫的《民主使徒》*

【摘要】《民主使徒》是郭良夫創作的三幕劇本，寫革命烈士潘琰的人生經歷，又名《潘琰傳》，是作者的代表作，同時也是劇藝社的代表作之一。劇本在人物形象、結構安排、細節描寫等方面具有藝術功力，顯出了特色。劇本爲傳記題材的文學，特別是如何爲小人物作傳提供了有益的經驗。由於描寫真實，現實性強，演出反響強烈，效果極佳，在中國戲劇史上屬於影響較大的戲劇之一。可惜劇本只有前兩幕流傳下來，學術界沒有注意到它。它的存在爲中國殘本文學增添了又一作品。

【關鍵詞】劇藝社、郭良夫、多幕劇、民主使徒、潘琰。

劇藝社是西南聯大所有戲劇社團中唯一一個能編、能導、能演的劇團。自聯大劇團以來的西南聯大戲劇社團都是選演他人的劇作，劇藝社除選演他人作品外，還自己創作劇本，這是劇藝社的特出之處。本來，劇藝社也是選演他人作品的，從小劇場活動到歡送從軍同學都是上演名作，如果按照這條路子走下去，有可能公演許多大戲，有可能趕上聯大劇團的演出成績，有可能成爲享譽全國的一個著名的戲劇演出團體。可是，「一二‧一」運動爆發了，反動派的嘴臉必須揭露，同學的仇恨必須申訴，社員內心的悲憤必須傾吐。在社會的大激蕩中，在感情燃燒之時，戲劇從來都是宣泄的方式、宣傳的工具和戰鬥的武器。劇藝社當然要發揮戲劇的戰鬥功能爲現實鬥爭服務了。可

* 本文原載於《西南民族大學學報》2011 年第 8 期，原題《論郭良夫的多幕劇《民主使徒》》，署名宣淑君。

適合演出的劇本不可能有，劇藝社不得不自己拿起筆來進行創作。一句話，是「一二・一」運動促成了劇藝社的劇本創作。因此，「一二・一」運動是我們理解劇藝社劇作的歷史背景。

在「一二・一」運動中，劇藝社共寫出了十個劇本：王××的《匪警》和《血債》，王松聲的《凱旋》和《告地狀》，郭良夫的《兩可之間》、《審判前夕》和《民主使徒》（又名《潘琰傳》），佚名的《光明進行曲》和《民主是哪樣》，孫同豐的《江邊故事》。這些劇本中，今天只有《凱旋》、《告地狀》、《審判前夕》和《民主使徒》可以見到。在這四部劇作中，王松聲說自己的街頭劇「《告地狀》太粗糙」〔註1〕，郭良夫說自己的活報劇《審判前夕》「只能算是一個速寫」。〔註2〕作者的這些話雖然帶有謙虛的意味，但也道出了實情。其實，「一二・一」運動中的劇作都有「速寫」的性質，「藝術上是粗糙的」〔註3〕，但是，在特殊的歷史情景中，它們演出的效果又很好。《民主使徒》就是其代表之一。

《民主使徒》，又名《潘琰傳》是郭良夫寫完《審判前夕》後，接著寫成的。「一二・一」慘案發生，全昆明乃至全國愛好和平的人們都處於悲痛之中。安放「四烈士」遺體的圖書館大廳設了靈堂，每天前往弔唁的群眾絡繹不絕。據載：在「一個半月裏，前來靈堂致祭的學校、工廠、企業等團體近300 個，各界人士達 15 萬人次（當時昆明只有 30 萬人口）。」〔註4〕郭良夫深切懷念同學，多次出入靈堂，感受人民群眾對於死難者的深情，並激於義憤，決心發揮自己的創作優勢，寫出潘琰的一生。他抑制著悲憤，歷時一個多月，多方收集潘琰烈士的生平材料，經過若干同情、憂傷、惋惜、痛苦的感情煎熬，潘琰的形象漸漸清晰起來，在不得不傾吐之時，僅用三天三夜的時間，一氣呵成三幕劇《民主使徒》。劇本以潘琰渴望自由、嚮往光明、追求真理並且勇於奮爭的思想行為為主線，描寫了潘琰在短暫一生中的奮鬥歷程。劇本寫成後，劇藝社全力排演，在觀眾中產生了很大影響。同時，劇本

〔註1〕 王松聲：《松聲文稿》，《劇藝社社友通訊》（內刊）第 20 期，2002 年 7 月 10日。

〔註2〕 郭良夫：《「一二・一」運動片段回憶》，《劇藝社社友通訊》（內刊）第 29 期，2005 年 5 月 20 日。

〔註3〕 郭良夫：《「一二・一」運動片段回憶》，《劇藝社社友通訊》（內刊）第 29 期，2005 年 5 月 20 日。

〔註4〕 西南聯合大學北京校友會編：《國立西南聯合大學校史》，北京大學出版社，1996 年，第 467 頁。

一邊修改，一邊以檀艮的筆名在《十二月》雜誌上連續發表。《十二月》在《第二期「編後」》中，有這樣一段話：「《民主使徒》這一期本來可以全部登完，但因爲篇幅的關係，同時作者檀艮先生認爲還需要加點時間修改第三幕，因爲它是全劇的中心，而需要特別強調和增補的。所以我們只好讓它放在下一期……」〔註5〕卻沒想到，《十二月》出了兩期，就被當局查禁了。《民主使徒》的第三幕也因此未能和讀者見面，以致成爲歷史的遺憾。當時排練用的劇本是油印的，使用後便散失，西南聯大復員後就找不到了。所以，今天無法見到第三幕。作者說：「1946年暑假我到徐州潘琰的家庭裏進行了訪問，但是時過境遷，也還是不能補出第三幕來。」〔註6〕這樣，劇本成了殘本。現在的分析只能根據第一、二幕進行。

傳記文學要依據事實的眞相。那麼，先讓我們看看潘琰的經歷吧：1915年秋，潘琰出生在徐州一戶名門望族，全家30多口人，叔伯兄弟好幾位。父親是一個半開明的封建人物，娶了兩個太太，潘琰是姨太太所生。堂兄弟姊妹都去上學，潘琰被留在家裏照料家事。她酷愛讀書，遂叫堂兄弟們教她念書寫字，約四五年，她學完了「四書」和「詩經」，能夠記流水帳了。後來念了幾年私塾，讀了許多文學作品，她憧憬外面的世界，希望像兄弟姐妹一樣念書。1933年，她離家出走，但很快被家裏追回。這次偷跑爭得了上學的機會。次年，她考入徐州立達中學。在學校裏，她如饑似渴地讀書，積極參加體育鍛鍊，眼界大開。初中二年級時，父親不幸去世，家庭衰落，她以同等學歷考進免費食宿的省立女師。更不幸的是，在女師只念了一個學期，抗日戰爭爆發。她毅然放下書本去接受看護訓練並做救護工作。1937年底，她離開醫院參加十一集團軍的學生軍，開往安徽壽縣訓練。第二年春，部隊由安徽開往河南潢川，編入青年軍團。由於受訓期間表現出色，她當上了區隊長。受訓結束，她和幾個同學被派往家鄉工作。一到家鄉，徐州就被敵人包圍。他們隨軍突圍往潢川歸隊。途中整整三天三夜沒吃一點東西，但終於成功。1938年10月，部隊退到漢口，當即又撤往宜昌，途中倍受磨難。1939年1月，國民黨下令解散這支學生軍。2月，她考進疏散到建始縣的湖北第一女師。她在學校積極宣傳抗日，被反動派列爲捕殺黑名單的前十名。這時她

〔註5〕《十二月第二期編後》，西南聯大十二月文藝社編《十二月》（昆明）第2期，1946年1月20日。

〔註6〕郭良夫：《「一二・一」運動片斷回憶》，《劇藝社社友通訊》（內刊）第29期，2005年5月20日。

害了一場瘧疾，由於身體衰弱，無錢治療，幾乎死去。1941 年初，她到了重慶，進手工業紡織人員訓練班受訓一個月，分配到川北工作。1942 年春調回重慶。1944 年秋，懷著對西南聯大學術聲譽和民主自由的嚮往，考入西南聯大師範學院。抗戰勝利，她興奮不已，回母親的信說，將在學校復員時回家看望母親，再去北京完成學業。「一二·一」運動中，她表現積極，在反抗軍警攻打學校時，走在前面，被暴徒殺害，年僅三十歲。

潘琰的經歷確實體現出反抗、奮鬥、追求的性格特色。作者郭良夫抓住了它並把它表現在作品中，所以，作品中的潘琰是一個愛憎分明，性格堅強，敢於反抗封建，刻苦讀書，探索真理，追求光明，高尚純潔的青年。她出生在一個封建家庭，受到封建禮教的種種束縛。為了讀書，她曾離家出走過，終於爭到了受教育的權利。抗戰爆發，她再也不能安心讀書了，又和堂兄、侄女和同學一同去參軍，抗擊日寇。家裏不同意，設法阻止，他們仍然採取偷偷離家的辦法。在生母的支持下，他們衝破了封鎖，走出了家門。到了部隊，團部讓潘琰她們挑政治組和藝術組，可潘琰偏挑軍事組。團部不同意，潘琰提出嚴重抗議，進入了軍事組。她們做了許多抗日宣傳和後勤工作，因成績顯著，1939 年，潘琰由分隊長晉升為區隊長。5 月，她們離開了部隊，和蕭素華、潘倩如一道進了一所學校讀書。沒想到那兒如同一座監獄，她們又設法逃離。到了重慶也一樣痛苦，經常失業不說，還受特務的監視，極不自由。為了能夠「呼吸一點兒新鮮空氣」，她和蕭素華、古兆珠投考了西南聯大。沒有路費，她們四處籌借，終於奔向昆明。劇本分三幕，第一幕寫潘琰和夥伴們逃出徐州的家庭投奔抗日隊伍，第二幕寫潘琰和夥伴們在重慶籌錢買票去昆明，第三幕寫潘琰在昆明西南聯大的生活。上面所述是第一、二幕的內容。通過第一、二幕，我們可以看出潘琰是一個反抗封建、追求幸福、以國家民族命運為重、有真才實學的果敢、堅決、執著、優秀的青年。

《民主使徒》以潘琰為主人公，但沒把潘琰拔出眾人，寫成一個「孤膽英雄」，這是劇作的一個鮮明特色。作者崇拜潘琰，歌頌潘琰，但注意人物與環境的關係。潘琰的覺醒不是單打獨鬥，她的行動都有同伴。她離家從軍是和素華、瑞璋、倩如一起，她在軍中一直和素華、倩如在一起，她來西南聯大也和素華、兆珠一起。她並沒有高人一截，獨往獨來，只是她比別人顯得更沉穩，更有主意罷了。這樣處理的人物關係更符合生活實際，因為英雄人

物往往有群眾基礎。主人公潘琰形象是成功的，其他人物形象的性格也清楚明晰。

作者不愧是學過藝術的中文系高才生，《民主使徒》的技巧，令人讚歎。例如，場景的選擇與集中。第一幕寫潘琰 22 歲時和夥伴們一起離家出走，22 年間，有許多事情值得描寫，作者把它們集中在一天下午完成，十分緊湊；第二幕爲 1944 年 11 月 29 日的一個晚上，此時，潘琰離家 7 年，其間的風雨坎坷難以抒寫，作者把它們放在潘琰與夥伴即將離開重慶的時候作集中交代；第三幕當然是寫「一二・一」當天的潘琰了。這種寫法符合戲劇的「集中律」。而且，三個場景，三段時間，三個城市，既是潘琰的生活經歷所決定，又是經過選擇的，它們是潘琰人生道路上的三個轉折點，因而具有典型性。又例如，一些細節的描寫。第一幕中的籠中小鳥，開初潘琰收拾東西的時候，小鳥在屏風后面嘰嘰喳喳地叫；後來小鳥在外面叫；再後來不知情的瑤璋擔心鳥籠門關好沒有；最後潘琰他們出走，瑤璋提著空鳥籠大叫「鳥都飛掉了」。這籠中鳥既製造了戲劇氣氛，又是一種象徵，它映襯了潘琰的離家。第二幕中江上的各種聲音也有同樣的效果。第一幕中潘琰箱子上的字母「P」也是一個很好的細節。貼著「P」字的這隻箱子出現，潘家便知道潘琰要走。第一次是潘琰的母親看到箱子知道了潘琰的心思，第二次是瑤璋見到箱子上的「P」後認定潘琰要走，可不識字的大太太不相信。這些細節都是獨具匠心的。再例如，劇作對劇中人物、故事背景、舞臺布景等有詳細的描述，對時間、地點和一些人物動作也有交代。這有點像曹禺的劇作，說明作者懂得舞臺及表演。

從第一、二幕看來，作者很尊重事實，所以《民主使徒》可以當作潘琰傳（又名《潘琰傳》）來讀。這是劇作的歷史價值。但也正是這一點，束縛了作者的手腳，作者過於拘泥事實，放不開思路，展不寬想像，結果傷害了藝術性。劇作的矛盾衝突比較淡，人物心理刻畫較單薄，有時候耽於經歷的交代和事件的描述，情節發展顯得遲緩，人物對話較爲冗長，讀來感覺有些沉悶，這在第二幕尤爲突出。也許到了第三幕，由於矛盾的緊張突出不再有這些不足，或者竟至於緊張激烈而扣人心弦也未可知。若如此，第二幕的平淡舒緩就是作者故意安排的矛盾波谷了──作者的匠心處處隱伏。

傳記文學的價值通常與傳主的身份地位有關。潘琰是一位學生，沒有做出突出的成績，若不是她在「一二・一」運動中慘死，恐怕沒有多少人知道

她，即使今天人們紀念「一二‧一」運動和「四烈士」，也講不出潘琰除生命的遭毀滅外，還有多少更大的歷史價值，所以，選這樣的人作爲傳主是很難與名人大傳媲美的。郭良夫把《民主使徒》寫成這樣，應該說已相當難能可貴。今人對《民主使徒》，也許不感興趣了，這主要是今人缺乏當時那種感情的緣故。當年參加演出《民主使徒》的劉海梁說：「郭良夫創作的三幕劇《潘琰傳》，劇本一寫出，我們馬上排演，向社會控訴國民黨反動派的滔天罪行。臺上臺下齊聲怒吼：『血債要用血來還！』收到很好效果。戲劇家田漢、洪深看過戲，也一致好評。」〔註7〕劇藝社社友吳代法回憶說：「由劇藝社的裴毓蓀演潘琰，演出很成功。……老太婆看得嚎啕大哭，我們去安撫一下。」〔註8〕而裴毓蓀說：「《潘琰傳》引起群眾的強烈反響，成為推動民主運動前進的一股巨大力量……觀眾極爲踴躍，反響十分強烈。爲了滿足觀眾要求，除了夜場，每天還要加演日場。」〔註9〕可見，這部作品在當時，是十分感人的。

為什麼《民主使徒》的演出能夠收到這樣好的感人效果？主要是劇本反映了當時的實際情況，表達了人民群眾的感情和願望。就劇本的藝術處理而言，大的方面當然不錯，但由於是急就章，許多地方還缺少推敲。不過，當時的人都因爲感情強烈的緣故，演員和觀眾都對藝術小疵忽略不計了。

《民主使徒》是「一二‧一」運動中產生的唯一一部多幕劇作。劇本能獲得這樣的成功是值得肯定的。非常遺憾的是，劇作只留下殘本。如果有朝一日發掘出當年的油印本第三幕，它的藝術光彩將會熠熠生輝。那時，上面的評價也必將重寫。但願有這一天發生！

2005 年 7 月 14 日初稿於昆明文化巷 52 號

〔註7〕 劉海梁：《回憶崢嶸歲月》，《劇藝社社友通訊》（內刊）第 29 期，2005 年 5 月 20 日。

〔註8〕 吳代法：《「一二‧一」催人進步》，《劇藝社社友通訊》（內刊）第 29 期，2005 年 5 月 20 日。

〔註9〕 裴毓蓀：《憶 60 年前我演潘琰》，《劇藝社社友通訊》（內刊）第 29 期，2005 年 5 月 20 日。

楊明的《死在戰場以外的中國兵》*

【摘要】楊明的長篇敘事詩《死在戰場以外的中國兵》是一首特殊的「抗戰詩」，詩歌揭露了國民黨軍隊的腐敗與殘暴，喊出了壓抑八年已久的憤怒，是繼沙汀小說《在其香居茶館裏》之後，一篇反映國民黨軍隊的文學力作。此詩無論思想和藝術都是成功的，是典型的朗誦詩作，同時也是西南聯大新詩社的代表作之一。

【關鍵詞】楊明、死在戰場以外的中國兵、抗戰詩、新詩社。

　　1945 年 8 月 15 日，日本投降的消息隨著廣播傳遍祖國大地，全國一片歡騰，慶祝勝利。而對於居住在昆明后方的知識分子來說，這場戰爭勝利在沒有多少迹象的情況下，因而感到「突然」，甚至有些「莫名其妙」。雖然他們對於戰爭的勝利充滿信心，但沒有想到勝利會在此時到來。而他們這時，關注點早已轉爲國家的政治——只有政治清明，才能奪取戰爭的勝利，只有政治清明，才能在戰後建國，當時最響亮的口號是「民主」與「自由」。他們用民主與自由的眼光去看戰爭，感到「窒息夠了，苦悶也夠了」。〔註 1〕由於暴力勒住喉嚨和投鼠忌器，八年中不能喊出來。而這時，戰爭勝利了，他們壓抑已久的苦悶終於衝破暴力與顧忌，把對於戰爭的思考喊了出來。

───────────

* 本文原載於《雲南社會主義學院學報》2007 年第 4 期，原題《死在戰場以外的中國兵：一首特殊的抗戰詩──紀念楊明先生逝世二週年》。
〔註 1〕楊明：《後記》，《死在戰場以外的中國兵》，昆明：聯大新詩社出版，1946 年 5 月，第 31 頁。

《死在戰場以外的中國兵》（以下簡稱《中國兵》）就是在這種背景下產生的。詩歌在抗戰勝利後的第二天夜裏寫成，可以說是中國最早的戰後文學之一。

《中國兵》寫成後，得到了西南聯大的教授聞一多和文學社團新詩社的推重，「第一次發表就是聞一多先生朗誦的，後來聞先生又多次朗誦過。」〔註2〕作者在該書《後記》中也說：「謝謝聞一多先生的獎掖，更謝謝聯大新詩社各位朋友的鼓勵，在反內戰詩歌朗誦大會上，讓我也參加吶喊，爲中國的和平民主發了一點聲音。以後，在好幾個地方由新詩社的朋友朗誦過」。〔註3〕可見這首詩在群眾中產生過巨大的影響。後來新詩社將它出版印行，封面上標有「聯大新詩社出版」字樣。在新詩社的出版物中，在封面上標出「聯大新詩社出版」的書只有這一本，可見新詩社是把它作爲代表作推出的。

《中國兵》的作者楊明，雲南大理人，1919 年生，2005 年病逝。創作《中國兵》時，他剛從昆明中法大學文史系畢業。因聞一多在中法大學兼課而成爲聞一多的學生，聞一多介紹他加入西南聯大新詩社，是新詩社的積極分子。他大學畢業後從事文化和政治工作，離休前曾任全國人大常委會副秘書長、民盟中央委員會常委、雲南省人大副主任、政協雲南省委副主席、民盟雲南省委主委、雲南省文化局副局長、雲南省劇協主席、雲南省文聯主席等職，並終生擔任雲南省社會主義學院院長和《雲南社會主義學院學報》顧問。

《中國兵》是一部敘事長詩，出版時由西南聯大李廣田先生題寫書名，新詩社社長何達作序，1946 年 5 月 4 日以西南聯大新詩社的名譽出版發行。全詩分十一節：一、被綁出來了，二、你終身信持的功課，三、人不如豬，四、你們身上的肉被走了私，五、讓你記著這個榜樣，六、睡夢中你驚醒過來，七、模糊了生死的界限，八、戰場的路，於你這樣遠，九、你倒下了，在陌生的都市，十、這是一筆糊塗賬，十一、結算，我們要結算。

長詩以第二人稱寫成，講述一個壯丁，不，一個軍人的命運。「你」本是一個「忠實的農民」，被「武裝的老總」抓住，綁縛出村，「你」氣憤地說：「這是打國仗，／我才不拉稀。／頭掉嘍也只碗大個疤，／拉拉扯扯幹哪樣？」

〔註2〕李光榮訪問楊明紀錄，2004 年 4 月 14 日，昆明醫學院第一附屬醫院幹部治療科。

〔註3〕楊明：《後記》，《死在戰場以外的中國兵》，昆明：聯大新詩社出版，1946 年 5 月，第 31 頁。

然而，事理是：「不捆、不拉，還像個壯丁？」「你」生氣於一家人的哭嚎：「國仗是要大家打，／中國人哪個不該去，／為啥子眼淚郎當！」就這樣，「你」懷著打國仗的信心，踏上了征程。到了部隊，「你」卻淪為豬狗蟲子，被人宰割與踐踏。首先「你」的名字變成了某個「豪紳子弟的尊諱」，原來「你」是「代那高貴的人」當了兵。「你」抗議，馬上遭了毒打，讓「你」知道什麼是「服從」。「你」吃的東西比豬吃的還多一半沙土，焉能不瘦！「你」的脂膏哪裏去了？變成了富家女人的雪花膏和口紅。體弱的夥伴倒下，長官用鞭子「醫治」，站不起來時，長官要「你們」挖一個坑將夥伴活埋，並說：「這是你們的榜樣」。「榜樣」不知有多少，可領餉單上「仍舊有他們畫的十字和圓圈」。無論處於怎樣痛苦的境地，「你」都沒有忘記初上征程的「豪語」、「雄心」和「壯志」，要「打國仗」。可是「戰場的路／於你竟有這麼遠！」「你爬過了山崗，／渡過了河川，／越過了田野，／餓了一天又一天，／凍了一夜又一夜，／拖著一身骨架」，「像趕一群畜生」，「被趕到了陌生的都市」，關進馬棧裏，餓死了。詩歌感歎道：

> 你生在農村，
> 卻死在城市，
> 你志在前線，
> 卻死在後方，
> 從未出過遠門的人，
> 竟做了半路孤鬼。
> 活著你用血汗，養虎豹，養豺狼，
> 死了你用身體喂蒼蠅，喂螞蟻，
>   喂狗，喂烏鴉，
> 你祖國的忠實而善良的，
> 勇敢的兒子呀，
> 生來就是被吃的命運。

多麼深刻的揭露！

在中國現代文學史上，沙汀的小說《在其香居茶館裏》用了諷刺乃至荒誕的手法揭露國民黨兵役制度的醜惡，成為暴露社會黑暗的名篇流傳。楊明的《中國兵》以詩的情懷和語言揭露國民黨軍隊的腐惡，可以看作是《其香居》的續篇。《其香居》暴露了「抽壯丁」過程的虛假，《中國兵》描寫了一

個承受虛假的人的苦難。「你」儘管滿含被綁縛的怨尤，也知道了自己被用做某豪紳子弟的頂替人，但卻滿懷爲國打仗的凜然正氣！然而在部隊裏卻遭到了非人的待遇，首先是鞭笞，其次是飢餓，被監視，被押送，隨時處於死亡的邊緣，即使拖著如柴的瘦骨，「你」仍然「嚮往著民族復興的聖地」。「你」不懂國家政治，也沒有豪言壯語，但以「你」的忠實，自塑了一個國人的高大形象。可這樣一個民族的忠魂，卻被折磨得抵抗死亡的力量都喪失了。這是何等殘暴的軍隊！在民主自由意識者眼裏，這是無法忍受的暴虐。「八年，我們看到多少不平，多少黑暗，死在戰場以外的無辜而善良的人民，何止萬千。我們早就該叫喊一下了」，〔註 4〕在慶祝勝利的狂歡中，詩人喊出了勝利以外的悲哀。「你」的形象，也許還遠遠提不到民主自由的層面，只反映出人權問題，人權最低層次的生存權問題。「你」活著已經喪失了做人的資格，甚至連豬狗都不如，竟至飽受飢餓折磨而死。這樣的軍隊，還能打仗，還有存在的必要？包涵在這個形象中的深刻思考多麼令人震驚。

如果詩歌僅止於此，就只是一篇「暴露作品」，也不符合朗誦詩的要求。所以，作者更進一步，寫出了第十、十一節。「這是一筆糊塗賬」：「國家向你招股，／國家卻沒有收到／你貢獻的一份力量。」原因卻是：「八年來戴著抗戰的帽子，／有的人發了國難財，／有的人發了國難權，／在你們累累的白骨上，／他們建起了高高的紀念碑，華麗的洋房……」但是，「投資之後要結帳，／……我們是股東，／我們是主人，／算賬，我們要算賬！」這就揭示出，中國兵冤死在「戰場以外」的原因在於當權者的卑污。所以，活著的我們要向他們結算這筆賬。當然作者沒有意識到，這是國家的政治制度和軍隊管理制度給予了當權者實施罪惡的空間，才造成了這樣的災難，因此，這筆賬最終要同國家結算。但詩人鼓動讀者思考問題，追究根由，討回血債，是清醒而勇敢的。在勝利的凱歌聲中，作者發出這樣的逆音，無疑表現了思想者的特點。

《中國兵》是一首典型的朗誦詩，音調鏗鏘，節奏感強，而且它具備了朗誦詩的最大特點：政治性和通俗化。朗誦詩的內容應該是普通人最關心的問題，而這種問題往往帶有政治色彩。「抓壯丁」關涉千家萬戶，是全國人民所關心的問題。而軍隊的生存狀況則是大後方民眾所關心的。例如，當時昆

〔註 4〕楊明：《後記》，《死在戰場以外的中國兵》，昆明：聯大新詩社出版，1946 年 5 月，第 31 頁。

明到處是沿街乞討和奄奄一息的「病兵」，《雲南日報》曾報導過「病兵」問題，引起社會的關注。現在，戰爭勝利了，這些問題可以公開了，八年的壓抑應該傾吐了。所以，朗誦這首詩必然能夠獲得聽眾的共鳴。2004 年筆者訪問楊明先生時，他一再說《中國兵》是「政治詩」，肯定了詩的政治性。通俗化最簡單的闡釋是讓大眾聽明白。讓人聽明白的方式很多，比如不用典，不用書面語言，不用複雜句式，把複雜的問題簡單化等，這裏僅說方言運用。《中國兵》使用了許多雲南方言，朗誦時，雲南人包括在昆明生活了一段時間的外省人，聽起來會既感清楚又覺親切。例如以下詩句：「頭掉嘍也只碗大個疤，／拉拉扯扯幹哪樣！」「爺爺呢？奶奶呢？／媽媽咱個整？」「為啥子眼淚郎當！」

作者在詩的末尾標明「一九四五年八月十六日夜三點半鐘寫竟」。從這個時間看，應屬急就章。但出版時間卻在此後九個月，這期間，在大小會上多次的朗誦中，由作者和別人做了多次修改潤色，因此才會這麼成熟——這是朗誦詩的集體創作特點，不足為奇。儘管作者說：「我對『詩』一點興趣都沒有，更不必說什麼『詩人』。」〔註 5〕但此詩還是相當有詩味的，這可以用藝術手法來證明。詩以排比句開頭：「被綁出來了，／從茅屋裏；／被抓出來了，／從田地上；／被拖出來了，／從祖國的每一個村莊」。這是最通俗最易被聽眾接受的方式，所以，詩中使用較多：「你們的夥伴，／死了不知多少，／有的病死了，／有的餓死了，／有的打死了，／有的活埋了，／也有的莫名其妙地死了……」。比興是中國民歌常用的手法，在詩中多有使用：「沒有油的燈，／是不能發光的；／不吃草的牛，／是不能拉車的；／吃不飽肚子的你們，／也擡不動槍了。」還有老百姓時常掛在嘴邊的比興：「大魚吃小魚，／小魚吃蝦米，／蝦米就只活該吃沙土。」對比往往是最有效的表達方式，詩中多有採用：「從前你說：／『人吃的，／只比豬吃的／多了一把鹽。』／現在你要說：／『豬吃的，／比你吃的還少著一半沙土。』」「豬兒是死了才受宰割，／你們身上的血肉，／活著就被走了私。」反襯是很能突出主旨的，有的反襯帶有對比性質，難以和對比完全區分。反襯同樣為民歌常用，這首詩中也採用了：「你們身上的肉愈瘦，／她們臉上的粉愈厚」，「你生在農村，／卻死在城市，／你志在前線，／卻死在後方，／從未出過遠門的人，／竟

〔註 5〕楊明：《後記》，《死在戰場以外的中國兵》，昆明：聯大新詩社出版，1946 年 5 月，第 32 頁。

做了半路孤鬼。」複沓也是民歌的常用方法，此方法也出現在這首詩中：「等啊，等啊……／餓著肚子等！／等啊，等啊……／露著胳膊等！」「投資之後要結帳，／……結算，我們要結算，／……算賬，我們要算賬！」複沓中有所變化，是這首詩的特點。以上藝術手法均為民間文學中常見的手法，《中國兵》大量運用民間手法，不僅顯示了詩歌的藝術性，而且實現了通俗化的效果。通俗並非不「藝術」。也就是說，《中國兵》的藝術手法與其通俗化的特點相適應。通俗化更增添了《中國兵》的朗誦效果和傳播力量。

作為敘事長詩，《中國兵》的基本方法是敘述，但它在敘述上也是有講究的，什麼先說，什麼後說，怎樣穿插，怎樣暗點，怎樣照應都經過了認真安排。例如，「你」是被拉去頂了某個富紳子弟的壯丁的，這本可以在詩一開頭就作交代，但此詩的主題不是揭露兵役制度的舞弊，而是表現軍隊的腐惡，所以把它放在第二節，敘述「你」被迫「服從」的經歷而點出，這種安排是經濟的。又如，詩題是《死在戰場以外的中國兵》，那麼聽者自然關心為什麼是「戰場以外」，怎麼「死」的，詩歌一直寫「你」在部隊所受的折磨和在死亡線上的掙扎，直到第八節才揭示出「戰場的路，於你這麼遠」，第九節接著寫「你倒下了，在陌生的都市」，至此，聽眾明白了全詩所述的事情。最後兩節則是最能體現朗誦詩特點的作者態度和感情的表達，藉此激勵聽眾的情緒，以收到「行動」的效果。

總的說來，《中國兵》在藝術上基本符合精緻的要求，它不是一首粗製濫造的朗誦詩，它從思想到藝術都有許多可取之處，尤其是它批判國民黨軍隊的腐惡以及所提供的朗誦詩經驗值得我們總結。一句話，新詩社把《中國兵》作為代表作出版是有眼光的。

2006 年 8 月 6 日初稿於昆明文化巷 52 號

繆弘的遺詩*

【摘要】繆弘是一位抗日英雄，犧牲時年僅十九歲。他生前勤奮創作，但作品多散佚，惟有犧牲後西南聯大文藝社爲他編輯的《繆弘遺詩》有少量存世。本文對這本詩集作了較爲詳細的評介，認爲：《繆弘遺詩》是詩人的心靈獨白，主要内容包括鬱悶與痛苦、追求與歸宿、同情與歌頌、抗日與愛國等幾個方面。

【關鍵詞】繆弘、遺詩、心靈、獨白。

一

《繆弘遺詩》是西南聯大文藝社社員的唯一一本作品集，是研究文藝社創作的重要讀本之一。

作者繆弘，江蘇無錫人，1927 年 12 月 17 日生，四歲喪母，由繼母撫養大。抗戰中，輾轉於上海、北平讀中學。1942 年 5 月，瞞著家庭逃到後方。同年 8 月，進了重慶南開中學。1943 年，考進西南聯大外文系。1944 年，報名參加遠征軍未如願。次年考進譯員訓練班受訓，結業後到美國空軍「飛虎隊」做譯員，接受跳傘訓練。1945 年 7 月，桂林反攻戰打響，傘兵第一次出動，30 日隨部隊飛往桂林，降落在丹竹機場附近，戰鬥中，英勇犧牲，時年不到十九歲。

繆弘何時參加文藝社的，史無記載。大概他在文藝社的表現並不突出，

* 本文原載於《成都大學學報》（教育科學版）2007 年第 3 期，原題《心靈的獨白——〈繆弘遺詩〉評介》，署名宣淑君、李光榮。

因此，他生前文藝社的活動中沒有關於他的記錄，《文藝新報》也沒有登載過他的詩文，甚至他犧牲後，文藝社對他的生平知之寥寥。

實際上，繆弘是一位熱愛創作且成果豐富的作者。在 1945 年 4 月 9 日入譯訓班以前，他曾把近三年的作品整理成集子，題名《十八年》，扉頁上寫著「紀念亡母和我十八歲的生日。」集子凡三冊，詩歌不在內，可見創作力的旺盛。他生前也曾發表過作品。1944 年 12 月 17 日，《雲南日報》文學副刊《南風》增頁第 30 期刊載了繆弘的《詩兩首》，一為《祈求》，一為《補鞋匠》。這兩首詩後來都收入《繆弘遺詩》了。在《雲南日報》上發表作品，可以證明繆弘詩作的水平。他犧牲後的 8 月 11 日，一個同學把他的散文《清明時節》推薦給編輯，並附了一封短信介紹繆弘的事迹，預告 19 日將舉行追悼會，《雲南晚報》於 14 日及時刊登了同學的信和繆弘的遺文。遺文分《墳前》和《風箏》兩節記述了在清明節這一天所見的情景。《墳前》寫墳塋的滄桑，透露出作者對於死亡和生命價值的思考。文中說：有的墳較小，但有兒孫燒紙，有的墳雖大而豪華，卻無人理睬，「有的墳墓人們不會忘掉它，在墓前擺著祭菜，或是燒著紙錢，有些墳墓，上帝不會忘掉它，在墳頭供著一叢叢美麗的黃色花圈」，生者死後需要怎樣的墳墓呢？不言而喻。《風箏》寫小孩對上墳的態度。上墳，在大人是表達思念的儀式，對孩子則是遊樂的機會。大人仍在墳前叩頭或痛哭，孩子就爬到別人的墳堆上放風箏去了。風箏高高地飛，「我」的心也隨著飛起來。線放完了，一個小孩鬆了手，風箏飄走了，「我的心也隨著向東飄過去了，迅速地飄飛著，飛過千條水，萬重山，只是身子還茫然地站著。」作者為什麼要寫上這些話，不得而知。聯繫到他後來從天而降的死，〔註1〕莫非是一種暗示？文末署明「清明節　四五，四，十三寫成於昆明譯員訓練班」。這篇作品應為今天能見到的繆弘的最後一篇作品。作品對於瞭解繆弘的思想和創作很有意義。作品不可能收在繆弘自編的《十八年》之中。洋洋三集的《十八年》早已不知去向，繆弘的散文、小說創作面貌無從考察，唯有《清明時節》可以讓讀者窺見一斑。作者思慮深遠，坦然面對人生的共同歸宿，心在空中飄飛，身子最終落在地上，這一刻，作者相當超邁，與他詩中表現的天真幼稚不同，儼然是一個智者的形象。而在表達上，這篇散文仍然具有詩的情愫，純潔、樸素、跳動，富有美感。

〔註 1〕 關於繆弘的犧牲，有兩種說法，一種是跳傘著陸時摔在石頭上死的，一種是在攻占敵人佔領的山頭中中彈身亡。我寧願相信前一種說法。

　　繆弘在日本宣布投降半月前犧牲，噩耗傳來，西南聯大師生深切哀慟，學生自治會、外文系 1947 級（按，今稱 1943 級）級會、南開中學校友會西南聯大分會和文藝社四個團體組織了殉國譯員繆弘同學追悼會籌備委員會，追悼會於 8 月 19 日上午舉行。20 日，昆明《掃蕩報》發了一篇悼文，作者天羽。天羽和繆弘並不相識，悼文是讀過繆弘的《祈求》一詩而引出的懷念，可見繆弘的詩對讀者的影響力是有的。順便說一句，天羽 1946 年在《文藝新報》上發表過兩首詩，或許後來天羽成了文藝社社員，但天羽真名無人知道，身世不清楚。殉國譯員繆弘追悼會籌備委員會的另一項工作是出版《繆弘遺詩》。這項工作由文藝社負責完成。

　　當時收集到的繆弘遺作中，有新詩四十多首，為篇幅計，文藝社從中選出二十二首編輯成冊，定名《繆弘遺詩》，請導師李廣田審定，李廣田為書題簽並作序。《繆弘遺詩》於 1945 年 8 月印行，僅五百冊。詩集無論影響面和影響力都不算大，至今所見到的評論僅有馮至的《新的萌芽——讀繆弘遺詩》。人世滄桑，五百冊原作已和對他的評論一樣稀少了。

　　《繆弘遺詩》按寫作時間編排，起於 1942 年 5 月 21 日，終於 1945 年 4 月 9 日，歷時三年。集子中的二十二首詩，沒有一定主題，亦無一定線索，內容寬泛，涉及面廣，若要從思想上加以歸納，確乎難事，當然，詩中表達了作者掙脫黑暗，嚮往光明的思想，反映了憎惡醜惡，歌頌美好的願望，體現出批判自我，積極向上的追求，吟詠著同情下層，愛國從軍的情愫等是明顯的，但這樣的概括失之籠統。在社會衰敗、國土淪陷的年代，哪一個進步青年不表達這些思想？李廣田從詩集中讀出了「痛苦」和「苦悶」〔註2〕，當是灼見；馮至稱讚它「新的萌芽」〔註3〕，是從詩集中看出了將來成長的良好勢頭，目光敏銳。但是，這些概括都偏於一面，不是從全書出發概括其思想和藝術特點的。我們經過反覆分析，打算用「心靈的獨白」概括之。

二

　　集子裏的詩都不是鴻篇巨製，甚至一首長詩也沒有，藝術上也缺乏完美、圓潤之類，它們表現的基本上是些小感觸，詩意清新，篇幅短小，雖

〔註 2〕李廣田：《繆弘遺詩·序》，《繆弘遺詩》，昆明：殉國譯員繆弘追悼會籌備委員會出版，1945 年 8 月。
〔註 3〕馮至：《新的萌芽——讀繆弘遺詩》，昆明《中央日報》，1945 年 10 月 10 日。

然不乏深入的思考或高度的概括，但沒有打磨雕琢，或滲進一些外在的東西。這樣的詩都是出自內心的眞情實感，猶如透明的晶體，觀者能夠洞穿底裏。這「底裏」的東西，即作者「獨白」的「心靈」是什麼？有以下幾個方面：

（一）鬱悶與痛苦

鬱悶與痛苦是《繆弘遺詩》的感情基調。這說明作者的內心是充滿了酸澀苦痛的，即使在辭舊迎新的快樂除夕之夜，作者所感到的也是「我孤獨地又過了一多」。〔註4〕李廣田說：「生在這時代而尚不感到苦悶的，那一定是麻木不仁的人。」〔註5〕這是同時代人的「證詞」，也是導師的評語，它能讓我們充分理解《繆弘遺詩》表達的苦悶與痛苦。繆弘的苦悶痛苦源於各個方面，不可籠統論之。

首先是青春期的鬱悶與痛苦。正如姜德明說：「這是一位少年歌者的吟詠，有的詩還帶著少年詩人常有的一點苦悶。」〔註6〕在人生所經歷的痛苦之中，青春期的苦悶是輕微的。繆弘沒有誇張、渲染，把這種苦悶寫得痛不欲生──這正是他「心靈獨白」的眞實體現。集子中的第一首《問》，問的就是這種苦悶：

> 在綠陰下，
> 聽著琤琮的流水，
> 你總是緊鎖著雙眉。
> 喂！
> 朋友，
> 你在想著誰？

這是「不識愁滋味」的「少年愁」，詩表現得很含蓄。而到了少年與青年的轉折點上，詩人的愁就更深沉一些了：「不想歎息，／也不敢企望，／我只是默默地走著！」〔註7〕

〔註4〕繆弘：《除夕》，《繆弘遺詩》，昆明：殉國譯員繆弘追悼會籌備委員會出版，1945年8月。
〔註5〕李廣田：《繆弘遺詩·序》，《繆弘遺詩》，昆明：殉國譯員繆弘追悼會籌備委員會出版，1945年8月。
〔註6〕姜德明：《新文學版本》，南京：江蘇古籍出版社，2002年12月，第150頁。
〔註7〕繆弘：《十八年》，《繆弘遺詩》，昆明：殉國譯員繆弘追悼會籌備委員會出版，1945年8月。

其次是時代的鬱悶與痛苦。李廣田說：「繆弘君的詩裏所表現的苦悶，也正是我們大多數人所感到的苦悶。」日軍侵略使他離鄉背井，隻身逃到大後方，家鄉的思念、破國的憂心，那是多深的痛楚，更兼政治的黑暗，統治者的貪污腐敗，哀鴻遍野的現實，一個進步的青年焉能不痛苦？繆弘生活在這樣的時代裏，把個人的感情與時代的情緒結合了起來，抒發心靈的鬱悶也就是表達時代的痛苦。他感到：「歡愉中有痛苦，／甜蜜中攙雜著辛酸，／……／生活不曾在我臉上留下痕迹，／卻在心頭燙上深深的烙印；／我的臉上依舊掛著笑，／不管心上爬滿了多少皺紋」，他呻吟道：「現實太鬱悶，／太沉寂」，因此祈求上帝給予「猛烈的刺激」！〔註8〕

再次是生活的鬱悶與痛苦。抗戰初期，少年繆弘身處淪陷區，遭受到種種壓抑，終於掙脫苦難，隻身從無錫來到重慶，這對於一個十六歲的少年來說，是難以承擔的。他想家了，思鄉的感情不時襲上心頭，於是他創作了《思鄉曲》，放「一葉紙舟」順江而下，漂到家鄉去報平安。詩的表面沒有寫苦悶，而詞句背後的苦悶是誰都能夠感受出來的。《繆弘遺詩・後記》說：1944年冬，繆弘「和他的哥哥繆中君同時投軍，卻遭到別有用心的同學的猜忌，才改考翻譯員。為這事他受的刺激很大，因此才有《趕快》，《倦》幾首詩的產生」。愛國從軍也受猜忌，可見生活中充滿了矛盾。這時，他痛苦地寫到：「趕快／把雙目閉上，／免得再多看見人間的不平，／趕快／用手把耳朵堵住，／免得再有壯麗的聲音，／鼓起了以往的激情。」〔註9〕這不是詩人真的要閉目塞聽以自欺欺人，「而是陡然地有了熱情卻不能有甚麼行動」，「明明看見道路而不能舉足向前，這正是痛苦中的最大痛苦。」〔註10〕

通過以上，我們看到一顆苦悶心靈的搏動，詩人在痛苦中煎熬著。詩人雖然年屆青少年之間，卻承載了太多的痛苦。這是詩人的不幸，同時也是生活的不幸。可是詩人並沒有被苦悶淹沒，而是在苦悶中尋找著出路。

（二）追求與歸宿

衝破苦悶，尋找出路是《繆弘遺詩》的另一個重要內容，也是詩人「獨

〔註8〕繆弘：《遺忘》，《繆弘遺詩》，昆明：殉國譯員繆弘追悼會籌備委員會出版，1945年8月。

〔註9〕繆弘：《趕快》，《繆弘遺詩》，昆明：殉國譯員繆弘追悼會籌備委員會出版，1945年8月。

〔註10〕李廣田：《繆弘遺詩・序》，《繆弘遺詩》，昆明：殉國譯員繆弘追悼會籌備委員會出版，1945年8月。

白」的一段心曲。一般說來，少年之心往往充滿幻想，請聽繆弘的嚮往：「前面：／有山，／有水，／有森林／和湖沼，／有自由的天空，／可供我任意逍遙。」〔註11〕此時，這位少年的眼中展現著的是多麼廣闊、自由而美麗的天地呵！但它畢竟是少年的憧憬，實際生活給予他的是打擊、鬱悶、痛苦，甚至是創傷。詩人一再告誡自己：「不要讓水銀般的眼淚／滾入你的酒盅，／不要讓鉛鑄似的憂鬱／壓上你的心頭」！〔註12〕他呼喚「北風」，「掃盡這些殘葉敗草，／以待來年的春朝」；〔註13〕他祈求「上帝」給予「猛烈的刺激」，給予暴風雨及暴風雨後的「太陽」！

什麼樣的人性是美好的，詩人認為是「傻子」。許多人自以為聰明，實際是耍滑，是人性的負累，他讚美「傻子」：「不要在人前自詡聰明，／聰明是你最大的敵人；／寧可去效法那些傻子，／要知道，／傻子是英雄的別名。」〔註14〕正是這樣的傻子，才有要做肥田的落葉的願望：「不吝嗇於我的屍體腐爛成泥，／……／會有個勤勞的農夫／挖我去肥田。」〔註15〕正如姜德明所指出：「他的詩顯得比他的年齡要成熟、深沉。」〔註16〕繆弘不止一次寫過死後的情形，這可以看作對身後的「追求」吧。他在《願〔其一〕》裏寫到：

死了，
我願化作一陣輕烟。
不用哭聲送，
隨風飄蕩在雨後的天空；
因為那裏
最淨，
最青。

〔註11〕繆弘：《掙脫》，《繆弘遺詩》，昆明：殉國譯員繆弘追悼會籌備委員會出版，1945 年 8 月。

〔註12〕繆弘：《殘章》，《繆弘遺詩》，昆明：殉國譯員繆弘追悼會籌備委員會出版，1945 年 8 月。

〔註13〕繆弘：《暴力》，《繆弘遺詩》，昆明：殉國譯員繆弘追悼會籌備委員會出版，1945 年 8 月。

〔註14〕繆弘：《傻子》，《繆弘遺詩》，昆明：殉國譯員繆弘追悼會籌備委員會出版，1945 年 8 月。

〔註15〕繆弘：《落葉》，《繆弘遺詩》，昆明：殉國譯員繆弘追悼會籌備委員會出版，1945 年 8 月。

〔註16〕姜德明：《新文學版本・繆弘遺詩》，南京：江蘇古籍出版社，2002 年 12 月。

或是變作一顆沙礫，

也不要眼淚，

安臥在海洋深處；

因爲那裏

最深，

最靜。

而對自己死的方式，他也在《落葉》一詩中作了「設計」：

一陣刺骨的寒氣吹動了我，

無情的推送，

送我上天空。

在最後一陣有力的旋轉後，

我躺在柔軟的污泥沼裏，

在那裏，

我滿意地發出我自己的氣息。

——這是他在《落葉》裏的詩句，所寫的情形與他後來降傘身亡何其相似乃爾！莫非這是他的讖語？這種歸宿及其方式不能說是他的追求，但確是他之所「願」。

（三）同情與歌頌

用現代意識讀《繆弘遺詩》，其中有兩首很顯眼，它們是《縫窮婦》和《補鞋匠》，題目預示，詩歌寫的是下層勞苦人。反映平民大眾的人生，是「五四」開啓的現代文學道路。全面抗戰以來，一直過著優裕生活的知識分子加入了流亡大軍，普通民眾就是他們的左鄰右舍，勞動群眾自然成了他們的描寫對象。在抗戰中，繆弘從中學生到大學生，雖然生活在校園，但他從祖國的東部走到西部，見到了許多勞苦大眾，於是，在繆弘留下來的不多的詩歌中，就有兩首這樣的詩。《縫窮婦》描寫了一個老裁縫的形象：「她的臉就是她一生的縮圖，／行行的皺紋，／泄露了／青春的消逝，／生命的流去。」用這樣跳動的詩句，畫出了一個裁縫婦的面貌，也許她並不老，但她的面容顯出了生活的滄桑。這樣一副滄桑的面孔包含了多少人生的苦難！也許她服從了命運，她沒了追求，她甘心天天爲人作嫁：「不曾忘掉身後生活的鞭策，／戴起老光眼鏡，／低著頭，／依舊／縫著別人的衣衫。」這是她的生存方式，作者寫她默默的工作自然包含著歌頌，同時對她的生活艱辛給予

了巨大的同情。

《補鞋匠》短短八句，寫出了豐富的內容。寫補鞋匠的詩不少，大多以鞋匠為吟詠對象。例如，何達就有一首寫於繆弘這首詩之前四個月的《老鞋匠》，詩歌寫老鞋匠的工作情形，寫老鞋匠無法實現的願望，最後筆鋒一轉，寫出「老鞋匠／也是一隻快要解體的破鞋啊」，深切地歎惜老鞋匠的青春與命運，讀後使人對老鞋匠產生深深的同情。繆弘的《補鞋匠》立意一反他人，名為「補鞋匠」，實際寫的是補鞋客，詠歎補鞋客生活的艱辛與貧困。詩歌的表達很奇特，以作者自己為敘述人，卻以補鞋匠的眼光來看人情世態，這樣，短詩就有一個敘述者和一個觀察者，他們共同作用於人生。敘述者以「你」的口吻說「你補綴了人們的貧苦」、「你該知道……」。這個「你」是補鞋匠。詩歌又從補鞋匠的眼光看到了「人們的貧苦」，知道了「人們是在走著怎樣艱辛的路」。但無論道路怎麼艱辛，補鞋客還得前進，這就是人生，是補鞋客的生存困境。看得出，補鞋客的形象中鎔鑄了繆弘的人生。而使補鞋客得以前進的人，正是補鞋匠，他幫助補鞋客「重新踏上了征程」。所以詩人才涌起了歌詠補鞋匠的激情。《雲南日報》發表了這首詩，確實是有思想和藝術眼光的。由於讀者難以找到這首詩，全引於此：

在一塊小小的皮子下，
你補綴了人們的貧苦；
也是你，

　　使佇足的人，
　　重新踏上了征途。

從這些破爛的鞋子，
你該知道，
人們是在走著怎樣艱辛的路。

（四）抗日與愛國

祖國遭到外敵侵略，家園遭受寇兵踐踏，自身被迫流浪遠方，在這種情況下，恐怕除了漢奸而外，沒有不愛國的。所以，西南聯大的文學作品，表達抗日愛國的情緒是普遍現象。但是，繆弘詩歌表達抗日愛國內容又有自己的特色。

《思鄉曲》寫到：「在江邊，／我放下一葉紙舟，／在船頭報著平安，／

舟尾寫著問候。」這是奇特的想像和表達。由於詩人的故鄉在海邊，而自己則在金沙江邊，所以詩寫到：「願：／它能隨大江東去，／直向海邊流。」這種想像當然只是一種「願」，甚至帶有孩子似的天眞情懷。愛家鄉與愛國的感情是同一的。看到歸栖於梁上的燕子，詩人訴說：「梁間檐下不是你的住處，／只是個暫時的避風港，／在這裏先歇歇腿，／雨過後，／依舊去找你的驚濤駭浪。」這是詠燕子，還是詠自己？在這裏，詩人與燕子同化了。詩人在西南聯大讀書，只是「歇歇腿」而已，他的目標卻是「驚濤駭浪」，即在「驚濤駭浪」中建功立業。所以，詩人見到梁間燕子時關心的不是過去的歷程，而是將去的地方：「且休說旅途的艱辛多阻，／請告訴我雨後的去向。」〔註17〕這「去向」是哪裏？是驅逐侵略者的戰場，因爲那裏才有「驚濤駭浪」。所以，他見到「悠悠」「泳過」的一群鴨子，便幻化出這樣的詩句：「希望這些鴨子是戰艦，／但更希望所有的戰艦都是鴨子」。這實在是戰爭年代才有的心理。而詩人眞正欣賞的是：「在寧靜的湖面，／畫出幾條寧靜的波紋」的情景。〔註18〕「戰艦」只是淪陷的故鄉和前方的戰火的幻影，「寧靜的波紋」才是和平的永久象徵。

而當想像無濟於事的時候，這位青年人的抗日愛國思想便表現爲行動了。前方將士流血犧牲，後方百姓獻血支持。西南聯大曾經多次動員師生獻血，繆弘也曾五次獻出自己的鮮血。在第五次獻出血後，詩人寫了著名的《血的灌漑》一詩：

> 沒有足夠的食糧，
>
>   且拿我們的鮮血去；
>
> 沒有熱情的安慰，
>
>   且拿我們的熱血去：
>
> 熱血，
>
>   是我們唯一的剩餘。
>
> 你們的血已經澆遍了大地，
>
> 也該讓我們的血，

〔註17〕 繆弘：《燕》，《繆弘遺詩》，昆明：殉國譯員繆弘追悼會籌備委員會出版，1945年8月。

〔註18〕 繆弘：《鴨子》，《繆弘遺詩》，昆明：殉國譯員繆弘追悼會籌備委員會出版，1945年8月。

> 來注入你們的身體；
> 自由的大地是該用血來灌溉的。
> 你，我，
> 誰都不曾忘記。

詩歌表現出一種英雄豪氣，詩句節奏鮮明，鏗鏘有力，這在繆弘的詩中是獨特的。在抗戰的艱辛歲月，物資特別困乏，學生連吃飯都成了問題，有用的東西只剩下鮮血了，而當抗戰前方需要血，學子們便慷慨地輸出獻上。詩人深知和平與戰爭的哲理：「自由的大地是該用血來灌溉的」。於是，詩人懷著一腔熱血，投入了抗日隊伍。作為二年級生的繆弘，考取了美國支持中國抗戰，駐紮在昆明的空軍「飛虎隊」的翻譯官。做翻譯官之前需要進譯員訓練班接受培訓。繆弘把做翻譯官看作生活中可喜可賀的事，1945 年 4 月 9 日，在入譯訓班的前一日，詩人興高采烈地去府甬道買了一束薔薇花誌喜慶賀，並且寫下了《薔薇》一詩：「折一朵薔薇，／來追念，／背後的流年，／摘一葉花瓣，／來紀念，／我一生中的今天。」詩人信心滿懷地告別過去，要去用自己的血灌溉大地了，因此他用薔薇花做紀念。這首詩節奏輕快，感情明朗，體現出詩人心情的歡快。詩人真的把那薔薇花一樣的生命獻給了戰場，把那殷紅的鮮血，灌溉了祖國的大地。

還是讓我們回到《落葉》來。詩人說：「我知道，／該是時候了……」，為了抗擊日本侵略者，為了祖國的和平統一，詩人如一落葉：

> 不吝嗇於我的尸體腐爛成泥，
> 也不對逝去的往昔，
> 再作無聊的悲泣。
> 我只幻想：
> 明年
> 會有個勤勞的農夫，
> 挖我去肥田，
> 有金黃的穀粒，
> 會因我的滋養
> 而成長。

繆弘實現了自己人生的願望和價值！

三

「讀過這些詩，我們認識了一個人，也認識了這個時代。」這是李廣田為《繆弘遺詩》所作《序》的開頭語。實情確乎如此。《繆弘遺詩》主要不是為了發表而進行的創作，用意在於紀錄自己的心迹，所以詩歌採取「獨白」的方式，沒有雕飾，沒有誇張鋪陳，以樸素明麗的語言，道出了一顆真實的心靈。這顆心靈甚至是有些幼稚而又超出了一個少年所應達到的思想水平的。詩中蘊含的苦悶與痛苦，追求與同情，反映出時代的內容，因此，這顆心靈又是包蘊了時代的。這樣，這些詩既是個人的，又是時代的。而能夠讓讀者認識個人和時代，又都歸結為詩歌的「獨白」方式。

繆弘所處的時代是一個動盪與激蕩交織的時代。他進入西南聯大以後，偉大的抗日戰爭也進入了後期，一方面國力已經走向衰弱，另一方面知識青年的抗日從軍熱情高漲，西南聯大也由政治的沉寂期轉向高漲期，逐漸成為「民主堡壘」和「民主坦克」。在這種背景下產生的文學，必然是激情澎湃，充滿戰鬥豪情的。文藝社和新詩社的創作主調都是這樣。可是繆弘的詩歌卻不具備汹涌的激情和戰鬥的精神，沒有鼓動性和號召力，風格平和寧靜，生活意味濃厚而缺乏政治性。也就是說，繆弘的詩風與文藝社的格調不相契合。魯迅評論殷夫的詩說：「這詩屬於別一世界。」〔註19〕援引這句話來評繆弘的詩，也可以說：這詩之於文藝社，屬於別一世界。其實，繆弘詩歌的特殊價值也正在這一點上：它展現了文藝社的別一世界，豐富了文藝社的創作。

從歷史上看，任何特殊的思想開初都是孤寂的。上文曾說繆弘生前知者不多，死後雖然出版了《繆弘遺詩》，也沒有引起特別的注意，以致文藝社的人對他似乎無從言說，所以今天要找他的材料很困難。其原因恐怕在於繆弘詩歌的風格特殊，與文藝社的創作主流不合。

繆弘詩歌的風格，多近於殷夫和汪靜之的早期詩，獨白自己的心靈，清麗自然，天真單純。他們都以吟詠內心的苦悶和憧憬為內容，只是繆弘詩中缺少愛情的歌詠，這或許體現的是選編者的觀念，而不是繆弘之所缺。從詩歌史的角度看，繆弘的詩除少數幾首，如《補鞋匠》、《鴨子》、《祈求》外，確實沒有提供多少新的東西，正如馮至所說：「在十年前，或二十年前，努力

〔註19〕魯迅：《白莽作〈孩兒塔〉序》，《魯迅雜文全集》，河南人民出版社，1994年12月。

新詩的青年也許寫過比這裏的詩更爲成功的詩，或是更美的詩句」，但繆弘詩歌「沒有雕琢，沒有粉飾，沒有怪誕，沒有空虛的喊叫，沒有稍欠眞實的誇張，也沒有歪曲的古典與矯揉造作的象徵，在單純的字句裏含著協調的韻律」〔註20〕的特點，卻是其他人的詩歌所沒有的，因而是獨特的。

2006 年 7 月 10 日初稿於成都西南民大

〔註20〕馮至：《新的萌芽──讀繆弘遺詩》，昆明《中央日報》，1945 年 10 月 10 日。

結　語

　　此前，我從未把西南聯大文學社團的創作當作校園文學看，其原因是校園文學通常被理解爲反映學校生活的文學，而西南聯大文學社團創作的主流是社會內容。如果把西南聯大文學社團的創作視爲校園文學，便降低了它的「檔次」，至少是縮小了它的範圍和意義。爲不觸動已有概念，避免名實之爭，我一直提的是西南聯大文學社團的創作。現在我可以明確地提出關於校園文學的概念了：校園文學是在校學生以及離校後保持與學校密切聯繫並繼續在校時期創作路子的作者創作的文學。這個概念的特點是以作者的身份來確定校園文學的概念，同時注意到文學創作的連貫性特點。它區別於以題材爲標準確定校園文學的概念。畢竟，校園文學不同於工業題材、農業題材、軍事題材、商業題材以及教育題材文學，而是跨越多種題材的文學。文學創作的複雜性和連續性會使學生作者離校後繼續學生時代的創作路數，創作的基本題材和風格與在校時的創作無太大變化，也應看作校園文學。另一種情況是，有的校園作者離開學校後，即使創作在保持原貌的基礎上增加了新的因素，但在生活、工作以至精神上仍與學校保持著密切聯繫，這樣的作者所作的作品也應看作校園文學。

　　西南聯大校園文學的內容特點是其社會性。學生作者們最爲關注的不僅是自己的生活與個體的痛苦，更是時代的動向、國家的存亡、民族的命運、現實的問題和人民的生活這些大事，具有強烈的社會責任感，因而寫出的作品體現出豐厚的社會意義。他們描寫最多的是抗日戰爭，其次是後方民眾的生活，再次是校園生活，最後才是個人情感。這種取材傾向除了社會責任感外，是西南聯大校園作者的生活決定的。他們是日軍侵略的罹難者，學校和他們個人的命運都與抗日戰爭息息相關。他們中的許多人居住在民房，出入於市民之中，還曾一度生活於小鎮、鄉村、邊疆、國外和軍營。如此豐富的

生活體驗是任何時候的任何大學生都未曾經歷過的。所以西南聯大的校園文學比任何時代的校園文學更具有社會性。社會性同樣是北大、清華、南開大學和中國現代文學社團的精神傳統，西南聯大與它們之間是源流關係，但在西南聯大，校園文學的社會性異常顯著，即使是穆旦那樣的自我解剖和心靈拷問也包涵了濃厚的時代色彩和社會內容。

西南聯大校園文學的創作特點是社團運作。這是本書以文學社團為中心研究西南聯大校園文學的原因。由於校園文學的創作主體是學生，學生的創作靠文學社團運作和推動，校園文學、學生創作和文學社團幾乎三位一體，所以研究學生文學社團及其創作就是研究西南聯大校園文學。西南聯大學生還在遷滇的「長征」途中，就開始籌備文學社團了，此後，文學社團此起彼伏，層出不窮，有繼承與延續，也有合作與競爭，共同推動了校園文學的發展。統計西南聯大的學生作者，除個別人外，差不多都參加過文學社團，有的同時或先後參加過幾個文學社團，而其校園文學 90%以上的作品出自學生文學社團。可以說研究西南聯大校園文學差不多等於研究西南聯大的社團文學。其實，組織文學社團進行創作可以看作校園文學的共性，但在西南聯大，這一特點尤為突出。考其源流，是對北大、清華、南開三校校園文學操作方式的繼承，同時也是對中國現代文學社團傳統的繼承。

中國現代文學以運作方式而論，社團文學佔了很大比重。由於現代社會是一種「組織起來」的社會，作家也需要組織起來，文學社團應運而生。西南聯大文學社團是這種社會思潮的產物。在文學創作中，社團具有組織隊伍、促進創作和培養人才三大功能。西南聯大的文學社團充分發揮了這三大功能。西南聯大學生中的文學作者幾乎全被網絡進了文學社團，因而社團具有最廣泛的群眾基礎，並擁有最出眾的創作人才，從而保證了西南聯大校園文學的創作水平和影響力。西南聯大文學社團還把已畢業的一些作者「留」在了校園。已畢業的作者與校園文學的關係，主要是靠文學社團維持的。文學創作有強大的慣性，學生作者畢業後在一段時期內仍然繼續著先前的創作路子，這是他們聯繫校園的基礎，而校園文學社團也需要他們的支持，於是畢業不久且繼續校園文學創作的作者仍然是西南聯大文學社團的社員，也是西南聯大校園文學的創作主力。「促進創作」指的是文學社團得到導師的指導，以及舉辦文學講座等活動激發社員的創作熱情，或者通過提出要求、布置任務等組織措施，促進社員的創作積極性，並通過社員之間的觀摩、交

流、切磋，以提高社員的創作水平，最終取得良好的創作業績。也是在這個過程中，培養了文學人才：許多同學在進入社團之時，僅憑對文學的愛好，通過參與社團的活動提高了創作能力，迅速成長為文學人才，汪曾祺是一典型例子；有的同學入社時已是小作者，又在文學社團中砥礪成長，鋒芒畢露而成為社團的創作主力和優秀的文學社團人才，穆旦是一典型例子。簡言之，西南聯大文學社團卓有成效地發揮了文學社團的組織隊伍、促進創作和培養人才三大功能。

　　考察西南聯大的歷史，會發現文學社團貫穿了西南聯大的全過程。那是一個艱難困苦的年代，同時也是熱情洋溢的年代和文學創作的年代。西南聯大文學社團的眾多正是這種時代風貌的表現。再進一步對西南聯大文學社團作具體考察，還會發現，文學社團大多工作努力，活動多彩，創作豐富，取得了不俗的文學成績。有的如冬青社、文聚社歷史較長，創作成績巨大，有的如南湖詩社、南荒文藝社歷史不長，但創作特色顯著。也會發現，文學社團的成員創作出了許多優秀的和傑出的作品，其成就如《森林之魅》、《人》、《獸醫》等已經不是文學「精品」能夠形容。於是，西南聯大文學社團在中國現代文學史上確定了重要地位。西南聯大學生的創作——校園文學之所以能夠取得這樣的驕人成績，有以下幾個原因或曰條件：一、時代的需要。戰爭需要文學鼓舞鬥志，提高情緒，文學應運而生。二、生活的深入。西南聯大學生生活在居民中、軍隊中、戰場上以及各種各樣的世態中，他們對生活與人生有切實的體驗。三、自由的空間。西南聯大提供了一種自由生活和獨立思考的空間，師生可以不拘一格地思考問題和表達思想。四、作者的努力。有的社員把文學創作當作事業堅持不懈的探索，獲得了適合於時代的不同凡響的思想和寫作能力。五、導師的指導。文學社團一般都聘請了導師，有的社員時常與導師接觸，並按照導師的指點去訓練提高，因此進步很快。總之，西南聯大文學社團的創作成就是巨大的，成就的取得也是有歷史原因的。這「歷史原因」，也是我們今天的校園文學社團難以企及西南聯大文學社團的原因。

　　說不完的西南聯大，說不完的西南聯大文學。

2012 年 7 月 24 日晨寫於成都西南民大
2012 年 7 月 26 日錄入於昆明文化巷 52 號
2012 年 8 月 24 日晚改定於成都西南民大

後　記

　　本書是筆者近些年來研究西南聯大校園文學的結晶。書中每一節都獨立發表過，收入本書時又作了一些修改和技術上的處理，使之有一個共同的主題、較爲完整的內容和統一的結構，因而本書是一本專著。本書圍繞文學社團研究西南聯大校園文學，是因爲校園文學的創作主體是學生，學生的創作靠文學社團運作和推動，這樣，校園文學、學生創作和文學社團幾乎是三位一體的。

　　由於當初寫作並發表論文時無一定計劃，這就造成了局部的不平衡甚至不完滿，這在第三章中較爲明顯。因此，本書未能全面完整地論述西南聯大學生創作的面貌，只能算作統一結構中的個案研究。不過，個案研究是筆者目前所能採用的最好方法。因爲，學生作品散佚嚴重，要全面完整地揭示西南聯大校園文學的面貌，筆者目前還力所不及，況且對於作家作品的詳論是沒有止境的，這要請讀者諒解。

　　收集在書中的當然不是筆者所發表的關於西南聯大文學社團和學生創作的全部論文：有的因在他著中佔有重要地位不便收入，有的已收入他書不能收入，有的與本書章節關係不密切不好收入，有的篇幅較短難以獨立成節無法收入。這樣，收入本書的只是筆者近些年來所發表的研究西南聯大校園文學的主要成果。

　　說實話，文學社團並不是我最感興趣的研究對象。但作爲一個中國現代文學研究者，文學社團是無法繞開的。我研究西南聯大文學社團即是爲研究西南聯大文學而進行的。我從 2003 年開始投入西南聯大文學社團的研究，兩年後開始陸續發表論文，現在才有結成了這本小書的材料。

　　本書每一節正文前有「摘要」和「關鍵詞」，一是爲了保持初發論文的原貌，二是爲了讓讀者在讀長文前對本節的要點有所瞭解。這或許是本書在體例上的一個創新，但我未觀全部學術專著，不敢肯定。

　　當今學者都碌碌於項目之類的課題，我也不例外。假如沒有李怡先生的邀請並催促，很難有這本小書的產生，所以首先感謝李怡先生。宣淑君女士通讀了全部書稿，並提出了許多修改意見，也是要感謝的。對於刊載本書所收各篇論文的編輯和刊物同仁，我總是心懷感激。出版本書的出版社及其責編，同樣是我感謝的。

　　細心的讀者會發現本書寫作於昆明和成都兩地之間。兩地是我近些年的生活地。昆明文化巷 52 號，原名昆華中學北院，是西南聯大師範學院的誕生地，遭日機轟炸後師範學院搬走，仍然是西南聯大師生的居住地，西南聯大遷回去後，一直是雲南師範大學的教職工大院。數十年後，我有幸居住於此，沐浴西南聯大的氣息，感受西南聯大的遺風，學術日益長進，研究西南聯大有所收穫，這本小書亦是見證。成都西南民族大學是我近些年供職的單位。西南民大爲我提供了良好的學術環境，讓我能夠潛心學術研究，才有今天的收穫。由此可知，我對西南聯大、雲南師大和西南民大的感情是深厚的。

　　本書是西南民族大學科研項目資助的「民國機制中的西南聯大文藝與二十世紀中國文學關係研究」的成果，同時也是西南民族大學民國文學研究中心的第一本民國文學研究專著。

李光榮

2012 年 7 月 25 日晚寫於昆明文化巷 52 號

2012 年 8 月 20 日晨改於昆明文化巷 52 號